Günther Werckmeister

BORA

Fahrten und Erfahrungen eines Kreuzerseglers

Günther Werckmeister

BORA

Fahrten und Erfahrungen eines Kreuzerseglers

ISBN/EAN: 9783954270415
Erscheinungsjahr: 2012
Erscheinungsort: Bremen, Deutschland

www.maritimepress.de | office@maritimepress.de

Bei diesem Titel handelt es sich um den Nachdruck eines historischen, lange vergriffenen Buches. Da elektronische Druckvorlagen für diese Titel nicht existieren, musste auf alte Vorlagen zurückgegriffen werden. Hieraus zwangsläufig resultierende Qualitätsverluste bitten wir zu entschuldigen.

„BORA"

Fahrten und Erfahrungen eines Kreuzerseglers

von

Günther Werckmeister

SEGELSPORT-BÜCHEREI

Band 15

„BORA"

BERLIN W 62
RICHARD CARL SCHMIDT & CO.
1928

„BORA"

Fahrten und Erfahrungen eines Kreuzerseglers

von

Günther Werckmeister

Mit 124 Abbildungen im Text, 2 Kartenskizzen
und 30 Hafenplänen

BERLIN W 62
RICHARD CARL SCHMIDT & CO.
1928

Druck von Otto Drewitz, Berlin SW 61.

Vorwort.

Der Gedanke lag nahe, eine Anzahl von Aufsätzen, die ich im Laufe der letzten Jahre veröffentlichte, in Buchform zusammenzufassen. Als ich an seine Ausführung schritt, stellte sich heraus, daß eine völlige Umarbeitung und wesentliche Erweiterung des vorhandenen Materials geboten war; doch blieb der Grundsatz: nur Selbsterlebtes und eigene Erfahrungen wiederzugeben, gewahrt; Abweichungen wurden durch Quellenangabe gekennzeichnet. Ich wollte kein Lehrbuch schreiben — wenn trotzdem manches ausführlich behandelt wurde, das dem erfahrenen Seesegler selbstverständlich erscheint, so geschah es, weil ich — selbst aus dem Binnenland kommend — oft genug Gelegenheit hatte, zu beobachten, daß der Binnensegler nur zu gerne die für sein geschützteres Revier gültigen Ansichten auf die Seefahrt überträgt.

Durch das Entgegenkommen des Verlages war es mir möglich, viele Einzelheiten durch Zeichnungen zu verdeutlichen, die teils nach meinen Skizzen, teils nach den von den Konstrukteuren zur Verfügung gestellten Plänen angefertigt wurden. Den Karten liegen die Seekarten der betreffenden Länder, den übrigen Abbildungen eigene Aufnahmen zugrunde.

G. W.

An Bord „Bora IV"
März 1928.

Inhaltsverzeichnis.

I. Teil: Fahrten.

II. Teil: Erfahrungen.

III. Teil:

30 skandinavische Häfen und Ankerplätze zwischen Gotenburg und dem Sognefjord.

I.
Fahrten.

„Bora I".

„Bora I" wurde im Jahre 1921 nach Plänen von Marinebaurat Wustrau auf der Elkawerft bei Werder a. d. Havel gebaut. Das Vorbild war eine Küstenjolle mit Kajüte; das Boot sollte bequeme Schlafplätze für zwei Personen enthalten; ein Motor wurde nicht vorgesehen. Es erhielt eine Gaffeltakelung, da ich mich damals noch nicht zur Hochtakelung auf einem reinen Fahrtenkreuzer entschließen konnte. Kiel, Steven und die Spanten wurden aus Eiche, Außenhaut und Inneneinrichtung aus Sapelimahagoni hergestellt, der Kiel aus Blei. Ich habe schon im ersten Sommer etwas Innenballast hinzugefügt, wodurch das zuerst etwas ranke Boot die richtige Steifheit bekam. Im Frühjahr 1922 ließ ich dann die große Plicht fast völlig eindecken, sodaß nur ein kleines Loch für die Füße des Steuermanns übrig blieb. Die Seefähigkeit gewann dadurch, der Sitz für den Steuermann aber wurde äußerst unbequem und der Niedergang reichlich eng. Für einen Passagier war an Deck überhaupt kein Platz. Unter dem so entstandenen Brückendeck wurde ein Kleiderschrank eingebaut, der Raum dahinter war durch ein Luk im Deck zugänglich und diente zum Verstauen von Trossen. Für die Reise nach Kristiania wurde eine kleine Koje auf B. B. eingebaut, in die meine Tochter damals gerade hineinpaßte. Es war zwar eine richtige „Hundekoje", aber dadurch, daß ihr Kopf in der Kajüte war, immerhin noch erträglich.

Das Bootchen hat sich recht gut bewährt und auch noch später in anderen Händen schöne Fahrten gemacht.

Nach Kristiania.

Los die Leinen — wir winkten noch herüber zur „Heimkehr", die sich in der Abenddämmerung fauchend oderabwärts wälzte — dann liefen wir nach viertägiger Schleppfahrt in den gastlichen Hafen des „St. Y. C." — „Wir" d. h. „Bora", das ganze 6 m lange Seeschiff, Anita, Smutje und Bestmann in einer Person, Ingrid, der „Mops", die als Schiffsjunge angeheuert, trotz ihrer 11 Jahre bedenklich aus der Hundekoje herauswuchs — und dann der Herr Kapitän!

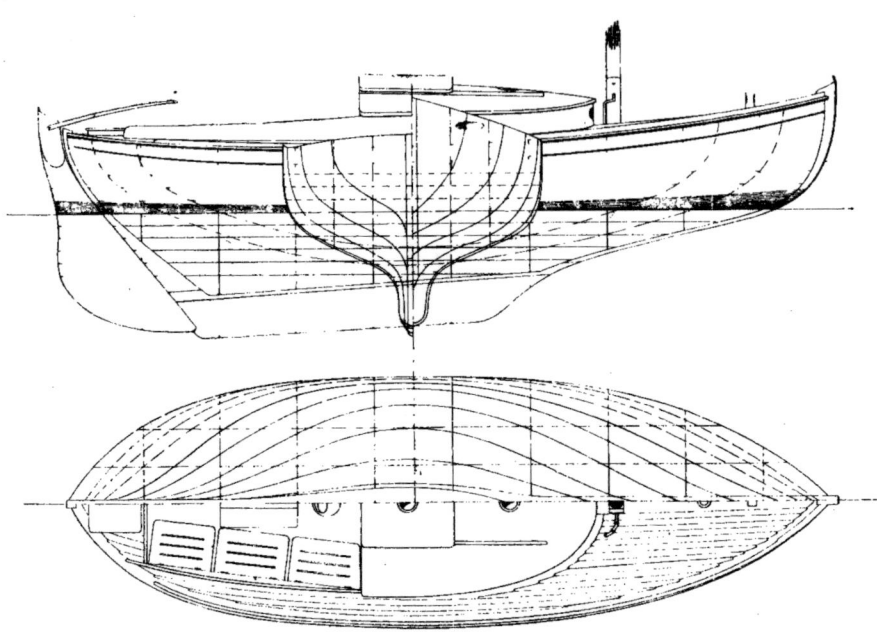

Abb. 1. „Bora I". Linienriß. Maßstab 1 : 60.

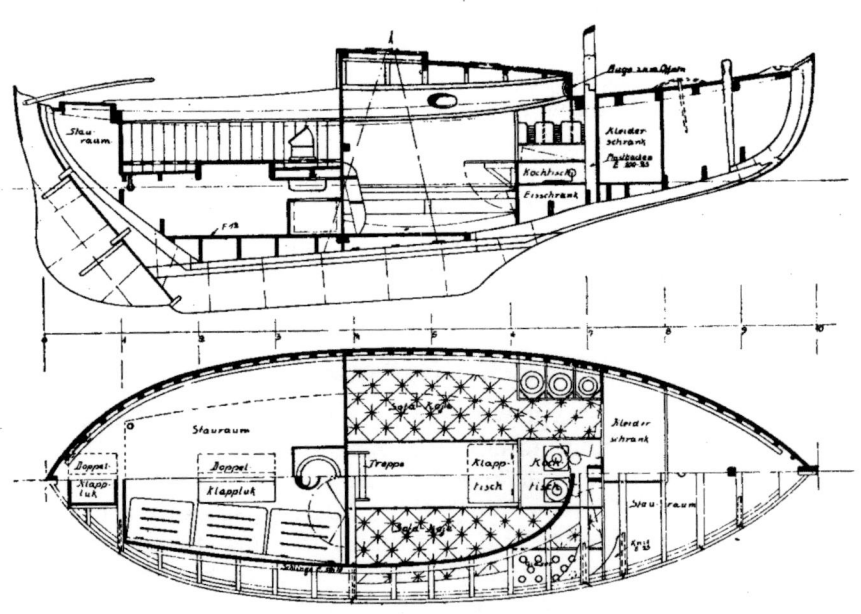

Abb. 2. „Bora I". Einrichtungsplan. Maßstab 1 : 60.

4

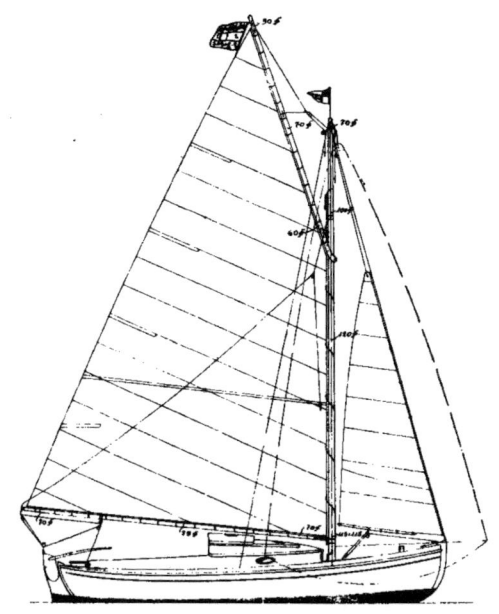

Abb. 3. „Bora I". Segelriß. Maßstab 1 : 120.
Am Wind-Segelfläche 26,00 qm.

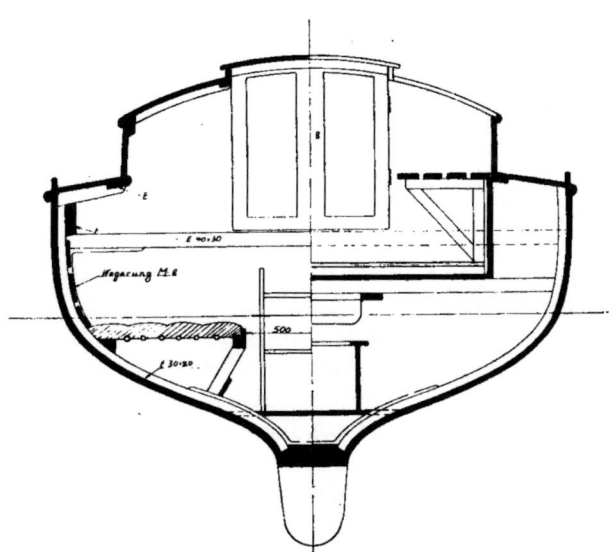

Abb. 4. „Bora I". Querschnitt. Maßstab 1 : 30.

Abmessungen: Größte Länge   6,00 m   Breite in der C.W.L. 1,90 m
Länge i. d. Wasserlinie 5,25 m   Geringster Freibord 0,52 m
Größte Breite   2,00 m   Größter Tiefgang   1,00 m
Verdrängung etwa 2,0 cbm.

5

Am nächsten Morgen (Montag, 10. Juli 1922) hieß es aufklaren, Mast setzen, Wasser auffüllen und was sonst noch zum Beginn der großen Seefahrt gehört, dann ging's mit stark gerefftem Zeug die Oder hinunter; um die Mittagszeit waren wir in Ziegenort, wo wir nochmals die gute „Heimkehr" trafen, die uns so brav von Wannsee heruntergeschleppt hatte.

Als am Abend der harte NW auf SW drehte und erheblich abflaute, beschlossen wir auszulaufen und gleich mit einer Nachtfahrt übers Haff nach Carnin die Reise zu beginnen — der Wettergott war uns günstig —; der nächste Abend sah uns nach geruhsamer Vollzeugfahrt gegenüber der Peenemünder Schanze vor Anker.

Am Mittwoch ging's früh los — der Smutje hatte vorsorglich am Abend vorher die Thermosflasche mit heißem Tee gefüllt —, so daß er in seiner Eigenschaft als Bestmann, reichlich verschlafen, nur beim Segelsetzen zu helfen brauchte — dann ließ man den Kapitän mit der Thermosflasche und einer schönen SO-Brise allein; als der Mops den blonden Lockenkopf aus dem Luk steckte und entrüstet fragte, ob wir denn noch nicht bald „draußen" seien (nämlich auf dem Bodden), war die Marienkirche von Stralsund bereits in Sicht, und wir glitten bei herrlichstem Sommersonnenschein durch den Strelasund. In Stralsund, wo wir Post abholen mußten, verbummelten wir den Nachmittag und feierten mit Kirschkuchen und Schlagsahne die ersten 100 Seemeilen unter Segel.

Unsere weiteren Pläne waren verschwommen, nur daß wir irgendwann einmal Kopenhagen erreichen wollten, war klar. Der wohlgefüllte Kartenschrank, der alle deutschen Spezialkarten der westlichen und mittleren Ostsee und die entsprechenden Seehandbücher enthielt, ließ ja weitschweifende Pläne zu — wir machten aber keine, sondern liefen am Vormittag des Freitag (14. Juli) nach einem verschlafenen Regentag in Stralsund immer noch bei Regen nach Barhöft, wo wir in dem kleinen Lotsenhafen einen ruhigen Liegeplatz fanden. Unsere Hoffnungen für den nächsten Tag standen nicht viel höher als das Barometer, d. h. sehr niedrig, trotzdem liefen wir am Sonnabend (15. Juli) morgens 4,30 Uhr bei leichtem ONO aus Barhöft aus und nahmen 6 Uhr an der Gellen Tonne Kurs NNW auf Moen; in dem etwas auffrischenden Wind zog der neue Ballon kräftig an — wir wurden kühn, als Stunde um Stunde verrann; Moen tauchte auf, wuchs weiß und glänzend aus der blauen See und versank wieder im Dunst der heißen Nachmittagssonne. Im Süden erschienen schwarze Gewitterwolken — die See wurde recht stattlich, 3,30 Uhr passierten wir Stevns Klint; auch im

Norden erschien ein Gewitter, sodaß es schwer wurde, Drogden Feuerschiff zu finden. 6,55 Uhr rauschten wir dicht an dem dickbauchigen Gesellen vorbei — 8,35 Uhr abends fegten wir vor den ersten schweren Böen eines aufkommenden Gewitters in den Yachthafen von Kopenhagen, von einem Herrn des Amatör Seil Klub durchs Megaphon aufs liebenswürdigste mit Anweisungen über Liegeplatz versehen. 95 Seemeilen in 16 Stunden 5 Minuten! Zufrieden und todmüde krochen wir — nach einem tüchtigen Schluck auf die erste richtige Seefahrt — in die Kojen.

Am anderen Morgen weckte uns ein Klubdiener mit einer Einladung des Amatör Seil Klub, das Klubschiff „Tjalfe" während unseres Aufenthaltes zu benutzen, sonst aber kümmerte sich

Abb. 5. Langelinie-Pavillon. Kopenhagen.

weder Zoll noch Polizei um uns und unser Schifflein. Da der Mannschaft die schöne Sundstadt noch unbekannt war, wurde sie ausgiebig besichtigt, zumal reichlicher Wind und noch reichlicherer Regen sowieso die Weiterfahrt zu einem fragwürdigen Vergnügen gemacht hätten. Ein netter Abend an Bord des „Kleeblatt" vom „Seglerhaus am Wannsee" bewog uns gleich diesem uns das Ziel Mölle zu stecken. Wir liefen auch keck am Mittwoch, dem 19. Juli, bereits um 5,30 Uhr aus, aber die Genüsse des Tivoli am Abend vorher hatten auf den Mops so verheerend gewirkt, daß wir das mühselige Aufkreuzen bei Helsingör aufgaben.

Gut, daß wir geblieben waren! Als wir am nächsten Morgen die Nase ins Kattegatt stecken wollten, empfing uns mit NWzN, Strom und reichlicher See ein kalter Guß; schleunigst machten wir kehrt, erst gegen Abend hörte der Regen auf. Hinter uns hatte ein hübsches dänisches Boot festgemacht: „Svanenungen" vom Kongl. Dansk Yacht-Klub. Bald waren wir mit dem blonden, blauäugigen Eigner und seiner nicht minder blonden Frau im Gespräch — daraus entwickelte sich ein reizender Abend in Marienlyst und anschließend der Entschluß, die Weiterreise gemeinsam fortzusetzen.

Ob wir allerdings Herrn v. B.'s Ziel — Hankö am Kristiania-fjord — erreichen würden, erschien mir doch mehr als zweifel-haft, denn „Svanenungen" war ein offenes 22 qm-Boot. Doch frisch gewagt ist halb gewonnen: der nächste Abend sah die Flottille in Mölle, nachdem wir für die 18 Seemeilen ganze zehn Stunden gebraucht hatten — auch ein Rekord.

Der folgende Tag — Sonnabend, 22. Juli — war „Groß-kampftag", galt es doch, den recht offenen Rutsch bis zum Schärengebiet zu überwinden. SW, der allerdings bald auf W drehte, diesiges, aber später noch sonniges Wetter machte die Fahrt zu einem Genuß für alle; bis Morups Tånge — da ging der Tanz los: es briste auf, bald waren acht Törns weggedreht und Sturmfock gesetzt; es dauerte nicht lange, so zeigte uns das Kattegat seine Zähne in Gestalt nicht unerheblicher Seen, — aber keine kam an Bord, trotzdem wir jetzt hart am Wind Kurs N liefen — armes „Svanenungen"! Es arbeitet recht tüchtig eine gute Meile zurück, wir lassen bei abflauendem Wind unsere Kameraden etwas auflaufen, ehe wir bei Rödskär ausreffen, um mit Eleganz nach Varberg einzulaufen — kaum steht die große Fock, springt unvermutet der Wind auf WSW zurück und legt zu — aber wie! Raumschots liegen wir bis zur Reling weg — luv und lee schwimmt das Deck, und der Kapitän arbeitet wie ein Schwerathlet an der Pinne! Ich kenne die gute kleine „Bora": mutet man ihr zu viel Fahrt zu, bäumt sie sich und versucht auszubrechen — und es ist entschieden zu viel! Aber nochmal reffen? Nein! So rasen wir vor Wind in die Bucht, halsen in der Hafeneinfahrt, werfen im Aufschießer zur Mole Fock und Großsegel herunter. Kaum liegen wir fest, bahne ich mir einen Weg durch die staunenden Badegäste und halte nach „Svanenungen" Ausschau, das in der kabbligen See bedenklich gierend einläuft; zu guter Letzt bricht ihm beim Halsen Großschot und Baum; mit schwimmenden Bodenbrettern, alles Zeug völlig durchnäßt, legt es sich neben uns. Ein steifer Grog belebt die reichlich gesunkenen Lebensgeister der blonden Wikinger: beide. schwören, eine solche Reise nie wieder im offenen Boot zu machen! Eng ist's ja in der Kajüte der „Bora", aber dafür auch trocken!

Am Sonntag vormittag bei herrlichstem Sonnenschein großes Plünnentrocknen auf dem Holzlagerplatz zum Gaudium der Varberger Jugend. Auch „Svanenungens" Baum wird erneuert (Bezahlung: eine Flasche Whisky!) trotz des Sonntages! Nachmittags litt es uns nicht länger im Hafen; bei strahlender Sonne ging's an den ersten Schären hinter Varberg vorbei — nordwärts, mit schöner Backstagbrise. Vor uns leuchtete das kleine weiße Segel von „Svanenungen" — kein Kurs, kein Kompaß, kein Barometer erforderte Aufmerksamkeit, wir konnten uns ganz der Freude über die Landschaft hingeben.

Nidingen taucht aus dem Dunst in NW auf, dräuende Doppeltürme — Blaubarts Schloß! Kurz vor Malö erreichen wir „Svanenungen", das eine halbe Stunde vor uns Varberg verlassen hat, und laufen mit gefierter Piek hinter ihm her in die Schären ein; ein klein bißchen klopft mein Herz ob der Wendungen in greifbarer Nähe der Felsen, auch das Ankern in dem Lotsenhafen in tiefem Wasser so nah an den Klippen ist zuerst etwas unheimlich, aber bald ist das Gruseln überwunden — die schwermütige Wildheit der Schärenlandschaft nimmt uns gefangen — schnell wird das „Pustboot" in Betrieb gesetzt und noch ein Spaziergang an Land unternommen.

Diesmal wurde ausgeschlafen, denn jetzt ging's ja weiter durch die Schären. Ein freundlicher Nebel kam uns zu Hilfe, denn sonst hätte vielleicht doch unser Gewissen geschlagen — Abfahrt 8.30 a. m.!! Unser Ziel war Marstrand; es fing damit an, daß erst mal Flaute war und dann WzN, der uns zwar vorwärts schob, aber nicht gerade nach Marstrand — so ging der Tag hin; nachmittags bezog sich der Himmel, und als dann auch noch ein leichter Regen aufkam, kreuzten wir hoffnungslos südlich von Gothenburg bloß mit dem Bestreben, einen annehmbaren Ankerplatz zu erreichen — der mußte aber bewohnt sein, denn unser Brot war ausgegangen, und wir hatten einen Bärenhunger. Schließlich hatten wir Styrsö als möglich und erreichbar ausgeknobelt, grad' wollten wir aus dem Gothenburger Einlauf abbiegen, als eine große, weiße Yacht aus dem Dunst auftauchte — wahrhaftig ein Deutscher! Schnell an den Mast und die Flagge gedippt — Hüte und Mützen wurden geschwenkt — leider war die Entfernung zu groß, um das Woher und Wohin festzustellen — vielleicht war's die „Miwohaka". Bald darauf lagen wir in Styrsö an einer freien Boje. 11 Stunden 30 Minuten für 20 Seemeilen: der Rekord von Mölle war noch überboten.

Eine Flaute ließ uns anderen Tags Zeit, die nötigen Einkäufe zu erledigen; dann drückte mir v. B. die Spezialkarten in die Hand, und ich übernahm Absprache gemäß die Führung. Wind und Strom standen gegenan, dauernd mußten wir kreuzen; ich hatte alle Hände voll zu tun mit den ungewohnten Karten, den noch ungewohnteren Seezeichen und „Kummeln" und dem gänzlich unbekannten Fahrwasser; aber alles gibt sich — auf der Suche nach einem guten Ankerplatz wagte ich's sogar, in den nicht mit Tiefenangaben versehenen Sund bei Bovik an der Nordspitze von Björkö einzulaufen, allerdings unter dauerndem Loten. Lotsenhilfe, die von ein paar halbwüchsigen Fischerjungen angeboten wurde, wiesen wir stolz ab; es ging auch gut — wunderbar ruhig und geschützt lagen wir dicht bei dem kleinen Fischernest.

Der nächste Tag brachte uns um die Mittagszeit nach Marstrand. An der herrlichen alten Festung konnten wir nicht vorüber — lange krochen wir durch die mächtigen Gänge der Kasematten, der Ausblick vom Turm war überwältigend: meilenweit das Felsgewirr der Schären — weit im Osten Wälder und nochmals Wälder — unendlich einsam die Landschaft.

Spät nachmittags ging's noch weiter bis Toftö, wo wir uns in einer stillen Bucht, weitab von allen Menschen, vor Anker legten.

Wir hatten bisher recht lange gebraucht; wollten wir wirklich Hankö erreichen und beizeiten wieder zurück sein, mußte die Sache schneller gehen: also nächsten Tag Aufbruch 5.45 a. m. Wind frisch aus WzS — die Mannschaft schläft — los! Draußen steht eine lausige See, wir winden uns also listig zwischen den Schären hindurch, nur manchmal läßt sich's nicht vermeiden, daß wir in irgendeiner Bucht die mächtigen Skagerrak-Seen zu spüren bekommen. Im Lauf des Vormittags kommt die Sonne durch, der Wind geht auf SSW und flaut ab; so laufen wir nördlich Hermanö um Mittag aus dem schützenden Schärengürtel hinaus ins Freie.

„Skagerrak!" — eine gewisse Spannung war doch mit diesem Namen verbunden; massig kamen die gewaltigen Seen angerollt; erst da hinten irgendwo — ganz, ganz weit, war wieder Land — England! Der „Mops" staunte, wenn „Svanenungen" bis beinahe zum Masttop hinter einem schaumgekrönten Wogenkamme verschwand; bald zog er es aber doch vor, die etwas unheimlich scheinende Rutschbahnfahrt von der Koje aus zu genießen.

Stunde um Stunde verging in herrlicher Fahrt; bei Jakobsö tauchten wir einen Augenblick wieder in den Schutz der Schären, dann ging's bei immer zunehmender Brise in rauschender Fahrt auf Ulsholm zu. Die Einfahrt in den Hafstens Sund ist zwar durch eine Deckpeilung gut bezeichnet, doch waren in der diesigen Luft die beiden Türme der Leitfeuer nicht auszumachen — hart steuerbord! Dicht um eine mit Bake versehene Klippe herum, über die die Brandung hinwegtoste, ging's auf das graue Gewirr vor uns los. Hoffentlich stimmt der Kompaßkurs! Denn dicht an beiden Seiten des Fahrwassers sind heimtückische Brännings verzeichnet; vorm Wind ging die tolle Fahrt — da voraus bildeten sich zwei weiße Flecke aus einem — eine kleine Korrektur nach Backbord; es war wieder e in e r — Gott sei Dank die Richtfeuer!

Um 8.20 p. m. lagen wir friedlich vor Anker im Hafstenssund — sehr zufrieden — 14½ Std. 55 Sm.

Desto beschaulicher war der nächste Tag: ziemliche Flaute und N-Strom ließen es unratsam erscheinen, in den Kosterfjord mit seiner Dünung auszulaufen. Der Tag verging mit Baden, Kochen (herrlicher Steinbutt!), Einkauf von Hummern und Seesternfischen, da der Mops durchaus für alle sehr zahlreichen Freundinnen selbstgefangene schwedische Seesterne mit nach Haus bringen mußte! Den Abschluß bildete ein sehr lustiger Abend mit Grammophon und viel-viel Whisky auf der norwegischen Yacht „Lil", die unweit von uns auch auf ein besseres Lüftchen wartete.

Der Sonnabend, 29. Juli, sollte uns endlich zum Ziel unserer gemeinsamen Reise bringen. In herrlicher, schneller Fahrt ging's durch den Kosterfjord (wo die frischgekochten Hummer mit einigen Schwierigkeiten im hohen Seegang zu „Svanenungen" hinübergeschafft werden mußten!) und weiter an Trestenene und Struten vorbei nach Hankö. 6.30 p. m. lagen wir in der Bucht beim Warmbadhaus vor Anker. Den Abend verbrachten wir in üppiger Schwelgerei am Buffet des Badhotels. Besonders der Mops strahlte von all den herrlichen Sachen essen zu dürfen, und so viel man wollte! Ich riet zur Mäßigung, fand aber kein Gehör — der Mops behielt recht, ich hatte die Leistungsfähigkeit eines elfjährigen Magens nach den Anstrengungen einer langen Seefahrt stark unterschätzt.

Am Sonntag Morgen ein Bummel durch den bezaubernden Ort; eigentlich ist es ja gar keiner, sondern ein Föhrenwald auf einem zerfetzten Granitblock, und zwischen den Bäumen verstreut reizende Häuschen, kaum ein Gartenzaun, der ganze Wald aber ein großer Garten mit einer Fülle seltsamer Farne.

Die „Bora"-Besatzung packte der Ehrgeiz — rund 50 Sm. von Kristiania und nicht dagewesen sein! Das durfte nicht passieren! v. B's. wollten sowieso etwa eine Woche in Hankö verbringen — also los! Auf Sonnabend, 5. August, morgens 8 Uhr, wurde die gemeinsame Rückfahrt von Hankö verabredet, dann zog spät am Nachmittag bei steifem SSW „Bora" allein des Wegs, leider ohne Spezialkarte, nur die deutsche Karte 1 : 300 000 stand mir zur Verfügung. So lief ich ahnungslos auf Moss zu und war wenig angenehm berührt, als ich plötzlich eine Brücke entdeckte, die die kanalartige Durchfahrt sperrte; zwar drehte sie sich prompt, um uns durchzulassen, aber ebenso prompt bedeutete uns ein heftig gestikulierender Beamter, daß wir am Bollwerk anlegen möchten; wir begriffen, daß es sich um das Brücken- geld handelte, und schmerzlich berührt lud ich 50 Öre ab.

Moss hatte überhaupt seine Mucken. Als wir etwas nördlich des Städtchens ankern wollten, kamen wir selbst auf 14 m Wasser in recht unangenehme Nähe der Felsen. Die Folge war eine unruhige Nacht für den Kapitän. Daher ging's dann auch schon um 3 Uhr morgens weiter, mit Vollzeug, später sogar Spinnaker, den Kristianiafjord hinauf. Nach dem Frühstück wuchs die Spannung. Dänemark, Kopenhagen, auch Mölle, und vielleicht Rückfahrt durch den kleinen Belt hatte uns bei der Hinreise als erreichbares Ziel vorgeschwebt. Kristiania!? — niemals! Das hätten wir selbst für eine Utopie gehalten, mit unserem 6 m-Schiffchen!

Und da tauchte es auf. Reihen über Reihen von Häusern an den Hügeln hinaufgebaut, dahinter schwarze Wälder und der Fjord ganz unwahrscheinlich blau!

Um 11,15 Uhr lagen wir vor der Haltestelle Skarpsno vor Anker. Der Klubdiener des K. N. Y. C. hatte uns bedeutet, daß keine Boje frei wäre. Im übrigen liegt man bei Skarpsno eigentlich besser und bequemer, da der Weg zur Stadt näher als von Dronningen; unzählige kleinere Yachten liegen dort, deren Eigner stets hilfsbereit sind; sogar ein Beiboot wurde mir zur Verfügung gestellt, als unser „Pustboot" bei dem heftigen Wind nicht vorwärts kommen wollte.

In Kristiania vergingen zwei Tage in Saus und Braus. Des „Bestmanns" autobehaftete Freunde (in Kristiania ist alles autobehaftet!) ließen es sich nicht nehmen, uns im Eiltempo die Schönheiten der Umgegend zu zeigen; auch v. B's. sahen wir zum Frühstück auf Holmenkollen. Eine wahnsinnige Auto- fahrt nach Hönefoß beschloß die schönen, aber recht anstrengenden Tage.

Der Bestmann hatte sich eine Halsentzündung geholt; der Mops hatte sich nun doch den Magen verrenkt. So blieb der Kapitän allein aktionsfähig. Die Verabredung in Hankö mahnte zur Eile, der Wind aber tat nicht mit; wenn er wehte,

wehte er aus Süden. So krebsten wir in zwei Tagen ganze 16 Sm. den Fjord hinunter. Erst am Sonnabend, 5. August, hatte der Wettergott ein Einsehen, leider zu spät. Nach schöner, schneller Fahrt kamen wir doch erst um 3,45 Uhr nachm. in Hankö an; den herrlichen N-Wind hätten wir für die Heimreise so gut brauchen können. Frau v. B. war uns allerdings nicht böse, denn für den Abend war ein Maskenball im Bad - Hotel angesetzt. So einigten wir uns dahin, daß der Maskenball von der Besatzung der Flotte besucht werden sollte (mit Ausnahme des Mops), während die Herren Kapitäne an Bord Vorrat schliefen. Freudig ging auch die Besatzung auf den strengen Befehl ein, nicht vor 3 Uhr an Bord zu kommen, um nicht die gestrengen Kapitäne zur Unzeit zu wecken. Punkt 3 Uhr ertönte dann auch ein ohrenbetäubender Lärm, eine ganze Flotte von Beibooten, Motorbooten und Fischerbooten umringte uns. ... Auf Ziehharmonikas, Blechtellern und Nebelhörnern wurde ein Morgenkonzert aufgeführt und die Besatzung von einem spanischen Granden mit etwas verbogenem Pappdegen richtig abgeliefert. 3,15 Uhr glitten wir aus der Bucht, die jetzt wieder friedlich in der Morgendämmerung schlummerte. Struten blinkte noch steuerbord voraus, und dahinter am Horizont blitzte Färderfeuer an der anderen Seite des Fjords auf.

Es briste auf. In rauschender Fahrt ging's durch den wohlbekannten Kosterfjord; südlich Ramskär empfingen uns wieder die langen Skagerrakseen. Für „Svanenungens" Besatzung waren diese aber, wohl in Verbindung mit dem Maskenball, etwas reichlich, so ging's südlich Ursholm wieder in die Schären und südlich des malerischen Grebbestad für die Nacht vor Anker. Immerhin — trotz eines siebenstündigen Aufenthaltes bei Krömlsons Brygge — 40 Sm.

Unser nächstes Ziel war Lysekil, das wir auch am Nachmittag des folgenden Tages erreichten. Die Fahrt ging bei schönem Wetter und gleichmäßigem Nord glatt vonstatten, nur der Einlauf nach Lysekil, nördlich an Hallö vorbei und dann quer durch die Schären, war etwas kitzlich, da wir nicht im bezeichneten Fahrwasser fuhren. Ohne den tüchtigen Bestmann hätte ich die Fahrt nicht wagen können. Jede passierte Schäre mußte identifiziert und genau nach den immer wieder neu abgesetzten Kompaßkursen gesteuert werden. Die Orientierung wiederzuerlangen, wenn sie einmal verloren, ist in diesem Klippenlabyrinth unmöglich.

Der nächste Tag brachte uns leichten WNW, sodaß wir „draußen" blieben. Marstrand aber erwies sich als unerreichbar.

Mit den letzten Ausläufern der Abendbrise erreichten wir eine kleine Bucht bei Flatholm im äußersten Schärengürtel. Wir ankerten zwischen Brännings, Heck am Felsen vertäut, in völliger Weltabgeschiedenheit.

Auch Mittwoch, der 9. August, brachte uns nicht weit; erst Flaute und dann stark auffrischender SO, der uns zu mühsamem Aufkreuzen und starkem Einreffen zwang. Als es nachmittags 3 Uhr auch noch anfing zu regnen, hatte das führende „Svanenungen" genug, wir gingen bei Fjälholm vor Anker und nahmen „Svanenungen", dessen Anker nicht hielt, achteraus.

Desto besser aber ließ sich der nächste Tag an. Steifer NNO brachte uns trotz etlicher Regenschauer bald nach Styrsö, wo wir reichliche Einkäufe machten. v. B.'s Urlaub lief am Montag ab, also galt es Eile. Nur noch vier Tage bis Kopenhagen, das konnte nur mit einigem Dusel gehen. Den schienen wir auch zu haben, denn der Donnerstag sah uns in Malö. Als am Freitag schöner, gleichmäßiger West bei gutem Barometerstand einige Haltbarkeit zu versprechen schien, beschlossen wir, den Versuch zu machen, evtl. mit einer Nachtfahrt Mölle oder Helsingör zu erreichen. Zwar stand ziemliche See, aber bei unserem Kurs (S½O) war sie nicht hinderlich. Nach vier Stunden fing aber „Svanenungen" so an zu lecken, daß ich v. B. dringend riet, nicht den einzigen langen, schutzlosen Seetörn der Fahrt in diesem Zustand zu riskieren. Wir liefen Varberg an, wo der Kapitän eines Svitzerschen Bergungsdampfers, der dort stationiert war, in entgegenkommenster Weise eine aufgerissene Naht im Vorschiff dichten ließ. Bei der Gelegenheit wurde auch gleich der Boden abgekratzt, der recht stark bewachsen war. Als wir dann um 4 Uhr aus Varberg ausliefen, war „Svanenungen" plötzlich erheblich schneller als wir. Ich hätte selbst nicht gedacht, daß die Säuberung des Unterwasserschiffs soviel ausmachen würde. v. B. strahlte; es hatte ihn auf der ganzen Fahrt ein bißchen bedrückt, daß die dicke, kleine „Bora" ihm immer voraus war, jetzt war's plötzlich umgekehrt! Draußen vor der Einfahrt wartete er, ließ sich noch etwas Proviant herüberreichen; das Wetter schien schön: „Auf Wiedersehen in Kopenhagen!" — und „Svanenungen" wurde klein und kleiner. Voraus waren dicke Bänke, die mir nicht recht gefielen. Das Einsetzen eines neuen Dirkwagenschäkels kostete viel Zeit. „Svanenungen" war nur noch ein kleiner, weißer Punkt am Horizont. Da sehe ich nach dem Barometer — verflucht! —, es ist stark im Fallen. Und die Bank in SW höher und schwärzer. Der Mops ist elend, und dabei eine Nachtfahrt. Nein! Wir drehen ab auf Falkenberg. Wo sind die Spezialkarten? Ich habe nur die Kattegatkarte

1 : 300 000! Aber was kann da sein? Eine Stunde dümpeln
wir noch in der vorauseilenden Dünung, dann kommt das Wetter
auf. Mit Vollzeug brausen wir vorm Wind an der Grenze des
weißen und grünen Sektors von Morups Tånge entlang. Richtig
fassen wir auch die Tonne ,,Skotta R", die die Südspitze des
Riffs bezeichnet hinter dem Falkenberg liegt. Aber nun ist guter
Rat teuer. Voraus sind zwei grüne feste Feuer und zwei weiße
Blinkfeuer zu sehen. Das rote Blitzfeuer, das meine Karte zeigt,
ist nicht auszumachen; die beiden grünen Feuer in Linie führen
auf die Lichter der Stadt. Vielleicht bezeichnen die beiden Blinkfeuer die Molenköpfe? Also erst mal Großsegel weg. Vor der
Fock laufen wir dann wesentlich ruhiger weiter. Die Lichter
werden größer; schon glaube ich, bald im Hafen zu sein — da,
voraus ein schwarzer Schatten, daran flackernde weiße Flecken
— die Brandung auf dem westlichen Wellenbrecher! Ich drehe
so viel wie möglich nach Steuerbord weg, um den Südkopf des
Wellenbrechers zu erreichen. Unmöglich! Breitseits treiben
wir rasch auf die drohende schwarze Masse zu. ,,Heiß vor Großsegel!" — kein Vollmatrose könnt's besser machen als der Bestmann der ,,Bora". Zwar geht das Segel nur halb hoch und knattert
bedenklich in dem reichlich 10 sec/m wehenden West, aber es
genügt. In wenigen Minuten erwischen wir das Südende des
Wellenbrechers und gehen wieder vor den Wind. Zwar irren wir
uns nochmal und verpassen den Einlauf zwischen den Wellen-
brechern. Schließlich aber stellen wir fest, daß die beiden Blinkfeuer in Linie zwischen die Wellenbrecher führen, und nehmen
an, daß die grünen Festfeuer in Linie uns zwischen die Hafen-
molen bringen. Aber vor dem West mit Vollzeug? Nochmals
das Großsegel wegzunehmen wage ich nicht, einmal am Abend
unter Fock auf Legerwall ist mir gerade genug. Aber mein Herz
klopft doch recht hörbar, als wir so mit rasender Fahrt auf die
grünen Feuer zuhalten. Nur Sekunden, dann huschen in der
Dunkelheit die Molenköpfe an uns vorbei. Gott sei Dank! An
den ersten Dalben machen wir fest und kriechen erst mal zum
Mops in die Kajüte und brauen uns aus den letzten Resten unseres
Whisky einen steifen Grog.

Aber recht froh können wir nicht werden. Armes
,,Svanenungen"!

Dem ist's recht schlecht gegangen in dieser Nacht. Der
Wind wurde zum Sturm und ging auf NW herum und trieb das
kleine Boot weit aufs Kattegat hinaus, da v. B. nicht riskieren
wollte, am Kullen auf Legerwall zu geraten. Zwischen den Feuern
kannte er sich jedoch nicht aus, da seine Karten und Bücher
völlig durchnäßt und unbrauchbar. Er hielt Hallands Väderö

für Kullen und Kullen für Nakkehoved, und lief infolgedessen in Skelderviken ein. Nachher stimmte natürlich nichts mehr, er fuhr blindlings auf ein rotes und grünes Feuer zu und saß plötzlich auf einer Sandbank in einem Hafen auf. Er stellte dann fest, daß er in Torekov „gelandet" war.

„Svanenungen" wurde übrigens unbeschädigt abgebracht und am Sonntag (1. August) nach Mölle gesegelt, wo es sein Eigner vorläufig ließ, da er am 14. in Kopenhagen sein mußte.

Wir hatten inzwischen in Falkenberg Kräfte gesammelt, den Sturm auswehen lassen und am Montag Helsingör in vierzehn-

Abb. 6.   Falsterbo.   Leuchtturm.

stündiger Fahrt erreicht. Auch wir hatten allgemach Eile, aber Gott Äolus streikte einmal wieder. So kamen wir erst am Dienstag, 15. August, abends, nach Kopenhagen, freudig begrüßt von unseren Segelkameraden, die sich unsertwegen schon Sorgen gemacht hatten; ihre liebenswürdige Gastfreundschaft veranlaßte uns auch, erst am Mittwoch (16. August), nachmittags 3,30 Uhr, dem Kopenhagener Yachthafen Lebewohl zu sagen.

Wir hatten große Pläne: in einem Törn bis Swinemünde; insgeheim träumten wir sogar davon, bis Stettin durchzulaufen; aber es sollte anders kommen.

Bis Drogden ging's ganz gut mit leichtem W, dann aber wurde es finster. Hart am Wind konnten wir gerade Falsterbo

Feuerschiff anliegen, erreichten es aber doch nicht ganz, so daß wir einen kurzen Schlag nach W einlegen mußten. Erst um Mitternacht passierten wir endlich Falsterbo mit Kurs SSO auf Saßnitz. Es briste auf, so daß wir stark wegreffen mußten. Der Wind ging immer weiter südlich; allmählich verschwanden die Feuer, leichter Regen setzte ein, und die See wurde gröber. In der Morgendämmerung schwabberten wir bei ca. 12 sec/m Wind auf einer trostlosen, wilden See herum. Erst gegen 10 Uhr klarte es etwas auf, auch der Wind ging herunter, aber wo waren wir? Da erschien als rettender Engel im schmucken weißen Kleid der Fährdampfer Saßnitz-Trelleborg etwa 2 Sm. westlich von uns; so arg waren wir also doch nicht aus dem Kurs getrieben. Da jetzt der Wind auf SO ging, wollten wir versuchen, um Arkona herum Dornbusch zu erreichen. Arkona kam auch richtig 12,30 in Sicht; wer konnte ahnen, daß wir es nach 12 Stunden noch immer sehen würden? Um ¼4 Uhr mußten wir den Kurs wieder ändern, da der Wind inzwischen wieder auf SSW gedreht; endlich um 6 Uhr war Arkona querab. Wir hofften schon, zum Abend in Saßnitz zu sein, aber es mußte ein wahnsinniger Strom gegenan stehen, Stunde um Stunde verrann, harte Fallböen unter Stubben- kammer zwangen uns, zu reffen, so daß wir noch weniger Fahrt gegen die kabbelige See machten; es war trostlos. Um 5,30 Uhr morgens machten wir endlich am Bollwerk in Saßnitz fest; der Mops kochte der erschöpften Mannschaft einen Kaffee, dann wurde geschlafen, aber ausgiebig! 38 Stunden für 85 Sm.; wie anders war die Fahrt nach Kopenhagen!

Am 19. August liefen wir bei hartem WNW weiter. Bei dem Wetter über Swinemünde zu fahren, schien uns nicht ratsam. Durchs Landtief in die Peenemündung war sicher ruhiger und auch nicht viel weiter. Der Abend sah uns bei unfreundlichem Regenwetter in Wolgast, der Abend darauf nach ereignisloser Fahrt durch altbekanntes Gebiet in Ziegenort. Montag, den 20. August, 10 Uhr vormittags, liefen wir in den Hafen des St. Y. C. ein. In einer Stunde waren wir schleppklar und mittags bereits am Grünen Graben bereit zur Rückfahrt nach Berlin.

Vom 10. Juli bis 21. August waren wir unterwegs; an 33 Tagen haben wir gesegelt und dabei in 297 Stunden 986 Sm. unter Segel zurückgelegt, eine Leistung, die nur durch die See- tüchtigkeit der kleinen „Bora" und die nicht minder große See- tüchtigkeit des „Bestmanns" möglich war (s. Karte Seite 66).

„Bora II".

„Bora II" wurde von Dipl.-Ing. Popp entworfen. Das Boot sollte wesentlich mehr Platz bieten als „Bora I" und vor allen Dingen ein Beiboot an Deck mitführen können. Daraus entstand der etwas merkwürdig anmutende reichlich niedrige Salon, der mich allerdings nie gestört hat. Die Hochtakelung, die ich hier zum erstenmal probierte, hatte den ungewöhnlichen, gleichmäßig ge-

Abb. 7. „Bora II".

krümmten Mast auf meinen Wunsch erhalten, um das Reffen zu erleichtern; gerade Masten, die natürlich nach dieser Hinsicht viel besser sind, waren damals noch nicht üblich. Das Boot fiel nicht ganz so aus, wie ich es mir gedacht hatte; einen großen Teil der Schuld trug die damalige unruhige Zeit, die Konstrukteur, Werft und Eigner an der unbedingt notwendigen Zusammenarbeit hinderte.

18

„Bora II" war viel zu leicht und benahm sich infolgedessen im Seegang wie ein Schaukelpferd; die Endstabilität war auch nicht besonders groß, sodaß oft mit sehr erheblicher Lage gesegelt werden mußte; dafür war aber das Boot vor allem bei mittleren Winden ausgesprochen schnell. Unter der Plicht war ein 5 PS Einzylinder-Bubmotor eingebaut.

Bei Backstagsbrise war „Bora II" ebenso wie „Bora I" reichlich luvgierig, segelte auch auf keinem Kurs allein. Im Herbst 1923 verkaufte ich das Boot mit der Absicht, ein anderes etwas größeres bauen zu lassen.

Norwegenfahrt Sommer 1923.

Natürlich war der Freitag daran schuld! Wie kann man auch zugeben, daß ein neues Schiff an einem Freitag die Werft verläßt! Wenn schon der „Bora II" nichts passiert war; die Rache der Götter war gekommen: Ende Juni lag ich mit Masern — ausgerechnet Masern!! — zu Bett; mein Mitsegler hatte mir abgesagt, und die schöne Sommerreise schien sich in nichts auflösen zu wollen! — Und natürlich war's wieder an einem Freitag, den 29. Juni, an dem sich die Mannschaft endlich an Bord versammelte.

An den vorangegangnen Tagen waren ungeheure Massen Proviant verstaut worden: 97 Büchsen Gemüse und Obst, 62 Dosen Fleisch und Suppen, 56 Dosen kondensierte Milch, 25 Dosen Butter und Schmalz und 20 Dosen Marmelade hatten hinter den Bänken und in der Bilge Platz gefunden; 20 Dauerbrote, Erbsen, Grieß, Mehl, Schiffszwieback und dergl. im Buffetschrank; ansehnliche Mengen Schnaps und ein paar Flaschen Wein unter den Bänken, Kleiderschränke und sonstiger Stauraum waren mit warmen Wollsachen reichlich versehen; denn wir mußten damit rechnen, daß die heillose Kälte dieses sogenannten Sommers anhalten würde. Diesmal waren wir zwar zahlreicher als sonst, aber desto unbefahrener: Ingrid und Gisela, meine beiden zwölf- und neunjährigen Töchter, Peter, Neffe und Unterprimaner, sowie im letzten Moment als Steuermann angeheuert Herr Th.

Am Sonnabend, den 30. Juni, ging die Reise unter Motor los bis Tegel, wo gleich nach uns auch der Schlepper „Berta" eintraf, der uns am Montag wohlbehalten in Stettin ablieferte. In dem allzeit gastlichen Hafen des Stettiner Yacht-Clubs takelten wir auf und schwammen noch am Dienstag abend bei unerwartet herrlichem Sommerwetter ein paar Meilen oderabwärts. Am andern Morgen ging's ohne eigentliches Ziel bei leisem SO weiter. Um 10,35 Uhr passierten wir mit NO den Leitholm; wir konnten,

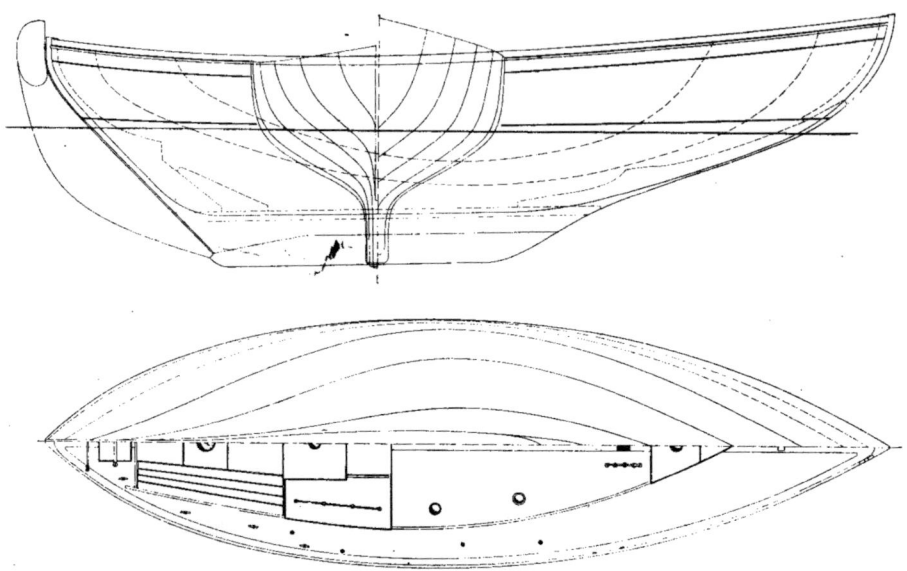

Abb. 8.   „Bora II".   Linienriß.   Maßstab 1 : 80.
Entworfen von Dipl.-Ing. Friedrich Popp, Potsdam.

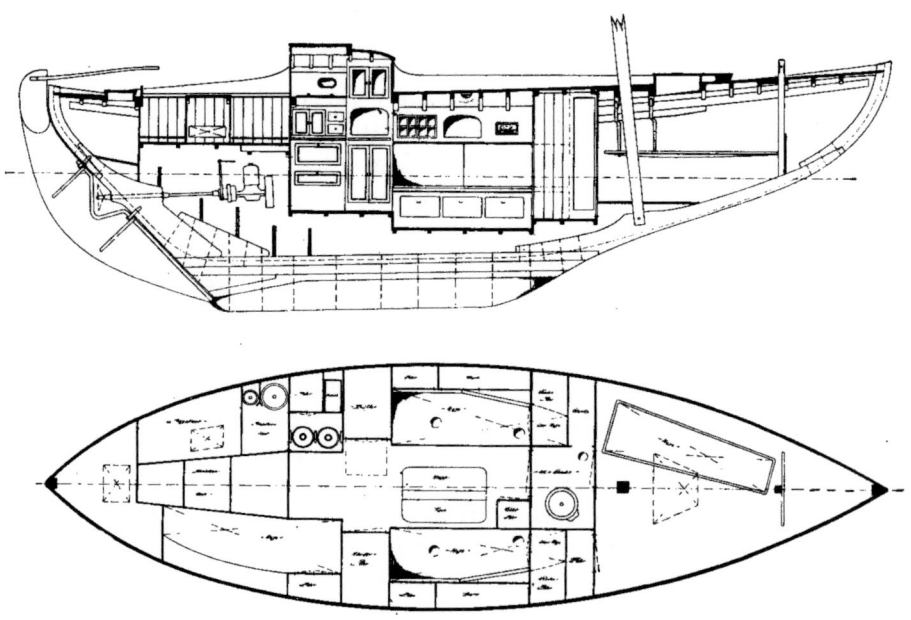

Abb. 9.   „Bora II".   Einrichtungsplan.   Maßstab 1 : 80.

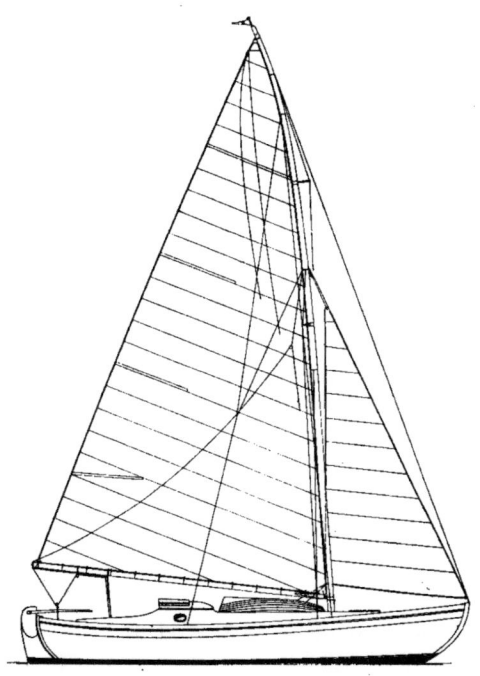

Abb. 10. „Bora II". Segelriß 1 : 160.
Am Wind-Segelfläche 49,24 qm.

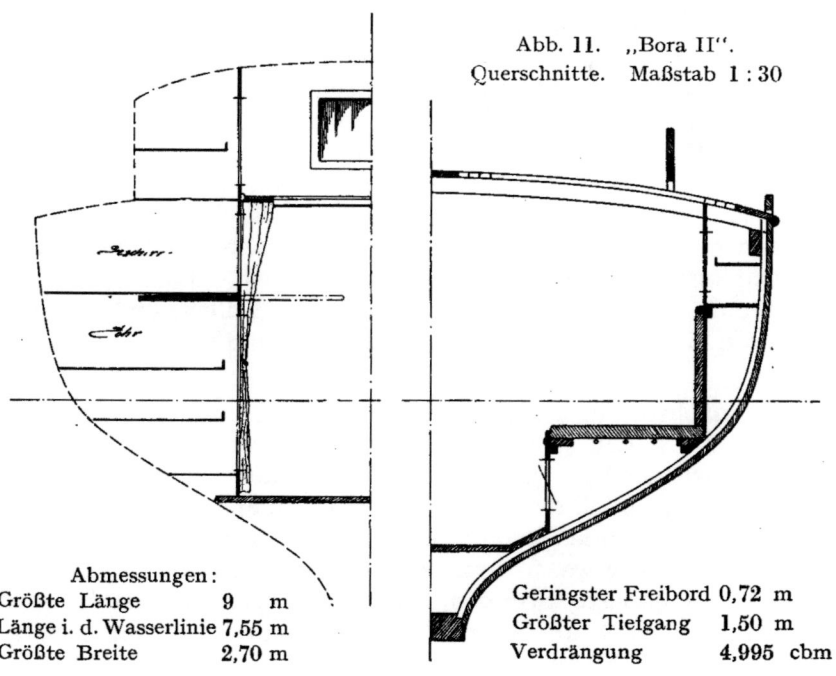

Abb. 11. „Bora II".
Querschnitte. Maßstab 1 : 30

Abmessungen:

Größte Länge   9   m
Länge i. d. Wasserlinie 7,55 m
Größte Breite   2,70 m

Geringster Freibord 0,72 m
Größter Tiefgang   1,50 m
Verdrängung   4,995 cbm

21

da der Wind immer mehr westlich drehte, gerade noch Woitzig anliegen und kamen um 6,20 Uhr glücklich nach Carnin. Wir wollten weiter, aber auf dem Achterwasser streikte der Wind endgültig, so daß wir um 9,50 „mitten in der Landschaft" vor Anker gingen. Die Mannschaft war ungeduldig — es sollte doch „die große Seefahrt" werden. Also am 5. Juli, morgens 4 Uhr „Anker auf" und mit Vollzeug bei leichtem SO-Wind in den Sommermorgen hinein.

Wir gingen richtig Wache; Herr Th. und Peter die eine, Ingrid und ich die andere, „Gile" machte Stewardess und sorgte unter Ingrids erfahrener Leitung für die nötige Ordnung unter Deck. Schnell verging der Tag, der Barograph stieg langsam aber sicher, der Wind drehte allmählich zurück auf SO, sodaß ich keine Bedenken hatte, trotz ungetrimmten Schiffs, auch noch die Nacht durchzulaufen.

Als ich um Mitternacht die Wache übernahm, lag Dornbusch achteraus, auf Backbord blinzelte Plantagenet-Grund-Tonne herüber. Eine ganz leise Dünung aus O wiegte uns gerade genug, um uns klar zu machen, daß wir wirklich auf See waren. Bis um 8 Uhr hielten wir unseren Kurs NzW, gingen dann aber auf N, da wir starke westliche Stromversetzung feststellten. Der SO wehte gleichmäßig in Stärke 2 weiter, so daß wir den Ballon setzten, den wir bis abends 8 Uhr stehen lassen konnten. — Wieder ein Sommertag von unglaublicher Schönheit. — Ehe die Jugend abends unter Protest zur Koje ging, konnte sie noch Schloß Kronborg in der Abenddämmerung bewundern. Mit der Jugend war aber auch der Wind schlafen gegangen; ein heftiger N-Strom brachte uns trotzdem schnell durch die Enge von Helsingör mitten in unzählige Fischerflottillen hinein. Das war weniger schön: ich war allein an Deck und auch schon ein bißchen müde; überall wurden Lichter geschwenkt, hin und wieder rief man mich fluchend an; aber der Strom war unerbittlich. Bald kam auch wieder eine leichte Brise auf, voraus blinkte Kullen, und das rote Auge von Svinbädan war querab, als ich um 12 Uhr die Wache abgab.

Der nächste Tag wurde womöglich noch heißer als der vorige; ich kam um 4 Uhr gleich im Pyjama an Deck, außerdem aber war es noch diesig! Um 4,30 Uhr erschien Hallands Väderö auf einen Augenblick dwars — dann stundenlang nichts als blaues Meer und blendende Sonne; erst nachmittags 4 Uhr konnten wir Varberg in etwa 5 Sm. Abstand Steuerbord voraus ausmachen; es dauerte Stunden, ehe wir es passiert hatten, und die Hoffnung, noch am Abend Malö-Hafen und das Gothenburg-

Geschwader der Kreuzer-Abteilung zu erreichen, wurde immer schwächer. Als um ½8 Uhr der Wind gänzlich aufhörte, wurde der Motor angedreht, wir ließen Kläback auf Backbord; 10,15 Uhr lagen wir in Malö inmitten des deutschen Yachtgeschwaders vor Anker. Drei Tage und zwei Nächte hatten wir für die 220 Sm. gebraucht — als erster Seetörn nicht schlecht.

Die nächste Woche stand im Zeichen der Gothenburger Segelveranstaltungen und der Ausstellung. Den Abschluß der schönen Tage bildete ein großes Diner am Freitag, dem 13. (!!),

Abb. 12. Fischerhafen (Schwedische Westküste).

an dem allerdings die Mannschaft in Anbetracht ihrer allzugroßen Jugend nicht teilnahm.

Erst um 4 Uhr früh am Sonnabend kam der Kapitän an Bord. Um 7,15 Uhr gingen wir Anker auf. Bald lag die Reede von Langedrag hinter uns. Strahlender Sonnenschein, Vollzeug- brise um uns und vor uns die Wunderwelt der Schären! — Was konnte ein Seglerherz mehr verlangen! — So ging's den ganzen Tag nordwärts, meist hart am Wind, hin und wieder einen langen Kreuzschlag einlegend. Draußen im Kattegat stand ziemlich beträchtliche Dünung aus W, so daß wir uns an Marstrand vorbei durch die innersten Winkel der Schären hindurch drückten. Als um 8,30 Uhr abends im Hermanösund südlich Gullholmen der Anker fiel, hatten wir zwar nur 38 Sm. in der Luftlinie zurückgelegt, aber einen unendlich abwechslungsvollen und überaus genußreichen Segeltag hinter uns.

Nun aber mußte endlich ein energischer Versuch gemacht werden, unser eigentliches Ziel, die norwegische Südküste, zu erreichen. Sonntags früh um 4 Uhr gingen wir Anker auf und mit leichtem Ost hinaus aus den Schären. Bei Bonden legten wir um 5 Uhr das Patentlogg aus und gingen zunächst bei auffrischendem SO und starker SW-Dünung auf Kurs NWzW½W, um Väderöbod in etwa 4 bis 6 Sm. Abstand zu passieren. Von dort sollte die Reise je nach Wind nach Arendal oder Risör gehen. Wir liefen gute Fahrt — die Sonne schien heiß (um 7 Uhr morgens 20 Grad im Schatten) — nur in SW, von wo die Dünung kam, lagen drohende Bänke, und die Barographenkurve fing an, eine bedenkliche Neigung nach unten zu zeigen. Das Resultat dieser Kombination war dann auch um 10,35 Uhr eine plötzliche und etwas unheimliche Flaute. Wir ließen uns eine halbe Stunde in der schwülen Hitze von der Dünung schaukeln, dann hatte ich Mitleid mit den Magennerven der Jugend und drehte den Motor an. Mit einigen Schwierigkeiten fanden wir uns durch den Schärengürtel und lagen zum Mittagessen bei der Insel Fläskö westlich Fjellbacka vor Anker. Langsam bezog sich der Himmel, der Barograph fiel weiter, aber Wind kam doch nicht auf — nur gegen Abend trieben wir noch ein paar Seemeilen weiter in eine andere Bucht.

Am nächsten Morgen (16. Juli) bei bedecktem Himmel leichter SO, der uns bald durch den Hafstenssund in den Kosterfjord hinausbrachte; mit Wehmut gedachten Ingrid und ich der fabelhaften Hummer, die wir dort im voraufgegangenen Jahr trotz hohen Seegangs gekocht und zusammen mit „Svanennungens" lustiger Mannschaft verspeist hatten.

Um 9 Uhr war es aber wieder aus, gerade als wir an Torbjörn Skär vorbei auf Lille Färder halten wollten. Eine halbe Stunde schaukelten wir in schwüler Flaute, dann schob sich in SW eine schwarze Bank herauf. Mit dem noch leichten SW, der ihr vorauf lief, erreichten wir gerade eine nette kleine Bucht dicht bei Homlungen Fyr, als das Wetter losplatzte — sogar unser schönes noch jungfräuliches Großsegel hatten wir rechtzeitig bergen können! Seit Stettin hatten wir ausschließlich Vollzeug gefahren, aber kein Regentropfen und auch nur sehr selten hatte ein Spritzer die Segel berührt; das sollte jetzt anders werden! Zunächst ließen wir uns 'mal den Regen ein paar Stunden lang auf den Köpfen herumtrommeln, und als es durchaus nicht aufhören wollte und auch der Wind immer mehr zulegte, liefen wir mit dem Motor (um die Segel zu schonen) die knappe Meile bis Skjaerhallen. Hier gab's zur großen Begeisterung von Smutje und Stewardess frische Makrelen; darob waren bald Regen und Sturm — (SW 7—8, sagt das Logbuch) — vergessen.

Am anderen Morgen hatte gegen 8 Uhr der Regen aufgehört; es schien zwar noch einiger Wind zu wehen, aber nicht mehr als ich glaubte mit Vollzeug vertragen zu können. Da hatte ich mich allerdings gründlich geirrt; denn kaum waren wir kurz nach 9 Uhr wieder bei Homlungen, da pfiff der SW so gründlich vom Skagerrak herüber, daß wir schleunigst ein Reff einbinden mußten. Trotz der Enge des Fahrwassers und der völligen Ungeübtheit der Mannschaft ging es ganz gut. Kaum waren wir aber draußen und hielten hart am Wind (SWzW 4—5) auf Trestenene zu, als wir uns entschließen mußten, das Großsegel ganz wegzunehmen und Sturmsegel zu setzen; auch dieses Manöver gelang trotz der gewaltigen See, die aus dem Skagerrak herein stand; keine See kam während des Beiliegens an Deck, trotzdem wir oft fast breitseits lagen. Natürlich kamen für diese Arbeit nur Herr Th. und ich in Betracht; denn Neffe Peter lag schon „seetoll" in der Koje, und die beiden Mädchen wollte ich bei den heftigen Bewegungen des beigedrehten Bootes nicht an Deck lassen. Jedenfalls hatte ich wieder einmal Gelegenheit, die großen Vorzüge einer leicht feststellbaren Pinne schätzen zu lernen.

Hinter Trestenene legten Wind und See noch mehr zu (SWzW 6—7). Wir machten kaum mehr Fahrt gegenan, da die steilen Seen, die gegen unsere breite Nase prasselten, jedesmal die Fahrt aus dem Boot nahmen. Die Verkündung des Beschlusses, nach Hankö abzudrehen, rief bei Ingrid helle Begeisterung hervor; denn das Buffet des Bad-Hotels war eine der stärksten Erinnerungen der letztjährigen Reise —; bei „Gile", die etwas bleich im Vorschiff lag, war die Begeisterung schon wesentlich gedämpfter, und Peter stöhnte nur: „Sind wir denn noch nicht bald da?"

Es war eine tolle Fahrt — fraglos, daß die „Bora" sich mit Backstagbrise und hoher See von ihrer besten Seite zeigte: kein Tropfen Wasser kam an Deck. Kurz vor den Söstrene (Struten) brach das Backbordmittelwant nach einer besonders schweren See, aber mit dicht geholtem Backstag ging die Reise ungefährdet weiter. Die Südeinfahrt nach Hankö konnte ich nicht ausmachen; so mußten wir den Umweg über die klarere Nordeinfahrt wählen. Auch diese war kitzlich, da überall selbst auf den 3 m Untiefen schwere Brandung stand: in der kaum 30 m breiten Durchfahrt bei der Hottenbake klopfte mein Herz doch sehr hörbar! aber alles ging gut — abends schwelgte die gesamte „Bora"-Mannschaft am Buffet des Bad-Hotels in Hankö.

Der nächste Tag (Mittwoch, 18. 7.) verging mit dem Einziehen eines neuen Wants auf der Werft von Gabrielson in Vikene und mit dem Warten auf Geld, das aus Kristiania kommen sollte. Es kam aber nicht, und so konnten wir schließlich erst am 19. mittags weiter. An die offene See war bei dem harten SW nicht zu denken, und so plante ich, über Fulehuk und durch das oft gelobte Fahrwasser Vrängen bis zum Tönsbergfjord zu kommen. Nach Fulehuk hinüber mit gerefftem Sturmsegel und Sturmfock war ein ziemlich beträchtlicher Tanz: nördlich Leiesteen in die Schären zu laufen, war mir zu unsicher, und so gingen wir erstmal in dem klaren und übersichtlichen Huikjälla nordwestwärts, und dann in verhältnismäßig ruhigem Wasser wieder südwärts bis zum Einlauf nach Vrängen an der Südspitze von Aarö. Um 5,45 Uhr lagen wir bei dem malerischen Sevik vor Anker. Hier empfingen wir auch den eingehenden Besuch eines Zollbeamten — in Skjaerhallen und Hankö hatten sie nur guten Tag gesagt — hier, wo wenig fremde Yachten hinkommen, nahm es der Zoll sehr genau; er studierte aufmerksam Ingrids Proviantliste und versiegelte zum Schluß unsere Schnapsvorräte. Der nette alte Herr war aber sonst die Höflichkeit selbst: das von ihm mit herrlichen Kongl. Norsk-Siegeln verschlossene Kuvert, das eine Abschrift der Proviantliste enthielt, hat uns an der ganzen Küste die allerbesten Dienste geleistet. Die unvermeidliche Zollrevision wurde immer in kürzester Zeit und mit größter Zuvorkommenheit erledigt; nie wurde in dem Boot herumgestöbert und nur die Unversehrtheit der Siegel und Plomben geprüft. Musterrolle oder Paß wurden nie verlangt, nur der Standerschein. Eine Visitenkarte mit dem Namen von Eigner und Boot ergab eine wesentliche Beschleunigung der umständlichen Notizen, die sich die Beamten machten.

Der freundliche Zollbeamte teilte uns des weiteren mit, daß Sevik Festungsgebiet und das Landen eigentlich nicht erlaubt sei. Um nicht irgendwelche Schwierigkeiten zu haben, fuhren wir daher am 20. 7. trotz strömendem Regen mit dem Motor weiter bis zu dem reizend gelegenen Tallakshavn hart nördlich Tönsberg Tönde am Tönsberg Fjord. Hier baute die Jugend begeistert Burgen im Sand, während ich einen Felshügel erklomm und weithin Ausschau hielt über die zerrissene von mächtiger Brandung umschäumte Küste. Die Kahlheit und Strenge der westschwedischen Schären ist hier durch eine in allen windgeschützten Winkeln hervorbrechende üppige und farbenfreudige Vegetation gemildert, der Blick landwärts über endlose Wälder durch die ausgeprägte Struktur der Landschaft viel abwechselungsreicher als in Schweden. Gegen Abend schien der SW auf NW gedreht und etwas abgeflaut zu haben; wir liefen deshalb noch aus, um ein Stück weiter zu kommen — insgeheim hoffte ich sogar auf eine Nachtfahrt. Unter den Steilwänden von Tönsberg Tönde wurden wir aber eklig bekalmt; bei der Nähe der Felswand auf der einen Seite und der Klippen und Gründe auf der anderen, keine angenehme Situation! denn an beiden brüllte die respektable Brandung — Szylla und Charybdis! Der Steuermann blickte gespannt auf mich: wann wird der Motor angedreht? Aber es ging auch so, und bald schaukelten wir draußen auf der mächtigen Dünung. Die war aller-

Abb. 13. Überbleibsel aus alter Zeit.

dings sehr viel höher als ich geglaubt hatte, zudem heulte der Wind in unglaublich harten Böen über die Steilküste herunter: Windstärke 6—7 steht im Logbuch. Wir hielten infolgedessen auf den kleinen Felshafen von Kjärringvik im Sandefjord zu; um 9,20 Uhr fiel dort der Anker.

Am Sonnabend machten wir einen vergeblichen Versuch, uns gegen SW 4—5 die Weiterfahrt zu erkämpfen. Die See war so hoch, daß an ein erfolgreiches Gegenankreuzen nicht zu denken war; zur Abwechselung liefen wir nicht nach Kjärringvik zurück, sondern in eine geschützte kleine Bucht bei Kisteholm. Dichtauf folgte uns ein norwegischer Motorsegler, der schon am Tag vorher in Tallakshavn gelegen hatte. Ihm war wohl auch die See zu viel, beziehungsweise das Rohöl zu teuer! Ich wunderte mich sehr, daß der „Tre Söstrene" so genau unserem Kielwasser folgte und es peinlich vermied, uns zu überholen. Zurufe konnte ich leider nicht verstehen; da er aber vorsorglich draußen wartete, bis wir vor Anker lagen und sich dann zwischen uns und die Einfahrt legte, nehme ich fast an, daß er keine Karte dieses Küstenstriches besaß, aber sehr richtig vermutete, daß eine deutsche Yacht es kaum wagen würde, ohne Spezialkarte in diese sehr unreinen Gewässer zu laufen.

Der Tag verging mit Baden und Erdbeersuchen. Hin und wieder über die steilen Felsen einfallende Böen zeigten uns, daß wir draußen nichts zu suchen hatten.

Am Sonntag machten wir trotz unveränderter Wetterlage einen verzweifelten Versuch weiterzukommen. „SW Dünung wird zwischen Svenöer und Stavernsö ungemütlich, dazwischen Kreuzsee von nördlich einfallenden sehr harten Böen", sagt das Logbuch. Um 10 Uhr vormittags lagen wir bereits vor Frenviken vor Anker. Bis hierher hatte das in Gothenburg übernommene Wasser vorgehalten, jetzt war aber der Behälter leer, und wir füllten nur unser Fäßchen mit recht mäßigem Wasser aus einem Brunnen in Frenviken. Es blies unentwegt weiter, so daß wir am Montag mit gerefftem Sturmsegel und z. T. unter Beihilfe des Motors über den Fjord nach Frederiksvaern liefen, um Wasser und Proviant zu ergänzen. Von der Mole des reizenden altertümlichen, kleinen Hafens wurde am Abend unter aufgeregter Beteiligung der „Bora"-Mannschaft ein großer Makrelenfang inszeniert. Die Geschicklichkeit, mit der die Fischer den Schwarm mit dem Netz umkreisten, war erstaunlich. Als es eingeholt war, mußte mit Käschern und Kübeln das zappelnde Getier ausgeschöpft werden, der zur Bergung der Beute herangeholte Fischerkahn füllte sich schnell mit der silbernen Flut; den letzten Rest des Fanges konnte er nicht mehr fassen, er wurde unter die Helfer auf der Mole verteilt. Außerordentlich freundlich war die Aufnahme in dem verträumten Städtchen, das früher Marinestation war, jetzt aber nur noch eine Seekadettenanstalt hat. Konditor „fröken" und Kolonialwarenhändler stritten mit Bonbons und Schokolade um die Gunst der beiden „Bora"mädchen.

Der Dienstag brachte endlich besseren Wind: NW 2—3. Zwar stand noch beträchtliche Dünung, aber wir machten doch gute Fahrt. Leider nicht lange. Gegen 11 Uhr ging bei herrlichem Sonnenschein und 18 Grad im Schatten der Wind schlafen, als wir uns etwa südlich von Langesund befanden. Das Schaukeln in der Dünung brachte bald Peters Magennerven wieder so in Aufruhr, daß ich den Motor andrehte und, vorsichtig die brandungsumtosten, aber sonst nicht sichtbaren Klippen von Stengrunden umgehend in das innere Schärenfahrwasser nach Kragerö einlief. Teils unter Segel, teils mit Motor ging's weiter durch dieses einzig schöne Fahrwasser; nur der Umstand, daß der Motor infolge verschmutzter Benzinleitung häufig streikte, verminderte das Vergnügen. Die enge Passage bei Kreppa im Langaarsund wollte uns zuerst unmöglich erscheinen, so dicht treten die senkrechten Felswände zusammen; man zweifelt, ob das Schifflein Platz findet, um sich hindurchzuzwängen — nachher geht's natürlich doch!

Die Nacht verbrachten wir in Skjörsviken ½ Sm. nördlich Strömtangen Fyr, längsseits einer uralten Ketsch, die dort vor Anker lag. Ein alter Zollwächter und sein Sohn hatten uns gebeten, nicht zu ankern, um nicht die für den Abend bestimmt erwarteten Makrelen abzuschrecken. Wir wurden dann auch durch den interessanten Anblick eines ungewöhnlich großen Fanges belohnt.

Der folgende Mittwoch (23. 7.) brachte uns endlich einen ruhigen N. Wir liefen noch mit Sturmsegel aus (das wir seit dem 17. ausschließlich benutzt hatten!), setzten aber bald das Großsegel und liefen nun trotz der hohen SW-Dünung rauschende Fahrt längs der malerischen Küste. Um 10 Uhr vormittags war die Freude aber wieder aus; der Wind ging schlafen und da uns der Küstenstrom in bedenkliche Nähe der Klippen vor Lyngör Fyr setzte, mußten wir den immer noch sehr streiklustigen Motor in Gang bringen. Teils mit dem unwillig fauchenden Motor, teils gegen einen leichten S aufkreuzend, schlängelten wir uns durch den großartigen Lyngörfjord. Schon hofften wir am Nachmittag Arendal zu erreichen, als uns in der Nähe der Südspitze von Boröen urplötzlich eine pfeifende Bö überfiel. In dem engen Sund war kein Platz zum Reffen, Ankern war ausgeschlossen, da meine 60 m-Kette knapp auf den Grund gereicht hätte; ich versuchte noch mit killenden Segeln um die Ecke von Boröen zu kommen, um im freieren Wasser Platz zum Reffen zu haben — unmöglich: Großsegel weg, und unter Fock vor der schnaubenden Bö durch den Sund zurück. Nahe der Nordspitze von Boröen liefen wir in eine geschützte kleine Bucht, die auf der Karte als Ankerplatz mit 34 m bezeichnet, diese „mäßige" Tiefe aber nur etwa 10 m vom Ufer aufwies! Wir mußten uns infolgedessen mit dem Bootshaken an den steilen Felsen festhalten bis der Steuermann im Beiboot eine Leine zum anderen Ufer ausgebracht hatte. An drei guten Leinen vertäut, lagen wir ruhig und sicher und konnten eine Reihe schwerer Gewitter mit besonderer Genugtuung über uns ergehen lassen. Der Rest des Tages war dem Motor bzw. dem Benzinbehälter und der Leitung gewidmet, die vollkommen ausgebaut und gereinigt wurden. Auch ein großer Teil des nächsten Tages verging noch mit dieser wenig angenehmen Arbeit; allerdings hätten uns die zahlreichen schweren Gewitter, die mit Totenflaute wechselten, sowieso an der Weiterfahrt verhindert. Mir wurde so recht klar, wie wichtig ein zuverlässiger Motor in diesen Gewässern ist. Ohne ihn kann man bei dem häufig recht starken Strom und der Unmöglichkeit, auf den großen Wassertiefen zu ankern, in recht peinliche Lagen kommen. Ich muß jedoch betonen, daß die Unzuverlässigkeit nicht an dem Bub-Motor, sondern nur an dem unglaublich schmutzigen Benzin lag, das ich leichtsinnigerweise ohne vorheriges Filtern in den Behälter gefüllt hatte.

Erst am Freitag liefen wir bei herrlichstem Wetter und SO-Wind in knapp 3 Stunden nach Arendal, wo wir im innersten Teil des westlichen Hafenbeckens am Bollwerk festmachten. In Arendal mußten wir einige Tage bleiben. Seit unserer Abreise am 29. Juni war ich ohne Nachricht von Haus — die spärlichen Zeitungsnachrichten lauteten auch nicht gerade beruhigend. So sandte ich denn von dem altmodischen, aber ganz vorzüglichen Grand Hotel aus ein Rückantworts-Telegramm nach Haus. Die unvermeidliche Wartezeit wurde mit sehr nötigem heißem Bad, Provianteinkauf und Diners im Grand Hotel ausgefüllt. Sonnabend abend kam die Antwort. Wohl oder übel mußte ich mich entschließen, Stavanger aufzugeben und an den Heimweg zu denken. Schließlich waren wir ja nicht zum „Seemeilenfressen" ausgezogen — bei der herrschenden Wetterlage aber die Fahrt um Lindesnes zu forcieren, wäre besonders für den wieder seekranken Peter eine unnötige Quälerei geworden. Regen mit Flaute hielt uns noch den Sonntag fest. Mit Absicht brachen wir am Montag, dem 30. Juli, erst nach 9 Uhr auf. Ich wollte unter allen Umständen vermeiden, Skagen noch bei Tag zu passieren, da ich fürchtete, bei diesigem Wetter die flache Küste nicht sichten zu können; wegen des starken SW-Stromes, der längs der norwegischen Küste läuft, mußte ich dagegen den Kurs reichlich weit nördlich absetzen. Die Wetterlage war wenig günstig, Barometer 752 mm mit Neigung zum Fallen — Wind SSW 1—2, Wetter warm aber diesig. Bald war Lille Torungen passiert, und wir zogen Kurs SOzO hinaus ins Skagerrak. Die ewige SW-Dünung stand immer noch in respektabler Höhe, sie hinderte aber wenigstens unsere Fahrt nicht; die weniger seefesten Mitglieder der Besatzung mußten aber doch bald die Koje aufsuchen. Gegen Mittag briste es auf; wir hatten noch Vollzeug stehen; ich ließ energisch gleich das Großsegel bergen und Sturmsegel setzen. „WSW 5—6, See SW 3", sagt das Logbuch um 2 Uhr. Schnaubend kamen die Seen hinter uns angerollt, doch nur ein paar Schaumspritzer kamen hier und da an Deck. So flogen wir einsam über das blaugraue wilde Meer — kein Land, kein Schiff zu sehen. Gegen 8 Uhr begann der Wind etwas abzuflauen, und wir hielten Ausschau nach Skagen Feuer; südlich von uns tauchten ein paar Dampfer auf, worauf auch wir unseren Kurs auf SO änderten. Rasch flaute der Wind ab; als um 9,50 Uhr Skagen Feuer im Süden auftauchte, machten wir noch knapp 2 Knoten Fahrt und dümpelten entsetzlich in der Dünung. Gegen Mitternacht drehte ich den Motor an, 1,40 Uhr passierten wir bei immer noch hochlaufender See Skagens-Rev-Feuerschiff. Getreulich hatte Ingrid eine ganze Stunde an der Pinne gesessen — jetzt verschwand sie und kochte dem reichlich erschöpften Kapitän eine heiße Maggibrühe. Um 2 Uhr streikte der Motor mit verstopfter Düse — sämtliche Flüche vom Himmel und Hölle, die ich auf das Haupt des Benzinlieferanten in Stettin herabflehte, nützten nichts — es wurde 4 Uhr, ehe wir zwischen zwei Dalben vertäut im Hafen von Skagen lagen, 82 Sm. in 18 Std. 50 Min; hätte der Wind durchgehalten, wären wir noch vor Mitternacht im Hafen gewesen! Diesen und den nächsten Tag blieben wir in dem schönen und hochinteressanten Fischerhafen, dessen Besuch nur dringend empfohlen werden kann. Bei dem tüchtigen Skibshändler, der sich einfand, sowie sich Leben an Deck zeigte, ergänzten wir unseren Proviant, der, — Alkoholika sogar zollfrei —, zu sehr mäßigen Preisen an Bord geliefert wurde.

Am Donnerstag liefen wir nur bis Frederikshavn, da Hanstholm W 8—9 gemeldet hatte. Wir hatten recht getan; am Nachmittag fing es an zu regnen und zu wehen. Wir trösteten uns mit fabelhaftem Hummer an Bord und im Hotel Dania.

Die Aufnahme durch die Mitglieder des Yachtklubs war außerordentlich liebenswürdig. Von dem einen, einem Fischgroßhändler, lernte ich auch den feinen Unterschied zwischen Hummer „springlebendig" und „ein bißchen tot!"

Am Sonnabend gegen Abend hatte es etwas abgewebt, so daß wir noch bis Säby liefen. Der Hafen ist eng aber gut; man liegt recht ruhig und ganz ungestört am Bollwerk auf der Südseite. Das Städtchen ist ein richtiges Landstädtchen, man merkt nichts von dem Hafen, wenn man nicht am Kai steht. Nur ein paar graue Fischerboote verträumen dort ihre alten Tage —, welch' ein Unterschied gegen Skagen und Frederikshavn.

Am Sonntag erreichten wir nach 15 stündiger Fahrt Grenaa; wir wären weiter gelaufen, aber schon die letzten Meilen hatten wir wieder den Motor anspannen müssen. In Grenaa trafen wir die Galeas „Kapella" aus Hamburg mit Holzladung von Schweden, die am Sonnabend früh gekentert war und ihre Masten hatte kappen müssen.

Von Montag 7,30 Uhr morgens bis Dienstag kreuzten wir gegen „Flaute aus dem südlichen Quadranten" bis zur Sandbjerg Bucht. Meine Nachtwache von 12—4 Uhr war wenig angenehm, da wir zwischen Sletterhage und Tunö in Nebel gerieten und zeitweise kein Feuer sehen konnten. Auch die Sände westlich Endelave machten uns bei Regen, wenig Wind und Gegenstrom viel zu schaffen; den Motor konnten wir nur wenig benutzen, da unser Benzin knapp geworden war.

Am folgenden Tag gab's schönen frischen W; wir liefen erst mal Bogense an, um Proviant (Brot) und Benzin zu erstehen, und dann munter gegen den harten Strom aufkreuzend, vorbei an Fredericia und dem malerischen Middelfart bis zum waldumschlossenen Fänö Sund, wo wir gegenüber Teglgaards Huse um 8 Uhr abends den Anker fallen ließen.

Am Donnerstag ging's früh bei frischem W weiter. Bald drehte der Wind weiter südlich, so daß wir kreuzen mußten. Aber die langen Schläge schafften, nur im Alsen Sund drehten wir den Motor an; um 7 Uhr abends fuhren wir, die Nationalflagge im Want, vor der Sonderburger Brücke Karussell, prompt wurde sie ausgeschwungen und weiter ging's in deutschen Gewässern. Um 10 Uhr wurden bei Kalkgrund Feuerschiff gleich 2 Reff ins

Abb. 14. Kiel. Der Yachthafen des K. Y. C.

Großsegel gesteckt; es schien mir zwecklos, zu früh am Morgen in Kiel zu sein. Die Nacht war stockfinster. Bei Schleimünde hielten deutsche Kriegsschiffe mit abgeblendeten Lichtern eine nächtliche Schießübung ab. Unheimlich das Aufblitzen der Geschütze aus dem Nichts — einen Augenblick wird nebelhaft ein grauer Schatten sichtbar, dann wieder nur samtschwarze Nacht. Programmäßig taucht Bülk auf, verschwindet aber bald wieder in dichtem mit viel Wind niederprasselndem Regen. Wie gut, daß wir gerefft hatten! So konnte ich die Mannschaft ungestört schlafen lassen und meine einsame Wache geruhsam zu Ende führen. Als wir 4,15 Uhr Bülk rundeten, war von Friedrichsort nichts zu sehen. Um 6,30 Uhr lagen wir vertäut im K. Y. C.-Hafen.

Am selben Nachmittag noch (Freitag, den 10. August) verließ die Jugend die „Bora", um sich zu Hause dem Ernst des Lebens (d. h. der Schule!) zu widmen. Kapitän und Steuermann blieb es überlassen, das Schiff zum Heimathafen zu bringen.

Die Reise war nicht gerade vom Wetter begünstigt; Flaute und Regen wechselten mit ausgewachsenem Sturm. Daß wir gleich in der ersten Nacht im Fehmarnsund unseren kleinen Anker mit 14 m Kette verloren, stimmte uns auch nicht gerade heiter.

Ernster war das Abenteuer, das wir bei der Einfahrt nach Stralsund erlebten. Nach einem in Warnemünde notgedrungen verbrachten Sturmtag liefen wir am Freitag (natürlich Freitag!) den 17. 8. um Mittag bei W 4—5 aus und erreichten abends 9 Uhr bei WSW 3—4 die Gellenrinne. An Hand der beiden Vierendehlfeuer kamen wir trotz strömendem Regen gut durch; die Barhöftrichtfeuer brannten nicht. Nach der Karte muß man auf Barhöft zuhalten, wenn der rote Sektor des Bock-Feuers in grün übergeht. Das tat ich auch und — saß prompt fest! Die Lage war nicht schön. In dem kurzen kabbeligen Seegang setzte das Schiff auf den Sand, daß das Geschirr klirrte. Mit dem einzigen Anker, den wir noch hatten, uns abzuschleppen, wagte ich nicht. Ich hatte ihn gleich nach dem Festkommen fallen lassen, um nicht höher auf den Bock getrieben zu werden. Ihn einzuhieven und mit dem Beiboot ins Fahrwasser zu bringen, hätte ziemlich lange gedauert; inzwischen wären wir womöglich ganz festgekommen. Ich zog dann mit dem Beiboot los, um von Barhöft Hilfe zu holen; ich mußte aber bald mit halb vollgeschlagenem Boot wieder umkehren. Da sah ich im strömenden Regen trotz stockdunkler Nacht ein paar Meter von mir ein Fischerboot vor Anker — außerhalb des Fahrwassers und deshalb ohne Licht. Der Fischer erklärte sich sofort und ohne nach Entlohnung zu fragen bereit, sich ins Fahrwasser neben „Bora" zu legen und uns mit unserer dicken Trosse herunterzuholen.

Gesagt, getan: und obwohl „Bora" inzwischen den zweiten Anker verloren hatte und breitseits zum Wind lag, holten wir sie glatt herunter. Auch jetzt stellte auf meine Frage der hilfsbereite Fischer keine Forderung. Eine ordentliche Buddel Schnaps und ein paar Stück „richtiges" Geld schienen ihn aber doch sehr zu befriedigen. Die Nacht lagen wir hinter unserem Wustrower Freund; am Sonnabend veranstalteten wir noch eine kleine Privatwettfahrt mit ihm bis Stralsund.

Das war das einzige Mal, daß „Bora II" auf der ganzen Reise aufbrummte; wenn ich nicht nassforsch versucht hätte, nachts die unbefeuerte Durchfahrt zu forcieren, wär's nicht passiert; eine gute Lehre für die Zukunft. Auch soll man keine Gäste mitnehmen, die D-Züge erreichen müssen, was ich diesmal getan hatte!

Montag, den 20. 8., lagen wir um 5 Uhr beim Stettiner Yachtklub und takelten noch am gleichen Tage ab. Erst am Freitag mittag trafen wir nach ereignisloser Schleppfahrt wieder auf den heimischen Gewässern ein.

Vom 3. Juli bis 20. August war „Bora II" auf Seefahrt unterwegs, sie hat an 33 Tagen gesegelt und in 326 Stunden 1069 Sm. zurückgelegt, davon ca. 45 Sm. mit Motor. Der längste ununterbrochene Törn war Achterwasser—Malö-Hafen: 220 Sm. Eigentlich bestand die Mannschaft nur aus zweieinhalb Personen; denn die neunjährige „Gile" konnte wenigstens in bezug auf Seemannschaft wenig helfen, ebenso der leider häufig seekranke Peter. Mit vollwertiger Besatzung hätte die Reise in gleicher Zeit sicher bis an die Westküste Norwegens ausgedehnt werden können.

Interessant war mir, wie gut sich die Hochtakelung für ein Tourenboot bewährte; auch daß das Beiboot ständig an Deck geführt wurde, erwies sich bei dem fast immer rauhen Wetter als sehr praktisch. Auf eins möchte ich aber alle Fahrtensegler, die noch nie an der norwegischen Küste waren, aufmerksam machen: Man kann gar nicht genug Leinen und genug Ankerkette mitnehmen! 60 m Kette halte ich für zu wenig, zum Vertäuen mindestens 3 mal 60 m Leinen!

Die Navigation an der südnorwegischen Küste ist natürlich nur mit Spezialkarten möglich, dann aber auch überall ohne Lotsen. Nur ist bei Seegang in den Außenschären Vorsicht geboten, da die Seezeichen in der Brandung oft verschwinden. Dafür ist die Küste landschaftlich so großartig und dann wieder von so frohem, farbenfreudigem Reiz, daß manche bange Minute in den Klippen schnell vergessen ist, wenn man durch die einsamen Fjorde und Sunde gleitet! (s. Karte Seite 66.)

———

„Bora III".

„Bora III" wurde als ganz kleiner Einhander von Hans Schröder im Frühjahr 1925 entworfen, nachdem in gemeinsamer Arbeit eine Menge Pläne für ein größeres Schiff entstanden waren, das aber nicht zur Ausführung kommen konnte.

Abb. 15. „Bora III".

Die Spanten waren aus Winkelstahl mit dazwischen eingebogenen Eichenspanten, Ballast Blei, Außenhaut teils Eiche teils Pitchpine, Aufbauten und Einrichtung Teak. Die Pläne waren trotz der kurzen zur Verfügung stehenden Zeit so vorzüglich durchgearbeitet, daß keine Änderungen notwendig wurden; nur ein in den Plänen nicht verzeichneter Wassertank wurde auf Backbord in der Plicht später eingebaut. Der Mangel

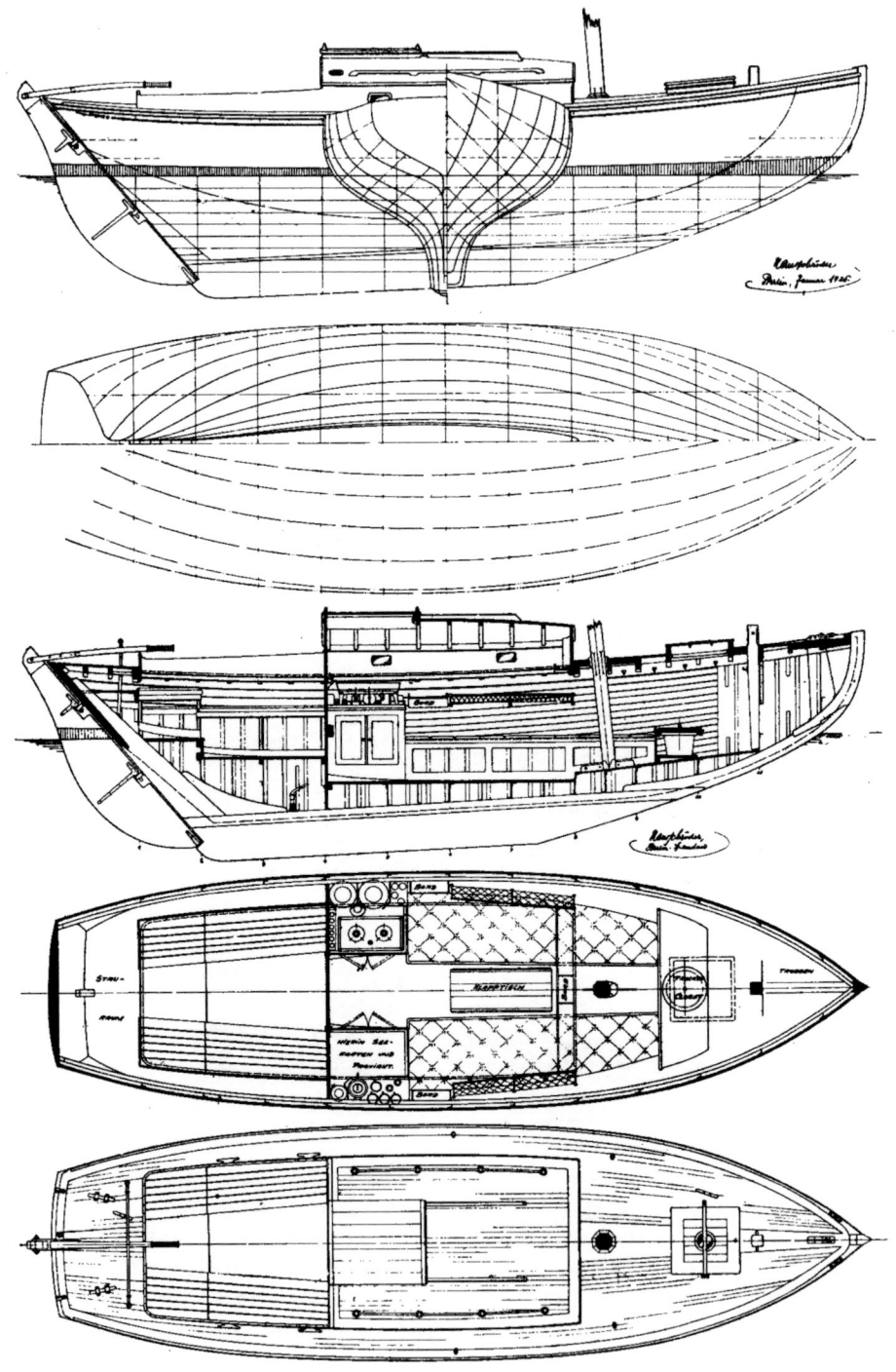

Abb. 16 u. 17. „Bora III". Maßstab 1 : 60.

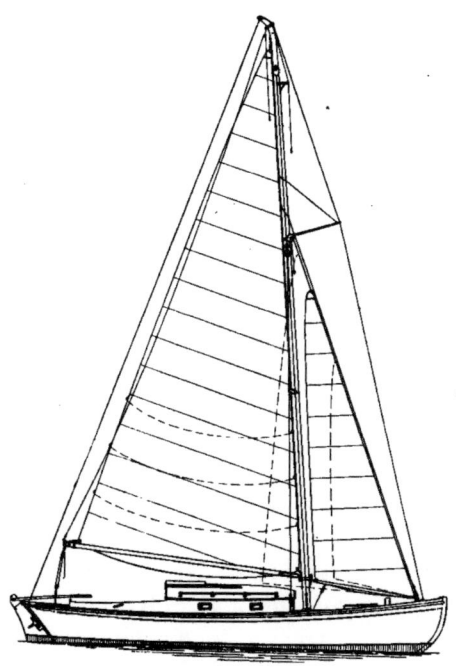

Segelriß 1 : 120.

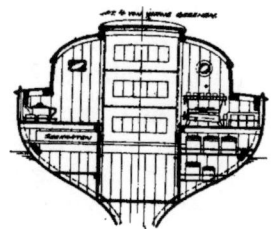

Abb. 18 u. 19: „Bora III".
Maßstab 1 : 60.

Größte Länge 6,60 m   Größter Tiefgang 1,02 m
Länge i. d. Wasserlinie 5,70 m   Geringster Freibord 0,50 m
Größte Breite 1,98 m   Am Wind-Segelfläche 18,75 qm
Breite i. d. Wasserlinie 1,81 m   Verdrängung 2,37 cbm

eines Kleiderschrankes machte sich auf längeren Fahrten natürlich fühlbar, andrerseits war das völlig offene Schiff in bezug auf Ventilation ideal.

„Bora III" war ein ganz ausgezeichneter Einhander und fand sich noch ohne zu murren mit Seegang ab, der manchem größeren Boot Schwierigkeiten bereitet hätte. In den nachfolgenden Abschnitten ist so oft auf Einzelheiten dieses Bootchens Bezug genommen, daß es sich erübrigt, hier weiteres zu sagen.

Ostsee 1925.

I. Stettin—Stubbekjöbing—Warnemünde.

Mit mehr als der üblichen Verspätung war „Bora III" endlich von der Bauwerft abgeliefert worden; ich hatte sie bei schönster Abendflaute bis zum heimatlichen Bojenfeld auf der Havel gesegelt, vier Tage lang an den letzten Kleinigkeiten der Innenausstattung gearbeitet und hatte dann die Schleppfahrt nach Stettin angetreten. — — Einhand, was wirklich selbst bei einem so kleinen Boot keine Freude ist.

Am 2. Juli 1925 auf der Oder Kompaß kompensiert und am Abend glücklich seeklar — — soweit man bei einem neuen und noch gänzlich ungetrimmten Fahrzeug davon sprechen kann.

Um Mitternacht erschien Hans Schröder, der Vater meines Schiffchens und brachte Bubi, meinen damals zehnjährigen Sohn, mit, der in diesen Ferien mich zum erstenmal auf See begleiten sollte.

Am nächsten Morgen in der Dämmerung ging's bei feinem Nieselregen oderabwärts mehr mit Strom als mit Wind; ich versuchte zu schlafen, aber das neue Schiff ließ mir keine Ruhe — wird es segeln? wird es ordentlich auf dem Ruder liegen? wird der Regen auch den neuen Segeln nicht schaden?

Aber die Götter hatten ein Einsehen: ehe der leise Nord auf Nordost drehte und sich zu einer schönen Vollzeugbrise entwickelte, hatte der Regen aufgehört, die Segel waren getrocknet und reckten sich nun in dem ruhigen, stetigen Wind ganz wie sie sollten. Es ist immer eine aufregende Sache, so mit neuen Segeln eine Fahrt zu beginnen, aber meist erlaubt die leidige Zeit oder die Ungeduld oder beides nicht das von allen Autoritäten empfohlene und sicher auch sehr erfolgreiche tagelange vorsichtige Recken und Trimmen. Ich habe mich immer damit begnügen müssen, die Segel einige Zeit an der Boje auswehen zu lassen und habe auch immer das Glück gehabt, daß alles gut gegangen ist; alle meine Fahrten mit neuen Segeln haben mit schönem Wetter und vor allem mit gleichmäßigem Wind angefangen, sodaß ich nicht zu reffen brauchte. Trotzdem möchte ich betonen, daß dies ein Leichtsinn ist, den ich niemandem zur Nachahmung empfehlen möchte. Denn daß ein neues Segel und gar ein Hochsegel sich unter dem Einfluß von Nässe und böigem Wind nur allzuleicht vertrimmt, ist eigentlich selbstverständlich.

2,10 Uhr nachm. Elb und Bock dwars, 3,30 Uhr liegen wir in dem netten kleinen Hafen an der Eisenbahnbrücke Carnin und scheren die neuen Doppelgelenke in die Rüsteisen ein — eigentlich hätten sie ja von der Werft geliefert werden sollen — aber — na ja! Und trotzdem ist es von größter Wichtigkeit, daß die Wantenspanner nie und unter gar keinen Umständen auf Knickung beansprucht werden können. Ich möchte behaupten, daß alle Havarien von Wantenspannern auf eine Über-Eck-Beanspruchung zurückzuführen sind; auf „Bora I", auf der die Wantenspanner wie üblich direkt an den Rüsteisen angriffen, habe ich einmal einen abgebrochen, als ich den Bootshaken dahinter hakte, um das Boot dichter ans Bollwerk zu holen; natürlich soll man das nicht tun, aber es wird immer einmal vorkommen, daß durch irgendeinen Zwischenfall die Spanner einer Knickbeanspruchung ausgesetzt werden; dann sollen sie ausweichen können: daher die Doppelgelenke, die Hans Schröder für „Bora III" vorgesehen hatte. Die von der Werft gelieferten Schäkel, obgleich sie im Prinzip dieselbe Wirkung ergeben hätten, waren natürlich viel zu schwach — überhaupt Schäkel — kaum bei irgendeinem Konstruktionsteil wird soviel gesündigt!

Spät nachmittags liefen wir dann noch ein Stückchen weiter peeneabwärts und legten uns dicht bei der Fähre von Gnewenthin vor Anker.

Anderen Tags bei schönem Sonnenschein, aber umlaufenden Winden weiter, mittags in Wolgast, wo wir wegen übergroßer Faulheit an Land essen; als wir wieder zum Hafen hinunterkommen, ist Wind — endlich! Ich glaube, daß „Bora" ihre kleine Besegelung noch tragen kann, aber es ist doch zu viel. Also schnell ein Reff eingebunden und hart am Wind, manchmal auch mit einem kleinen Kreuzschlag hinunter nach Peenemünde und weiter hinaus auf den Bodden. Ängstlich schielt der Konstrukteur nach der Takelage, als ich am Freesendorfer Haken ausreffe und nun mit Backstagsbrise und Vollzeug gen Stralsund brause. Ich kann's ihm nachfühlen, denn auch ich bin ein bißchen nervös: Allein das Achterstag soll den ganzen Zug des langen Mastes halten! Aber es rührt sich nicht — und später hat es noch ganz anderes vertragen müssen und hat nie gemuckst!

Es hat mir immer viel Freude gemacht, neue Dinge zu probieren! Gerade der Segler ist leicht geneigt, etwas allzusehr am Überlieferten zu hängen, ohne sich viel um die Gründe zu kümmern, derentwegen er das Alte dem Neuen vorzieht. Meist ist es ein Regattasegler, der begierig irgendeine Neuerung aufgreift, die ihm Erfolg verspricht — — und die dann leider oft genug von dem Fahrtensegler übernommen wird, ohne im geringsten für ihn geeignet zu sein!

Mit 5 Seemeilen Durchschnitt ging's über den Bodden. Um 8 Uhr abends war Stahlbrode querab, der Wind war gleichmäßig frisch: wir wurden kühn! Eigentlich hatten wir nur ein bißchen in den Rügenschen Gewässern herumschnüffeln wollen, denn Hans Schröder mußte spätestens am Dienstag morgen wieder in Berlin sein — zu verlockend aber war eine „wirkliche" Seefahrt. Wir sagten nicht viel, sondern segelten stillschweigend weiter in den Abend hinein. Im Vertrauen auf den geringen Tiefgang von nur einem Meter wagten wir es, bei Dunkelheit durch den Strelasund zu laufen; 10 Uhr Stralsund querab, gegen Mitternacht brist es wieder auf, und wir binden angesichts der Nachtfahrt gleich 2 Reff ins Großsegel und setzen die kleine Fock. Vierendehl- und Gellenrinne erfordern viel Aufmerksamkeit, werden aber glücklich passiert; draußen flaut's wieder ab, so daß wir in der Morgendämmerung ausreffen und angesichts der knappen Zeit beschließen nach dem Grönsund hinüberzulaufen. 9,55 Uhr Tolkedyb Anseegelungstonne dwars — wir haben in 25 Stunden 98 Sm. zurückgelegt! Durch den Grönsund geht's dann allerdings recht langsam: 12 Uhr mittags an Stubbekjöbing.

Aber wir haben keine Ruhe — am Nachmittag wieder weiter: wir wollen versuchen, in einer Nachtfahrt Warnemünde und, wenn der Ost hält, vielleicht Travemünde zu erreichen. Man soll nicht zu viel wollen: um 11 Uhr nachts liegen wir endlich halbwegs geschützt bei Skansepint (3 Sm. von Stubbekjöbing) vor Anker! Den ganzen Abend hatten wir verzweifelt gegen den Nordstrom gekämpft.

Der Morgen bringt herrlichstes Sommerwetter mit leichtem WzN — ich lasse die Mannschaft schlafen und gehe um 4,15 Uhr Anker auf; es ist doch ganz angenehm mit einer Trosse zu ankern — es geht so schön leise Anker auf! Erst als Hestehoved. nur noch ein grauer Streifen am Horizont ist, erscheinen erst Bubi und dann Hans Schröder mit erstaunten Mienen im Niedergang —, noch erstaunter sind sie aber, daß der Kapitän bereits Tee gekocht und getrunken hat, ohne daß sie es gehört haben! Es wird ein schöner, ruhiger Segeltag, — gleichmäßig geht die

Fahrt vorwärts, der Wind hält an, und die Sonne scheint. Wir schließen Wetten ab, ob der Konstrukteur noch den Abend-D-Zug nach Berlin erreichen wird: der Kapitän gewinnt, — erst um 6 Uhr abends sind wir in Warnemünde und machen längsseits unseres Klubkameraden „Treudeutsch" fest.

Der erste Seetörn von „Bora III" ist beendet; 197 Sm. in 58 Segelstunden; Reisedauer: Freitag morgen bis Montag abend, also ein etwas ausgedehntes „weekend"!

II. Warnemünde — Großer Belt — Kopenhagen — Warnemünde.

In Warnemünde Mannschaftswechsel: Ingrid, die schon auf „Bora I und II" „gefahren" hat, kommt an Bord.

Sonntag, 12. Juli. 8,40 Uhr abends aus Molen Warnemünde, Wind NW 0—1, Fahrtziel Kopenhagen. Stolz lehne ich das Anerbieten eines Fischers ab, der mich nach Moen mitnehmen will. Ich soll's bald bereuen, d. h. soweit das Seemeilenfressen dem Segler das Erstrebenswerteste erscheint! In Wirklichkeit habe ich nie diese einzig schöne Nachtfahrt bereut: Gjedser, Gjedser Feuerschiff, Darsser Ort und achteraus Warnemünde leuchteten freundlich, silbern floß das Kielwasser, der leise Hauch des sommerlich warmen Windes genügte gerade, um „Bora" noch eben vorwärts zu bringen. Von Kurshalten war natürlich keine Rede: „Kreuze in Erwartung endgültigen Windes mit allgemeinem Kurs auf Gjedser Feuer" steht im Logbuch. Als wir am Montag um 6,30 Uhr abends (!!) glücklich etwa 2,5 Sm. südwestlich Gjedser-Odde angekommen sind, entschließt sich der Wind — ganz aufzuhören. Wir ankern auf 7 m über Sand mit dem kleinen Anker.

Dienstag, 14. Juli. 12,45 Uhr nachm. Anker auf und mit Vollzeug bei leichtem Ost westwärts; zu Gjedser habe ich keine Lust und hoffe mit Hilfe des kräftigen Weststromes noch gegen Abend Rödby zu erreichen, zumal der Strom auf ein Auffrischen des Windes hinzudeuten scheint. Es wird trotzdem spät. 8,30 Uhr am frischgeteerten Bollwerk im inneren Hafenbecken von Rödby vertäut. 44 Sm. von Warnemünde in 27 Segelstunden.

Mittwoch, 15. Juli. 4,10 Uhr vorm. lege ich leise vom Bollwerk ab und treibe aus dem Hafen. Draußen schöner, ruhiger Ost; ich nehme ein Sonnenbad, während das Fräulein Steuermann noch schläft; erst gegen 9 Uhr erscheint sie, als wir schon in den großen Belt einbiegen! Hinter Aalehoved weht's aus Nord, so daß wir aufkreuzen. Mir ist zwar nicht ganz klar, wie wir auf diese Weise nach Kopenhagen kommen sollen; aber es ist so herrliches Wetter, daß das Segeln eine wahre Freude ist. Wir kommen überraschend gut vorwärts, was auf Nordstrom schließen läßt. 5,50 Uhr Veijrö dwars, Wind flaut ab, 11,30 Uhr abends vor Anker dicht außerhalb des kleinen Hafens von Fämö. Ich wäre gern hineingegangen, traute mich aber bei Nacht nicht durch die schmale Baggerrinne.

Donnerstag, 16. Juli. 9,05 Uhr vorm. Anker auf und bei leichtem SO weiter durch Smaalands Fahrwasser. 8,30 Uhr abends an Orehoved. Ungemütlicher Liegeplatz, da die ganze Nacht uns zu Häupten die Züge auf die Fähre rollen.

Freitag, 17. Juli. Die Zeit drängt allmählich — heute müssen wir Kopenhagen schaffen! Wir kreuzen gegen Ost hinüber in den Bögestrom, kommen aber recht schlecht vorwärts, da harter Strom gegenan steht. Heute bin ich nicht stolz und nehme gern das Anerbieten einer dicken Kuff, uns durch das enge und gewundene Fahrwasser mitzunehmen, an. Unser freundlicher Schlepper ist nach Schweden bestimmt. Er bleibt um 1 Uhr am Ausgang des Bögeströms liegen, um günstigen Wind abzuwarten: Rohöl ist teuer, das Leben aber, wenn man sich sein Mittagessen selbst fängt, billig!

2 Uhr nachm. haben wir Bögeström Glockentonne dwars, Wind Ost 3, so daß wir eben Stevns Klint anliegen können. Rauschende Fahrt — hinter Stevns geht der Wind südlicher, so daß wir die Schoten etwas auffieren können und bald Drogden Feuerschiff, den lieben alten Bekannten früherer schöner Fahrten, erreichen. Ingrid steuert durch die Abenddämmerung, bald blinken die Lichter von Kopenhagen; aber es wird wieder flau; mit leisem Nachthauch gleiten wir durch den Hafen, vom Gebüsch an der Langelinie duftet der Jasmin herüber, als wir uns um 11,30 Uhr in den Yachthafen verholen. Trotz der späten Stunde weist uns der Hafenwächter eine Boje an und ist uns beim Vertäuen behilflich.

Der Sonnabend wird in Kopenhagen verbummelt; erst am Sonntag, 19. Juli, 6 Uhr vorm. geht's aus dem Hafen, Richtung Heimat, da Ingrid wieder nach Hause muß. Flauer Süd und drückende Schwüle, wir sind beide froh, als wir um 9 Uhr abends glücklich in Rödvig sind.

Montag, 20. Juli. Es weht frischer Ost, und da es mir gleich ist, nach welchem deutschen Hafen ich komme, scheint mir der Bögeström das Richtige: 6 Uhr ab Rödvig, 1,45 Uhr an Stubbekjöbing! 32 Sm. in 7 Std. 45 Min.! Diesmal habe ich mehr Ruhe

— wir bleiben in dem netten, kleinen Hafen, um uns mal etwas auszuruhen — in Kopenhagen tut man das doch nicht!

Dienstag, 21. Juli. Wir wollen sehr tüchtig sein, aber der Grönsund tut nicht mit! Von 5 Uhr morgens bis 1 Uhr nachm. treiben wir wieder herum, ehe endlich Hestehoved dwars ist; dann geht's aber auch schön, der Ballon wird gesetzt und zieht uns bis dicht vor Warnemünde. Der Ost hat brav den Sonnen-

Abb. 20.   Warnemünde.

untergang überstanden; 9,50 Uhr sind wir dicht vor den Molen, und dann ist's plötzlich aus! Ich versuche verzweifelt alle möglichen Kunststücke, es nützt nichts! „Ach hätten wir doch bloß ein Beiboot!" meint traurig das Fräulein Steuermann, der ich schon mit einem guten Abendessen den Mund wäßrig gemacht hatte. „Ach hätten wir doch wenigstens einen Beibootriemen, oder auch nur ein Paddel!" meint der Kapitän — — innerlich meint er noch ganz andere Dinge, sagt sie aber nicht! Aus der

Warnow läuft Strom — nicht viel, aber gerade so, daß er uns immer wieder hinaus treibt, wenn wir uns listig in die Nähe eines Molenkopfes gemogelt haben. Ich mache mich schon mit dem Gedanken vertraut, die Nacht wieder draußen zu verbringen, als mir der Neerstrom einfällt, der doch immer an Buhnen und dergleichen vorspringenden Gegenständen läuft. Also westlich der Westmole auf den Strand zugehalten — rhe und etwa auf die Mitte der Mole zu. Wir kriechen zwar, aber der Neerstrom war richtig da und setzt uns immer näher heran — — noch ein paar Meter, und der Wurfanker sitzt in einem Dalben! Aber es war doch lange nach Mitternacht, ehe wir „Bora" glücklich nach einer beschwerlichen Treidelfahrt längs der Mole am Bollwerk vertäut hatten!

286 Sm. haben wir in diesen 10 Tagen zurückgelegt, sind aber auch über 12 Stunden am Tag durchschnittlich gesegelt. Nur so war bei dem meist flauen Wind die verhältnismäßig hohe Tagesleistung von beinahe 30 Sm. möglich. Sehr schmerzlich habe ich das Fehlen irgendeines Fortbewegungsmittels bei Flaute vermißt; aber sowohl Beiboot wie Riemen oder gar ein Außenbordmotor sind auf einem so kleinen Boot unangenehm, da sie den an sich schon beschränkten Raum noch mehr beengen. Während der mir noch verbleibenden drei Wochen trieb ich mich größtenteils Einhand in den Rügenschen Gewässern herum, da geschäftliche Rücksichten die dauernde Nähe von D-Zug und Telephon erforderten. Lauterbach, Seedorf, Zickerer See, Wieck und wieder zurück nach Hiddensee; eine schwüle Gewitternacht in dem engen und mückenverpesteten Hafen von Wittower Posthaus, Lohme, Saßnitz, Greifswalder Oie und über Swinemünde zurück nach Stettin. Immerhin waren es noch an 300 Sm., die ich so dem Logbuch einverleiben konnte. Insgesamt 768 Sm. in 295 Segelstunden. Am 23. August lag „Bora III" wieder an der heimatlichen Boje (s. Karte Seite 66).

Logbuch 1926.

Dienstag, den 6. Juli, 2 Uhr nachm. Endlich sind wir seeklar — es war aber auch höchste Zeit. Die Schleppfahrt war gräßlich: 15 Yachten — Wolkenbruch am Sonntag, den 4. Juli — am 5. auf der Oder Schlepptrosse gebrochen, todmüde im St. Y. C. eingetroffen und abends noch Mast gesetzt. Heute aber ausgeschlafen und die tausend Kleinigkeiten gerichtet, die nun einmal zur Seefahrt gehören. Traurig begucke ich die Außenhaut, die viele schwarze, braune, rote, grüne Schrammen aufweist und die neuen unbändig schweren eschenen Beibootriemen, die ich statt der auf der Oder fortgeschwommenen schönen Spruceriemen in Stettin besorgte. Denn dieses Jahr geht ein Beiboot mit auf die Reise!

Meine Mannschaft ist zwar knapp, nur Bubi, dessen elfter Geburtstag in bedrohliche Nähe rückt, aber ich denke doch ausreichend für eine schöne Fahrt. Allerdings muß ich ja alles so einrichten, als ob ich allein wäre, denn die 5 Tage, die Bubi letztes Jahr auf See war, und ein paar Sonntage auf dem Jungfernsee reichen doch nicht zur Heranbildung eines perfekten Steuermannes aus.

Aber Begeisterung ist bei uns beiden genug vorhanden, und Schiff und Ausrüstung sind vorzüglich. Also wird's schon gehen! Im St. Y. C., dessen schönes neues Heim wir bewunderten, noch einmal tüchtig zu Mittag gegessen und dann: 3,30 Uhr nachm. Leinen los!

Leichter O treibt uns mit Strom oderabwärts. Das Wetter ist schön, so daß wir Ziegenort liegen lassen und 7,30 Uhr abends Leitholm passieren. In bzw. neben der zur Kaiserfahrt führenden Rinne lasse ich Bubi seine erste Wache schieben!

10,30 Uhr abends laufen wir in die Kaiserfahrt ein, wo infolge der Abdeckung durch die hohen Bäume des Ostufers bald Schluß ist mit dem Wind. Bubi klettert ins Beiboot und schleppt gerade genug, um Ruder im Schiff zu behalten — der Strom tut ein übriges, so daß wir noch ganz nett vorwärts kommen. Trotzdem mache ich 12,40 Uhr an einem Dalben bei der Kaseburger Fähre fest, da der Schiffsverkehr mir doch zu rege ist, um selbst im Beiboot zu sein und ich die ganze Mellinfahrt Bubi nicht zumuten kann.

Mittwoch, den 7. Juli, 2,50 Uhr vorm. Ich lasse Bubi schlafen, werfe los und treibe mehr mit Strom als mit Wind weiter. Kurz vor Swinemünde muß Bubi aus tiefstem Schlaf noch schnell ins Beiboot, da wir auf die großen Festmachebojen im Hafen mit beängstigender Fahrt zutreiben! Dann aber genügt wieder der leichte NO. — Hochwasser auf der Oder hat doch auch manchmal sein Gutes!

6,30 Uhr vorm. passieren wir Swinemünde Molen, Wind NO leicht, Barometer 757 steigend, Kurs NNW.

Ich habe die geruhsame Fahrt des gestrigen Nachmittags auf der Oder dazu benutzt, um an Hand der Deckpeilungen den Kompaß auf allen möglichen Kursen zu kontrollieren: Deviation praktisch gleich Null! Die Kompensierung vom Vorjahre ist also noch brauchbar trotz des Winterlagers, von dem ich eigentlich befürchtet hatte, es würde den Magnetismus der Stahlspanten ändern.

Die See ist zunächst unter dem Einfluß von Strom und Westergrund etwas kabbelig, wird aber bald lang und gleichmäßig. 11,30 Uhr vorm. ist Greifswalder Oie Nordspitze dwars, Wind und See legen zu, so daß Bubi etwas seekrank wird. Ich nehme daher 12,30 nachm. Kurs auf Saßnitz, wo wir 3,30 Uhr nachm. bei ziemlich frischem NO an der Mole festmachen. Es sind außer uns nur noch zwei Yachten im Hafen — bald nach uns läuft der vom Wannsee bekannte schonergetakelte „Reiher" von Swinemünde kommend ein.

Es tut mir leid, die günstige Gelegenheit für Kopenhagen nicht auszunutzen, aber Rücksicht auf Bubis Seekrankheit und auf die eigene Müdigkeit bestimmt mich, die Nacht im Hafen zu verbringen. Ein Abendbrot mit Räucheraal und Flundern frischt die Lebensgeister auf, so daß wir beide ganz frisch sind, als wir am

8. Juli, 7,40 Uhr vorm., durch die Molen von Saßnitz laufen, Fahrtziel Kopenhagen, Wind NO frisch, See ziemlich hoch. Wir machen zunächst einen langen Schlag OSO, bei welchem Bubi, der bereits vom Bollwerk an gesteuert, seine ersten Erfahrungen im Am-Wind-Segeln bei Seegang sammelt. 8,40 Uhr über Stag, Kurs N; 10 Uhr vorm. Kollickerort quer ab. Wir nehmen Kurs NWzN auf Falsterborev-Feuerschiff. Um die Mittagszeit erscheinen im Westen schwere Gewitterwolken, die jedoch mit viel Regen südlich von uns über Stubbenkammer ziehen, während uns der brave NO treu bleibt. Im Laufe des Nachmittags geht der Wind östlicher und auch die See kommt etwas achterlicher ein. Bubi wird wieder seekrank und verbringt den Rest der Fahrt teils in der Plicht, teils in der Kajüte schlafend. Um 8 Uhr abends drehe ich mit leichtem O bei, um Abendbrot zu kochen und zu essen. Bubi streikt bei beiden Tätigkeiten! 9 Uhr abends erscheint das Feuer von Falsterborev-Feuerschiff 2 Strich an St.-B. voraus. Ich nehme Kurs darauf und treibe bei abflauendem O langsam weiter. 11,30 Uhr abends ist das Feuerschiff dwars, Wind sehr flau und umlaufend, im wesentlichen NO, Wetter klar und kühl. Langsam kommt Drogden-Feuerschiff auf, dann Nordre Röse und am

9. Juli, 6 Uhr vorm., liegen wir an der Takelboje im Yachthafen von Kopenhagen: 85 Sm. von Saßnitz, 22 Std. 20 Min. gesegelte Zeit.

Heißer Tag in Kopenhagen, zum Schluß eine schöne Autofahrt mit meinem Freund Herrn von B., der abends auch noch Bubi ins Tivoli führt. Ich bin recht müde und gehe schlafen.

Sonnabend, den 10. Juli. Bubis Geburtstag, der gebührend gefeiert wird! Zunächst ausschlafen nach den Anstrengungen des Tivoli, dann 9,50 Uhr vorm. ab, Kurs Helsingör, Wind OzS leicht.

Unterwegs solennes Geburtstagsessen! 3,30 Uhr nachm. an Helsingör. Die Stadt hat festlichen Flaggenschmuck angelegt zur Feier des 500 jährigen Bestehens. Bei Kronborg ist ein Rummelplatz aufgebaut, der in die Geburtstagsfeier einbezogen wird. Abends gibt es dann an Bord auf besonderen Wunsch Hummer, und auch an der dazugehörigen Flasche Mosel darf der inzwischen zum Steuermann avancierte Schiffsjunge teilnehmen. Spät noch läuft „Lilli" N. R. V. ein — wir machen ihr am Bollwerk Platz und legen uns längsseits der schönen Yawl, einem Nachbau der wohlbekannten „Gaviota".

11. Juli, 6,30 Uhr vorm. Rise rise. 7,25 Uhr durch Molen Helsingör, Fahrtziel Malö-Hafen. Der Steuermann hatte sich die schwedischen Schären und, wenn möglich, Hankö gewünscht. Und obwohl ich am 1. August unter allen Umständen wieder in einem deutschen Hafen sein muß, beschließe ich, den Versuch zu machen. Wind NO leicht, dreht später über N auf NW und wird dann sehr flau. Erst 7,40 Uhr abends ist Kullen querab. Der Wind geht gänzlich schlafen, so daß wir mit dem eigentlich nicht erwarteten S-Strom hinter Kullen zurücktreiben. Leichter O bringt uns wieder auf die Höhe von Kullen, als der aber auch aufhört, stecke ich den kleinen Anker an eine meiner langen Drahttrossen und gehe am

12. Juli, 12,20 Uhr vorm., etwa 4 Sm. westlich Kullen auf zirka 40 m vor Anker. 1,20 Uhr vorm. leichter SO! Anker auf, 2 Uhr wieder Flaute. Da es inzwischen hell geworden, lasse ich das Schiff mit dichtgeholten Schoten treiben und gehe schlafen. Natürlich stecke ich alle halbe Stunde einmal den Kopf heraus — um 6 Uhr kommt leichter SzW durch —, endlich sackt Kullen achter aus.

Nach dem Frühstück setzten wir alle möglichen Phantasiesegel: Den Ballon als Klüver am Bootshaken, die alte Fock mit der Dirk als Besanstagsegel am Achterstag! Es hilft zwar nicht viel, aber wir kommen doch langsam vorwärts. Am meisten zieht noch der Ballon, da die an sich nicht einmal hohe Dünung doch noch genügt, um den Wind aus den schweren Segeln zu schlagen, während das leichte Tuch des nach vorn ausgebaumten Ballons voll stehen bleibt.

Es ist heiß und diesig. Um 1 Uhr nachm. hören wir Store-Middelgrundtonne irgendwo an BB heulen, können sie aber nicht ausmachen. Um 4,15 Uhr nachm. sichten wir sie endlich etwa 2 Sm. dwars an BB. 6 Uhr nachm. kommt Mörups Tånge in Sicht. Wind, wenn er überhaupt weht, meist W bis WSW.

Erst am 13. Juli, 4,20 Uhr vorm., peilen wir Mörups Tånge und Falkenberg Kirche in Linie. Es weht ein etwas frischerer W.

Um 6,30 Uhr rollt plötzlich bei zulegendem NW dicker Nebel heran. — Ich nehme, ehe er da ist, Kurs auf Varberg, da ich mir nicht zutraue, den Einlauf nach Malö im Nebel zu finden. Da ich ja doch einen größeren schwedischen Ort anlaufen muß, um Geld zu wechseln, ist die Gelegenheit nicht ungünstig, zumal auch unsere Vorräte eine Auffrischung vertragen können. Die Einfahrt war im Nebel nicht einfach — hätte ich nicht durch meine Reise mit „Bora I" Bescheid gewußt, würde ich es kaum haben wagen können, da keine der hervorragenden Landmarken auszumachen war. 8,30 Uhr vorm. liegen wir am Bollwerk, das zwar sehr schön hergerichtet, aber auch entsprechend geteert ist! Wir legen uns auf Spring, so daß wir sauber um einen ans Bollwerk gezurrten Fender balancieren und gehen in die Stadt, um Einkäufe zu machen und Schokolade zu trinken.

1,30 Uhr laufen wir bei immer noch diesigem Wetter aus, Wind W, nette Brise. Um 2,15 Uhr, gerade als wir Kurs auf Kläback nehmen, klart es plötzlich auf. Kurz vorher hatten wir die neue norwegische Makrelenangel ausgebracht, und als sie jetzt hereingeholt wurde, hing zur Freude des Steuermannes die erste selbstgefangene Makrele am Haken. Bald wurden es mehr, so daß es abends in Malö zu einer tüchtigen Mahlzeit langte.

Mittwoch, den 14. Juli, 7,45 Uhr vorm., Anker auf! Mäßiger West schiebt uns durch die ruhige, vom Kattegat hereinrollende Dünung nordwärts. Der Steuermann bekommt die Karte in die Hand gedrückt und muß jede Spiere und jeden Kummel, als wir später das Fahrwasser verlassen und „querfeldein" auf Bjorkö zu liegen, auch jede Schäre aufsuchen und identifizieren.

2,15 Uhr nachm. SW frisch, diesig, warm. Buskär und Vinga in Linie. 6,30 Uhr erreichen wir den Albrecktssund — es hat erheblich aus NW aufgebrist, so daß ich noch gerade den Sund hart am Wind liegend hätte passieren können. Die Abdeckung der steilen Ufer nimmt mir aber den Wind aus den Segeln, und der harte S-Strom treibt uns schnell zurück. Der Steuermann geht ins Beiboot, um zu schleppen, schafft es aber nicht — mit knallenden Segeln treiben wir achteraus, bis das Fahrwasser etwas breiter geworden ist. Dann geht's mit einer eleganten Wendung über den Achtersteven herum und raumschots in brausender Fahrt östlich auf Porsholm zu. Marstrand müssen wir also leider aufgeben, denn bei dem immer mehr zulegenden NW hätte das Aufkreuzen uns viel Zeit gekostet. Mit einem Reff im Großsegel geht es hart gegenan über den Elgöfjord, in den vom Kattegat her eine ziemliche See rollt, die, an den vielen Klippen gebrochen, recht kabbelig ist. Auf dem Marstrandfjord liegen drei schwedische Kreuzer. Wir laufen stolz an einer Barkaß vorbei, die Urlauber von einem der Fischerdörfer wieder an Bord bringt. Das Boot nimmt in der steilen See recht häufig Wasser über, obwohl es lange nicht so hoch anliegt wie wir.

Im Schutz der Schäre Berlin (!) wird es ruhiger — 8,35 Uhr abends machen wir an einer Boje im Hafen von Klädesholm fest. Auf der hohen Klippe über dem Ort steht der Sturmball, die Station meldet Windstärke 7. Tagesetmal 43 Sm.

Donnerstag, den 15. Juli. NO sehr frisch, klar und sonnig. Wir werfen 8,50 Uhr vorm. los und kreuzen mit einem Reff im Großsegel nordwärts durch die inneren Schären auf. Der Steuermann staunt, gewöhnt sich aber bald daran, erst wenige Meter vor den Felsen zu wenden. Manche enge Passage gelingt erst nach mehrmaligen Versuchen, da zudem noch S-Strom steht. Auch hier wende ich oft über den Achtersteven, was durch entsprechende Handhabung der Baumfock auch immer leicht und sicher gelingt. Um 6 Uhr nachm. können wir ausreffen und direkten Kurs auf Lysekil nehmen. Um 8,50 Uhr machen wir an einer Boje vor dem schönen Kurhotel fest, wo wir erst zu Abend essen und dann unter belustigter Aufmerksamkeit der Badegäste in Pützen und Kochtöpfen Wasser an Bord schaffen. Seit Kopenhagen hatten wir unseren Tank nicht mehr aufgefüllt. Er bewährt sich doch glänzend! Eine große Verbesserung gegen die letztjährige Korbflasche.

Freitag, den 16. Juli, mit Sonnenaufgang brist es aus NO auf, so daß ich schließlich noch ein zweites Ende zur Boje ausbringen muß. Um 7 Uhr gehen wir aber trotzdem mit drei Reff im Großsegel und Sturmfock los, aber schon nach zweistündiger guter Fahrt hat der Wind so abgeflaut, daß wir schließlich um 10,10 Uhr gerade am Anfang des berüchtigten Sot mit Vollzeug in Totenflaute liegen. Langsam kreuzen wir dann gegen leichten NW und S-Strom weiter. Endlich haben wir Klöfskär Fyr erreicht — ein großer norwegischer Spitzgatter ist uns unter Land aufgelaufen und hat uns beinahe erreicht, als auch er vom Strom gefaßt wird und bei Klöfskär hängen bleibt. Erst hinter Saltskär, 3,55 Uhr nachm., holt er uns ein. Weiter geht es durch die Schären des Väderöbod und Makrelen fischend in den Hafstenssund hinein. Während des Abendessens in dem langgestreckten malerischen Sund brist es auf, so daß wir zunächst noch weiter laufen, wenn ich auch trotz des günstigen Windes — SW — eine Nachtfahrt nicht recht unternehmen möchte. Der Tag war lang und die Feuer an der norwegischen Grenze sind doch so kompliziert, daß ich dort lieber bei Tage passieren will. Als es dunkel wird, geht der Steuermann ans Ruder und steuert sehr brav nach den Leitfeuern von

Rissen hinaus in den Kosterfjord und dann im weißen Sektor von Svangen nordwärts bis Felgdholm Fyr (Sydkoster), das wir in respektvollem Bogen runden. Um 11,45 Uhr abends liegen wir etwa ¼ Sm. westlich des Feuers auf 6 m Sand vor Anker. Etmal 45 Sm.

Sonnabend, den 17. Juli. Trotz aller guten Vorsätze verschlafe ich die Zeit — erst um 5 Uhr vorm. wache ich mit einem Ruck auf und gehe schleunigst unter Segel. Ich muß durchaus noch heute ein Telegramm nach Hause schicken, um rechtzeitig am Montag Antwort zu bekommen. Bis Trestenene geht es auch bei fixem W gut vorwärts. Da ist es einmal wieder aus mit dem Wind, und selbst die besonders fetten Makrelen, die der Steuermann hereinholt, entschädigen nicht für die üble Dümpelei in der hohen SW-Dünung. Endlich kommt ein leichter S durch — wir setzen den Ballon als Spinnaker und kriechen um 2,30 Uhr nachm. nach Hankö hinein, wo wir auf dem wohlbekannten Ankerplatz vor dem Warmbadhaus vor Anker gehen. Als Überbleibsel der gerade zu Ende gegangenen Regatten liegt die Bucht noch voll von numerierten Korkbojen. Beim Abendessen im Badhotel rechnet der Steuermann die Reisedurchschnitte aus. Wir sind ganz stolz. Genau 14 Tage vom Jungfernsee bis Hankö. Davon 403 Sm. unter Segel. Allerdings haben die vielen Kreuzstrecken und Flauten die wirklich gesegelte Zeit gehörig in die Länge gezogen.

Sonntag, den 18. Juli, wird mit Rein-Schiffmachen und Decklackieren ausgefüllt, auch die bei der Flautentreiberei auf dem Kattegat bereits provisorisch übertünchten Schrammen der Außenhaut werden schön geschliffen und gemalt, Fock und Klaufall werden umgeschoren und frisch gespleißt. Endlich am Nachmittag ist alles klar — ein beruhigendes Telegramm aus der Heimat erhöht die freudige Stimmung, so daß sich die ganze Mannschaft voll dem Genuß des idyllischen Hankö hingeben kann.

Montag, den 19. Juli, bricht mit Flaute und Nebel an, so daß ich nach einem kleinen Schlag bis zum Feuer hinüber, das neuerdings die Einfahrt nach Hankö bezeichnet, in der Nähe von Rörvik vor Anker liegen bleibe. Gegen Abend klart es etwas auf, so daß wir immer noch mit leichtem S, aber hoher SW-Dünung bis Torgauten Fyr aufkreuzen und dort auf dem sehr hübschen und geschützten Ankerplatz die Nacht verbringen. Eigentlich wollte ich ja die Nacht durchlaufen, hatte aber keinen rechten Schneid dazu, und das war gut! Denn bereits um 9 Uhr abends regnet es in Strömen und das bei Totenflaute!

Am Dienstag, den 20. Juli, regnet es zwar immer noch, dafür weht aber fixer NO. Also um 4 Uhr Anker auf, um 6 Uhr ist bereits Trestenene passiert und ich kämpfe mannhaft gegen die Versuchung, bei Homlungen Fyr hineinzulaufen, um erst einmal ordentlich zu frühstücken. Das wird dann, nachdem ich den Steuermann geweckt habe, auf dem Kosterfjord gründlich nachgeholt, wo ich das Boot in dem freien Fahrwasser in Ruhe beidrehen kann. Die Kajüte wird geheizt, nasse Sachen ausgezogen, und Spiegeleier mit Speck sowie heißer Tee mit Rum verscheuchen bald den niederdrückenden Einfluß des regnerischen Morgens. Während der NO langsam auf O dreht, fegen scheinbar dicht über uns dicke schwarze Wolken von Westen heran. Der Barograph neigt seinen grünen Strich immer mehr nach unten, aber vorläufig hält noch der O. Erst nach dem Mittagessen um 12,40 Uhr springt der Wind mit einer Plötzlichkeit, wie ich sie noch nie erlebt habe, von SO auf NW um. Merkwürdig ist der Einfluß auf die Wasseroberfläche: Die See sieht aus wie plissiert. Das Wetter wird jetzt klarer, wir laufen gute Fahrt, so daß ich, obgleich der Wind inzwischen auf W gegangen ist, mit dem Gedanken spiele, die Nacht durch nach Jütland hinüberzuliegen. Vorsichtshalber gehe ich aber nicht direkt von Ursholm hinaus, sondern nehme erst Kurs durch die Väderöarne — Gott sei Dank! 6 Uhr nachm. Totenflaute, so daß ich zu guter Letzt noch im Beibootschlepp einen Ankerplatz bei Stangeskär Fyr erreichen kann. Der kleine Steuermann ist heute reichlich müde — und ich bin ganz froh, daß erst am anderen Morgen,

Mittwoch, den 21. Juli, 8 Uhr vorm., ein leichter S aufkommt. 8,50 Uhr Anker auf, Barometer fällt bedenklich, Himmel ist leicht bewölkt. Zwischen den Außenschären läuft hohe Dünung aus SW, gegen die ich nicht höher als 5½ Strich anliegen kann. Ich schlängele mich also listig durch die allerinnersten Schären, wo schmieges Wasser ist — es ist aber recht langweilig und erfordert viel Aufmerksamkeit, in diesem Gewirr von Felsbrocken ohne Hilfe von Kummeln oder Seezeichen aufzukreuzen. Immerhin komme ich vorwärts und stelle des öfteren fest, daß ich den Kurs von Klöfskär Fyr über den Sot noch gut anliegen kann. Nachmittags geht es bei Grötö Fyr hinaus — zwischen den Außenschären steht höchst unangenehme kabbelige See, auch der Wind ist wesentlich frischer geworden, so daß ich gerade noch Vollzeug tragen kann. Je mehr wir uns der engen Passage zwischen Soteskär und Klöfskär nähern, desto höher wird die See, so daß wir nur noch vom Wellenberg aus die Topzeichen der nahen Spieren sehen können. Kurz vor Klöfskär brist es mit harten Böen noch mehr auf — im Schutz von Soteskär stecke ich zwei Reff ins Großsegel und laufe hinaus. Kaum draußen, packt uns die gewaltige See, die hier frei von der schottischen Küste her herangerollt kommt. Aus Tiefen von 200 bis 300 m steigt der Grund ganz unvermittelt auf 10—20 m an, um dann wieder auf 50 und mehr abzufallen. Dadurch entsteht eine Grundsee, die oft genug schwere Brecher aufweist. Diese kaum 3 Sm. lange Strecke, die einzige an der ganzen Küste zwischen Yttre Tistlarne bei Göteborg und Trestenene am Eingang vom Oslofjord, die gar keinen Schutz aufweist, ist deshalb mit Recht berüchtigt. Schon lange wird erwogen, durch einen Durchstich durch die Felsen zwischen Smögen und Hunnebostrand diese ungeschützte Passage zu umgehen, da sie alljährlich unter den Küstenfahrern ihre Opfer fordert.

Der Steuermann staunt: In jedem Wellental sind wir von der Umwelt abgeschlossen, in vielen sogar bekalmt. Wir können zwar das Zeug gut tragen, machen aber zu wenig Fahrt voraus, da wir recht häufig wegen der Seen anluven müssen. Draußen hätte das ja nichts gemacht, aber hier mit der Felsenküste ½—1 Sm. in Lee und der Warnung des Seehandbuchs vor den Grundseen im Gedächtnis, wurde es mir doch zu ungemütlich. Als ich noch dazu feststellen mußte, daß wir zwar scheinbar den Kurs mißweisend SzW einhalten konnten, in Wirklichkeit aber S½O fuhren, dachte ich an das alte Sprichwort: ,,Vorsicht ist der bessere Teil der Tapferkeit!" 5,30 Uhr nachm. Wendung mit Herzklopfen, von harten Böen gejagt und mit einem Auge nach den Seen. Nach B.-B. schielend geht es in brausender Fahrt zurück nach Klöfskär. Unglaublich schnell legt der Wind zu, so daß kurz vor Grötö schon gewaltige Brandung auf allen Untiefen von 4 m und weniger steht. In einer Bucht südlich von Hunnebostrand liegen wir 6,30 Uhr abends vor Anker. Der Himmel bezieht sich immer mehr, das Barometer fällt weiter, um 10 Uhr sehe ich noch einmal hinaus und hinauf zu den schweren schwarzen Wolken, die über uns hinwegrasen — der Sturm pfeift und heult aus SW —, dazwischen tönt das Donnern der Brandung von draußen.

Donnerstag, den 22. Juli. Frischer SW mit leichtem Regen. Am Nachmittag klart es auf, und wir laufen 4,30 Uhr aus, um uns die Sache anzusehen. Es ist aber unmöglich gegen die wilde See zwischen den Klippen genügend Fahrt zu machen. Daher wieder kehrt und an dem alten Ankerplatz unterwegs noch schnell gefangene Makrelen gebraten!

Freitag, den 23. Juli, 7 Uhr vorm. Es weht Katzen und junge Hunde aus WSW — an Auslaufen nicht zu denken. Barometer steigt etwas, so daß ich schon Hoffnung schöpfe, nachmittags aber kommt es wieder ins Rutschen und es brist auf. Über die hohen Felsen, in deren Schutz wir liegen, jagen harte Böen, die das Boot stark ins Schwoien bringen. Ich nehme infolgedessen den

Regenplan weg, um den Winddruck zu verkleinern, was auch zunächst etwas nützt. Abends aber, als der Steuermann eben dabei ist, die Eier in die Bratpfanne zu schlagen, gibt es ein paar besonders harte Böen. Gleich darauf merke ich an der veränderten Bewegung des Schiffes, daß irgend etwas nicht stimmt. Ich stecke den Kopf heraus: richtig, wir treiben! Während ich Trosse stecke soviel ich kann, macht der Steuermann die zweite 35 m-Trosse klar. Auch die wird langsam gesteckt, ohne die Trift des Bootes merklich zu hemmen. Also gibt es nur noch die eine Möglichkeit: Segel setzen! Fix und prompt arbeitet der Steuermann — zwar sind die drei Reff nicht gerade schön eingebunden, aber die Hauptsache: das Segel steht. Für die Sturmfock ist allerdings keine Zeit mehr geblieben, aber ich weiß, die gute „Bora" segelt auch so. Hand über Hand hole ich die Trosse ein, während der Steuermann das Boot mit knatterndem Segel im Wind hält. „Anker auf und nieder!" Der Steuermann holt die Großschot dicht, Gott sei Dank, wir nehmen Fahrt auf! Es war aber auch höchste Zeit, nur knappe 20 m trennen uns noch von den großen Granitbrocken auf der anderen Seite unserer kleinen Bucht. Ich hole schnell noch den Anker nebst einer mit Tonklumpen vermischten Wiese an Deck und gehe dann schleunigst ans Ruder, um zwischen vielen häßlichen Klippen hindurch nach Hunnebostrand zu laufen. Wir machen Fahrt wie ein Rennmotorboot: Bei Backstagbrise liegen wir oft bis zum Aufbau weg. Mit einer Halse preschen wir in den Hafen hinein, und ich halte Ausschau nach einem geeigneten Liegeplatz. Inzwischen hat der Steuermann, bis über die Ohren mit Ton beschmiert, den Anker klariert und die steife Trosse aufgeschossen. Trotz der unsinnig harten Böen, die überall an den steilen Felsen gebrochen durch den Hafen fegen, gelingt es mir, ohne Schwierigkeiten aufzukreuzen und im Südende des Hafens vor Anker zu gehen. Erleichtert atme ich auf, fiere das Segel weg, lasse aber vorsichtshalber Fall und Schothorn noch eingeschäkelt. Da hauen Böen, wie ich sie noch nie erlebt habe, über die Felsen herunter — wir treiben wieder! An Land rennt alles durcheinander und eilt in die Boote, die sich zum Teil losgerissen haben und gegen das Bollwerk gedrückt werden. Ich setze in aller Eile wieder Großsegel und springe ans Ruder, während der brave kleine Steuermann keuchend den Anker einholt. Er schafft es auch glücklich, und während er auf dem Vorschiff wieder alles klariert, rase ich abwechselnd wendend und halsend im Hafen umher. Es werden noch ein paar Trossen klargemacht, und dann gehe ich längsseits eines dicken Fischkutters, der mit einer schweren Drahttrosse vorne am Felsen und achteraus an einer vertrauenerweckenden Boje festliegt. Da hängen wir erst mal, nehmen Segel weg, und dann bringt der Steuermann mit dem Beiboot, das sich durch alle Fährnisse sehr brav gehalten hat, unsere schönste Manilatrosse und das neueste Drahtende voraus an Ringe im Felsen aus. Noch ein paar dicke Heckleinen zu dem Fischkutter an B.-B. und dem Zollkutter an St.-B. vervollständigen die Vertäuung. Dann wird das Beiboot längsseits gezurrt, der Kapitän macht erst einmal Reinschiff an Deck, während der Steuermann unten die unterbrochenen Bemühungen um die Spiegeleier fortsetzt. Allmählich verläuft sich an Land die Bevölkerung, die, soweit sie nicht selber in den Booten beschäftigt war, vollzählig und interessiert unseren Manövern zugeschaut hatte — auch ich gehe unter Deck, wo es mollig warm ist, der Kocher brummt und die Spiegeleier duften. Ich gieße dem Steuermann zur nochmaligen Bestätigung seines Avancements auch etwas Rum in den Tee, und dann geht es 9,30 Uhr zur Koje. Harte Böen legen auch hier vor Top und Takel das Schiff oft unheimlich über — der Sturm pfeift und heult durch Stage und Wanten, und die zerfetzten jagenden Wolken scheinen bis auf unseren Stander herunterzuhängen. Aber an unseren dicken Trossen liegen wir sicher und ruhig. Gegen Morgen flaut der Wind ab.

Sonnabend, den 24. Juli. Wind SW frisch, Barometer stark steigend, vormittags klettere ich auf die runde Felskuppe, in deren Schutz wir liegen, und halte Ausschau nach See. Es sieht aber draußen nicht gerade schön aus! Gegen Mittag kommt die Sonne durch, und jetzt machen wir Ernst. Die Dünung ist heruntergegangen, der Wind hat südlicher gedreht, so daß wir zunächst einmal bei schöner Vollzeugbrise mit einem Schlag durch die Kabbelsee der Klippen kommen. Langsam kreuzen wir dann durch die immer noch recht beachtliche See nach Klöfskär auf, schneller aber fällt das Barometer! Im Westen ballt es sich schwarz und drohend zusammen, der Wind flaut immer mehr ab und geht ganz auf S, so daß es nun eine reine Kreuzstrecke bis Hallö wird — und bei der See! Auch heute noch bekalmt uns die Dünung, wenn wir zwischen zwei der großen Wasserberge liegen — aber wieder zurück? Tag um Tag ist vergangen, seit Mittwoch liegen wir jetzt hier an dieser verteufelten Ecke: wir müssen weiter!! Hinter uns läuft ein dicker Motorsegler pustend aus: Wir winken mit einem Ende, er stoppt auch bereitwillig und gibt im Schutz von Soteskär seine dicke Grastrosse herüber. Dann geht er an Klöfskär vorbei ins Freie hinaus: wie ein Nilpferd wälzt er sich schnaubend und keuchend durch die Dünung und zerrt uns hinterher. Ich habe schnell drei Reff ins Großsegel gesteckt und dann die Schot dicht geholt, um wenigstens etwas Stütze zu haben, aber auch so schlingern wir noch ganz fürchterlich. Sorgenvoll blickt auch unser dicker Freund nach Westen, aber es geht Gott sei Dank nicht so schnell wie wir fürchteten. Die 3 Sm. sind bald überwunden, bei Smögen reiche ich ein paar Schluck Rum hinüber, werfe die Trosse los und setze wieder Vollzeug. Standhaft segeln wir weiter, obwohl die immer drohender aufsteigende Wetterwand uns eigentlich veranlassen müßte, schleunigst einen geschützten Ankerplatz aufzusuchen. Der Wettergott belohnt uns zunächst noch mit einem schönen OSO, der uns schließlich auf einem langen und einem kurzen Bein aufkreuzend um 10,30 Uhr nach Lysekil bringt, wo wir trotz der Finsternis noch eine schöne Boje erwischen. Das Wetter sieht wüst aus, der Barograph fällt wie ein Stein — in der schwarzen Wand, die jetzt schon bis zum Zenit reicht, wetterleuchtet es drohend. In Erwartung des Kommenden bringe ich meine stärkste Trosse zur Boje aus und zur Reserve noch ein Drahtende. Kaum bin ich fertig, ist auch das Gewitter da, das sich mit unerhörter Heftigkeit unter wolkenbruchartigem Regen entlädt.

Sonntag, den 25. Juli. Es weht stürmischer S — schweren Herzens entschließe ich mich, in Lysekil zu bleiben, um hier Drahtnachricht von zu Hause abzuwarten. Der Tag vergeht in abwechselnden Regenböen und Sonnenschein; trotzdem wird eine Regatta gefahren, bei der besonders die kleinen 22 qm-Schärenkreuzer viel Schneid zeigen. Barometerstand am Nachmittag 744!

Montag, den 26. Juli. Der Tag fängt mit Regenschauern an, später aber kommt die Sonne durch, so daß wir Segel und Decken und sonstige Plünnen trocknen und lüften können. Schöne Vollzeugbrise aus NW! Ausgerechnet! Und wir sitzen hier und warten auf Antwort! Endlich kommt das erwartete Telegramm mit der betrüblichen Nachricht, daß ich doch am 2. August in Berlin sein muß: Vorbei die schönen Pläne mit dem kleinen Belt und Kiel!

4,05 Uhr nachm. legen wir bei frischem NW von der Boje ab und rauschen fast vorm Wind mit Vollzeug südwärts.

Unser Kochapparat, eine schöne zweiflammige Konstruktion, hatte uns schon lange viel Kummer gemacht. Die letzten Sturmtage in Hunnebostrand schienen ihm aber den Rest gegeben zu haben, denn er brachte es nur noch bis auf einen Teekessel voll Wasser, ehe er anfing zu qualmen und zwecks Reinigung auseinandergenommen werden mußte. Die letzte Düsennadel war am Freitag (natürlich am Freitag!) in der Düse abgebrochen, und ich hatte daher in Lysekil einen guten alten Primus nebst Schwingring erstanden. Während der Steuermann mit beiden Händen die Pinne umklammernd „Bora" mit über 6 Knoten Fahrt gen Süden hetzte, montierte ich die Neuerwerbung. Bei Gullholmen fand die feierliche Einweihung statt, während der alte Kocher sang- und klanglos in den Fluten versenkt wurde.

Inzwischen kamen in NW schwere schwarze Wolken mit zerfetztem weißgrauem Kragen auf, so daß ich, obwohl der Steuermann widersprach, 2 Reff ins Großsegel steckte und Sturm- fock setzte. Eine kurze Ruhepause, dann geht der Tanz los! Trotz der kleinen Besegelung machen wir eine unheimliche Fahrt. Recht kitzelig sind die kurzen offenen Strecken, in die von draußen noch Dünung hineinrollen kann, denn dort steht an den Felsen schwere Brandung, die beim Zurückrollen so manchesmal übers Deck wäscht — in die Plicht kommt aber nichts. Das dauernde Halsen bei Sturm in dem engen Fahrwasser wird aber auf die Dauer doch ungemütlich, irgendwo müssen wir ja schließlich auch über Nacht bleiben, und die schönen Bojen von Klädesholm locken gewaltig: Um 8,05 Uhr abends liegen wir an einem der schwarzen Ungetüme fest, genau 4 Stunden von Lysekil! Nachts weht es sogar noch schlimmer — das ganze Schiff zittert unter der Wucht der Böen. Gott sei Dank, daß wir hier so geschützt liegen. Hätte auch nur etwas Seegang in dem Hafen gestanden, wäre die Nacht recht unerfreulich geworden. So aber gehe ich beruhigt zur Koje, während das Leuchtfeuer „Berlin" verheißungs- voll von Süden her ins Luk hineinblinzelt.

Dienstag, den 27. Juli. Wüster Regen, Sturm aus NW und ziemliche Kälte. Erst um 8,45 Uhr legen wir ab und sind drei- viertel Stunden später bereits in Marstrand. Diesmal geht es vor dem Wind durch den Albrecktssund mit so schneller Fahrt, daß es mir nicht einmal gelingt, der Kanalfee die geforderte Abgabe in den Beutel zu legen. Trotz der heißen Fleischbrühe, die der Steuermann auf dem Nördre Elfsfjord herausreicht, dringt die Nässe allmählich durch. Aber einen eigenen Reiz hat eine solche Sturmfahrt durch die Schären: Schwarz und drohend sind Felsen und Wolken, selbst drinnen peitscht Brandung hoch und zerstäubt in Gischt.

Vor schon recht erheblicher See geht es östlich Buskär in den Sund zwischen Kansö und Vargö hinein. Die reizenden Villen am Ufer sehen allerdings jetzt ziemlich trostlos aus. 1,15 Uhr mache ich an einer Boje vorm Warmbadhaus in Styrsö fest, denn ich habe keine besondere Lust, bei diesem Wetter ins Kattegat hinauszulaufen. Nachmittags hört der Regen auf, es wird klarer und auch der Wind wird handiger. Um 5 Uhr geht es jetzt nur noch mit einem Reff und der großen Fock weiter. Als wir südlich Yttre Tistlarne aus dem Schutz der Schären kommen, ist die See doch noch unheimlich hoch ˙und wegen des unreinen Grundes auch oft recht steil. Aber Brecher gibt es nicht viele, und die, die etwas arg aussehen, fange ich mit dem Heck ab, so daß sie harmlos über Deck waschen, — nur das arme Beiboot hat es recht schwer, aber es hält sich brav und tanzt glücklich über alles weg, so daß wir abends kaum einen Eimer Wasser herausschöpfen. Kurz vor Malö, wie ich mich gerade zum Halsen anschicke, um in den Malösund einzulaufen, wird die See allerdings recht unhandig — das Boot schlingert wild — plötzlich hakt die Dirk, die ich dummerweise nicht dicht genug geholt hatte, hinter der Topsaling fest — der Baum zerrt nun mit aller Wucht an der Saling. Ich werfe das Unterliek los — das Segel kommt frei, und nun habe ich bald die Dirk klariert. Derweil hält der brave Steuermann, allerdings mit etwas großen Augen, ob der hochlaufenden See das Boot mit dichtgeholtem Vorsegel so hoch wie möglich am Wind. Trotz der Brecher, die hier in der schweren Grundsee unausgesetzt angerollt kommen, benimmt es sich ausgezeichnet. Um den Mast geklammert auf dem Vorschiff arbeitend, werden nur meine Füße naß — wie ich denn überhaupt auf der ganzen Fahrt Ölzeug nur gebraucht habe, wenn es regnete. Um 8 Uhr erreichen wir Malö-Hafen durch den engen Einlauf in den Lotsenhafen direkt vom Sund her. Der Eigner einer großen dänischen Yawl, die 2 Stunden vor uns dort eingelaufen war, erzählt mir betrübt, daß ihm drei Seen hintereinander über das Boot gelaufen seien und ihm sein schönes Beiboot aufs Heck gesetzt und am Besanmast eingedrückt und fortgerissen hätten. Dafür hat sich „Bora" recht gut benommen!

Mittwoch, den 28. Juli. Nebel! und die Zeit vergeht! Erst um 9 Uhr wird es sichtiger, so daß wir Ankerauf gehen und vor leichtem, mit Flauten durchsetztem N südwärts treiben. Dabei gießt es in Strömen, ich widerstehe aber tapfer der Versuchung, Varberg anzulaufen. Nachmittags wird es auf ein paar Stunden warm und sonnig, so daß wir unsere nassen Plünnen trocknen können. Kurz vor Falkenberg sieht es aber wieder sehr nach Regen aus, — ich laufe deshalb durch den Fischereinlauf hinein, der auf der Karte nur als Lücke in der Westmole erscheint. Man muß von W kommend Skutarne Bake hart B.-B., dabei Skrotta Tonne weit an St.-B. lassen, um die Untiefe Skrotta zu vermeiden. Hat man Skutarne passiert, hält man auf die Mitte der jetzt sichtbaren Lücke in der Westmole zu, und läuft nach Passieren der Mole in das markierte Fahrwasser der Innenreede.

Donnerstag, den 29. Juli. Hurra! NO! Ich lasse den Steuermann schlafen und gehe schleunigst unter Segel. Draußen setze ich den Ballon wieder als Klüver am Bootshaken und bringe das

Log aus. Schnell versinkt Falkenberg achteraus, der Steuermann bereitet ein lukullisches Frühstück aus Rührei mit frisch gefangenen Makrelen, bald darauf aber bezieht sich der Himmel, und es gibt wieder Flaute und Regen, vermischt mit Sonne und hin und wieder auch etwas Wind. In einer dieser Böen, die mir allerdings nach den verflossenen Sturmtagen wie ein leichter Zephir erscheinen, knaxt der schöne Klüverbaum! Er bekommt einen Leukoplastverband und wird wieder zum Bootshaken degradiert. Langsam, viel zu langsam steigt Kullen am Horizont auf und rückt allmählich näher — erst 11 Uhr nachts peilen Ober- und Unterfeuer in Linie. Ich hole das Log ein: Es zeigt 37,7 Sm. von Falkenberg, die Karte 35,5, und das trotz der Flauten! Nach Kullen hört der Wind auf, bald hebt auch das Kreuzen wieder an, und erst spät am Morgen des 30. kommt endlich ein stetiger N durch, der uns in rauschender Fahrt an Kronborg vorbeitreibt. Im Laufe des Tages legt der N zu, so daß ich schon anfange, mit Stralsund zu liebäugeln, aber die letzten Tage haben zu viele unerwartete Änderungen der Wetterlage gebracht — zwischen Kopenhagen und Stralsund aber ist kein Hafen, in dem ich „Bora" liegen lassen könnte. Zum Trost holt der Steuermann noch einmal ein paar Makrelen aus den sonnenbeschienenen Fluten des Oeresunds, dann lasse ich resolut Middelgrund an B.-B. liegen und mache um 4 Uhr nachm. wieder im Yachthafen von Kopenhagen fest.

Genau 4 Wochen hat die schöne Reise von Berlin bis hierher gedauert, wir haben an 19 Tagen 647 Sm. unter Segel zurückgelegt, was einen Durchschnitt von 34 Sm. am Tag ergibt. Mit 252 gesegelten Stunden erreichten wir einen Stundendurchschnitt von 2,96 Sm., trotz der vielen Flauten und Kreuzstrecken (s. Karte Seite 66).

Einhand von Kopenhagen nach Stettin.

Sonnabend, den 2. Oktober. Nebel, Nebel, nichts als Nebel! Die Sirene von Middelgrund heult irgendwo da draußen, ängstlich und aufgeregt tuten und pfeifen die Hafenboote, wenn ein einlaufender Dampfer mit seiner tiefen Stimme grollt.

Gestern früh bin ich angekommen, habe den ganzen Tag die arme „Bora" geputzt und gelüftet und warte nun hier im Yachthafen von Kopenhagen darauf, daß der Wettergott ein Einsehen hat und mir Sonne und Wind beschert. Herr Ohlsen, der stets hilfsbereite Vertrauensmann der Kreuzer-Abteilung, hat mir an Stelle des beim Aufladen gestohlenen

Akkumulators einen anderen verschafft. — — „Oh, es kann ja nächsten Sommer irgendeiner der Herren mal wieder so einen Akkumulator mitbringen!" war die Antwort auf meine Frage, wie ich das schwere Ding dem Besitzer wieder zustellen sollte. Proviant für 10 Tage ist an Bord, — so kann die einsame Fahrt beginnen. Ein bißchen anstrengend wird's ja vielleicht werden,

Abb. 21. Einhand.

doch reizt es mich sehr, die tüchtige „Bora" einmal ganz allein übers herbstliche Meer zu führen.

Gegen Mittag endlich, als ich schon beinahe die Hoffnung aufgegeben hatte, klart es auf. Bald bin ich unter Segel und treibe langsam zum Hafen hinaus. Aber draußen bleibt es still. Ich schruppe noch die Außenhaut, was im Yachthafen wegen des schmutzigen Wassers nicht ging, und setze mich dann ins

Beiboot und schleppe in den Yachthafen von Hellerup. Eine kalte Nacht! Gott sei Dank, daß der Primus so schön heizt.

Sonntag, den 3. Oktober. Kein Nebel, aber auch wenig Wind. 6,35 Uhr werfe ich los, bekomme bald einen netten SW, passiere um 8,50 Uhr Nördre Röse und komme auch programmäßig bis Drogden Feuerschiff; dann fängt es zu regnen an, es wird sehr unsichtig, ich mache noch Lillgrund Vest Tonne aus und stelle fest, daß es zweifelhaft ist, ob ich Falsterborev-Feuerschiff anliegen kann. Es ist recht kalt und naß, so daß ich mich vor einer Nachtfahrt graule. Also abgefallen und hinein nach Skanör, wo ich

Abb. 22. Skanör. Hafen.

bereits um 2,45 Uhr am Bollwerk liege. Nachts strömender Regen und NW, sodaß etwas Dünung in den Hafen steht.

Montag, den 4. Oktober. 6,30 Uhr bedeckt, leichter NW. Ich nehme Kurs auf Stevns Klint und treibe in den diesigen Morgen hinaus. Gespenstig ziehen die Segler, die der langwährende Süd aufgehalten hat, den Sund hinab — kaum eine Seemeile ist die Sicht. Ich gehe auf einen Augenblick in die Kajüte, um Teewasser aufzusetzen, und als ich wieder herauskomme, glaube ich meinen Augen nicht trauen zu können. An Steuerbord voraus treibt in dem grauen Dunst ein mächtiger Viermaster, vor Top und Takel hart überliegend! Im ersten Augenblick bekomme ich einen gewaltigen Schreck. — Dann aber wird mir klar, daß ich ja den Rumpf des Gespensterschiffes gar nicht sehe und bei der diesigen Luft! Jetzt erst fallen mir die drei Bälle ein, die gestern Drogden Feuerschiff zeigte, Bedeutung: „Wrack im Sund südlich von der Linie Middelgrund." Gleichzeitig auch eine nur halb-verstandene Erzählung eines Bootmannes in Kopenhagen von einem finnischen Segler, der im Nebel von einem Dampfer gerammt

Abb. 23. Wrack im Sund.

worden sei. Der Umweg ist nicht arg, also segle ich dicht an diesem armen Opfer des grauen Todes vorbei.

Die Takelage ist unversehrt, nur eine Raa hängt schief in die trüben Fluten herunter — — trotzig und sehnsüchtig zugleich recken sich die Masten in das lastende Grau des Himmels hinauf. Vom Rumpf ist nichts zu sehen; — nur in der Mitte, wo vielleicht auf einem Deckshaus ein Peilkompaß stand, gurgelt der träge Strom! Ich segele weiter in den dichter werdenden

Nebel hinein, — ist es der Nebel oder der trostlose Eindruck des einsamen Wracks, — jedenfalls scheint mir ein tüchtiger Whiskygrog angebracht!

Nichts ist zu sehen, nur das unheimliche Tuten der Dampfer zeigt, daß ich nicht mitten auf dem Ozean schwimme! 12,50 Uhr klart es auf ein paar Augenblicke auf, und ich peile Stevns Klint in SW½S in etwa 4 Sm. Abstand. Wenn auch die Sonne ein bißchen scheint, — Stevns verschwindet bald wieder, und ich treibe in grauer Einsamkeit herum. Gegen Abend geht endlich der Wind auf W, — bei dem Versuch, die Ankerlaterne zwischen Topstag und Vorstag festzuzurren (um durch diese festliche Beleuchtung die umherfauchenden Fischerboote während des Abendessens fernzuhalten!), geht mir meine treue Begleiterin auf den früheren „Boras" über Bord und sinkt glucksend in die Tiefe! Ich bin so entgeistert, daß mir noch die Spiegeleier anbrennen, — das ist zu viel! Ich falle ab und liege um 11 Uhr abends längs eines dicken Schoners im Hafen von Rödvig, wo ich in der rabenschwarzen Finsternis beim Festmachen beinahe der Laterne gefolgt wäre.

Dienstag, den 5. Oktober. Ein regnerischer Morgen — ich steige mißmutig über die Fischkisten am Bollwerk und kaufe eine ganz gemeine Sturmlaterne (Made in Germany), da ich doch mit der Wahrscheinlichkeit rechnen muß, häufiger vor Anker zu liegen. Um 8 Uhr morgens lege ich bei leichtem Regen ab, Fahrtziel Klintholm außen herum, — Bögeström bei W scheint mir nicht das richtige. Es wird aber besser, als ich gedacht hatte, — der W frischt auf, so daß ich bereits um 12 Uhr im Schutz von Moen zwecks Mittagessens beidrehen kann. Bald nach 1 Uhr geht's weiter, zunächst auf S-Kurs, da eine erhebliche SW-Dünung und fallendes Barometer mich mehr Wind aus südlicherer Richtung befürchten läßt, ich aber bei der ganzen Lage doch gleich bis Barhöft durchhalten möchte. Es wird aber nichts mit dem S, — bald nach 4 Uhr drehe ich in ziemlicher See wieder bei und trinke Tee, — ganz richtig mit Röstbrot und Marmelade, — — dann weiter Kurs SOzS. 6,30 Uhr kommt Dornbusch in Sicht, bald darauf ein Feuer, das ich zunächst für Plantagenetgrund-Tonne halte, das sich aber an Hand der mit der Stoppuhr gemessenen Kennung als Darss entpuppt, dann geht der Wind schlafen, und die Feuer verschwinden im Dunst. Erst um 9 Uhr taucht Plantagenet östlich von mir auf (statt westlich, wie nach dem Besteck zu erwarten), ich muß also zu meinem Leidwesen eine erhebliche Stromversetzung feststellen; um 11 Uhr ist Gellen-Feuer voraus, aber erst im Morgengrauen komme ich in die Nähe der Rinne; Deck und Wanten sind mit Rauhreif bedeckt. — Um 7 Uhr morgens am Mittwoch, dem 6. Oktober, endlich gehe ich dicht an der Rinne vor Anker. In der Kajüte ist es Gott sei Dank mollig warm, denn der brave Primus hat die ganze Nacht gebrannt, — heißer Tee tut ein übriges, um die nächtlichen Nebelgeister zu verscheuchen, aber zum Schlafen komme ich nicht, da ich trotz des harten auslaufenden Stromes durchaus die Reede von Barhöft erreichen möchte. Darüber vergeht schließlich der ganze Tag! Erst nach 6 Uhr abends liege ich vor Anker auf der Reede und kann in die Koje kriechen.

Donnerstag, den 7. Oktober. Es weht aus SO, — dazu der auslaufende Strom womöglich noch härter als am Tage vorher. Gegen Mittag versuche ich trotzdem fortzukommen, aber Wind und Strom in der schmalen Vierendehlrinne sind knall gegenan. Ich laufe mit 2 Reff und Sturmfock, — das ist alles, was ich tragen kann; es schafft aber nicht, und da ich doch höchstens noch bis Stralsund kommen könnte, gebe ich es auf und gehe zur Nacht in den Lotsenhafen.

Freitag, den 8. Oktober. Morgens regnet es in Strömen, Barometer fällt stark, so daß ich mit Recht W erwarte. Langsam geht der Wind herum; 9,50 Uhr vorm. lege ich ab und laufe mit blendender Fahrt den Strelasund entlang, 2,15 Uhr Stahlbrode querab, — die Sonne kommt ein bißchen heraus, so daß ich mich nach eingehendem Studium der Karte entschließe, doch noch über den Bodden zu gehen und an Hand von Freesendorfer-Haken- und Ruden-Feuer mich bis zur Ruden-Reede durchzumogeln. Über den Bodden rauschende Fahrt, mit sinkender Sonne aber kommt auch der leidige Nebel wieder. Die Sache wird kitzlig, — schließlich kann ich das Freesendorfer-Haken-Feuer achteraus kaum mehr ausmachen, — der Kennungswechsel zwischen Rot und Weiß ist nur noch zu erraten! Aber die Linie gerade muß ich genau halten, um richtig um die Südspitze vom Ruden herumzukommen! In der stockdunklen Nacht halte ich scharf Ausschau nach den Tonnen, denn eine Kollision mit solch' einem dicken Ungetüm könnte für die kleine „Bora" peinlich werden; es geht aber alles klar; 9 Uhr abends liege ich auf Ruden-Reede vor Anker und koche mir ein Abendbrot. Das Barometer zeigt weitere Neigung zum Fallen, ich bringe daher vorsichtshalber vor dem Schlafengehen noch mein schweres Ankergewicht aus.

Sonnabend, den 9. Oktober. Leichter S, Barometer stark fallend. Um 7,40 Uhr gehe ich Anker auf und so dicht unter Land, wie es der Peenemünder Haken zuläßt, südostwärts Kurs Swinemünde. Bald frischt der Wind erheblich auf, — ich kreuze deshalb mit einem langen und einem kurzen Bein unter Land bis Zinnowitz auf, wo ich dann gleich 2 Reff einbinde und nun trotz immer härter werdender Böen und peitschendem Regen glatt bis Swinemünde durchliegen kann. Draußen ist's reichlich ungemütlich, ich halte mich deshalb meist in der Kajüte auf, wo der Primus freundlich brummt; nur ab und zu stecke ich den Kopf hinaus, um zu sehen, ob alles klar geht, — hart am Wind hält die „Bora" Kurs wie ein Regattasteuermann, — ein über dem Kompaß festgezurrter Handspiegel gestattet mir aber doch eine heimliche Kontrolle, ohne daß ich mich aus der Koje zu rühren brauche.

4,30 Uhr nachm. bei strömendem Regen durch Molen Swinemünde. Trotz der Böen, die über den Hafen pfeifen, muß ich mich entschließen auszureffen, um den Strom auskreuzen zu können; auch so wird's nach 6 Uhr, bis ich schließlich wohlvertäut zwischen zwei Dalben am Bollwerk hänge. Punkt 7 Uhr bricht der Sturm, der sich schon lange angekündigt hatte, mit unerhörter Wucht aus SW los, — ich werde gründlich hin und her geworfen, schlafe aber trotzdem vorzüglich.

Sonntag, den 10. Oktober. Als ich morgens den Kopf aus dem Luk stecke, glaube ich meinen Augen nicht trauen zu können: neben mir, in allzu handgreiflicher Nähe, ist schöner, schwarzer Modder, mein Beiboot liegt auf dem Dreck! Aber bald habe ich festgestellt, daß „Bora" noch schwimmt, — es ist aber allerhand: mindestens 1,20 m ist das Wasser über Nacht gefallen.

Den ganzen Tag weht es wie verrückt, — Windstärke 9—10, ich bleibe hübsch zwischen meinen Dalben liegen und lasse den Primus brummen, während draußen die schweren Regenböen über den Hafen fegen.

Montag, den 11. Oktober. Endlich hat der Wind auf W gedreht, wenn er auch nicht merklich weniger geworden ist. Um 9,20 Uhr morgens lege ich ab: mit 2 Reff und Sturmfock wird die Sache schon gehen.

In der Kaiserfahrt bin ich zwar ziemlich abgedeckt; als ich aber 11,20 Uhr herauslaufe, ist da doch einiges los. „Bora" findet sich blendend mit der kurzen, steilen Dwarssee ab.

1,05 Uhr Leitholm, — kurz vorher habe ich einen Bagger passiert, der scheinbar beim gestrigen Sturm gekentert war und nur noch eine Seite aus dem Wasser steckte.

Auf der Oder so viel Strom, daß ich trotz der Böen ausreffe. Kurz vorm Yachthafen brumme ich dann zu guter Letzt noch am östlichen Ufer auf und muß mich recht mühselig, unter Ausnutzung der Wellen vorüberfahrender Dampfer, selbst wieder herunterhieven; so wird es 6,20 Uhr, bis ich schließlich im Hafen des St. Y. C. liege.

Für dieses Jahr ist die Seefahrt nun wirklich zu Ende! 80 Stunden 35 Minuten habe ich gebraucht, um die 193 Sm. von Kopenhagen bis hierher zurückzulegen, — aber Einhand im Oktober über die Ostsee darf vielleicht als Entschuldigung für den schlechten Durchschnitt dienen!

Abb. 23a.   Flaute.

Karte der Reisen von „Bora I", „II", „III".

„Bora IV".

Die grundlegende Idee beim Bau von „Bora IV" war, ein Boot zu schaffen, das einerseits in seinen ganzen Einrichtungen auf lange Reisen zugeschnitten sein, andererseits auch noch Einhand zu segeln sein sollte. Glattdeck, Beiboot mittschiffs an Deck,

Abb. 24. Stapellauf.

außergewöhnlich reichlicher Schrankraum, getrennte Sitz- und Schlafgelegenheit und zwei getrennte Räume waren einige von den Bedingungen, die die Einrichtung erfüllen sollte. In Form und Stabilität der Konstruktion sollte das Boot dem schwersten

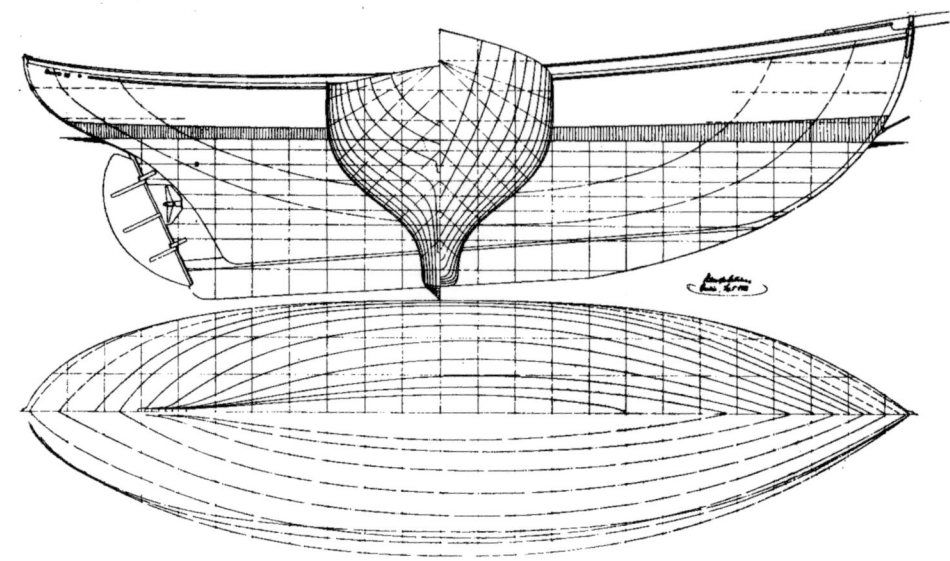

Abb. 25. Hochsee-Kreuzeryacht „Bora IV".
Maßstab 1 : 200. Linienriß.

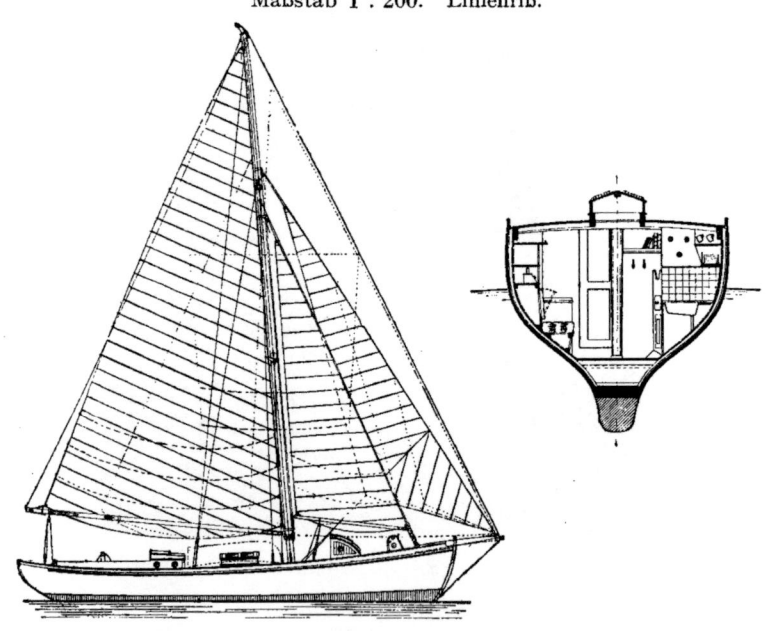

Segelriß. Großsegel 46,00 qm; Stagsegel 11,50 qm;
Klüver I 12,50 qm.
Wirkliche Am Wind-Segelfläche 70,00 qm.
Breitfock 20,00 qm.

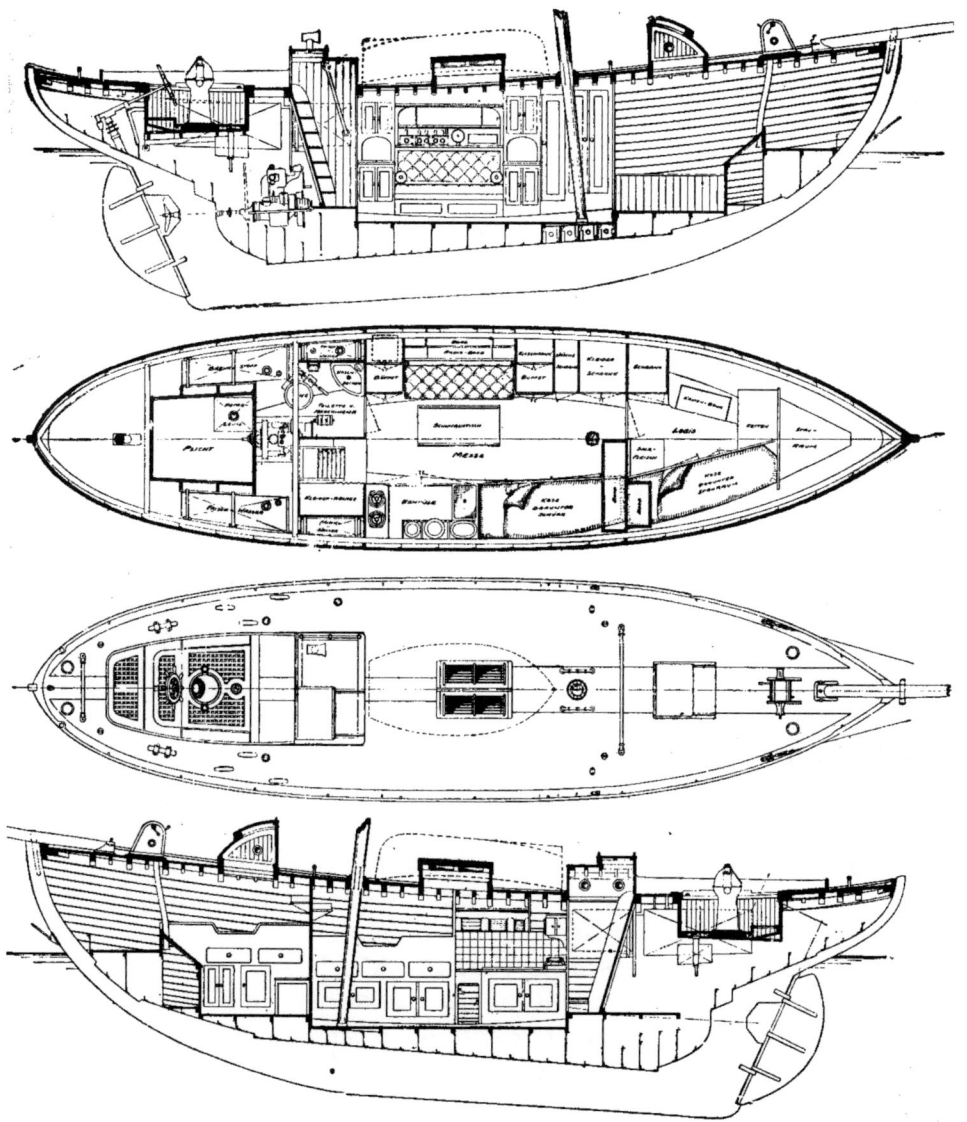

Abb. 26. Hochsee-Kreuzeryacht „Bora IV".
Entworfen von Hans Schröder, Berlin.
Maßstab 1 : 100.
Größte Länge 12,00 m; Länge i. d. Wasserlinie 10,45 m*); größte Breite 3,02 m;
geringster Freibord 0,74 m*); größter Tiefgang 2,14*). Verdrängung 18,00 cbm.
10 PS 1 Zyl. Hanomag-Lloyd-Hilfsmotor.

---

*) Diese Maße gelten für das seeklar ausgerüstete Fahrzeug mit vollen Brennstoff- und Frisch-
wasserbehältern.

Wetter gewachsen sein. Weder Tiefgang noch Deplacement wurden irgendwie beschränkt, erstklassige Bauausführung vorgeschrieben.

Was dabei herausgekommen ist, zeigen die umstehenden Pläne. Es ist natürlich bei einem Boot dieser Größe gänzlich unüblich, nur zwei Schlafplätze vorzusehen, und erklärt sich aus dem Zweck, für den es gedacht ist. Überhaupt wurde das Boot in allen Einzelheiten der Abmessungen „nach Maß" gebaut. Der Sitz in der Plicht z. B. mit Höhe und Entfernung des Steuerrades wurde mit Hilfe eines Pappmodells ausprobiert. Das Schränkchen an B.-B. achtern vom Sofa wurde von vornherein für Sextant und Schreibmaschine vorgesehen, die lichte Weite der Schübe des Wäscheschranks genau auf das Format von Oberhemden zugeschnitten. Nur durch ganz enge Zusammenarbeit mit dem Konstrukteur war dies möglich; der letzte „Schliff" in dieser Beziehung wurde dadurch erzielt, daß ich die sechs Wochen vor dem Stapellauf auf der Werft verbrachte.

Der Bauauftrag wurde der alten Werft von Schlichting in Travemünde im November 1926 erteilt, die Probefahrt fand programmäßig am Ostersonntag 1927 statt. Über das zum Bau verwendete Material gibt die beim Abschnitt „Neubau" abgedruckte Bauvorschrift erschöpfende Auskunft. Ich ließ das Boot von vornherein kupfern, da ich fürchtete, im Herbst nicht dazu zu kommen. Auf der Fahrt nach Norwegen stellte sich heraus, daß der Kettenkasten in seiner ursprünglichen Form die große Kette nicht ohne dauerndes Stauen während des Einhievens aufnehmen konnte; er wurde unter Verkürzung der Koje höher gemacht; außerdem der Fußboden mit Linoleum bedeckt, da sich der zuerst vorgesehene Teppich nicht bewährte. Es wurden noch weitere 30 m 9 mm Kette für den kleinen Anker angeschafft, um das Vermuren zu erleichtern; später kamen dann noch 45 m 12 mm kurzgliedrige Kette hinzu, die für den Winter als Muring dienen sollten. In der Bilge wurden noch zwei Wassertanks von je etwa 80 l eingebaut, deren Inhalt durch eine Pumpe nach Bedarf in die anderen Tanks übergepumpt werden kann. Obwohl im Vorschiff reichlich Platz zu sein schien, reichte der Stauraum doch nicht für die vielen Reservesegel und Trossen; es wurde daher an B.B. über der Backskiste eine Art Klappkoje angebracht, auf der die Segel verstaut werden. Dies waren die einzigen Änderungen, die sich nach den ersten längeren Fahrten als wünschenswert herausstellten.

Nach dem Sognefjord.

Endlich, endlich — ich sitze in der Kajüte von „Bora IV"
und kann die erste Eintragung in das neue Logbuch machen:

5. Mai 1927, 11,45 Uhr vorm. durch Molen Travemünde;
klar und warm, NO 2—3, Fahrtziel Warnemünde, und dann:
gen Norden!

Abb. 27.   „Bora IV".

Ganz so schlimm war die Hetze der Abfahrt noch nie; erst
um 7 Uhr haben die letzten Arbeiter von Schlichting das Boot
verlassen, dann hat der Motor zu viel Öl, Wasser muß noch drüben
am Bollwerk genommen werden und der letzte Proviant an Bord
gebracht und verstaut, und schließlich noch ein Abschiedstrunk
im Schifferhaus; die Werftbarkasse gibt uns bis zur Leuchttonne
draußen das Geleit, — ein Winken von Mützen, — der Motor
wird abgestellt: die Fahrt hat begonnen!

Die „Mannschaft", Frl. E. R., war schon einige Tage „versammelt", der Konstrukteur und zwei andere Herren wollten uns bis Warnemünde das Geleit geben; D-Züge riefen zur Rückfahrt: also Vollzeug gegenan! Sonst hätte ich die Abfahrt vielleicht doch mit mehr Ruhe vonstattengehen lassen.

Lange Schläge schaffen zwar, aber die Zeit vergeht, See und Wind sind gegenan. In der Nacht muß der Motor helfen,

Abb. 28. „Die Mannschaft".

da es zu flau geworden; in der Kajüte versuchen die Gäste in den unmöglichsten Stellungen etwas Schlaf zu erwischen; für fünf ist „Bora" ganz entschieden zu eng!

6,50 Uhr vorm. am 6. Mai machen wir am Bollwerk in Warnemünde fest und setzen unsere Gäste an Land, eine Stunde später sind wir wieder unterwegs, um noch an diesem Tag nach Dänemark zu kommen. Ich will nach Hesnäs oder dem Grönsund; aber das Studium der Karte verschafft mir die Gewißheit, daß der

Bögeström für „Bora IV" doch nicht ganz das richtige ist: er hat stellenweise nur 2,20 m Wasser; so dampfen wir bei Totenflaute und spiegelblanker See an Gjedser-Rev-Feuerschiff vorbei gen Klintholm. Ich benutze die Gelegenheit, um eine Mittagshöhe zu nehmen und bin sehr stolz, als sie uns nur 2 Sm. nördlicher setzt, als wir beim Feuerschiff waren!

Abb. 29.   Edv. Ohlsen.

Dicht vor Klintholm kommt plötzlich Wind auf und legt schnell zu, natürlich wieder knall gegenan! Ich will aber nicht erst Segel setzen für knapp eine halbe Meile und krieche langsam — sehr langsam! — in den kleinen Hafen hinein. In der Nacht und den ganzen nächsten Tag weht es trotz hohem Barometerstande heftig aus Nordost; zu dritt liegen die Fischer neben uns am Bollwerk, und die Außenhaut bekommt ihre ersten Schrammen.

Am 8. Mai wieder Totenflaute, also wieder mit Motor hinaus und um Moen herum und weiter nach Norden; wir rollen erheblich und sind froh, als etwas Südwind aufkommt, der uns schließlich mit guter Fahrt nach Kopenhagen bringt. Es ist Sonntag und viele Spaziergänger am Kai des Yachthafens; hilfreiche Hände packen die Heckleine, ziehen und ziehen, — vergeblich rufe ich Stop! und mühe mich am Bojereep: 18 Tonnen sind eine unheimliche Masse, das Heck kracht gegen das Bollwerk!

Leider riefen mich geschäftliche Notwendigkeiten nach Berlin zurück; als ich nach 2 Tagen wiederkam, hatte sich das Wetter geändert und schien den Sommer überspringen und sich gleich wieder dem Winter zuwenden zu wollen. Als Herr Ohlsen eines Morgens an Bord kam, lag der Schnee ein paar Zentimeter hoch auf Deck!

Am nächsten Sonntag, 15. Mai, schien es endlich Frühling werden zu wollen; früh legten wir ab, um an der Brücke des Kongl. Dansk Yacht-Club mit dem Schlauch Wasser zu füllen. Aber es gab eine unfreundliche Überraschung: kurz vor der Brücke saßen wir plötzlich fest, und zwar, obwohl wir mit ganz langsamer Fahrt herangetrieben waren, so gründlich, daß auch mit einer nach der nächsten Boje ausgebrachten Trosse kein Abkommen möglich war. Und der Südwind wehte so schön!

Da erschien wieder Herr Ohlsen als Retter in der Not: ein Freund mit einem dicken Motorboot gab eine Trosse herüber, — die beiden Sechszylinder brummten los, und langsam löste sich „Bora" vom Grund. All das hatte recht lange gedauert. 12,40 Uhr erst konnten wir von der Boje ablegen und diesmal stolz unter Segel den Hafen verlassen.

Den Abend und den ganzen nächsten Tag verbrachten wir in Hornbäk. Da beim Einlauf unter Motor in den Hafen die Antriebskette der Lichtmaschine gerissen war und Ersatz aus Deutschland kommen mußte, beschloß ich die Weiterreise streng ohne Motor zu machen und mogelte mich am 17. Mai morgens 7,30 Uhr mit einigem Herzklopfen aus dem engen Hafen, denn wenn auch „Bora" überraschend wendig war, ehe sie Fahrt hatte, war mit ihr nicht viel anzufangen. Die ersten Manöver mit einem neuen Schiff sind immer etwas Glückssache, zumal wenn man an kleinere und leichtere Fahrzeuge gewöhnt ist. Aber auch das schwere Schiff hat seine Vorzüge: man hat so schön viel Zeit! Hat man es erst mal nach irgendeiner Richtung in Bewegung gesetzt, so treibt es recht artig weiter, ohne sich gleich nach dem Wind umzusehen. Vor allem aber die weit zurückliegende Fock bewährte sich: wir konnten beinahe am Wind aus dem engen

Loch herauskommen, ohne das Großsegel setzen zu müssen. Ich nahm Kurs auf Grenaa, denn ich traute dem Wetter nicht und wollte lieber im Schutz der jütischen Küste nach Skagen laufen; der Barograph neigte sich nach unten, aber zunächst hielt noch der Südost.

Und jetzt muß ich ein Geständnis machen: mir passierte etwas, was dem blutigsten Anfänger nicht passieren darf: als wir merkwürdig nah an der Küste von Seeland blieben, ging ich hinunter, um nochmals die Karte nachzusehen — und vorsichtshalber setzte ich auch den Kurs noch einmal ab: O, du heiliger Nepomuk! Ich hatte die Mißweisung falsch herum angebracht, abgezogen statt hinzugezählt! Ich wagte kaum, der „Mannschaft" den Fehler einzugestehen, als ich nun den Kurs änderte, und war sehr versucht, die Sache so darzustellen, als ob ich wegen der vorauszusehenden Drehung des Windes nach Süd oder gar West zunächst so weit südlich gehalten hätte. Aber die Ehrlichkeit siegte, — und wurde dadurch belohnt, daß der Wind bei Hesselö wirklich auf W ging, und wir nun doch noch Grenaa anliegen konnten!

Es wurde eine etwas wüste Fahrt; es goß in Strömen, und der Wind legte zu; ich dachte schon recht sehr an Reffen, aber der Hafen kam schnell näher. Mit Großsegel und Fock ging's hinein, „Bora" kreuzte auch so, wenn auch der Ruderdruck reichlich groß war. Der Aufschießer geriet etwas knapp, und während ich die Segel wegnahm, verloren wir etwa 5 m vom Bollwerk die Fahrt; aber der Zollbeamte wartete schon und nahm schnell eine Leine über; 7 Uhr abends lagen wir längsseits eines Küstenfahrers.

Der Nordwest war nicht verlockend zur Weiterfahrt, er tat uns aber den Gefallen, am 19. Mai wenigstens auf WNW zu drehen. 8,15 Uhr aus den Molen unter Vollzeug, 12 Uhr in Sicht von Oestre Flak Feuerschiff Flaute, 3 Uhr Gewitter aus SW, das mich veranlaßte, 2 Reff ins Großsegel zu stecken und den Klüver wegzunehmen. Der Wind drehte wie ein Quirl, hörte mal wieder auf, um schließlich ganz kräftig aus NzW zu wehen; das paßte mir nun gar nicht, denn ein Aufkreuzen durch die Läsörinne in der Nacht hätte bedeutet, daß ich die ganze Zeit am Ruder hätte sitzen müssen; der kurze, steile Seegang war wenig schön! Also beigedreht und abgewartet und in aller Ruhe Abendbrot gegessen. Um 8 Uhr klart es auf, der Wind geht auf NW, und ich glaube, daß wir nun durchliegen können. Das Feuerschiff ist mittlerweile mw SW in etwa 3 Sm. Abstand; um einen guten Abgangspunkt zu haben, laufe ich erst einmal hin und gehe dann 2 Sm. westlich vom Feuerschiff auf Kurs durch die Läsörinne. „Bora" segelt ganz gut alleine auf Kurs, so daß ich öfters hinuntergehen kann, um mich anzuwärmen. Es ist bitter kalt, und Sprühregen und Spritzwasser durchweichen ein Paar Handschuhe nach dem anderen, aber wir machen gute Fahrt, wenn auch manche See längs Deck wäscht, — Windstärke 5 und gegenan stellt doch allerhand Anforderungen an das Schiff. Frederikshavn kommt in Sicht, aber naß bin ich doch schon, also weiter; um 4 Uhr morgens am 20. Mai ist Hirsholm dwars, um 6 Uhr bin ich vor Skagen. Die Mannschaft schläft noch, also drehe ich bei, lege Festmachetrossen auf Deck und mache den kleinen Anker klar zum Fallen; dann mit kurzen Schlägen in den Hafen hinein, in Luv des ersten Dalbens aufgedreht, und langsam sackt das Schiff nach Lee; ich habe bequem Zeit, eine Trosse um den Dalben zu bringen, ehe wieder Wind in die Segel kommt; schnell sind sie unten und bald auch das Beiboot im Wasser. Es dauert aber doch reichlich eine Stunde, ehe wir richtig vertäut sind, denn das Schiff läßt sich bei dem kräftigen Wind nur mit Hilfe der Winsch herumschwoien. Es war der erste richtige Seetörn der Reise: 79 Sm. in 22 Std. 15 Min., davon 5½ Std. beigedreht.

In Skagen vergingen in Gesellschaft von gastfreien Bekannten schnell ein paar Tage; am 24. Mai spät nachmittags erst liefen wir wieder bei leichtem West aus. Ich wollte irgendwo die norwegische Küste erreichen und hoffte auch auf eine günstige Drehung des Windes. Leider sollte es anders kommen! Draußen außerhalb des Schutzes von Skagens-Rev stand eine lange, aber doch ziemlich hohe Dünung aus West, der Kurs, den wir bei der Windrichtung halten konnten, brachte uns zwar etwa nach Risör, aber auch das war mir schließlich recht; bald aber ging der Wind auf NW, und nun mußte ich zu meinem Leidwesen feststellen, daß wir mit dieser Windstärke durchaus nicht gegen die Dünung ankommen konnten, die jetzt genau von vorn kam, wenn wir auf B.-B.-Bug lagen, während wir auf dem anderen Bug ganz gute Fahrt machten, — aber der Kurs brachte uns zum Oslofjord! Ich ließ also unser Schiffchen laufen und dachte erst mal in der Kajüte, unterstützt von Seekarte und Handbüchern, sehr scharf nach; aber es nützte alles nichts: rings herum wimmelte es von Fischerbooten, an Schlafen war nicht zu denken; das Barometer fiel und stand sowieso schon unheimlich tief, die Chancen, also noch vor dem nächsten Abend die rund 90 Sm. zur norwegischen Küste zu schaffen, waren nicht gerade groß. Entschluß: weiter auf N-Kurs und abgewartet.

Ich brauchte nicht lange zu warten, — der Wind drehte weiter nach Nord, das Barometer fiel wie ein Stein, und im Norden sah's finster aus. „Drei Tage beigedreht auf dem Skagerrak!" damit hatte ich der Mannschaft immer den Ernst der Seefahrt klarzumachen versucht; aber jetzt schien die Möglichkeit dieses Bauernschrecks recht nahe gerückt — und gefiel mir gar nicht! Selbst jetzt mit frischer Brise konnten wir gegen die hohe Dünung schwer vorwärts kommen, — und der Kurs brachte uns nach Kristiansand: 110 Sm.! Und auf dem anderen Bug winkte Hallö an der schwedischen Küste. Ich blieb also weiter auf Steuerbordbug und war froh, daß ich's tat, denn bald konnten wir nur noch eben Vollzeug tragen, und im Norden sah's immer grauslig aus! Im Schutze der Außenschären purrte ich die Mannschaft, die nicht wenig erstaunt war, sich plötzlich in einem schwedischen Hafen zu sehen. — 5,30 Uhr am 25. Mai lagen wir neben einem Fischerboot in dem malerischen Smögen.

Und unentwegt blies es aus NW! Ich kannte die Gegend, — um die Ecke in Hunnebostrand hatte ich im letzten Jahr ein paar Tage liegen müssen; Smögen war ja dagegen eine Großstadt, aber doch nicht das Ziel unserer Wünsche, — Norwegen und die Fjorde lockten!

Als es sich ausgetobt hatte, war es auch aus mit dem Wind, der nur noch als leiser Hauch aus Norden wehte, — wenn er doch wenigstens aus Süd gehaucht hätte! Aber so! Nach einigen Versuchen sprang der Motor auch wirklich an; zwar tat mir die Batterie leid, aber was nützte es, — die Kompression der neuen Maschine war viel zu groß, um sie mit der Hand anwerfen zu können. Am Sonntag, dem 29. Mai, zogen wir weiter nordwärts durch die herrliche Schärenlandschaft; mit Motor in der hohen Dünung 60 oder 70 Sm. übers Skagerrak zu laufen, wollte mir nicht scheinen: dann schon besser den Umweg und im Schutz längs der Küste. Am Abend lagen wir in Hafstens Sund am Bollwerk, am nächsten Tag, immer noch bei Flaute, aber zur Abwechslung vermischt mit feinem, kaltem Regen, in Frederiksvaern: endlich in Norwegen!

Der Motor hatte auf dieser Fahrt verschiedentlich gestreikt; ich glaubte, daß Schmutz in der Benzinleitung daran schuld sei und ließ sie deshalb in Fredriksvaern gründlich nachsehen, ohne daß sich irgendeine Verstopfung zeigte; später stellte sich heraus, daß sich ein Luftsack in der Benzinleitung bildete. Die Leitung wurde dann in Mandal umgelegt. Da die Batterie nachzulassen begann, ließ ich auch schweren Herzens einen neuen Antrieb aus Oslo kommen und anbauen, denn die Kette war mit der übrigen Post nach Stavanger dirigiert worden. Damit vergingen ein paar Tage, — allerdings hätte uns der Süd-West und strömender Regen wohl sowieso festgehalten.

Spät am Nachmittag des 2. Juni liefen wir immer noch bei Flaute, aber wenigstens allmählich aufklarendem Wetter bis Kragerö durch die Schären. Am folgenden Tag ging es früh weiter, teils unter Segel, teils unter Motor, manchmal draußen, öfter aber drinnen in den unendlich reizvollen stillen Sunden. Am Nachmittage briste es sehr erheblich auf, draußen stand gleich wieder ziemliche See, so daß wir harte Arbeit gegenan hatten, — denn natürlich blies der Wind aus SW! Trotzdem kamen wir noch bis Arendal — 36 Sm. — blieben aber den nächsten Tag dort, denn das Aufkreuzen sowie auch das Durchlaufen der engen Passagen unter Motor erforderte zu viel Aufmerksamkeit, um gemütlich zu sein; abends, nachts und morgens war es ruhig; aber etwa um 10 Uhr fing es an zu wehen und hielt dann den Tag über an. So auch am 5. Juni, wo wir schon um 10 Uhr vorm. in dem kleinen Brekkestö vor Anker gingen, da es drin zu eng war und draußen zu viel See lief. Übrigens war dies das erstemal auf der Reise, daß ich ankerte! Ich hatte mich nämlich immer davor gescheut, den schweren Anker hereinholen zu müssen. Überhaupt ist die Arbeit des Ankeraufgehens, Segelsetzens und -bergens mit so schwacher Besatzung bei einem verhältnismäßig so großen Schiff wie „Bora IV" recht erheblich; die Versuchung, einfach den Motor anzudrehen, daher doppelt groß. Wir sind denn auch, nachdem die Lichtmaschine die Batterie wieder mit Strom versorgte, immer unter Motor losgegangen und haben erst in Fahrt Segel gesetzt, soweit das überhaupt in Frage kam. Oft genug war aber das Fahrwasser so schmal, daß von Aufkreuzen keine Rede sein konnte, und der Wind war natürlich immer gegenan!

Vom 6. bis 9. Juni blieben wir in Mandal und warteten Post ab, die ich von Stavanger hatte herschicken lassen; am 9. liefen wir noch 15 Sm. bis Vaage, einer winzigen, aber gut geschützten kleinen Bucht hart nördlich von Lindesnes. Der Einlauf ist so eng, daß er ohne Motor eigentlich nicht möglich ist, denn bei anderem als Westwind wird wohl niemand auf den Gedanken kommen, in dieses Loch hineinzukriechen. Ich ließ den kleinen Anker fallen und hatte gerade Platz, um herumzuschwoien und mich zwischen 2 Fischerboote zu zwängen; eine kräftige Stahltrosse nach einem Ring im Felsen tat das Übrige. Das Barometer stand tief — 752 mm — und das Wetter war entsprechend. Harter West bis Nordwest, meist mit Regen, nur stundenweise kam die Sonne etwas zum Vorschein. Wir hätten natürlich „um die Ecke" nach Farsund gehen können, aber das hätte ein paar Stunden Arbeit gemacht und uns nicht wesentlich vorwärts gebracht; die See lief gewaltig hoch!

Ein paar regenfreie Stunden benutzten wir, um nach Lindesnes hinüberzuwandern und den Leuchtturm anzusehen: ein massiger Granitturm auf glattgewaschenem Felsvorsprung hoch über dem Meer; dicht dahinter der alte Leuchtturm, im 16. Jahrhundert erbaut, jetzt nur noch ein niedriges Sechseck aus bemoosten Quadern. Er brannte nur in der Winterzeit und wenn das Wetter es erlaubte, denn die Lichtquelle war ein offenes Kohlenfeuer!

Abb. 30. Lindesnes. Alter Leuchtturm.

Endlich fing das Barometer zu steigen an, und ich schöpfte Hoffnung; seit Jahren lockte die norwegische Westküste und nun sollte der Traum in Erfüllung gehen.

Am 12. Juni regnete es zwar am Morgen, aber die Wolken sahen dünner aus; der Wind war günstig, nur die Dünung lief noch mit unverminderter Gewalt; ich wartete also noch ein bißchen und ging dann um 11 Uhr heraus. Schnell war die gefürchtete Ecke von Lindesnes passiert, aber der allzu leichte SW in Verbindung mit der aus NW laufenden Dünung machte uns das Leben recht sauer. Wir kamen vorwärts! das war die Hauptsache, und längs der drohenden Küste ging's nordwärts; Lister dwars, und ich hoffte noch Egersund zu schaffen; doch der Wind tat nicht mit, im Westen türmten sich Wolken, und während im wesentlichen Flaute war, kamen einzelne Katzenpfötchen aus NW. Ich drehte ab und war bald mit Motor vor der Einfahrt nach Kirkehavn auf Hitterö. Die Dünung lief hoch, interessant aber, wie sie dauernd abnahm, während wir hineinliefen, — die steilen Felsen an der Seite der Einfahrt ließen keinen Seegang durch, trotzdem nachher selbst von unserem Liegeplatz neben

Abb. 31. An der Südseite Norwegens.

der alten Kirche, die dem Ort den Namen gibt, weit draußen der Horizont zu sehen war, — und auch die Brandung an den Felsen neben der Einfahrt!

Am 13. ging's bei Totenflaute und schönem Sonnenschein nur mit Motor bis Egersund; weshalb kann es denn nie ein paar Tage ruhige südliche Winde geben, — ich will ja gar nicht einmal SO fordern, der vor 2 Jahren einen Bekannten von Saßnitz nach Stavanger begleitete! Doch scheinen die Nornen ein Einsehen zu haben — oder der Wettergott wollte mich dafür belohnen, bei Totenflaute und strömendem Regen aus Egersund auszulaufen: noch ehe wir die trostlose Küste von Jaederen erreichten, klarte es auf, Wind kam durch, erst W, später auf NW drehend. Aber da hatten wir bereits Jaederen gerundet, liefen mit rauschender Fahrt an Feisten vorbei und lagen am Nachmittag — noch rechtzeitig um Post abzuholen — in Tananger vor 30 m Kette

Abb. 32.   Altes Seezeichen bei Tananger.

auf 6 m Schlickgrund. 40 Sm. in 7 Stunden, — zwischen Feisten und Flatholm hatten wir 8½ Knoten gelaufen, wobei allerdings N-Strom geholfen haben mag!

Der Seetörn war damit erledigt; denn nun war bis weit herauf im Norden ständig der Schutz der Schären zu erwarten; nach dem ewigen Pech, das wir mit dem Wind gehabt hatten, war ich nicht sehr hoffnungsvoll für die Weiterfahrt, da es in den langen Sunden, die jetzt vor uns lagen, immer aus Nord oder

Süd weht; aber ich war zu pessimistisch: am 16. liefen wir noch am Nachmittag bis Kobbervik im Karmsund, am Tag darauf mit 2 Reff im Großsegel und dem kleinen Klüver in 4 Std. die 28 Sm. bis Mosterhavn; es hatte seinen Grund, daß ich trotz des günstigen Windes an diesen beiden Tagen erst spät am Nachmittag die Reise antrat: vormittags goß es in Strömen, und

Abb. 33.   Alte Kirche in Mosterhavn.

schließlich waren wir doch zum Vergnügen unterwegs und nicht zum Seemeilenfressen!

Schon als wir in den Karmsund einliefen, hatten durch einen Riß in der Wolkendecke die fernen Schneeberge herübergegrüßt, am Morgen des 18. strahlte die Sonne zum erstenmal seit langen Tagen, und wir blieben in dem reizenden kleinen

Nest, kletterten zu dem Kirchlein hinauf, das Olaf Trygvasson im Jahre 1024 erbaute, und weiter, wo ein grüner Hügel einen Rundblick bot über die zerrissene Landschaft: Fels und Wasser, so weit das Auge reichte, in versteckten Spalten saftiges Grün, im Hintergrund gleißend der Folgefond.

Zum Mittagessen gab es Fisch: Paal, den uns ein Fischer am Morgen längsseits gebracht hatte; er war so vorzüglich, daß ich später wieder versuchte, ihn zu kaufen, doch weder in Bergen noch weiter nordwärts gelang es mir. Es scheint, daß er nur nahe am offenen Meer in den tiefen Sunden zu Hause ist. Am Spätnachmittag segelten wir dann noch weiter, höher wurden die Berge, selten ein Haus oder gar eine Ortschaft am Ufer, immer kleiner schien unser Schifflein und das Fahrwasser „Langenuen" trotz seiner Breite schmal wie ein Fluß. Am Abend verkrochen wir uns, als der Wind abgeflaut war, in die Storebövaag, eine völlig abgeschlossene kleine Bucht an der Westseite von Langenuen. Hier fing eine der größten Schwierigkeiten der Yachtreisen an der Westküste an: die Ankerplätze, die infolge ihrer Tiefe und Grundbeschaffenheit in Frage kommen, sind so selten, daß man sich sehr überlegen muß, wo man zur Nacht bleiben will; auf etwas Schutz muß man auch bedacht sein, denn es kann verteufelt durch die endlosen Sunde blasen.

In der Nacht fing der Regen wieder an und tropfte auch den ganzen nächsten Vormittag eintönig aufs Oberlicht. Bergen war aber nicht mehr weit, so daß wir uns nicht beeilten und erst am Nachmittag des 19. Juni bei Totenflaute weiterliefen. Endlich war es auch sommerlich warm, 15° sagte das Thermometer, — bisher war es ein Festtag gewesen, wenn es einmal zur Mittagszeit über 10° ging. Spät abends liefen wir in den alten Fischerhafen von Bergen ein; ich hatte vergebens Ausschau gehalten nach einem Platz, wo etwa andere Yachten liegen mochten, aber es war nichts zu sehen, auch kein Hafenmeister oder sonst irgendeine hilfreiche Seele. Ich hasse diese großen Häfen: unübersichtlich, schmutzig, die Schiffer rücksichtslos, Krach die ganze Nacht, — es ist nie eine Freude! Früh am Morgen erwischte ich einen Assistenten des Hafenmeisters, der mich nach dem Bojenfeld des Yachtklubs wies. Bereits um 9 Uhr lagen wir dann an einer der schönen Bojen der Bergen's Seilforening, der Klubdiener holte unsere Wäsche ab, und wir machten uns „landfein", um zum erstenmal seit Kopenhagen wieder in einer richtigen Stadt auszugehen.

Schnell war eine Woche vorbei; als es am Sonnabend, dem 25. Juni, gegen Abend aufklarte, setzten wir Segel und trieben

langsam ein Stückchen nordwärts, um dem städtischen Sonntags-
trubel zu entgehen. In Lille-Bergen, 9 Sm. nördlich der großen
Schwester, lag eine Boje vor der Brücke eines Landhändlers in
einer weltabgeschiedenen Bucht; das war zu verlockend, —
wir eigneten sie uns für die Nacht an.

Schon zwischen Langenuen und Bergen hatte der Tidenstrom
eine gewisse Rolle gespielt, doch war dort wie im Karmsund
aus den Angaben des Seehandbuches und der Gezeitentafeln
genau zu entnehmen, wann man mit Strom zu rechnen hatte.
In dem engen, innersten Schärenfahrwasser aber, das uns jetzt
weiter nordwärts führen sollte, mußten wir uns auf das Raten
verlassen, denn im Seehandbuch ist nur zu lesen: ,,Außerdem
führt noch ein Fahrwasser weiter innen, das erhebliche Tidenströme aufweist; da es nur von Ortskundigen benutzt werden
kann, wird von einer Beschreibung abgesehen!"

Als wir am nächsten Morgen durch den Alverströmmen
liefen, fanden wir dann auch richtig einen wirbelnden Strom,
gegen den wir mit Vollzeug und Motor noch gerade eben vorwärts
kamen; gut eine halbe Stunde brauchten wir, um die kaum
eine halbe Meile lange Durchfahrt zu zwingen, nachher aber im
Radösund war's desto schöner: die Sonne schien warm, stets
wechselnd verschob sich die Szenerie der Felsen, zwischen denen
wir unseren Weg suchten. Hier sind die Karten nicht allzu genau,
mancher Kummel und manche Tonne sind nicht verzeichnet,
auch ist es nicht immer leicht, zu wissen, welcher mit irgendeinem zerbröckelten Steinkegel gekrönte Granitblock nun der
ist, den man sucht.

Im Logbuch ist verzeichnet: ,,Es ist endlich warm, so daß
wir fast den ganzen Tag das Oberlicht auflassen können!" Bis
Mosterhavn hatte noch täglich der Ofen gebrannt!

Wir gingen schon früh in der Vikingvaag am Fensfjord
vor Anker und verbrachten den Rest des Tages mit Baden und
Photographieren, denn der NO schien zulegen zu wollen und
an Aufkreuzen war hier nicht zu denken.

Am 27. Juni gab es trotz steigenden Barometers eine Sint-
flut von warmem Regen und steifen SO, der allmählich krimpte.
Wir mußten nach Brekke im Sognefjord, wohin ich Post bestellt
hatte, aber eifriges Studium der Karte ergab, daß die Ankerplätze
sehr rar waren; der Wind mußte aus dem Fjord herauswehen
und wahrscheinlich ziemlich kräftig. Wir gingen aber doch Anker
auf (ein schönes Stück Arbeit gegen den Wind!) und liefen
mit 2 Reff im Großsegel unter Motor in den Fensfjord hinaus.
Dort wehte es unheimlich, so daß ich das Großsegel wegnahm

und nur die Fock stehen ließ, mit der wir auch noch 5 Knoten machten. Das ging auch zunächst auf unserem Kurs, als wir aber um eine Ecke kamen und etwas östlicher halten mußten, blies uns der Wind gerade entgegen; weniger schön — also mit Motor in eine unglaublich enge Bucht — Velesvik auf der Insel Hisö an Vatsöosen — und dort auf 12 m über Schlick mit dem großen Anker an 30 m Kette geankert. Es gab abwechselnd Stille und Fallböen verschiedener Richtung, die uns sehr heftig herumwarfen, — dabei schwoiten wir auf der einen Seite auf 4 und auf der anderen auf etwa 8 m an die Felsen heran!

Auch am 28. wehte noch der Ost, und auch der Regen hatte nicht aufgehört, aber schließlich mußten wir weiter; ich gab meinem Herzen einen Stoß und kurbelte den Anker herein. Das war gar nicht einfach, denn die Kette mußte verstaut werden; solange, wie der Anker noch unten war, ging das auch, kam er aus dem Grunde, so trieben wir, und dazu hatten wir hier keinen Platz. Aber das half nun nichts: ,,Anker auf und nieder" — ich passe einen Augenblick ab, wo gerade keine Bö von oben kommt, und kurble wie ein Wilder, während sich der Bestmann unten die Finger an der Kette zerklemmt, — der Motor läuft —, kaum ist der Anker in Sicht, springe ich ans Ruder und erst mal raus aus dem Loch! Ich habe aber geschworen, bei nächster Gelegenheit den Kettenkasten umzubauen! Das Barometer war nach dem Tiefstand von 746 mm wieder heftig gestiegen, aber es blies unentwegt weiter aus Ost und regnete in Strömen; bis zur nächsten Ecke war nur etwa eine Meile, die wir mit Segel und Motor auch schließlich bewältigten, — und dann war plötzlich der Wind alle! Ich kam mir ganz dumm vor mit dichtgerefften Segeln in dem spiegelglatten, grauen Wasser! ,,NO 5—6 oder Flaute" steht im Logbuch für die nächsten Stunden. Rutletangen, auf glattgewaschenem Fels ein ehrwürdiger Kummel mit weißer Bauchbinde, und daneben schmuck und schlank ein kleines, weißes Leuchtfeuer, kommt in Sicht und wird passiert, — wir sind im Sognefjord! Um 7 Uhr abends liegen wir neben einem Fischerboot an dem kleinen Bollwerk in Brekke, und bleiben auch längsseits, als es verholt, um dem Postdampfer Platz zu machen. Die Post wird geholt, aber mit Mißvergnügen festgestellt, daß kein Benzin zu haben ist. ,,Vielleicht in Ladvik drüben" vertröstet man uns; ein anderer meint, er wüßte genau, daß ein Fischer auf der anderen Seite mal 10 Liter gehabt hätte! — Also am nächsten Morgen immer noch bei trübem Wetter nach Ladvik, wo wir den vorhandenen Benzinvorrat — 80 Liter — aufkauften und dann beschleunigt weiter fuhren, um in Vadhjem Proviant zu ergänzen; endlich wehte Westwind, es wurde eine schöne Vollzeugfahrt. Vadhjem ist ein schlechter Liegeplatz, wir sahen also zu, daß wir weiterkamen und machten zur Nacht in Ortnevik fest; ein schöner Dalben lockte, Wasser schien auch genug zu sein, aber ein Fischersmann, der in einem Boot erschien, machte uns klar, daß Hochwasser sei, und der Dalben bei Ebbe beinahe trocken fiele; ich hatte nicht geglaubt, daß der Tidenhub hier so erheblich sein könnte. Da viel zu viel Strom aus einem kleinen Fluß stand, um einfach zu ankern, ließen wir den kleinen Anker mit 30 m Kette ausrauschen und vertäuten am Bollwerk, so daß wir gut frei lagen. Es kam vom Fjord, in dem es heftig blies, doch etwas Dünung herein. Trotz zweimaligen Anlegens

Abb. 34. Wassermühle in Ortnevik.

und späten Aufbruchs (12 Uhr mittags) hatten wir 32 Sm. geschafft. Ich war sehr zufrieden.

Am 30. machten wir erst in dem malerischen Tal einen Spaziergang; hier wuchsen die Berge schon steil in die Wolken hinauf, Schneezungen leckten zwischen den Tannen herunter. Wie ein Bergsee in den Alpen lag die stille kleine Bucht, über die alte Wassermühle, deren Besitzer uns freundlich begrüßte, lief unermüdlich das eisige Wasser.

Mittags ging es weiter; fern im Osten schienen die Wolken sich zu lockern, weiß — unwahrscheinlich weiß schimmerte es hier und da durch: die Gletscher! Über den spiegelglatten Fjord mit Motor an Balholm vorbei, scharf abgeschnitten war hier die Wolkendecke, blauer Himmel lachte uns entgegen, noch eine Stunde, und um uns schien die Sonne auf Schnee und Granit. Am Eingang des Sogndalfjords fanden wir einen sehr mäßigen Ankerplatz; der Strom setzte uns dauernd über den Anker, sodaß die Kette sich stark vertörnte; ich war aber zu faul, um zu vermuren.

Allzu früh störte am 1. Juli das Gegröhl whiskydurstiger Kehlen unseren Schlaf; hier in der Einsamkeit wirkte dieser Ausdruck der Zivilisation doppelt peinlich. Ich ging Anker auf, um dem sinnlosen Gebettle und Geschimpfe zu entgehen und motorte fort in den strahlenden Morgen. Nicht ein Wölkchen war

Abb. 35. Im Hintergrund die Gletscher.

am Himmel; 18° trotz der frühen Stunde, und aus der Ferne grüßten die Gletscher von Jotunheim.

Steiler und steiler wachsen die Berge, zum Greifen nah, so daß ihr Gischt uns besprüht, stürzen die Wasserfälle über die Wände, schwarz und drohend am Fuß, jubelnd und hell in der Höhe erscheint voraus die Schlucht des Naeröfjords; bald umfaßt uns der kühle Schatten, ich stelle den Motor ab, und lautlos gleitet mein Schifflein durch die glasklare Flut.

Früh am Vormittag ankerten wir in Gudvangen: großer Anker und Leine nach dem Felsen, Boje am Anker. Zu Fuß und zu Wagen ging es hinauf nach Stahlheim, — Massen von

Menschen aller Nationen: ein Nordlandsdampfer hatte seine quirlende Fracht entladen; wie freuten wir uns, hier auf eigenem Kiel, ungestört durch allzu nahe und zahlreiche Nachbarschaft, die Wunderwelt zu genießen! Eine Überraschung gab's, als wir zurückkamen: „Bora" lag friedlich längs der Felsen! Ich weiß heute noch nicht, was eigentlich passiert war, ich konnte

Abb. 36. Wasserfall.

nur so viel verstehen, daß die Leute des norwegischen Dampfers sie so vertäut hatten, — ob der Anker von selbst ausgebrochen war oder ob der Strom des Naeröelvs ihnen zu stark erschienen war: jedenfalls war der Anker jetzt wo anders, und zwar hinter einem Stein verhakt! Mit der Bojenleine und der Winsch war er bald wieder hereingeholt; ich ging aber doch lieber hinüber und legte mich an ein Privatbollwerk, für dessen Benutzung ich eine ganze Krone bezahlte, — bei weitem das bequemste!

Am 2. ging's um die Ecke nach Fretheim (Flaam im Aurlands-fjord), wo wir wohlweislich auch an der Brücke festmachten. Allerdings mußten wir am Sonntag einem Ausflugsdampfer Platz machen, das lokale Motorschiff störte uns nicht. Der Sommer schien endlich gekommen, — wir blieben in Fretheim und machten uns recht widerwillig am Montag, dem 4. Juli, auf den Heim-weg. Der Kapitän des Motorschiffes hatte uns von Balholm vor-

Abb. 37.   Einfahrt in den Naeröfjord.

geschwärmt, auch sollte es dort Benzin geben.   Um $\frac{1}{2}$5 Uhr lagen wir am Bollwerk dicht bei dem großen Hotel Kviknes und füllten unseren Tank, selbst hier übrigens mit Schwierigkeiten: mehr als 100 Liter waren nicht zu bekommen.   Das Hotel war groß, sommerlich gekleidete Menschen spazierten umher, wir witterten Tanzmusik für den Abend!   Vorsichtig erkundigte ich mich nach der üblichen Kleidung, denn die Mannschaft plädierte für Smoking oder Affenjäckchen: ein erstaunter Blick des jungen

Mannes (später entpuppte er sich als der Schlagzeugmann der Jazzkapelle!) war die Antwort, — also blauer Anzug und weiße Hosen und die Mannschaft in kleinem Abendkleid. Tableau! Als wir den Speisesaal betraten! Selbst diese gemäßigte Festlichkeit der Aufmachung schien nicht ortsüblich zu sein, doch die Kapelle war gut! Am nächsten Abend folgten wir der Einladung einer lustigen norwegischen Gesellschaft und tanzten und tranken gute Liköre; der Zeitsinn kam ins Wanken, — war es gestern abend oder schon morgen früh? — Die rosig

Abb. 38. Im Naeröfjord.

schimmernden Bergspitzen boten keinen Anhalt; warm und geheimnisvoll leuchtend lag die nordische Nacht über dem Fjord.

Wir mußten weiter; noch einmal liefen wir das hübsche Ortnevik an, die nächste Nacht lagen wir in einer ganz winzigen, aber gut geschützten Bucht am Ausgang des Fjords: Apaldevik. Ein Fischer, der hier in der Einsamkeit sein Häuschen bewohnte, bot uns als Gegengabe für einige Zigaretten selbstgebrautes Bier; nur mit viel gutem Willen ließ sich ein leiser Anklang an Münchener Hofbräu feststellen, aber die naive, herzliche Gastfreundschaft des Alten bewog selbst die Mannschaft einen Schluck herunterzuwürgen.

Jetzt kam eine tropische Fahrt: 25° zeigte das Thermometer morgens um 5 Uhr, — über Mittag hab' ich es nicht angesehen, — kein Lufthauch, — langsam motorten wir südwärts gen Bergen; selbst das Wasser war lau und der Granit so heiß, daß die Füße schmerzten, wenn man hinüberschwamm, um sich auf den Felsen zu trocknen. Alle paar Stunden goß ich Wasser über das Deck, das zusehends weißer wurde; wir aber wurden fast so braun wie das lackierte Teakholz des Niedergangs!

Noch zwei Nächte verbrachten wir in stillen Buchten und schwammen um Mitternacht in dem phosphoreszierenden Wasser; am 10. abends lagen wir wieder an einer Boje vor der Bergens Seilforening.

Die Schulferien hatten angefangen, und „Bubi" sollte die Rückreise mitmachen; er kam am Montag in Bergen an, — „Pah, ist ja gar nicht schlimm, so von Hamburg alleine heraufzukommen!" Er erhielt ein überraschend großes Lager auf dem Sturmsegel in der Vorpiek.

Spät am Mittwoch, dem 13. Juli, liefen wir noch mit NW aus, plötzlich aufkommender Nebel veranlaßte mich jedoch, bald wieder bei Lönningshavn vor Anker zu gehen. Am Donnerstag wehte es aus NW zuerst nur wenig, später immer mehr; wir setzten die Breitfock und liefen gemütlich trotz des peitschenden Windes bis Mosterhavn, am Tag darauf zuerst mit 2 Reff im Großsegel, nachher wieder mit der nützlichen Breitfock durch den Karmsund nach Stavanger: 52 Sm. in wenig über 8 Stunden. In Stavanger wiederholte ich nicht den Fehler von Bergen, sondern sah mich erst einmal im Hafen um; schlanke Masten wiesen den Weg, eine Boje war auch frei vor dem Yachtclub, schnell lagen wir fest und sausten mit einem Auto in ein Gartenlokal, in dem sich später großer Tanz entwickelte. Aber ganz Stavanger riecht wie eine Fischkonservenfabrik, was nicht schön ist: also am nächsten Nachmittag trotz Flaute nach Tananger, wo wir auf dem altbekannten Ankerplatz den kleinen Anker fallen ließen.

Hier blieben wir lange, denn es wehte mal wieder so, daß Jaederen mir nicht ratsam erschien: ich habe eine große Abneigung gegen Leeküsten!

Der Hafen füllte sich; am 19. kamen wir plötzlich ins Treiben! Zwar stoppte das Ankergewicht uns schnell wieder ab, aber ehe ich es ausgebracht hatte, waren wir doch so ungünstig zwischen zwei heftig schwoiende große Frachtsegler hineingeraten, daß wir nicht bleiben konnten. Mit Motor voraus, bis die volle Länge der Kette achteraus steif stand, dann nach Steuerbord ausgeschoren und den großen Anker weggefiert; so lagen wir gut, selbst als später der Wind auf West ging. Wir waren nicht allein in diesem Fall: auch die anderen brachten widerwillig ihre zweiten Anker aus.

Am 21. nachmittags hatte es soweit abgeweht, daß wir weiter konnten; wieder aber war uns das Glück nicht günstig: Gegen Abend kam nach vorübergehender Flaute Süd auf; um Jaederen lief harter Strom nach Norden, so daß die Kreuzschläge wenig schafften. Die ganze Nacht trieben wir uns im Regen herum, bis ich schließlich genug hatte und morgens um 5 Uhr in den Ekerösund lief und dort in der Lille Sirevaag vor Anker ging. 36 Sm. und dafür eine ganze Nacht im Regen!

Am 22. holten wir das nach: eine Stunde Halt in Egersund, um frisches Brot zu kaufen, dann hinaus durch den südlichen Ausgang aus dem Sund. Erst wenig, dann immer mehr Wind: West, zwar auflandig, aber nicht so hart, daß es bedenklich gewesen wäre. 6,15 Uhr ist Lister dwars, aber ich wollte nicht mehr um Lindesnes herum, denn die Nächte wurden doch schon dunkler, und ich hätte nicht mehr mit Sicherheit darauf rechnen können, nach Vaage oder einen anderen Ankerplatz hinter Lindesnes bei Tage zu kommen. Hinter Lister drehte ich südöstlich ab, um in den Einlauf nach Farsund zu kommen; wie immer suchte ich den richtigen Kummel mit dem Kompaß zu identifizieren und war erstaunt, als das durchaus nicht stimmte; keine Peilung konnte ich gebrauchen; es war mir nicht recht erklärlich, ich glaubte mich aber zu erinnern, daß hier ein Gebiet magnetischer Störungen sei und legte weiter keinen Wert auf den Zwischenfall. Hätte ich's doch getan und hätte auch die Azimuttafeln an Bord gehabt und hätte an dem Sonntag, den wir in Lodshavn vor beiden Ankern lagen, mit dem Schattenstift die Deviation nachgeprüft — ja — hätte ich nur!

Und unentwegt wehte es weiter, aber das Barometer stieg, und es war auch eigentlich kein schlechtes Wetter, nur eben sehr viel Wind und See, um hinüberzukommen nach Skagen. Montag, den 25. Juli, 10 Uhr vorm. gingen wir los mit der gerefften Fock, und wo wir in Deckung der Felsen kamen mit Motor. Man kann sich im Schutz bis dicht an Lindesnes heranschlängeln, und das taten wir auch. Die See tobte wild über die Klippen, hoch hinauf bis zum Leuchtturm spritzte der Gischt, aber es ging über Erwarten gut. 11,45 Uhr Lindesnes dwars, ich setze Kurs auf einen Punkt 6 Sm. nördlich Skagens-Rev-Feuerschiff. Die Brandung schäumt über die Untiefe „Kletten" an Steuerbord, Utvare ist passiert, Ryvingen B.-B. voraus. Jetzt mußte ich mich entscheiden, ob ich trotz Wind und hoher See die Fahrt

übers Skagerrak wagen wollte. Ich setzte mit einigen Schwierigkeiten, denn das Schiff rollte gewaltig, den kleinen Klüver und
die Breitfock; das Großsegel blieb eingepackt, aber vorsichtshalber klar zum Setzen mit 3 Reff. Mit dieser Besegelung
liefen wir etwa 6½ Seemeilen. Ryvingen—Skagen-Feuer-
schiff sind 105 Sm., ich konnte also damit rechnen, frühestens
14—15 Stunden nach Passieren von Ryvingen Skagen-Feuer

Abb. 39. Lindesnes.

in Sicht zu laufen (gerechnet 95 Sm. von Ryvingen, da das Feuer
kaum weiter als 12 Sm. zu sehen ist). Der Kurs war eigentlich
104°, ich gab aber noch etwas dazu und steuerte 100°. 2,30 Uhr
nachm. Ryvingen dwars, die See wird noch höher, das Barometer
steigt langsam, der Himmel ist klar, und der West weht mit etwa
Stärke 7, vielleicht auch manchmal 8. Weit und breit nichts
zu sehen, als die stetige Folge weißgekrönter Wellen, von denen
manche sich drohend hinter dem Heck auftürmte. Einige Zeit

beobachtete ich die Seen achteraus recht aufmerksam, aber sie zeigten nie Neigung zum Brechen, und wenn auch die obenaufsitzenden Schaumkronen recht erhebliche Dimensionen hatten, so konnten sie dem gutgeformten Heck von „Bora" doch nicht gefährlich werden; schneller hätte ich allerdings nicht segeln mögen! Im Wellental waren wir natürlich etwas abgedeckt, bei der Masse des Schiffs machte das jedoch nicht viel aus, — die Talfahrt ging sowieso mit beängstigender Geschwindigkeit vor sich. Ich setzte Bubi ans Ruder, kochte Fleischbrühe und machte ein verspätetes Mittagessen fertig, das aber keinen großen Anklang fand. So schön auch die Breitfock zog und so bequem das Steuern vor dem Wind mit ihr war: der kleine Klüver als einzige Stütze gegen das Rollen war zu wenig; möglicherweise stimmten einige Wellen auch gerade mit der Querschiffs-Schwingungsperiode überein — genug, „Bora" rollte wie ein Trampdampfer, Backbord und Steuerbord lief das grüne Wasser über die Reling: Bubi stellte erfreut fest, daß das Deckwaschen ausfallen konnte.

Am Horizont im Norden als dunkler Streifen die norwegische Küste, ringsum wildes Meer, glasklarer Himmel darüber. Voraus in der Dämmerung liegt eine Viermastbark unter kleinen Segeln beigedreht — die mächtigen Masten recken sich kahl empor und schreiben kunstvolle Kurven an das Himmelsgewölbe — sie versinkt achteraus — ich bleibe allein.

Die Nacht war dunkel, die See schien mir noch höher geworden, eintönig und gleichmäßig schnurrte das Log eine Meile nach der anderen herunter. Das Rollen schläferte ein, ich versuchte das Ruder festzulegen, aber das Schiff wollte in dieser See nicht allein laufen; das war unangenehm, denn ich war sonst bei langen Törns ab und an in die Kajüte gegangen, hatte Tee getrunken und eine Pfeife angesteckt; jetzt ging das nicht, und die Stunden wurden recht lang. Mitternacht — zwei Uhr — voraus ein Licht! Das Toplicht eines Dampfers? Zu regelmäßig blinkt es, auch kommt es nicht näher, — aber Skagen kann es noch nicht sein, oder unser Log ist ganz verrückt geworden, und wir sind gelaufen wie ein Torpedoboot. Und ich kenne doch den stechenden Blitz von Skagen — der ist das nicht, aber die Richtung stimmt! Sollten wir vom Strom soweit versetzt sein, daß Hirshals in Sicht kommt? Ich rufe herunter, Bestmann und Bubi studieren das Leuchtfeuerverzeichnis, geben die Kennung von Hirshals herauf: Schein mit Blitz. Das stimmt nicht! Bubi muß sich anziehen und kommt etwas bleich und elend heraus ans Ruder, ich studiere Karte und Verzeichnis. Leider ist kein Zweifel:

was an Steuerbord voraus in deutlichen Gruppen blitzt, ist Rubjerg Knude, Hirshals muß voraus oder gar noch an Backbord sein, und wir sind reichlich 15 Sm. südlich von unserem Kurs. Noch rasch ein Blick heraus: da taucht auch Hirshals auf! Und der Kompaßkurs ist unentwegt richtig 100°, also muß der Kompaß sich irren! Ein Blick auf das Barometer und den Himmel, — es droht keine Gefahr, also Kurs etwas nördlich von Hirshals, um die Küste in Sicht zu laufen, und dann „an der Wand lang" nach Skagen zu kommen, — dem Kompaß traue ich nicht mehr! Als ich wieder an Deck kam, hing der kleine Steuermann unglücklich am Rad, hielt aber trotz aller Opfer, die er Neptun brachte, krampfhaft den Kurs. Einige Zeit, nachdem er verschwunden war, tauchte in der Finsternis der Kopf des Bestmanns auf: Bubi war nicht mehr bis ins Vorschiff gekommen, sondern war total erschöpft auf dem Kajütfußboden liegengeblieben. Also noch mal Wechsel am Ruder, der Bestmann mußte heran, der zum ersten Mal in so hoher See am Ruder saß, wahrlich kein Vergnügen. In den Schären hatte „er" regelmäßig seine Wache geschoben und selbst die schwierigsten Passagen allein gesteuert. Ich zog der kleinen Leiche die nassen Kleider vom Leibe und packte Bubi in die Koje, dann schnell wieder an Deck und ans Ruder. — Auch ich fühlte die Wirkung der stundenlangen Schlingerei, und ein Apfel, den ich im Vorbeigehen in der Kajüte aufgelesen hatte, tat das Übrige, — seit Jahren zum erstenmal wieder mußte ich den Meergöttern opfern!

Der Morgen dämmerte, die Feuer verschwanden, erst um 6 Uhr konnte ich das Land nördlich Hirshals durch den Dunst sichten. Bei abflauendem Wind liefen wir längs der Küste, um 10,30 Uhr hatten wir Skagens-Rev-Tonne gerundet, die Mannschaft erschien an Deck, ich setzte das gereffte Großsegel und warf mich dann ziemlich erschöpft für eine halbe Stunde auf das Sofa in der Kajüte; um 12 Uhr waren wir zwischen den Dalben in Skagen vertäut. 135 Sm. in 26 Stunden. — Wenn ich nicht so ermüdet gewesen wäre, hätte ich nach Hirshals mehr Zeug gesetzt, was unsere Fahrt wesentlich beschleunigt haben würde. Ich war froh, daß die Sache mit dem Kompaß so gut abgelaufen war. Wie sich später herausstellte, hatte er auf den Kursen zwischen Süd und Ost eine Deviation bis zu 15°, auf den Gegenkursen dagegen nur etwa 4°. Da ich während der Fahrt in den Fjorden nie auf S- bis O-Kursen gelaufen war, hatte ich den Fehler nicht bemerkt: nur beim Einlauf nach Farsund war mir die Sache etwas komisch vorgekommen, ich hatte ihr aber nicht die genügende Beachtung geschenkt. Die Kompensation war sehr sorgfältig ausgeführt; ich glaubte damals, in etwa 3 Wochen würde der flüchtige Magnetismus des Schiffes weichen; es hat aber doch länger gedauert, — gute Lehre für die Zukunft! Schattenstift und Azimuttafeln dürfen eben nicht fehlen.

Das Wetterpech, das uns bis auf die schönen Tage in den Fjorden auf der ganzen Reise verfolgt hatte, blieb uns auch weiter treu. Unentwegt blies jetzt, wo wir ihn nicht brauchen konnten, der SO; da es seit Wochen aus westlichen Richtungen geweht hatte, stand nun ein außergewöhnlich starker Nordstrom. Zwei Versuche, weiterzukommen, wurden aufgegeben, da wir zu wenig Fahrt machten. Aber das Warten nützte auch nichts, und so krochen wir am 30. nach Hirsholm, am 31. nach Säby und am 1. August endlich wieder mit einigermaßen günstigem Wind (SSW und OzS) nach Grenaa. Es war so neblig, daß ich Hals Leuchtfeuer in Sicht lief, da ich mich auf den Kompaß nicht verlassen konnte; die schrille Sirene des Turmes führte uns gut. Am Abend kam wieder steifer SO durch, und wieder wie auf der Hinfahrt tobte ich mit viel zu viel Zeug in den Hafen hinein, — diesmal noch bei Dunkelheit! Es ging aber alles klar, wenn auch das Segelbergen nicht so glatt von statten ging wie das erstemal: eine Latte verfing sich hinter dem Strecker der Dirk, klarierte aber dann von selbst wieder, als ich auf den anderen Bug ging.

Von Grenaa liefen wir am 3. August nach Aarhus und am folgenden Tag bei Flaute nur unter Motor nach Fredericia. Bubi mußte wieder an die Heimfahrt denken, denn die Ferien gingen zu Ende. Erst sollte er von Sonderburg nach Hause, als aber im kleinen Belt schöner NO stand, der uns mit Ballon bei herrlichstem Sonnenschein gut vorwärts brachte, steckten wir das Ziel doch noch etwas weiter: Heiligenhafen! Aber auch jetzt blieb das Pech uns treu, — in der Nacht drehte der Wind zurück, ich konnte gerade noch Bülk anliegen, am Morgen standen wir vor der Kieler Föhrde und hatten nun das Vergnügen, mit zwei Reff im Großsegel bis Fehmarn aufzukreuzen.

Am Sonntag, dem 7. August, setzten wir Segel zur letzten Fahrt dieser schönen Reise; mit Motor zwängten wir uns durch den Sund, dann aber mit 2 Reff im Großsegel und vollen Vorsegeln gings raumschots nach Travemünde.

Sonntag, — die blaue Bucht wimmelt von weißen Yachten; der Leuchtturm grüßt, — eine Tonne nach der anderen gleitet vorbei, — zum letztenmal berge ich die Segel, — um 5 Uhr nachm. 7 Stunden aus Heiligenhafen, liegt „Bora" an der Brücke der Schlichtingswerft.

Trotz der Ungunst der Witterung und der schwachen Besatzung haben wir auf der ganzen Reise einen Tagesdurchschnitt (nur die Segeltage gerechnet) von 32 Sm., einen Stundendurchschnitt von 4 Sm. erzielt. 1803 Sm. im ganzen haben wir zurückgelegt. Ohne Motor hätten wir es nie schaffen können: man mag noch so sehr das Segeln lieben, — in den Fjorden der Westküste Norwegens ist ohne Motor nur auszukommen, wenn man unbegrenzt Zeit hat und eine so starke Besatzung, daß man auch nachts immer unter Segel bleiben kann. Wir mußten schon darauf achten, im allgemeinen einen Unterschlupf für die Nacht zu finden, und das ist eben nur mit Motor möglich.

Abb. 40.   Heimwärts.

So schön, wie das Innere der großen Fjorde ist kein Segelrevier, das ich kenne; kein Touristendampfer kann nur annähernd die Ruhe und den Frieden geben, wie die eigene Yacht, — und Ruhe und Frieden gehören dazu, um voll das Erhabenste zu genießen, was die Natur zu schaffen vermag: Meeresweite und ragende Berge — vereint mit dem Zauber der hellen nordischen Nacht.

Cuxhaven—Cowes.
29. August—3. September 1927.

Schon allzulange hatte uns das Wetterpech dieses fürchterlichen Sommers aufgehalten, und doch hieß es, sich in Ruhe und Gleichmut üben —, tagaus tagein schaukelte „Bora IV" vor ihrem schwersten Anker, Heck an langer Leine nach einem Dalben geholt, im alten Hafen von Cuxhaven. Tagaus tagein stülpte die Besatzung um 11 Uhr und um 22 Uhr die Hörer über und vernahm: „Hier Hochseerundfunk Norddeich, es liegen folgende neue Ordertelegramme vor: für Fischdampfer Paul: Peter, Adolf, Ulrich, Ludwig, also für Fischdampfer Paul" usw. usw., bis nach 10 oder 20 oder 30 Minuten es hieß: „Achtung! Achtung! ich bringe jetzt die Windmeldungen — Borkumriff West Siebenn, also Wesst Siebenn — Noord Hinder Südwest Aacht, also Süüdwest Aacht, Doggerbank, also Dooggggerrbank West Neun also Neuenn" (zum — Auswachsen!) und zum Schluß: „Sturmwarnung für die südliche Nordsee" oder (zur Abwechslung) „Eine neue tiefe Depression zieht über die britischen Inseln ostwärts". Und die Beleuchtung in der Kajüte wurde immer dunkler, denn der Regler der Lichtmaschine war durchgebrannt und Ersatz aus Hamburg war zu klein — was Wunder, daß die Stimmung noch trüber war als die Beleuchtung!

Am Sonntag, dem 28. August 1927, kam endlich am Abend mit Eilboten ein neuer Regler aus Stuttgart — und paßte auch nicht!! Aber Norddeich verkündete ein Hochdruckgebiet über Großbritannien, und als am Montag morgen ein leichter Süd die Elbe herunterwehte, hatte meine Geduld ein Ende.

Zwar war nur noch ein Brot im Proviantschrank und auch sonst nichts Frisches mehr an Bord, aber die Besatzung, der lange Kurt Möller aus Möltenort und ich, war sich einig, daß noch ein Tag Cuxhaven sie ins Irrenhaus gebracht hätte!

5,50 Uhr Anker auf und mit der Tide elbabwärts, draußen vorm Hafen setzen wir Vollzeug und stellen den Motor ab, um 8,05 Uhr ist bereits Elbe 1 dwars und hinaus geht's auf die Nordsee mit Kurs auf Norderney-Feuerschiff. Noch immer läuft Dünung aus West, aber sie ist lang und ruhig und hält uns nicht auf — nur daß der Dunst immer dicker wird, will mir gar nicht gefallen. Bis zum Mittagessen hält der Süd brav durch — dann ist's aus mit der Herrlichkeit. Wir lassen uns erst einmal während des Essens treiben, drehen dann aber den Motor an, um nicht gar zu sehr aus dem Kurs zu kommen, und laufen weiter durch den Dunst. Als ich um 16 Uhr die Wache an Möller abgebe und mich in die Koje lege, höre ich trotz Motor ein feines rhythmisches Zirpen, das bald als das Unterwassersignal von Norderney-Feuerschiff ausgemacht wird, aber es wird 17,40 Uhr, bis wir das Feuerschiff plötzlich hart nördlich von uns in Sicht bekommen.

Ungewohnt früh — die nordischen Nächte mit ihrem dämmrigen Zauber sind noch in zu frischer Erinnerung — bricht der

Abend an und bringt uns leichte Winde aus Nord und Ost, aber der Dunst — beinahe schon Nebel — weicht nicht und macht hier im dichten Schiffsverkehr gespannte Aufmerksamkeit notwendig. Außer den Schiffen, die wir treffen, ist nichts zu sehen, kein Küstenfeuer und nur selten ein Stern.

5 Uhr am 30. August, passieren wir Borkumriff-Feuerschiff und können bei leichtem NO endlich den Motor abstellen. Im Laufe des Tages frischt der Wind auf und geht auf O, so daß wir gute Fahrt machen und Terschelling-Feuerschiff um 16,15 Uhr querab haben. Ich war heilfroh, es richtig zu erwischen, denn wenn auch gelegentliche Dampfer uns zeigten, daß wir noch ungefähr auf dem richtigen Kurs waren, war es doch etwas unheimlich, so ganz aufs ungefähr in den dicken Dunst hineinzulaufen, zumal unser Log infolge der unberechenbaren Stromstärken einen recht zweifelhaften Anhalt bot — bei Terschelling zeigte es 15 Sm. mehr als die wirkliche Entfernung von Borkumriff. Bei diesem Wetter hatte ich keine Lust, den direkten Kurs auf Noord-Hinder-Feuerschiff zu wählen, zumal der Ost reichlich frisch geworden war und zeitweilig eine recht unangenehme See aufwarf — also weiter mit Kurs auf Haaks-Feuerschiff (m. w. 210°) mit der Absicht, weiter über Haaks-, Maass- und Schouwerbank-Feuerschiffe südlich der Hinder-Bank in den Kanal einzulaufen. Im Schutz der (unsichtbaren) holländischen Küste wurde die See auch bald handiger, immerhin noch soviel, daß ich zum erstenmal darauf verzichtete, zum Abendessen beizudrehen; vor dem Wind konnten wir Vollzeug noch gut tragen, aber zum Beiliegen hatten wir doch zu viel Zeug stehen. Es mag vielleicht komisch klingen, daß ich überhaupt daran dachte — schöner Wind, schönes Wetter — und dann beidrehen!! Aber so lange Fahrten, wenn nur zwei Mann für die tausend kleinen Arbeiten an Bord zur Verfügung sind, stellen doch ganz erhebliche Anforderungen an die Ausdauer der Mannschaft; nie kann man wissen, wann noch mehr verlangt wird — und da ist es von größter Wichtigkeit, die Hauptmahlzeiten in aller Ruhe zu sich nehmen zu können. Schwingkocher, Schlingertisch, und vor allem die ruhigen, weichen Bewegungen der „Bora" haben das auch immer möglich gemacht — auch an diesem Abend, nur daß wir in Etappen essen mußten und die Nachtischpfeife nicht so gemütlich genossen wurde wie sonst. Ein Wort noch über das Beidrehen! Bei „Bora IV" ist es ja ein besonders einfaches Manöver: Schoten dicht — eine Wendung — und das Boot liegt mit backem Klüver und leicht killendem Großsegel und Fock etwa vier Strich am Wind. Bei einiger See wird noch das Steuerrad festgezurrt (zwei Törns mit der Klüverschot genügen), und dann kann man sich beruhigt an den gedeckten Tisch setzen.

Als ich um 20,30 Uhr die Wache abgebe, erscheint Kikduijn Feuer weit an B.-B. voraus, ist aber bald wieder außer Sicht; um 23 Uhr passieren wir mit großer Fahrt Haaks-Feuerschiff, um Mitternacht haben wir nach Berechnung in den letzten 24 Stunden 106 Sm. zurückgelegt.

Die Nacht war etwas ungemütlich, da der Dunst die Sicht, wenigstens soweit andere Schiffe in Frage kamen, auf eine halbe Meile beschränkte. Aber die Hauptsache: der Ost blieb treu! Zur Feier der erreichten westeuropäischen Zeit wurden die beiden Morgenwachen um je eine halbe Stunde verlängert, dafür aber zum Frühstück beigedreht und die Setzeier mit Speck (drei Stück je Kopf) mit Genuß und Ruhe verzehrt. Dann weiter mit guter Fahrt und einem nichts weniger als sicheren Besteck. Die Strömungskarten in den Gezeitentafeln sind ja recht schön, aber die Strömungen sind doch viel zu sehr vom Wind abhängig, um sie mit genügender Genauigkeit einsetzen zu können — kaum verwunderlich also, daß, als Maass-Feuerschiff auftauchen sollte, der sonnenbeschienene Dunst durchaus keine Spur eines dunkleren Schattens zeigen wollte. Ein Holzdampfer, der hochbeladen unseren Kurs kreuzte, ließ es zwar möglich scheinen, daß wir auf der Höhe von Hoek van Holland wären, aber wie weit entfernt? — Nun, Wasser genug hatten wir noch unter dem Kiel, also weiter!

Um 13,45 Uhr (31. August), als ich gerade festgestellt hatte, daß wir nach Besteck noch 12 Meilen von Schouwerbank-Feuerschiff entfernt sein müßten, taucht plötzlich, kaum eine halbe Meile südlich von uns, ein Etwas auf, das sich rasch noch, ehe es verschwindet in einem neuen Wirbel von Dunst, als das Feuerschiff ausmachen läßt — also war das Nebelhorn, das ich ein paar Stunden früher hörte, doch Maass-Feuerschiff! 80 Sm. durch Nacht und dicke Luft und doch das Feuerschiff gefunden — nicht übel! Merkwürdigerweise gab es kein Nebelsignal.

Weiter mit abflauendem Wind und mitlaufendem Strom Kurs 245° auf Westhinder-Feuerschiff. Der Motor muß wieder ein paar Stunden helfen. Der Strom wird deutlich stärker, desto unsicherer seine Richtung; mit unverhohlener Genugtuung mache ich daher um 19 Uhr das Nebelhorn von Noordhinder auf Steuerbord aus und höre auch bald darauf das klägliche Geheul der Thorntonbank-Tonne auf Backbord. Der Motor wird abgestellt, und wir treiben eine Zeitlang im wahrsten Sinne des Wortes durch Nacht und Nebel. Wie gut, daß ich diesen Weg gewählt habe! Nördlich der Hinderbank ist die große Straße, auf der sich fast der ganze Verkehr von und nach der Nordsee abspielt; bei dem, gelinde gesagt, unsichtigen Wetter keine Freude für den Yachtsegler. Allerdings sind unsere Positionslampen außergewöhnlich hell — 25 kerzige Glühbirnen — und das Hecklicht ist so hell, daß sein Widerschein auf dem Wasser beinahe störend ist, aber: der dumme Regler und die Batterie! ich kann es mir nicht leisten, die Lampen dauernd brennen zu lassen. Die Reservelampe würde mir auch nichts nützen, da sie streng nach Vorschrift ist, d. h. eine zweifarbige, in die Plicht zu stellende Laterne. In diesem Fahrwasser braucht uns das allerdings nicht zu kümmern — nur ein paar Fischerboote zeigen ihre trüben Lichter.

Am 1. September, 1,15 Uhr morgens, haben wir Westhinder dwars. Es ist meine Wache, und ich muß mit Mißfallen feststellen, daß der bislang so brave Ostwind Neigung zur Untreue zeigt! Ganz langsam geht er auf Süd, Südwest und endlich auf West, wo er bleibt! Ausgerechnet hier in dem unübersichtlichen Osteingang zum Kanal! und bei Dunst, der einem ausgewachsenen Kanalnebel sehr ähnlich sieht. Aber es hilft nichts; der Motor wird wieder angedreht, denn gegen West 0—1 und Strom anzukreuzen, hätte sich wirklich nicht gelohnt, und in langen Schlägen geht's weiter ins Ungewisse hinein. Ich versuche Ruytingen - Feuerschiff anzusteuern, höre aber plötzlich, noch ehe die berechnete Entfernung (unter Einschluß der Stromversetzung!) abgelaufen ist, ziemlich weit östlich ein Nebelsignal, das eigentlich nur Ruytingen sein kann, wenn ich auch die Kennung nicht genau auszumachen vermag. Sicher ist sicher! Also Rhe: die Gründe bei Dünkirchen sind nicht verlockend. Während meiner Freiwache von 4 bis 8 Uhr laufen wir im großen und ganzen auf NW-Kurs etwa 22 Sm., ohne irgend etwas außer ein paar Trampdampfern in Sicht zu bekommen; Sandettié-Bank-Feuerschiff ist weder zu sehen, noch zu hören. Der Wind ist sehr flau geworden und zeigt deutliche Neigung, zurückzudrehen, als ich die Nase herausstecke, dafür scheint die Sonne strahlend warm von einem allerdings recht bläßlichen Himmel — also wird erst einmal gebadet und in aller Ruhe gefrühstückt. Merkwürdig, heut nach der dritten Nachtfahrt, sind wir beide viel frischer als nach der ersten, vielleicht weil wir uns beide an die Schiffsroutine gewöhnt haben. Wir gehen ganz regelmäßige vierstündige Wachen, nur mittags werden zwei zweistündige eingeschoben, um die Reihenfolge zu wechseln. In Wirklichkeit bleiben natürlich nur knapp drei Stunden in der Wache zum Schlafen, da Kochen, Abwaschen und Navigation eine Menge Zeit verschlingen. Außerdem haben wir wirklich viel Glück gehabt mit dem Wetter — nicht ein einziges Mal hat die Freiwache zu Manövern an Deck zu kommen brauchen.

Um 11 Uhr ist endlich wieder ein Nebelhorn zu hören, ich denke schon, daß wir wieder Glück haben und doch South Goodwin zu fassen bekommen, aber bald ist die Kennung ausgemacht und die Enttäuschung da: East Goodwin brüllt unmelodisch irgendwo im Norden. Natürlich ist der Wind jetzt auf SW gegangen, also wieder knallgegenan. Langsam kommen wir weiter — endlich ist auch South Goodwin zu hören, aber der Strom ist wieder gekentert und läuft mit unheimlicher Geschwindigkeit nach NO —, wir müssen uns nach der Sirene und der Farbe des Wassers richten, um rechtzeitig über Stag zu gehen — für alle Fälle liegt auch das Lot klar. Schließlich kommt das Feuerschiff in Sicht, kaum eine halbe Meile entfernt, aber keine Spur von South Foreland und den weißen Kreidefelsen von Dover. Das ist mir dann doch zu bunt; bei solcher Sicht noch in die Nacht hineinlaufen! — wo Deal-Reede mit einem Schlag zu erreichen ist! Erst als das Feuerschiff schon wieder im Nebel verschwindet, lösen sich die Umrisse von Land aus dem gelbgrauen Einerlei, eine Viertelstunde später fällt der Anker auf 12 m, $\frac{1}{2}$ Sm. südlich der Brücke von Deal, 15,30 Uhr Greenwich - Zeit — 82 Std. 40 Min. von Cuxhaven — 355 Sm. berechnete Entfernung.

Die Nacht wurde nicht so ruhig, wie ich es mir gedacht hatte — es blies ziemlich aus SW und regnete tüchtig, auch war es ungewohnt, im Tidenstrom herumzuschwoien, ohne die mindeste Rücksicht auf die Windrichtung und die offene Niedergangskappe. Außerdem ist das Ankern auf offener Reede mir nie besonders sympathisch.

Mit der Morgentide ging's anderen Tags um 6 Uhr bei leichtem SW mit Vollzeug und Motor weiter; ich wollte den günstigen Tidenstrom möglichst ausnutzen, wenn auch die Benzinvorräte bedenklich knapp wurden. Es war, wenn möglich, noch diesiger als am Tag vorher, so daß kaum das Land zu erkennen war. Immerhin brachte uns der Strom mit ganz guter Fahrt bis Dungeness, wo wir 12,30 Uhr dicht unter Land vor Anker gingen, um das Kentern des Stroms abzuwarten. Ich machte eine Expedition an Land, um Brot zu kaufen, das wir seit zwei Tagen schmerzlich vermißten, mußte aber zu meinem Leidwesen feststellen, daß in Dungeness kein Bäcker oder sonst irgendein Geschäft existiert; der Sergeant der Küstenwache erbarmte sich aber unserer hungrigen Magen und verkaufte mir ein reichlich altbackenes Brot. Bei einem Fischer, der dicht bei der „Bora" vor seinen Netzen trieb, erstand ich noch einen fetten Hummer und ein paar Seezungen, womit wenigstens für die nächsten beiden Tage wieder für erfreuliche Atzung gesorgt war.

Den ganzen Nachmittag war Totenflaute, und da die Wetterlage keine wesentliche Änderung versprach, sah ich recht schwarz für die Fahrt nach Cowes; das Benzin konnte unmöglich bis dahin reichen. Trotzdem ging's mit der Tide um 16,30 Uhr weiter um Dungeness herum. Hart südlich des Leuchtfeuers lag ein Motorboot mit eifrigen Anglern; einer plötzlichen Eingebung folgend lief ich längsseits und frug, ob sie mir Benzin geben könnten? Ja! Und mitten auf See nahmen wir etwa 30 l über, womit auch bei Flaute die Fahrt bis Cowes gesichert war.

Am Abend kam ein leiser Ost durch, der allmählich auffrischte, so daß wir den Motor abstellen konnten. Wir liefen Kurs 260, um Royal Sovereign-Feuerschiff südlich von uns zu lassen und so aus dem Dampferkurs zu bleiben. 23 Uhr Royal Sovereign, 0,45 Uhr Beachy Head dwars, der frische NO gegen den Strom gab eine eklige Kabbelsee, die ein paar Mal gründlich längs Deck fegte.

Der Morgen des 3. September brachte feinen Regen und die übliche „Sicht", was in Anbetracht der Notwendigkeit, Owers-Feuerschiff zu finden, besonders unangenehm war. Die Owers-Untiefen fangen etwa eine Meile nördlich des Feuerschiffes an und sind schlecht anzuloten, läuft man zu weit südlich, so riskiert man, an dem Feuerschiff vorbeizulaufen und dann erst die steile Südküste der Isle of Wight bei Dunnose oder St. Catherine zu erwischen. Nach meiner Berechnung mußten sich Flut und Ebbstrom ungefähr die Wage gehalten haben; wir hielten also, nachdem die Entfernung von Beachy Head abgelaufen war, scharf Ausguck — nichts!! Möller ging hinunter, um Kaffee zu kochen, und als er auf einen Augenblick den Kopf heraussteckte, rief er plötzlich: „Da ist das Feuerschiff!" Und richtig, da war es — schon etwas achteraus und 1 ½ bis 2 Sm. nördlich von uns — aber nur auf einen Augenblick, dann war es wieder im Nebel verschwunden. Aber es genügte, um Kurs auf Nab-Leuchtfeuer im Einlauf nach dem Solent abzusetzen.

Sonnenschein, frischer Ostwind und Sonnabend: der Solent wimmelte von Yachten, großen und kleinen, Segel-, Motor- und Dampfyachten, als wir an den wuchtigen Türmen von Nab und No Mans Fort vorbei gegen die gurgelnde Tide zur Reede von Cowes liefen.

13,30 Uhr lagen wir auf der Westseite des Flusses, hart südlich der Schwimmbrücke zwischen zwei Bojen vermurt, den schweren Anker nach St.-B. (Osten) in den Fluß hinein ausgebracht. Schön war der Liegeplatz nicht, aber immer noch dem Gedümple auf der offenen Reede vorzuziehen; überhaupt — ein bißchen enttäuschend war dieses berühmteste Yacht-Zentrum von England, denn von Ruhe war keine Rede, und der harte Tidenstrom war alles andere als gemütlich. Aber die Hauptsache, wir waren da: der erste lange und dabei recht komplizierte Törn der Reise war erledigt: 110 Std. 10 Min. haben wir für die 475 Sm. von Cuxhaven gebraucht, die vor Deal und Dungeness vor Anker zugebrachte Zeit eingerechnet 126 Std. 20 Min.

Der Wind war im allgemeinen günstig, wenn auch manchmal reichlich flau; sehr hinderlich aber war die schlechte Sicht. Die Navigation erforderte dadurch viel mehr Zeit und Aufmerksamkeit als sonst, vor allen Dingen aber mehr Nerven; ein unsicherer Schiffsort mag in der Ostsee noch angehen — zwischen der Elbmündung und Dover ist es im höchsten Grade fatal, auf Entfernungen von 50 und mehr Seemeilen keine genaue Ortsbestimmung zu haben, da die Tidenströme mit ihrer unberechenbaren Richtung und Stärke ein Schiff mit geringer und wechselnder Eigengeschwindigkeit mit Leichtigkeit so weit versetzen können, daß man unliebsame Bekanntschaft mit einem der vielen Gründe macht. Es ist sehr unseemännisch, und ich sage es auch nur ganz leise dem geneigten Leser ins Ohr: die beste Ortsbestimmung unter solchen Umständen sind die Dampfer, denen man begegnet! Natürlich darf das andere Rüstzeug: Lot und die Gezeitentafeln auch nicht fehlen. Eingehendes Studium des Leuchtfeuerverzeichnisses ist erforderlich, um die Kennungen der Nebelsignale, die in Hörweite kommen können, möglichst im Kopf zu haben, denn oft sind die Signale nur wenige Augenblicke zu hören. Erkennt man ein Signal nicht gleich, so prägt man sich seine Kennung durch Nachsummen ein und sucht es erst dann im Verzeichnis auf — sonst ist es vielleicht nicht mehr zu hören, wenn man glücklich die richtige Seite gefunden hat. Sehr weit sind die Unterwassersignale zu hören, wenn man sich unten im Schiff einen Platz aussucht, wo das Geräusch des vorbeiströmenden Wassers möglichst gering ist und dann sein Ohr ganz in die Nähe oder direkt an die Außenhaut bringt. Am weitesten war auf dieser Reise der Membransender von Norderney-Feuerschiff zu hören — nach dem Log 7,5, in Wirklichkeit wohl etwa 6,5 Sm.

Außerordentlich angenehm war es, durch den Hochseerundfunk Norddeich zweimal täglich einen wirklich brauchbaren Wetterbericht zu bekommen; schade nur, daß er nicht mehr Angaben über die Luftdruckverteilung auf dem östlichen Atlantik bringt, wodurch Rückschlüsse auf die Wetterlage im Kanal möglich würden, denn der englische Wetterbericht der Großfunkstelle Daventry ist so laienhaft gehalten, daß er bis auf die recht zuverlässigen, dafür aber auch nur für die nächsten 12 Stunden gültigen Vorhersagen wenig Interessantes bietet.

Dartmouth—Belle Ile.

27.—30. September 1927.

Alle Gelehrten erklären, daß man schlechtes Wetter oder gar einen Sturm in einer kleinen Yacht entweder im sicheren Hafen oder auf offener See abwettern soll. Auch ich hatte mir diese Binsenwahrheit wieder und wieder eingeprägt, ehe ich es unternahm, durch den Kanal und die Biscaya zu segeln.

Und dann kam doch ein Sturm — ein richtiger ausgewachsener Süd-West — und erwischte mich auf der Biscaya mit der finsteren bretonischen Küste irgendwo, aber nicht sehr weit in Lee.

Abb. 41. Im Kanal.

Volle vierzehn Tage hatten wir in Dartmouth auf eine einigermaßen erträgliche Wetterlage gewartet. In dem prächtigen Naturhafen hatte sich eine kleine Flotte von westwärts bestimmten Yachten und Küstenfahrern versammelt, von denen der eine oder andere mal bis zum „Start" lief, „um sich die Sache anzusehen", und dann reumütig wieder auf seinen Ankerplatz zurückkehrte. Auch wir hatten das zweimal gemacht — einmal hatten wir uns sogar bis um den Start herumgearbeitet, ehe uns die wilde Kabbelsee zu dumm wurde; endlich aber, nachdem das Barometer von Freitag bis Dienstag von 738 auf 767 mm heraufgeklettert war und der Wetterbericht nordwestliche Winde versprach, schien mir die Gelegenheit so günstig, wie es in dieser Jahreszeit überhaupt noch zu erwarten war.

Am Dienstag, dem 27. September 1927, morgens um 5,30 Uhr, Rise-Rise und die beiden Anker geholt, Beiboot an Deck genommen und festgezurrt. Um 6,45 Uhr gings mit auslaufender Tide und Motor bei einem leisen Hauch aus NW an dem malerischen Dartmouth Castle vorbei, hinaus, den kleinen Kutter „Lapwing" des alten Einhandseglers Colonel Penny im Schlepp. Draußen war der Hauch zwar etwas mehr zu fühlen, aber doch nicht genug, um uns durch die um den Start laufende See zu bringen, der Motor mußte also weiter herhalten, während „Lapwing" langsam unter Segel ostwärts verschwand. 9,05 Uhr Start dwars, die Stürme der letzten Tage hatten eine hohe, aber sehr lange Westdünung hinterlassen, die weiter nicht hinderlich war. Nur mußten bei dem leichten Wind die Segel etwas dichter geholt werden als sonst auf SW-Kurs bei NW-Wind nötig gewesen wäre. Nach einer weiteren Stunde waren wir ganz frei vom Land und konnten den Motor abstellen, vorsichtshalber ging ich noch 10° höher, so daß wir auf diesem Kurs (m. w. 235°) Ushant in 30 Sm. Abstand passiert hätten, natürlich ohne Berücksichtigung der Stromversetzungen, die hier am Westausgang des Kanals besonders unberechenbar sind.

Ein herrlicher, klarer Tag mit NW von etwa Stärke 3, der in kleinen harmlosen Böen eine Nummer kräftiger wurde, so daß wir ohne Mühe unser volles Zeug tragen konnten und gute Fahrt liefen. 19 Uhr abends waren wir nach dem Log 66 Sm. vom Start, hatten also trotz der entgegenstehenden Dünung rund 6½ Sm. Durchschnitt gelaufen. Als das letzte Tageslicht geschwunden war, tauchte im Norden der Schein des Blitzfeuers von Lizard auf, bald darauf war im Süden der Schein von Ile Vierge und gegen 10 Uhr der Blitz von Cre'ach (Ushant) auszumachen. Um Mitternacht peilt Ushant in SSW etwa 40 Sm., Lizard in NzO etwa 60 Sm. entfernt. Die ungeheure Lichtstärke dieser großen Küstenfeuer ist erstaunlich — bei klarem Wetter kann man in der Mitte des Kanals, weit außer Sicht von Land, durch Kreuzpeilungen den Schiffsort bestimmen. Übrigens hatte eine Mittagshöhe, die ich mit einigen Schwierigkeiten, zwischen Mast und Wanten auf Deck sitzend eingeklemmt, genommen hatte, auf 5 Sm. mit unserem Besteck übereingestimmt; nachträgliche Berechnung ergab, daß die Breite wahrscheinlich genau stimmte, das Besteck durch den Tidenstrom aber fehlerhaft war.

In der zweiten Hälfte der Nacht flaute der Wind stark ab, so daß, um Ushant so bald wie möglich zu runden, der Motor wieder mit angespannt wurde. Bei Tagesanbruch hatte die

Dünung abgenommen, der Wind aber zeigte immer mehr Neigung, südlich zu drehen. Um 8 Uhr am 28. September können wir den SW-Kurs nicht mehr halten und gehen auf S-Kurs. Nach dem Besteck liegt Ushant OzS in etwa 25 Sm. Abstand. Weit östlich, meist unter dem Horizont, sind Dampfer zu sehen. Der Wetterbericht des Vorabends meldete ein ausgedehntes Tiefdruckgebiet südlich Island mit Ausläufern nordwestlich Irland; ich hielt es

Abb. 42. Sardinenfischer.

infolgedessen für günstig, so schnell wie möglich südwärts zu kommen und so den Einfluß des im Süden liegenden Hochdruckgebietes weiter zu genießen. Bestärkt wurde ich in diesem Entschluß durch einzelne Regenschauer, die weit im Westen nordostwärts zogen und im Norden allmählich dicke Bänke bildeten, während im Süden der blaue Himmel weiter winkte. Allmählich bezieht sich der Himmel auch bei uns, die Sicht ist erstaunlich, beängstigend gut — um 12 Uhr ist die Spitze des Leuchtturms von Cre'ach auf Ushant in m. w. OzN auszumachen, wir sind also doch ein ganzes Stückchen östlicher als unser Besteck — die letzte Tide muß uns mit beinahe 3 Sm. nordostwärts versetzt haben. Mit Vollzeug und Motor geht's weiter auf S-Kurs, während es in NW immer dicker wird. Es kommt leichte Dünung aus dieser Richtung auf, der Barograph geht mit leisen Schwankungen aufwärts, so daß ich mich zu hoffen berechtigt glaube, auf diesem Kurs doch noch die Rückseite der Teildepression zu erwischen, die scheinbar nördlich von uns steht. Zwar weht der SW unentwegt weiter und legt sogar etwas zu, jedoch ohne eine nennenswerte See aufzuwerfen; jedenfalls bleibt die NW-Dünung den ganzen Nachmittag deutlich fühlbar, während der Himmel sich immer mehr bezieht und der Barograph eine kleine Neigung zum Fallen hat. Aber bei einem Barometerstand von 768 will es mir nicht einleuchten, daß der SW unerfreuliche Stärken annehmen könnte.

Bei Anbruch der Dunkelheit kommt der Barograph plötzlich ins Rutschen, der SW legt weiter zu, so daß wir im Interesse einer ruhigen Nacht zwei Reff ins Großsegel stecken und den kleinen Klüver setzen. Der abendliche Wetterbericht von Daventry meldet plötzlich ein ausgedehntes Tiefdruckgebiet, das sich schnell aus südwestlicher Richtung dem Westausgang des Kanals nähert. Ich fluche auf diese Art der Wettervorhersage, die sich immer nur mit den nächsten 12 Stunden befaßt und nur hier und da einmal etwas über die allgemeine Luftdruckverteilung sagt; aber jetzt ist's zu spät! Fängt es wirklich an, aus SW zu wehen, so sind wir hier in übler Lage, denn Ar'Men, das Leuchtfeuer auf der Westspitze des Felsenriffs Chaussée de Sein, peilt in rw. 5°, Pen'March in rw. 85°. Die Strömungen sind unberechenbar, ganz sicher nur, daß weiter drin bei viel Wind eine wilde See stehen wird. Gehen wir auf Steuerbordbug in den Atlantik hinaus, so kann es uns blühen, daß wir tagelang draußen liegen und schließlich doch noch in unangenehme Nähe von Ushant oder Chaussée de Sein kommen — wenn es nämlich so weht, daß wir den Treibanker benutzen müssen; halten wir jedoch zunächst unseren Kurs und drehen dann nach SO ab, so gelingt es uns wahrscheinlich, noch vor dem Eintritt wirklich schlechten Wetters in den Schutz von Belle-Isle zu kommen. 22,45 Uhr also Kurs 120° bei SW 5 und zulegender See. Der Schein des mächtigen Feuers von Goulfar auf Belle-Ile ist bereits voraus zu sehen, obwohl die Entfernung noch annähernd 60 Sm. beträgt. Um Mitternacht übernehme ich das Ruder, Ar'Men ist unter dem Horizont verschwunden, Pen'-March etwas achterlicher als dwars auf unserem Kurs und der Schein von Goulfar voraus jetzt ganz deutlich zu sehen, wenn natürlich auch das Feuer selbst noch nicht sichtbar ist. Wind und See nehmen stark zu, aber die Seen sind lang, und wir rauschen mit wahnsinniger Fahrt durch die Nacht, ohne uns um einzelne kleine Seen zu kümmern, die längs Deck wischen und den Rudersmann mit tüchtigen Duschen bedenken. Um 2 Uhr kommt plötzlich eine schwere Bö angefegt — das Boot ist nicht mehr zu halten! Also die „Freiwache" gepurrt — viel Schlaf hatten weder der lange Möller noch ich in dieser Nacht — und erst einmal den Klüver geborgen, dann, da die Bö sich in Permanenz erklärte, das Großsegel weggenommen und rücksichtslos in der Kajüte verstaut, im Vorschiff ein Reff ins Sturmsegel gesteckt, Sturmsegel heraus und gesetzt, Sturmklüver gesetzt, dann Fock geborgen und beigedreht!

Dieses Manöver auszuführen, hat ungefähr ebensoviele Stunden gedauert wie ich jetzt Minuten gebraucht habe, um es zu beschreiben — erst um 4,30 Uhr morgens, am 29. September, konnten wir uns einen Augenblick Ruhe gönnen. Der Charakter des Wetters hatte sich völlig verändert: feiner Sprühregen vermischte sich mit dem Gischt, den der Wind von den Wellenkämmen heruntefegte, die See lief hoch und wild. Wir lagen mit ungefähr S-Kurs fast ohne Fahrt voraus, aber mit erheblicher Abtrift nach Lee. Das Boot vollführte die unglaublichsten Sprünge, setzte aber dank der weichen Formen nie hart ein und hielt sich gut. Allerdings mußte dauernd am Ruder aufgepaßt werden, da die Abdeckung in der hohen See allzuoft den Wind aus den Segeln nahm; mit etwas mehr Vorsegelfläche wär's vielleicht besser gegangen, aber für Experimente war jetzt keine Zeit. In der Morgendämmerung passierte uns ein Thunfischer in voller Fahrt mit Kurs OzS etwa, ein paar Minuten später gingen auch wir wieder auf Kurs, da jetzt wenigstens die Seen zu sehen waren. Es schien zu gehen, wir nahmen also noch den Motor zu Hilfe und liefen nun mit Kurs SSO durch die immer höher werdende Dwarssee. Ich hatte um 6 Uhr das Ruder abgegeben und lag nun im Ölzeug auf dem nassen Großsegel in der Kajüte und versuchte etwas zu schlafen; ich war ziemlich elend, teils wohl eine Art latente Seekrankheit, teils Erschöpfung, teils die Aufregung wegen der nichts weniger als erfreulichen Lage. Ich hatte nur noch eine sehr schattenhafte Ahnung von unserem Schiffsort: das Log hatte ich während der Segelmanöver in der Nacht eingeholt, da die Leine vom Ruder unklar kam, es jetzt wieder auszubringen, wäre zwecklos gewesen, da es bei den wilden Bewegungen dauernd an die Reling geschlagen und infolgedessen doch nicht genau angezeigt hätte. Ich schätzte unsere Fahrt voraus auf annähernd $4\frac{1}{2}$ Sm., die Abtrift zu schätzen, war mir jedoch ganz unmöglich. Der Kurs führte zwar in 10 bis 12 Sm. Entfernung frei südwestlich der Glenan-Inseln und in der gleichen Entfernung frei von Ile de Groix, doch waren mir die möglichen Stromversetzungen unbekannt. Ich wußte nur, daß der Strom im allgemeinen in die Buchten hineinsetzt, ganz besonders natürlich bei auflandigem Wind; es konnte also leicht böse Überraschungen geben, da den Inseln überall unbezeichnete Untiefen vorgelagert sind, die, wenn auch an sich ungefährlich, bei diesem Seegang doch durch die schwere Brandung verhängnisvoll werden mußten. Trotzdem blieb mir nichts anderes übrig, als mit Gottvertrauen weiterzulaufen und zu hoffen, daß wir trotz der miserablen Sicht — etwa eine halbe Meile — die hohe und reine Westküste von Belle-Isle rechtzeitig sehen würden. Bekamen wir im Laufe des Tages nichts in Sicht und auch bei Anbruch der Dunkelheit kein Feuer, so wollte ich auf dem anderen Bug wieder zurücklaufen und eine Wetterbesserung abwarten. Die nächsten Stunden vergingen in banger Sorge, die See wurde immer höher, und selbst zwischen Tisch und Küchenschrank in der Kajüte eingeklemmt, wurde ich wie ein Gummiball hin und her geschleudert. Ich dankte innerlich dem Konstrukteur und der Bauwerft für die „übermäßig" schwere Konstruktion; eine Kontrolle der Bilge ergab, daß wir absolut kein Wasser machten. Auch von oben kam nichts durch, außer durch das Oberlicht, durch das dauernd Wasser heruntertropfte, da wir versäumt hatten, rechtzeitig den Überzug anzubringen und das jetzt — unter dem Beiboot — nicht mehr möglich war. Am ruhigsten lief das Boot etwa sechs Strich vom Wind, also Kurs SSO; ging man höher an den Wind, so sprang es mit so wahnsinnigen Sätzen über die steilen Wellenkämme, daß im nächsten Wellental eine der vielen schräglaufenden kleineren Seen unweigerlich grün übers Vorschiff fegte. Kletterte man dagegen schräg an den großen Seen hinauf, so krängte zwar der Kamm das Boot zu einem unwahrscheinlichen Winkel über, der obendarauf sitzende Brecher brachte jedoch meist nur Schaum an Deck — und ungeheuerliche Duschen für den Rudersmann. Als ich um 11 Uhr wieder das Ruder übernahm, war die See so hoch und wild, wie ich sie selten und eben nur bei ausgewachsenem Sturm auf dem Atlantik gesehen habe, die Sicht war, abgesehen von dem treibenden Regen und dem Gischt, durch die Höhe der Seen stark eingeschränkt; nur auf dem Kamm einer besonders hohen See war ein kurzer Rundblick möglich; dann kamen wieder Minuten, in denen man nicht über die zweite oder dritte See hinaussehen konnte. Das Ruder erforderte dauernde gespannte Aufmerksamkeit, noch mehr natürlich die grauen Wasserberge in Luv. Am meisten Ähnlichkeit hatte die Fahrt noch mit einer steilen Abfahrt auf Skiern bei Schneesturm in unübersichtlichem Gelände! Gegen Mittag gab es plötzlich eine höchst unangenehme

Kreuzsee; in der Kajüte machten sich einige Weingläser und leider auch sämtliche Butterdosen selbständig und zerschellten an den gegenüberliegenden Schränken — ein Stückchen Butterdose (natürlich mit Butter) fand sich sogar später im Bücherbort, reichlich 50 cm über dem Standort der Dosen auf der anderen Schiffsseite! Eine peinliche Überraschung war es, als plötzlich das Vorluk offen stand! Die Riegel der Schiebekappe hatten offenbar der dauernden Beanspruchung durch die heftigen Schiffsbewegungen nicht standgehalten, und die Kappe war mit solchem Schwung nach vorn geflogen, daß ihr in die senkrechte Klappe eingreifender Teil abgerissen war. Die Freiwache, die sich gerade mühselig in trockenes Zeug gestürzt hatte, mußte heraus und den bislang verschmähten Überzug über das Vorluk stülpen. Angesichts der See zog ich es vor, mir einen kräftigen Tampen um den Bauch zu schlingen. Wenn auch bislang keine grüne See in die Plicht gekommen war, so mußte doch diese Möglichkeit in Betracht gezogen werden; auch war das dauernde Balancieren auf dem Steuersitz so anstrengend, daß der Rudersmann infolge Ermüdung leicht das Gleichgewicht hätte verlieren können. Selbstverständlich wäre ein Rettungsmanöver völlig ausgeschlossen gewesen.

Über Mittag gelang es mir, in die Koje eingeklemmt, etwas zu schlafen, aber wie ein Albdruck lastete auf mir die Unsicherheit über den Schiffsort. Nach meiner Schätzung konnte etwa von 3 Uhr ab die Felsenküste von Belle-Ile in Sicht kommen, ebenso gut aber konnten wir nach NO versetzt sein und plötzlich in die Brandung der Untiefe Les Birvideaux, 6 Sm. nördlich Belle-Ile, geraten. Um 3 Uhr hatte ich keine Ruhe mehr und ging wieder ans Ruder. Nirgends etwas zu sehen — die See nur womöglich noch höher und steiler und der Wind noch härter. Kurz entschlossen ging ich nunmehr auf SO-Kurs, um mit vollstehendem Sturmsegel und laufendem Motor möglichst viel Fahrt zu machen; kam dann gleich nach Anbruch der Dunkelheit nichts in Sicht, so mußte ich mich entschließen, auf Steuerbordbug mit Kurs etwa WNW beigedreht die Nacht zu verbringen. Es war eine kitzliche Sache, mit der See genau querab hohe Fahrt zu laufen und erforderte angespannteste Aufmerksamkeit. Es ging aber vorzüglich — nur manchmal, wenn eine besonders hohe See in Luv erschien, gab es einen bangen Augenblick: wird die tüchtige „Bora" auch rechtzeitig anluven? Sie tat es immer, wenn auch manchesmal das Deck unter quirlendem Wasser verschwand.

Das Barometer war jetzt auf 758 mm gefallen, schien aber zu schwanken, ob es nicht wieder steigen sollte. Während der letzten halben Stunde hatten schwere Regenböen, in denen auch der Wind noch härter war, die Arbeit am Ruder erschwert. Um 16,30 Uhr sah ich eine besonders dicke Wand etwas achterlicher als dwars sich mit unheimlicher Schnelligkeit nähern. Mit unerhörter Wucht überfiel uns die Bö aus West und drehte in wenigen Sekunden auf NNW herum. Trotz der kleinen Segelfläche lag „Bora" in Lee bis ans Plichtsüll im Wasser; ich drehte natürlich schleunigst

Abb. 43.   Fischerboote in Le Palais.

auf und ging so hoch wie möglich an den Wind, ohne mich um die See zu kümmern, die wie in einem gigantischen Waschkessel tobte und brodelte. Das Meer ringsum war weiß — ich hatte unter dem ungeheuren Druck des Windes Schwierigkeiten, zu atmen, die Augen schmerzten von dem prasselnden Salzwasser. Schnell hatte ich den Motor abgestellt und konnte nun mit Erleichterung feststellen, daß „Bora" ganz fest am Winde lag und jede noch so verrückte See ohne zu zaudern nahm. Allerdings gab es keine Brecher; die unerhörte Wucht der Bö riß einfach die Wellenkämme weg und fegte sie in einer meterhohen Masse von Gischt quer zur bisherigen Richtung der Seen dahin. Wie lange dieser Wirr-warr dauerte, weiß ich nicht — nach der Uhr zu sehen, hatte ich weder Zeit noch Gelegenheit —, jede Sekunde, die ich nach Atem ringend die Augen aufhalten konnte, brauchte ich, um nach den

Abb. 44. Alter Thunfischer.

Seen zu schielen. Es mögen in Wirklichkeit 4 bis 5 Minuten ge-wesen sein — mir kam's wie eine Ewigkeit vor —, dann prasselten Regen und Gischt wieder in einem merklichen Winkel von oben gegen den Südwester, der Wind ging auf seine frühere, jetzt mäßig erscheinende Stärke, von 8 bis 9 Beaufort zurück und — blieb auf NNW!! Ich glaube nicht, daß ich je nach Überstehen einer gefährlichen Situation ein solches Gefühl der Erleichterung ver-

Karte der Reisen von „Bora IV", 1927.

114

spürt habe, wie jetzt, da das gräßliche Gespenst der Felsküste in Lee gebannt war: Beinahe ruhig, wenigstens im Gegensatz zu den Sprüngen während der Bö, lag „Bora" beigedreht auf Westenkurs; unter Berücksichtigung der Abtrift entfernten wir uns also langsam in südwestlicher Richtung von allen Gefahren. Die erste Reaktion war, daß ich den Bestmann, der mit sorgenvollen Blicken aus dem Niedergang heraus den Hergang der Dinge verfolgt hatte, bat, mir ein paar Keks herauszureichen — der erste Bissen, den ich seit dem Abend vorher zu mir nahm!

Alles weitere wickelte sich wie das berühmte „Happy End" in einem amerikanischen Kitschfilm ab: Es klart allmählich auf,

Abb. 45. Le Palais.

im Norden die undeutlichen Umrisse von Land: Dämmerung — ein Doppelblitz zuckt durch den treibenden Dunst: Goulfar auf Belle-Ile in N etwa 8 Sm. entfernt! Noch ein paar kleine Störungen, der Motor versagt plötzlich, wenn auch nur auf kurze Zeit, mit einem Leck in der Ansaugleitung der Kühlpumpe, auch laufen wir zu nahe unter der Südküste von Belle-Ile und erwischen infolgedessen erst auf Umwegen das Feuer von Kerdonis auf der SO-Spitze der Insel. Aber dann kommt nach langem Bemühen mit einer elektrischen Lampe eine Meile östlich Kerdonis ein Lotse an Bord (ich hatte als einzige Karte der Gegend die deutsche Karte Nr. 883, Biscaya Bucht, östlicher Teil, Maßstab 1 : 600 000, in meinem Kartenschrank!) und bringt uns nach einer langweiligen Kreuztour, bei der bei dem frischen NNW selbst hier in geschütztem

Wasser noch mancher Spritzer an Bord kommt, um 5 Uhr, am 30. September, in den Vorhafen von Le Palais auf Belle-Ile.

Berechnete Entfernung von Dartmouth 295 Sm., gesegelte Zeit 70 Std. 15 Min. Von dieser Zeit haben wir rund 6½ Std. beigedreht zugebracht, die wirklich gesegelte Entfernung dürfte noch größer gewesen sein, da z. B. die berechnete Entfernung direkt nach Kerdonis gemessen wurde und nicht erst etwa 8 Sm. südlich davon; das ergibt eine recht achtbare Durchschnittsgeschwindigkeit von rund 4,2 Knoten. Was die Windstärke anbelangt, so bestätigte der Lotse meine Schätzung von Windstärke 8, in den Böen 9 und Orkanstärke in der Bö, in der der Wind umsprang. Zeitungsnachrichten der nächsten Tage meldeten eine ganze Reihe von Mastbrüchen und anderen mehr oder weniger schweren Havarien unter den Thunfischern, sowie den Totalverlust eines kleinen Sardinenfischers.

Beschauliche Fahrt.

II.

Erfahrungen.

Seetüchtigkeit.

Seetüchtigkeit ist ein sehr relativer Begriff, abhängig zunächst von der Definition von „See" und „Tüchtigkeit". Die westliche Ostsee, so ungemütlich sie auch sein kann, ist nicht der Atlantik, und bei der Tüchtigkeit kommt es darauf an, ob man meint, daß das Boot noch segeln soll bei der schlimmsten zu erwartenden Wetterlage oder daß es diese eben noch ertragen soll, und schließlich ist die Seetüchtigkeit ganz und gar von der Mannschaft abhängig: bei guter Führung wird ein Boot noch ohne Schaden Lagen überwinden können, die einem anderen vielleicht objektiv seetüchtigeren Schiff gefährlich werden. Ich möchte für diese Betrachtungen die Tüchtigkeit der Mannschaft, die man mit Seemannschaft wohl am treffendsten bezeichnet, ausschalten und lediglich von der Seetüchtigkeit des Bootes sprechen. Diese ist nun nicht von gewissen absoluten, positiven Forderungen abhängig: weder Takelage noch Bug- oder Heckform, noch Ballast, noch Baumaterial sind für sich allein ausschlaggebend — wichtig allein ist der harmonische Zusammenklang.

Doch gibt es gewisse Dinge, die von vornherein die Seetüchtigkeit ausschalten, die also im Gegenteil die Seeuntüchtigkeit eines Bootes objektiv bedingen; was nicht hindert, daß ein solches Boot Hunderte von Meilen auf See ungefährdet zurücklegen kann. Denn ich möchte ein Boot nur dann als seetüchtig bezeichnen, wenn es in der Lage ist, jeden in seinem Revier vorkommenden Sturm abzureiten.

Der Rumpf.

Schwache Verbände des Rumpfes sind ein grundlegender und leider nur allzu häufig vorkommender Fehler. Nicht mit Unrecht soll der nationale 45 qm-Kreuzer nicht auf See gehen: seine ganze Bauweise ist nicht auf die Beanspruchungen eingerichtet, die schweres Wetter an die Verbände stellt. Ich möchte mir über die Schärenkreuzer kein Urteil erlauben, habe jedoch den Verdacht, daß auch bei ihnen die Abmessungen vor allem der Längsverbände nicht ausreichen. Viele sogenannte Seekreuzer machen diesen Fehler nach, meine „Bora II" z. B. würde ich aus diesem Grunde heute nicht mehr als Seekreuzer bezeichnen.

Macht das Schiff im Seegang wesentlich mehr Wasser als vor Anker, so ist das immer ein schlechtes Zeichen! (Mit Ausnahme des Sonderfalles, daß die Außenhaut über Wasser etwas geschrumpft ist und dort Wasser eindringt.) Auch knarrende Geräusche dürfen nicht im Rumpf zu hören sein, wenn das Schiff in der See arbeitet.

Abgesehen von den Abmessungen der Verbände, spielt natürlich der Zustand des Rumpfes und in begrenztem Umfange auch das Material eine Rolle; je weniger dauerhaft es ist, desto vorsichtiger muß vor Antritt einer Seereise bei der Besichtigung

Abb. 46.   Stahlspanten von „Bora IV".

des Schiffes vorgegangen werden.   Eiserne Nieten sind immer mit Mißtrauen zu betrachten, ganz unmöglich sind Nägel statt Nieten zur Befestigung der Planken an den Spanten.   Nur eingebogene Spanten sind auch bei einem sehr kleinen Schiff schlecht, mindestens in der Gegend des Mastes und an der Plicht bzw. dem Kajütaufbau sollten feste Spanten vorgesehen sein.

Alle Zugänge zum Innern müssen so fest verschlossen werden können, daß auch eine überlaufende kleinere See die Luken nicht wegreißt, — auf den meisten Yachten sind die Vorluken und auch die Zugänge zu den Segelkojen ganz bedenklich schwach.

Vor einigen Jahren ist ein schwerer Unglücksfall mit Verlust mehrerer Menschenleben durch ein Achterluk verschuldet worden, dessen Befestigung so unzulänglich war, daß eine See es mitnahm, worauf die nächste See das Boot von achtern vollschlug!

Eine offene Plicht ist nicht durchaus ein Hindernis, nur zwingt sie zu besonderer Vorsicht in der Führung. Meiner Meinung nach wird die Gefahr der offenen Plicht stark überschätzt; es muß schon eine ganz gewaltige See sein, die auf den ersten Anhieb ein Boot mit offener Plicht zum Sinken bringt; diese gestattet wenigstens dem eingedrungenen Wasser, sich zu verteilen, — die wasserdichte Plicht ist eine viel größere Gefahr, wenn sie vollgefüllt die Trimmlage des Bootes stark ändert und es so manövrierunfähig macht. Ich habe bei dem Bau von „Bora IV" diesem Punkt besondere Beachtung geschenkt und war beruhigt, festzustellen, daß das Wassergewicht der vollgefüllten Plicht die Tauchtiefe achtern nur um 10 cm vergrößern würde. Auch Seitenwände und Boden der Plicht müssen reichlich den Druck des Wassers aushalten können, — sonst ist die „wasserdichte Plicht" nicht eine Verbesserung, sondern eine Verschlechterung der Seetüchtigkeit.

Schließlich gehört auch eine gute, sicherwirkende und ausreichend fördernde feste Lenzpumpe in ein Seeboot; zwar kann man sich mit Pützen und dgl. helfen, aber dann ist der Ausdauer der Mannschaft bald ein Ziel gesetzt.

Lange, flache Überhänge sind gefährlich, da selbst die stärksten Verbände das dauernde Hämmern in die See nicht vertragen können, und ein flaches Heck allzu leicht eine See überlaufen läßt. Auch das gerade Spiegelheck, das bei den Jollenkreuzern üblich ist, halte ich für unangebracht. Im übrigen ist die Rumpfform nicht unbedingt entscheidend, es sei denn, daß sie die Segeleigenschaften so ungünstig gestaltet, daß hierdurch ein Mangel an Seetüchtigkeit entsteht.

Ballastlosen Booten, mögen sie noch so viel Luftkästen haben, spreche ich Seetüchtigkeit durchaus ab, so gut sie sich auch für gewisse Küstengewässer eignen mögen; um gleich einem Einwand der Anhänger dieses Bootstyps zu begegnen: in Rettungsbooten macht man keine Seereisen, auch sind sie nicht eigentlich Segelboote.

Das Ruder.

Diesem wichtigen Teil des Bootes wird selten die nötige Beachtung geschenkt; es ist meistens ganz lächerlich schwach, die Beanspruchungen sind viel größer, als man gemeinhin annimmt. Ich halte sogar die Lloydvorschriften nicht für ganz ausreichend.

Bei Booten, die das Ruder übers Heck führen, ist auch zu bedenken, daß der Kamm von achtern auflaufender Seen sich am Ruder bricht und dort erhebliche Drücke ausübt.

Takelage.

Wie beim Rumpf ist auch bei der Takelage die Form: Sloop, Kutter, Yawl, Ketsch, Schoner, mit Gaffel- oder mit Hochtakelung, nicht unbedingt und von vornherein ausschlaggebend für die Seetüchtigkeit. Jede dieser Takelagen kann seetüchtig sein, — sehr oft sind sie es nicht. Mehr als beim Rumpf spielt hier die Rücksicht auf Zahl und Kräfte der Mannschaft eine Rolle; die Takelage eines Seekreuzers muß so handig sein, daß sie selbst bei dem schlimmsten Wetter von der Mannschaft noch regiert werden kann. Grundsätzlich muß auch die Deckwache alle normalen Segelmanöver (Wenden, Halsen) allein ausführen können: ein Boot, bei dem zu jeder Wendung „Alle Mann an Deck" gerufen wird, ist kein Seeboot. Leider werden unter dem Einfluß des Wunsches, bei schönem Wetter möglichst schnell zu sein, auf die meisten Yachten viel mehr Segel gepackt, als sie eigentlich vertragen können; dadurch werden Mast und Spieren groß, und um nicht zu schwer zu werden, zu schwach in den Abmessungen. Aber auch das Gegenteil ist ein Fehler, da dann die Segeleigenschaften leiden, die letzten Endes ausschlaggebend für Seetüchtigkeit oder -untüchtigkeit der Takelage sind.

Sämtliche Verbände der Takelage müssen kräftig genug sein; Spieren und Wanten werden bei „dicken" Schiffen meist kräftig gehalten, dafür mangelt es dann an den Befestigungen, Spannschrauben, Schäkeln usw. Durch Mast oder Spieren gehende Bolzen sind zu vermeiden, vor allen Dingen aber dürfen solche Bolzen nicht belastet werden. Alle Übereck-Beanspruchungen sind schädlich (richtige Stellung fester Augen, in die z. B. die festen Parten von Fallen geschäkelt werden!); weder stehendes noch laufendes Gut darf schamfielen, — das kommt zwar trotz größter Vorsicht vor, es sollte aber nicht die Regel sein. Alle Spleiße müssen lang genug sein, Drahtspleiße unter Verwendung von Leinöl, Firnis oder Lack so bekleidet, daß der Draht nicht rosten kann.

Ein wunder Punkt ist meist die Saling; wenn die Gaffel vor dem Wind an der Saling anliegt, muß diese nach vorn ausweichen können, da sonst eine Torsionsbeanspruchung des Mastes eintritt; bei der Hochtakelung ist dies ebenso nötig, um das Segel vor dem Schamfielen zu bewahren.

Das laufende Gut, soweit es sich um Manila handelt, ist oft ganz unnötig stark, wodurch nur der Windfang vermehrt wird, ohne die Dauerhaftigkeit im geringsten zu fördern: ein starkes Ende wird genau so schnell und gründlich morsch wie ein dünnes!

Blöcke sind genügend groß und kräftig zu halten; leider werden nirgends in Deutschland wirklich gute Blöcke für Yachten gebaut; die üblichen Yachtblöcke haben viel zu kleine Scheiben; wählt man den Scheibendurchmesser richtig, so ist der Durch-

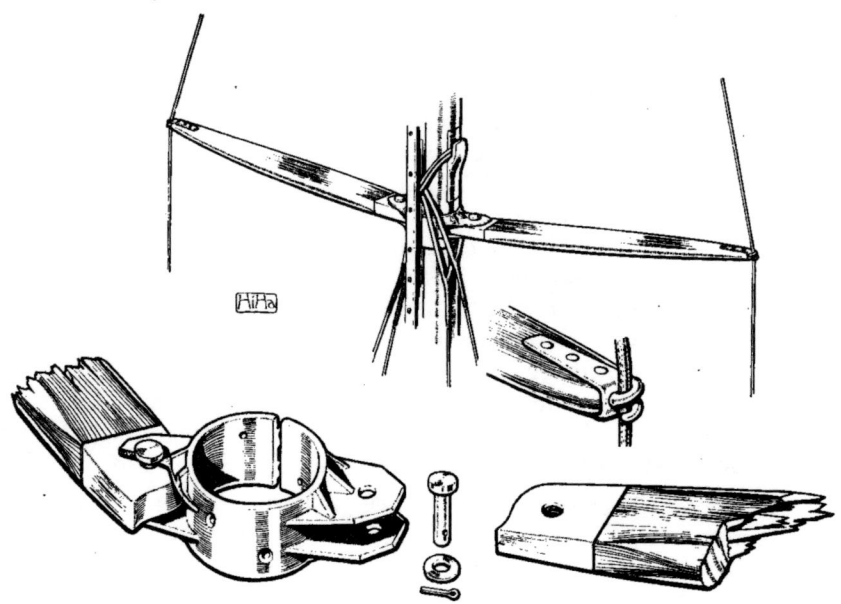

Abb. 47. Klappsaling von „Bora IV".

laß unnötig groß. Es darf nicht vorkommen, daß ein Ende in einem Block klemmt; es ist ein schlechtes Zeichen für die Seemannschaft des Führers, der sich davon überzeugen sollte, daß das Schiff, auf dem er fährt, nicht solche fundamentale und dabei leicht zu beseitigende Fehler aufweist. Jedes Ende muß für sich an einer Klampe oder einem Belegnagel festgelegt werden können, auch soll die Anordnung der Fallen nach irgendeinem Schema erfolgen, so daß nachts das richtige Fall schnell gefunden werden kann.

Außer der normalen Am-Wind-Besegelung sollte wenigstens noch ein zweites Vorsegel an Bord sein; bei langen Reisen gehört ein Sturmsegel (Trysegel) unbedingt zur „Seetüchtigkeit".

Klampen und sonstige Beschläge an Deck sind keinesfalls einfach anzuschrauben, sondern zum mindesten mit Unterlagen zu versehen und wo möglich durchzubolzen.

Daß die Ausrüstung an Ankern, Trossen usw. entsprechend sein muß, ist selbstverständlich, ebenso, daß Kompaß, Seekarten und sonstiges Navigationsmaterial an Bord und in Ordnung sind. Schließlich gehört auch zur Seetüchtigkeit (und desto mehr, je weniger zahlreich die Mannschaft und je länger die Reise ist), daß die Einrichtungen des Bootes der Besatzung genügend Ruhe und ausreichende Ernährung ermöglichen.

Die Segeleigenschaften.

Wenn ich im Vorhergehenden gewisse, besonders häufig vorkommende Fehler der Bauweise oder Bauausführung geschildert habe, welche die Seetüchtigkeit eines Fahrzeuges ausschließen oder mindern, so soll im Folgenden versucht werden, die Fehler in der konstruktiven, formgebenden Gestaltung von Rumpf und Takelage zu umschreiben, die durch ihre Auswirkung auf die Segeleigenschaften und das Verhalten des Bootes im Seegang dieselbe Wirkung haben.

Ich forderte im Anfang dieses Abschnitts, daß ein seetüchtiges Boot jeden in seinem Revier vorkommenden Sturm abzureiten in der Lage sein. sollte; es muß aber auch bei noch handigem Wetter segeln können! Es läßt sich selbst bei vorsichtiger und gewissenhafter Führung nicht vermeiden, längere Strecken in größerer oder geringerer Nähe einer Küste zurückzulegen, die durch Änderung der Windrichtung zu einer Leeküste werden kann. Ist ein Boot schon bei frischem Wind nicht mehr in der Lage, gegenan zu kommen, d. h. liegt es unter solchen Umständen mit dem Kurs über Grund nicht höher als sieben Strich, so ist seine Seetüchtigkeit sehr zu bezweifeln, selbst wenn es hervorragend „trocken" segelt. Meist tragen ungenügende Verdrängung und zu starke Beschränkung des Tiefgangs, sowie breite, flache Formen des Schiffsrumpfes die Schuld; man lasse sich nicht verleiten, zu glauben, daß ein Boot, das in schmiegem Wasser schön an den Wind geht, es auch im Seegang immer tun wird. Seltener wird die Takelage allein die Veranlassung sein, nur allzu häufig ungünstige Lage der Segel und Lateralschwerpunkte, die bei auffrischendem Wind starke Luvgierigkeit und durch die damit zusammenhängende Stellung des Ruders erhebliche Fahrtverminderung verursacht. Noch aus einem anderen Grunde ist übrigens gute Abstimmung dieser beiden wichtigen Schwerpunkte „conditio sine qua non": das Beidrehen!

Ein Boot, das nicht wenigstens noch bei mittlerer See ohne Ruderhilfe beigedreht liegen kann, ist keinesfalls seetüchtig!

Ich habe bisher wenige leegierige Yachten kennen gelernt
und möchte jedenfalls behaupten, daß eine geringe Leegierigkeit
bei leichtem Wind starker Luvgierigkeit bei viel Wind vorzuziehen ist.

Abb. 48.   Französischer Lotsenkutter.

Ein kurzer Lateralplan ist zum mindesten ungünstig, da
er das Gieren bei achterlichem Wind begünstigt und dadurch
früher als nötig zu einer Kursänderung zwingt; ein sehr langer
Lateralplan (gerader Steven) mag vielleicht das Manövrieren
erschweren, doch ist dies das kleinere Übel.

Der Segelplan darf nicht zu stark unterteilt sein, da besonders
im Seegang kleine Flächen nicht ziehen; ein kleiner, handfester

Besan kann als Stützsegel Vorteile haben, man gebe sich aber nur nicht der Illusion hin, daß er irgendwelchen Einfluß auf die Geschwindigkeit hat.

Ein tiefes, nicht breites Schiff mit scharfem Steven und mäßigem Überhang am Heck und einer Besegelung, deren einzelne Teile gerade noch von der Mannschaft bequem bewältigt werden können und die das Boot noch bei Windstärke 4 ohne Not tragen kann, wird diese Fehler am wenigsten aufweisen.

Ich möchte in diesem Zusammenhang noch vor der Überschätzung der Eigenschaften gewisser Typen aus der Berufsschiffahrt warnen. Die „dicken" Fischerboote sind alles andere als gute Seeboote: sie sind dafür gebaut, um vor den Netzen zu treiben und ihren Fang in der Bünn nach Hause zu bringen. Ganz besonders aber die neueren deutschen und skandinavischen Fischerboote sind als Segelboote auf See völlig untauglich, da sie ja nur noch mit Motor fahren und ihre Besegelung als Stütze gebrauchen. Auch gewisse an sich seetüchtige Typen wie etwa die Finkenwärder Fischkutter in verkleinerter Ausgabe zu kopieren, ist ein Fehler, wie überhaupt das proportionale Vergrößern oder Verkleinern von Abmessungen mit Vorsicht zu handhaben ist. Will man nach Vorbildern aus der Berufsschiffahrt suchen, so eignen sich dazu in hervorragendem Maße die Lotsenboote. Ihr Zweck ist derselbe: Personen mit größter Sicherheit und möglichster Schnelligkeit über See zu befördern!

Der ideale Seekreuzer.

Ich möchte in diesem Abschnitt die positiven Eigenschaften, die ein gutes Seeboot haben sollte, schildern; meine Meinung beruht auf den Erfahrungen, die ich mit eigenen und fremden Booten machte; natürlich sind auch andere Lösungen möglich. Bei der Beurteilung einer Yacht ist immer der persönliche Geschmack mitbestimmend: es ist durchaus verständlich, wenn jemand aus gefühlsmäßigen Gründen von Hilfsmotor oder Hochtakelung nichts wissen will; nur von dem Verlangen, daß ein Seekreuzer sich in seinen Formen an den „schnittigen" Sonntagsnachmittagskreuzer anlehnen solle, muß man sich frei halten, da es auch geschmacklich eine Verwirrung der Begriffe ist.

Der ideale Seekreuzer kleiner bis mittlerer Größe, d. h. einer Wasserlinienlänge (LWL) von 6 bis etwa 14 m, ist ein schlankes Schiff mit großer Verdrängung. Das Verhältnis: Wasserlinienlänge zur größten Wasserlinienbreite sollte 3,2 bis 3,6 : 1 sein, die Überhänge zusammen nicht mehr als ein Fünftel LWL betragen. Der durchaus notwendige Reserveauftrieb im Vorschiff wird durch starken Sprung erzielt, im übrigen muß das Vorschiff scharf sein, um die Seen durchschneiden zu können. Der Freibord darf nicht zu hoch sein, da der Windfang des Rumpfes sonst unnötig groß wird; etwa 28% der größten Breite genügen vollauf.

Segelfläche und Verdrängung sollten in geeignetem Verhältnis zueinander und zu den Abmessungen des Rumpfes stehen. Die folgenden drei Formeln geben diese Beziehungen in möglichst einfacher Form wieder, wobei jeweils die niedrigere Zahl sich auf ausgesprochene Hochseeyachten bezieht.

$$\frac{LWL}{T} = 5,5 \text{ bis } 5$$

$$\frac{\sqrt{S}}{\sqrt[3]{D}} = 3,5 \text{ bis } 3,25.$$

$$\frac{LWL}{\sqrt[3]{D}} = 4,3 \text{ bis } 4$$

LWL = Länge in der Wasserlinie in m,
T   = mittlerer Tiefgang in m,
S   = Am Wind-Segelfläche in qm,
D   = Verdrängung in cbm.

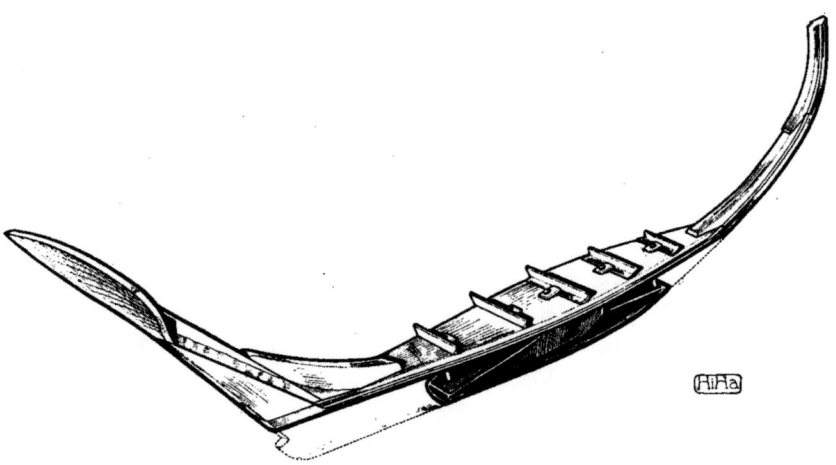

Abb. 49. Ballastkiel von „Bora III".

Der Längsschiffsstabilität soll man Beachtung schenken: bei scharfen Enden muß der Ballast nach der Mitte zusammengezogen werden, damit das Boot willig den Seen folgen kann. Ein Zuviel ist besser als ein Zuwenig; denn im ersten Fall werden höchstens die Stampfbewegungen etwas unangenehm, im zweiten wird das Schiff in Gefahr kommen, unterzuschneiden. Die Stellung des oder der Masten spielt hierbei eine große Rolle.

Die Querschiffsstabilität hängt von der Form des Hauptspants und der höheren oder tieferen Lagerung des Ballastes ab; es ist ein weitverbreiteter Irrtum, Anfangsstabilität für Stabilität schlechthin zu halten. So unangenehm ein rankes Schiff ist — es ist im Seegang immer noch dem Schiff vorzuziehen, das von Anfang an jeder Krängung widersteht. Geringe Anfangsstabilität, die rasch zunimmt, ist das Wünschenswerte, da dann das Boot weich der anrollenden See begegnet und trotzdem durch den Winddruck allein nie unangenehme Lage erhalten wird. Wie gering die Anfangsstabilität sein kann, habe ich bei „Bora IV" gesehen, als ich einmal das Überwasserschiff malen wollte: Wir schwangen den Baum aus, um das Boot zu krängen, und bekamen auch sofort die Wasserlinie auf der anderen Seite etwa 5 cm niedriger; da mir das nicht genug war, hingen wir ein Gewicht von etwa 30 kg an den ausgeschwungenen Baum: das brachte einen knappen Zentimeter ein; als dann aber mein Bordgenosse auf die Nock kletterte — 78 kg —, war gerade noch ein Zentimeter mehr erreicht! Übermäßig viel tiefliegender Ballast ist natürlich auch nicht gut: „Bora IV" hat ungefähr ein Drittel ihres Gewichtes im Kiel, die Rolle von Innenballast spielen die schweren Konstruktionsteile und die Ausrüstung. Die alten englischen Kutter mit ihrem fast geometrischen V-Spant waren nicht etwa schlechte Seeboote, sie segelten nur gewohnheitsmäßig mit so viel Lage, daß der Aufenthalt in ihnen recht unangenehm war. Der ideale Seekreuzer aber soll seiner Mannschaft auch bei Seegang erlauben, sich unten im Schiff zu bewegen, zu kochen, zu essen und zu schlafen. Steven und Heck müssen nicht nur konstruktiv, sondern auch ästhetisch ausgeglichen sein, was allerdings meistens Hand in Hand zu gehen pflegt. Ich persönlich mag das Yachtheck nicht so gerne leiden, da es in der nötigen kurzen Form mir nicht gefällt und, wenn es länger gemacht wird, leicht „planscht". Ein Kanuheck scheint mir am besten, wenn nicht der Raumbedarf achtern zu einem breiteren Heck zwingt; dann ist das Plattgatthek die beste Lösung, nur muß der Spiegel sehr schräg gestellt sein. Ich habe bei so vielen Spitzgattbooten die Erfahrung gemacht, daß sie bei Winden, die achterlicher als dwars einkommen, das Bestreben haben, aus dem Ruder zu laufen, daß ich versucht bin, der Heckform die Schuld zu geben; bei größeren Booten ist außerdem die über Wasser befindliche Fläche des Ruders so groß, daß auflaufende Seen sich schon ganz tüchtig an der Pinne auswirken.

Der ideale Seekreuzer selbst kleinsten Formates erhält Radsteuerung, da diese die größte Freiheit in der Wahl der Körperhaltung beim Steuern läßt und so die Kräfte der Mannschaft am

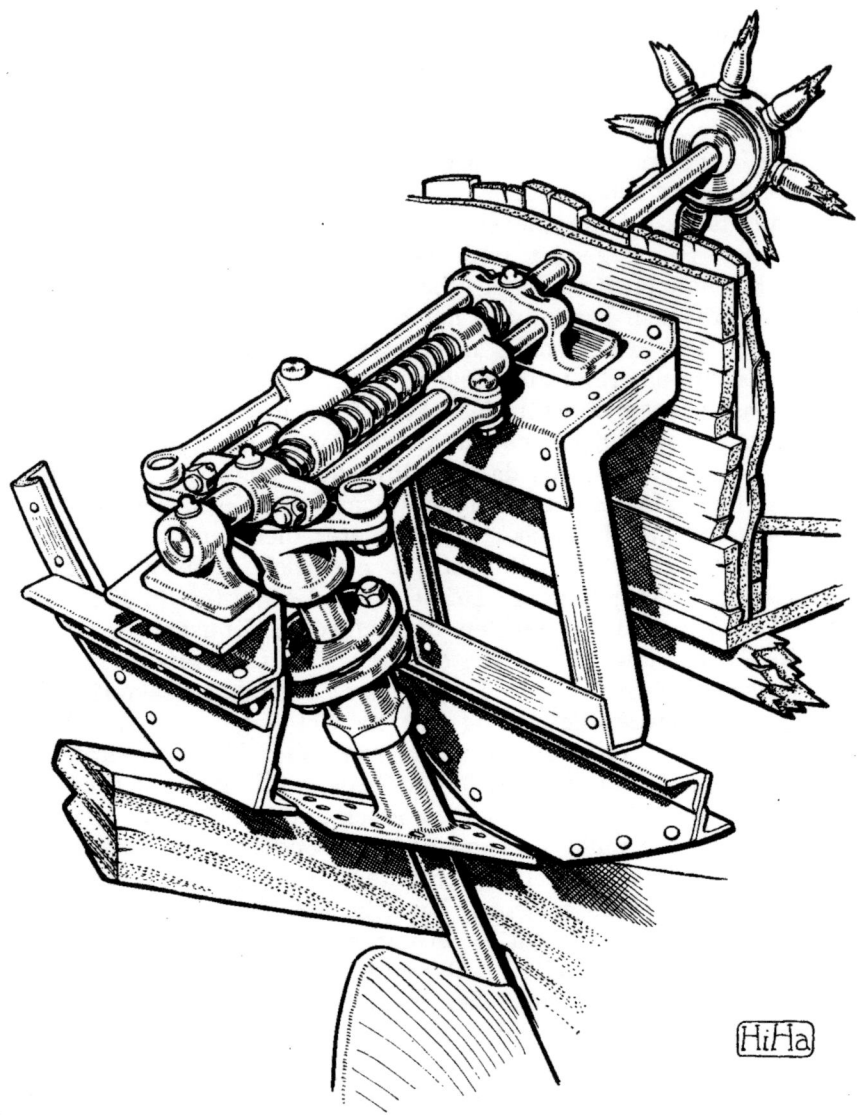

Abb. 50. Spindelsteuerapparat und Ruderkoker.

meisten schont; es ist auch nicht zu übersehen, daß man sich mit einer Pinnensteuerung bei starker Lage recht weit aus der Mittschiffsachse entfernt, was das genaue Einhalten des Kompaß-

kurses erschwert. Die Radsteuerung sollte wie eine moderne Auto-
steuerung arbeiten, d. h. nicht völlig selbstsperrend sein, sondern
unter Druck wie das Steuerrad des Autos in der Kurve bei
leichtestem Anstoß „zurückschnurren" — dann hat man genau
so viel „Gefühl" wie bei der Pinne, wenigstens für die Zwecke eines
Seekreuzers. Das Ruder sollte nicht bis ganz nach Unterkante
Kiel herunterreichen, um bei Grundberührungen nicht sofort in
Mitleidenschaft gezogen zu werden. Wenn irgend möglich, sollte
kein Ausschnitt für den Propeller im Ruderblatt sein; der Schaft
wird nicht nur geschwächt, die Ruderwirkung wird auch stark

Abb. 51. „Bora IV" auf dem Slip.

beeinträchtigt, da der Ausschnitt fast immer in der Ebene des
Druckmittelpunktes des Ruders liegt und dem Wasser willkommene
Gelegenheit gibt, nach „Lee" abzuströmen. Ich führe die erstaun-
liche Wendigkeit von „Bora IV" nicht zuletzt auf das Fehlen des
Ausschnittes zurück.

Starke Überhänge vorn sind auf jeden Fall schädlich, Rücksicht auf die Handigkeit der Takelage kann allerdings Veranlassung
sein, hinten wie vorn etwas Decklänge zuzugeben, ich würde jedoch
lieber eine etwas kleinere Segelfläche in Kauf nehmen.

Das Boot soll steuerlastig sein, d. h. der Kiel schräg nach
achtern abfallen; abgesehen von dem günstigen Einfluß auf die

Lage der Schwerpunkte, der damit verbunden zu sein pflegt, und der sich besonders bei Backstagbrise geltend macht, entsteht der Vorteil, daß das Boot bei Grundberührungen achtern aufsitzt und sich leichter herumholen läßt, als wenn der tiefste Punkt des Kiels nahe der Mitte liegt. Im übrigen sollte der Kiel möglichst lang sein; selbst ein Lotsenkutter, den ich einmal segelte und dessen Kiel annähernd $^4/_5$ der Wasserlinienlänge hatte, war noch ausreichend wendig; man bedenke, daß man sich in Fahrwassern bewegt, die von viel größeren und unhandlicheren Schiffen befahren werden; ich habe bisher noch keinen Hafen gesehen, in dem man nicht auch mit einem langkieligen Schiff bequem hätte wenden können. Beim Aufkreuzen in ganz schmalem Fahrwasser allerdings, kann der lange Kiel hinderlich werden, in dem eigentlichen Revier eines Seekreuzers kommt das jedoch nicht vor; und wenn, dann muß eben der Motor einspringen, oder man bleibt draußen liegen: man ist nämlich immer im Schutz, wenn ein solcher Fall eintritt! Bei auflandigem Wind aus einem engen Loch, wie etwa Klintholm oder Skanör, herauszukommen, ist immer eine schwierige Sache, selbst wenn das Boot noch so wendig ist.

Der Sprung sollte so groß sein, wie die Rücksicht auf den Windfang des Vorschiffs es eben zuläßt, auch das Heck sollte etwas hochgezogen sein, im übrigen aber der Freibord nicht zu groß. Ich halte es nicht für wünschenswert, den Windfang des Rumpfes durch ein Schanzkleid zu vergrößern, das außerdem noch recht reichlich Wasser auf Deck hält. Es kann bei Booten der in Frage kommenden Größe doch nicht so hoch sein, daß es wirkliche Sicherheit gegen das Überbordgehen bietet, denn diese wird erst erreicht, wenn das Schanzkleid ans Knie reicht, also etwa 0,50 m ist. Eine Reling, die dem Fuß eine feste Stütze gewährt — etwa 0,12 m —, genügt, kann bei kleineren Booten auch ruhig noch etwas niedriger sein. Für die Sicherheit sorgt dann eine Seereling oder andere Stützpunkte an Deck; diese müssen allerdings reichlich und handfest sein! Bei Booten, deren Größe nicht ohne weiteres ein glattes Deck erlaubt, wird man immer im Zweifel sein, ob man einen Kajütaufbau anbringen soll oder nicht. Rein vom Seefähigkeitsstandpunkt aus betrachtet, würde ich auch ein ganz kleines Boot als Glattdecker bauen; die Festigkeit der Verbände, mag die Schlinge des Aufbaues auch noch so stark sein, ist zweifellos größer, das Deck ist viel leichter wasserdicht zu halten und viel besser begehbar. Außerdem ist selbst auf einem kleinen Glattdecker ein Beiboot mittschiffs ohne Störung unterzubringen. Für wirkliche Seefahrt würde ich lieber auf Stehhöhe, als auf die Vorteile wenigstens eines halben Glattdeckes, wie es „Bora II“ hatte, verzichten; die Grenze dürfte allerdings erreicht werden, wenn in der Kajüte nicht mehr Sitzhöhe vorhanden ist. In Amerika baut man Schiffe von ansehnlicher Größe noch mit Aufbauten, was sich einesteils aus den dort üblichen flacheren Spantformen und weiter aus den klimatischen Verhältnissen erklärt: bei der tropischen Glut, die an der nordamerikanischen Küste in den Sommermonaten herrscht, ist reichlicher Luftraum in der Kajüte nötig, um das Leben erträglich zu gestalten. Ich habe nicht gefunden, daß ein Aufbau mit Bullaugen die Lüftung der Kajüte bei schlechtem Wetter erleichtert; ein Oberlicht ist länger offen zu halten und auch bei Regen im Hafen mit Hilfe einer Persenning noch verwendbar. Die einzige Entschuldigung für einen Aufbau ist die Stehhöhe, die unten anders nicht zu erreichen ist; wenn man aber einen Aufbau verwendet, so sollte er so schmal, kurz und niedrig wie möglich sein.

Über die Takelage eines Seekreuzers gehen die Meinungen weit auseinander. Ich gehe von der Idee aus, daß ein Mann in der Lage sein muß, Segel zu setzen, und daß, unter normalen Verhältnissen, der Steuermann die Segel allein bedienen kann, das Boot also wenigstens auf kürzere Zeit Einhand zu segeln ist. Selbst wenn das an sich nicht vorkommt, so ist es doch eine erhebliche Kräfteersparnis, wenn bei schönem Wetter der Steuermann alles selbst machen und die übrige „Wache" sich anderen Tätigkeiten widmen kann, als die Schoten durchzuholen. Bei kleineren Schiffen, die meistens nachts einen Hafen anlaufen, sollte auch möglichst der Steuermann alleine absegeln können — desto früher kann der Aufbruch sein.

Wegen ihrer großen Handigkeit hauptsächlich ziehe ich daher die Hochtakelung der Gaffeltakelung vor; bis zu einer Größe von etwa 45 qm ist ein Hochsegel, günstige Führung der Falle vorausgesetzt, noch zu meistern, bei Vorsegeln dürfte die Grenze etwa bei 20 qm liegen. Ich würde daher bis zu einer Segelfläche von 80 qm den idealen Seekreuzer als Kutter takeln mit einem Mast, der beinahe in der Mitte des Schiffes steht. Unter 40 qm wird vielleicht die Verwendung von zwei Vorsegeln nicht zu empfehlen sein, da sonst die einzelnen Segel zu klein werden; ich glaube allerdings, daß mit Rücksicht auf das Beidrehen auch dann noch ein kleiner Klüver günstig sein würde. Ich habe mit Yawls nur die Erfahrung gemacht, daß der Besan überhaupt nicht zieht und nur zur Unterstützung des Manövrierens gebraucht werden kann. Den Besanmast wirklich kräftig und stabil zu gestalten, ist nicht leicht, steht der Mast des Kutters genügend weit nach der Mitte zu, so segelt er unter Fock allein auch noch auf allen Kursen, die nicht gerade hart am Wind liegen. Bei einer plötzlich einsetzenden harten Bö ist man in der Lage, Großsegel und Klüver wegzunehmen und unter Fock beizudrehen oder zu lenzen. Macht man den Besan einer Yawl so groß, daß man wirklich damit segeln kann, so gibt man besser noch etwas zu und macht eine Ketsch daraus. Für Boote von über 80—90 qm Segelfläche ist ganz entschieden die Ketsch die beste Takelung; mit Schonern habe ich keine persönliche Erfahrung: ich habe nur einmal mit Zittern und Beben als Gast an Bord eines Schoners von etwa 35 m Länge diesen Chimborasso von weißen Segeln in einen Hafen hineingesteuert! In der Größe, von der in diesem Zusammenhang die Rede ist, will der Schoner mir nicht einleuchten, wenn er auch in Amerika viel verwendet wird. Für die dortigen Verhältnisse — Vorherrschen raumer Winde — mag er auch seine Berechtigung haben; man kann zwischen die beiden Masten alle möglichen ballonähnlichen Gebilde packen und hat andrerseits den Vorteil, daß das Schonersegel immer zum Beidrehen zur Hand ist. Der Großbaum steht aber notwendigerweise übers Heck über, und ein kleines Schonersegel ist noch schlechter als ein Besan, was den Wirkungsgrad anlangt. Der Großmast eines Schoners kommt zudem in eine äußerst unglückliche Lage in der Kajüte — der Besanmast einer Ketsch wird in den meisten Fällen in ein Brückendeck zwischen Plicht und Niedergang zu stehen kommen.

Ich habe früher immer gegen einen Klüverbaum eine Abneigung gehabt, habe aber allmählich eingesehen, daß er nicht nur nicht hinderlich, sondern sogar recht nützlich sein kann — wenn er nicht zu lang ist! Es gehört natürlich nicht zu den Freuden des Daseins, im Seegang auf einem Klüverbaum herumzuturnen, richtige Abmessungen vorausgesetzt, wird das aber auch selten nötig werden. Dagegen ist er angenehm, um Bojen aufzupicken, an Dalben heranzuscheren und zu guter Letzt ist ein gebrochener Klüverbaum immer noch besser als ein eingebrochener Steven! In England haben viele Seekreuzer ein Rollreff für den Klüver, das ich leider persönlich noch nicht probiert habe, das aber so einfach ist, daß es eigentlich nicht entzweigehen kann; da es zudem ein ganz loser Beschlag ist, der jederzeit wieder abgenommen werden kann, ist es sicher zu empfehlen. Damit fällt natürlich jede Notwendigkeit, den Klüverbaum zu betreten, fort, denn selbst zum Bergen wird der Klüver einfach aufgerollt und kann nachher im Hafen, wo man ruhig zur Nock hinausklettern kann, heruntergenommen werden.

Der Segelschwerpunkt eines Hochsegels liegt im allgemeinen nicht höher oder sogar noch tiefer als der des gleichgroßen Gaffelsegels. Unter Segel ist daher die Hochtakelung unter allen Umständen überlegen, denn besonders im Seegang bedeutet die schwere hin und her pendelnde Gaffel eine Verschlechterung des Wirkungsgrades und eine starke Beanspruchung der Takelage. Ein entschiedener Nachteil ist der höher liegende Gewichtsschwerpunkt des Mastes sowie sein größerer Windfang. Während man einen Pfahlmast wohl noch eben so kräftig halten kann, daß er auch ohne Verstagung steht (d. h. natürlich der Mast allein, ohne Segel!), wird dies bei einem Hochmast nicht mehr möglich sein, und er wird einer äußerst wirksamen Verstagung bedürfen, auch wenn man bei schwerem Wetter vor kleinen Segeln oder vor Treibanker liegt. Der Winddruck auf einen Hochmast ist sehr erheblich: er sollte deshalb nicht nur so niedrig wie möglich sein, sondern auch beinahe mittschiffs stehen, damit das Vorschiff nicht von ihm herumgedrückt wird. Rücksicht auf die Wohnlichkeit der Kajüte zwingt den Konstrukteur meistens zu einem Kompromiß; bei „Bora IV" war es das Beiboot, das verhinderte, daß der Mast noch weiter nach hinten rückte — ein Meter mehr Länge wäre nur ins Vorschiff gekommen! Die Wichtigkeit des nach der Schiffsmitte gerückten Mastes ist gar nicht zu überschätzen: das Großsegel wird kleiner, die Fock eignet sich immer besser zum Beidrehen, und der Mast wird automatisch kürzer. Vor allem aber rückt er an eine Stelle, wo dieses erhebliche Gewicht am besten vom Schiff vertragen wird, was den Stampfbewegungen zugute kommt. Auch bei einer Ketsch würde ich den Großmast weit nach hinten und den Besan stark nach vorn rücken, um die Gewichte nach der Mitte zu bringen. Die Nock des Großbaums sollte beim Kutter innerhalb des Schiffes sein, der Besanbaum einer Ketsch jedenfalls immer noch bequem von Deck zugänglich. Ob festes Unterliek mit Schneckenreff oder loses mit Bindereff, ist Geschmackssache: da ich gerne die Segel ganz wegnehme und unter Deck verstaue, außerdem noch gelegentlich ein Sturmsegel am Großbaum fahre, ziehe ich das lose Unterliek vor. Unbedingt sollte die Fock sich selbst bedienen. Ferner gehört eine Breitfock zu der Segelausrüstung des Seekreuzers, ein eigentlicher Spinnaker kann fehlen, wenn der Ballon so geschnitten ist, daß er sich als Spinnaker verwenden läßt. Der Ballon ist wichtig; er zieht auch noch bei leichtem Wind, wenn die Dünung den Wind aus dem schwereren Großsegel schlägt.

Ich habe lange Jahre Bedenken gehabt, eine Hochtakelung für ein ausgesprochenes Seeboot zu verwenden und habe mit dem Gefühl, ein Experiment zu machen, noch „Bora IV" als Kutter mit einem Hochmast getakelt; ich habe nicht gefunden, daß die vielen Gegengründe, die Seesegler großer Erfahrung gegen die Hochtakelung ins Feld führen, sich bestätigt haben; weder ist der Mast in schwerer See gebrochen, noch hat das Segel geklemmt, wenn es herunter sollte! Eins allerdings ist zweifellos durchaus nötig: die Hochtakelung muß gut durchkonstruiert und in allen ihren Teilen aus ganz erstklassigem Material hergestellt sein, sonst ist sie für ein Seeboot nicht geeignet. Es soll damit natürlich nicht gesagt sein, daß man bei einer Gaffeltakelung weniger vorsichtig sein sollte; doch sind die Formen der Gaffeltakelung im Laufe der Jahre so gut durchgebildet, daß Fehler nur bei grober Fahrlässigkeit vorkommen können; die Hochtakelung aber ist konstruktiv noch Neuland.

Aus welchem Material die einzelnen Teile eines Bootes hergestellt werden, ist leider in den meisten Fällen eine Preisfrage. Da ich aber von dem „idealen" Seekreuzer spreche, kann sie hier insoweit ausgeschaltet werden, als ich angeben werde, welche Materialien nach meiner Ansicht die besten sind und welche nicht gehen!

Was zunächst die Bauweise selbst anlangt: Ganz Holz, Komposit, ganz Stahl, so muß ich gestehen, daß ich eine Vorliebe für das hölzerne Schiff habe; Eisen verträgt sich nie mit Salzwasser und verlangt dauernde Pflege. Das Schiff muß aber natürlich auch ganz aus Holz sein; dazu gehört dann ein Kielschwein, das allen Stauraum in der Bilge versperrt — kurzum, die ganze Konstruktion wird derartig schwer, kostspielig und platzraubend, daß ich mit Wehmut dem Kompositbau den Vorzug geben muß. Sein größter Vorteil ist außerordentliche Festigkeit bei nicht zu hohem Gewicht und geringem Raumbedarf. Durch hohe Bodenwrangenplatten ist in die Kielkonstruktion eine Stabilität zu bringen, wie sie anders kaum zu erreichen ist, die Angriffspunkte von Wanten und Stagen sind unschwer mit dem Gerippe zu verbinden, kurz, die Vorteile überwiegen die Nachteile bei weitem. Durch sehr sorgfältige Bauausführung kann auch das Gespenst des rostenden Eisens ziemlich gebannt werden; es dauert recht lange, bis gut in Mennige verpacktes Eisen anfängt zu rosten. Ich würde bei einem Seeboot immer noch etwas über die vom Germanischen Lloyd vorgeschriebenen Spantabmessungen hinausgehen — je schwerer der Rumpf, desto mehr kann man an Innenballast sparen; das Mehr im Gewicht der Spanten kommt der Festigkeit zugute, der Preisunterschied ist nicht sehr groß, da doch die Arbeit den Preis ausmacht.

Ich habe nie ein Schiff gehabt, das ganz aus Stahl gebaut war; ganz entschieden erfordert der stählerne Rumpf außen mehr und innen weniger Pflege als der Kompositrumpf, keinesfalls kann man ein Stahlboot so lange in Salzwasser liegen lassen, ohne es herauszuholen, wie ein gekupfertes Holzboot. Es scheint mir, als ob Stahl sich nur für verhältnismäßig große Boote eignet, die auch eine ständige Besatzung zu ihrer Wartung an Bord haben. Auch dann noch würde ich ein Holz- oder Kompositboot vorziehen, wenn Reisen nach südlichen Gewässern geplant sind. Das Docken in ausländischen Häfen, die keine Einrichtungen für Yachten haben, ist sicher keine Freude; mit einem gekupferten Unterwasserschiff kann man schon eine recht lange Reise machen, ohne sich um den Boden kümmern zu müssen.

Bei Holz- und Kompositbooten sollten Kiel und Steven aus Eiche sein, ebenso Balkweger und Decksbalken und gewachsene oder eingebogene Spanten. Esche, so zäh und fest das Holz auch ist, eignet sich nicht für Bauteile im Rumpf, da es zu leicht fault. Der Balkweger und die weniger belasteten Decksbalken werden oft aus Kiefer gemacht: Eiche ist besser, weil fester. Je dichter die festen Spanten stehen, desto besser — die Vorschriften des Germanischen Lloyd sollten das Mindestmaß darstellen.

Die Dicke der Planken der Außenhaut sollte etwas die Vorschriften des G. L. überschreiten; sie dürfen mit Ausnahme der untersten Planken nicht zu breit sein, da das Holz sonst zu sehr arbeitet. Als Material für die Außenhaut ist natürlich ostindisches Teak allen anderen Hölzern überlegen, danach eignet sich Eiche und dann Pitchpine. Mahagoni hat für einen Seekreuzer keinen Zweck: es ist fast so teuer, wie Teak und lange nicht so gut. Es gibt außerdem sehr viele Sorten Mahagoni, von denen nur einige brauchbar sind.

Das Deck würde ich selbst bei einem sonst aus Eiche gebauten Schiff aus Teak machen. Ein Scheuerdeck ist auf See das einzig mögliche, da man auf Lack zu leicht rutscht. Teak macht als Scheuerdeck so wenig Arbeit, bleibt so sauber und hält so dicht, daß es unbedingt vorzuziehen ist. Ein Deck aus Kiefer sieht nur gut aus, wenn es täglich gründlich mit Salzwasser geschruppt wird; ich würde in dem Fall meinem Schönheitsgefühl einen Ruck geben und das Deck mit Ölfarbe streichen, wie es in England üblich ist. Die Stärke der Decksplanken sollte nicht unter 25 mm sein, damit bei kühlem Wetter sich nicht zu viel Schwitzwasser bildet.

Die Aufbauten — Kajütaufbau, Niedergang, Luken, Plichtsüll — werden zweckmäßig aus Teak gebaut, das auch, wenn der Lack nicht mehr ganz einwandfrei ist, keinen Schaden nimmt. Mahagoni hält sich nur, wenn man peinlich darauf achtet, daß der Lack überall gut im Stande ist. Eiche wird selbst unter sauberster Lackierung leicht schwarz; ich würde es dann vorziehen, die Aufbauten zu streichen.

Bei Hochtakelung sind aus Spruce gebaute Spieren das beste, bei einer Gaffeltakelung sollte die Gaffel hohl sein, um das pendelnde Topgewicht zu verringern.

Segel aus dem üblichen Yachttuch. Hat man ein Sturmsegel, das am besten wie der dazugehörige Klüver aus Segeltuch (Flachs) gemacht wird, so kann das Großsegel etwas leichter gehalten sein, sonst aber muß es d o p p e l t so schwer sein, wie vor allem der Binnensegler es gewohnt ist!

Laufendes Gut weitgehendst aus Draht, die holenden Parten nicht zu starkes Manila; Schoten: geflochtene Baumwolle. Gegen Segelgarntauwerk habe ich ein Mißtrauen, nachdem mir einmal eine ziemlich neue und scheinbar ganz einwandfreie Trosse gebrochen ist.

Die Aufbauten auf Deck werden wohl immer naturlackiert sein, wenn es sich um Teak oder Mahagoni handelt. Ich wage nicht irgendeine Meinung über Bootslack zu äußern — es gibt einige gute Marken und sehr viele weniger gute. Man sollte versuchen, eine gute zu erwischen, da die anderen bereits nach kurzer Zeit eine Erneuerung der Lackierung notwendig machen. Auch Lack, der sich auf Binnengewässer vorzüglich hält, verträgt oft das Seewasser nicht.

Eine naturlackierte Außenhaut kann sehr schön sein und ist bei Verwendung von gutem Lack sehr leicht in Stand zu halten. Sonst wird man die Außenhaut mit Öl- und Lackfarbe streichen. Über die Farbe kann man verschiedener Meinung sein: Weiß ist für die Außenhaut am besten, da es die Hitze am wenigsten aufnimmt und die Nähte sich infolgedessen gut halten, Schwarz hat den Vorzug, die unvermeidlichen Ölflecke an der Wasserlinie nicht so zu zeigen und infolgedessen weniger Arbeit zu machen. Bei so vorzüglicher Bauart wie „Bora IV" treten auch die Nähte nicht hervor. Farbiger Anstrich der Außenhaut ist, abgesehen von der Geschmacksfrage, dadurch gefährlich, daß er leicht verschieden stark ausbleicht und nie stellenweise zu reparieren ist.

Beim Unterwasserschiff ist Kupferung allem anderen vorzuziehen, wenn das Schiff dauernd in Salzwasser bleibt. In Süßwasser soll Eiche unter Kupfer leichter faulen als unter Farbe, bei Teak dürfte das keine Rolle spielen. Für Unterwasserfarben gilt das gleiche wie für Lack! Keinesfalls eignet sich gewöhnliche Ölfarbe für das Unterwasserschiff, da sie zu schnell bewächst. Es sei hier aber auch eine wirtschaftliche Überlegung gestattet: Glaubt man, mit einem Anstrich unter Wasser im Frühjahr auskommen zu können, mag es noch angehen; mir ist das nie gelungen — ich habe immer im Lauf der Segelzeit das Schiff aufschleppen und ihm einen neuen Bodenanstrich geben müssen. Kupferung kostet ungefähr soviel wie vier neue Anstriche einschließlich Aufschleppen, die Unterhaltungskosten sind gleich null, es ist also ein einfaches Rechenexempel, wann sich die Kupferung bezahlt gemacht hat. Hält man vollends das Schiff auch im Winter in Dienst, so ist der Vorteil entsprechend größer.

In anderem Zusammenhang (s. Abschnitt „Neubau") ist die ausführliche Baubeschreibung von „Bora IV" abgedruckt, aus der

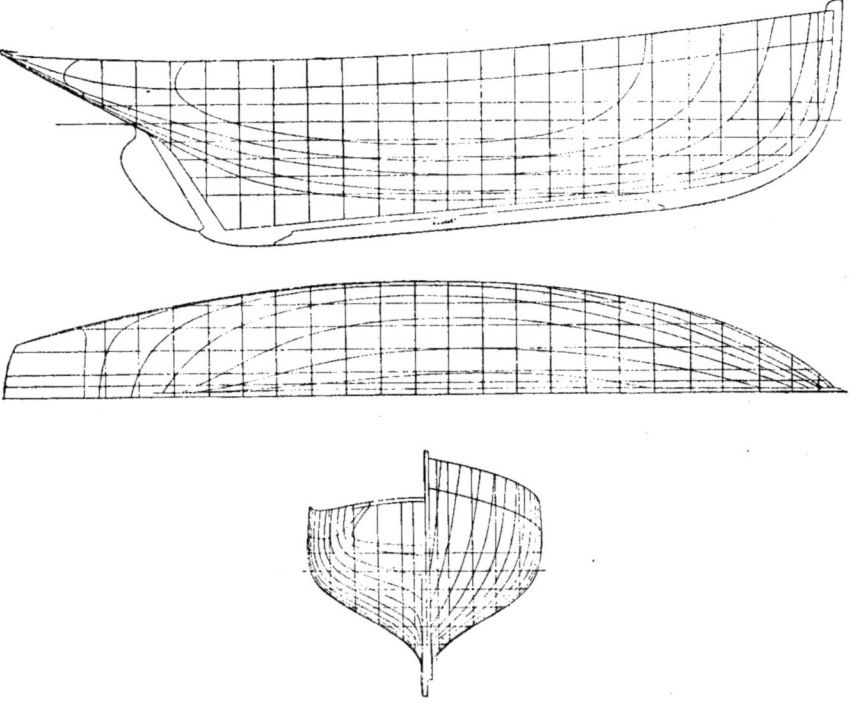

Abb. 52.   17,37-Kreuzer-Yacht „Jolie Brise".
Als Havre-Lotsenkutter 1919 entworfen und gebaut von Paumelle.

noch viele Einzelheiten von Konstruktion und Ausführung eines „idealen Seekreuzers" zu entnehmen sind, wie denn überhaupt die folgenden Abschnitte in ihren positiven Teilen auf ein solches „Idealschiff" Bezug haben. Nur über die Größe sei noch einiges gesagt.

Ob ein Seekreuzer groß genug ist, um auf die Bezeichnung „ideal" Anspruch zu haben, hängt von der geplanten Reise und den Ansprüchen, der Ausdauer und der Seemannschaft der Besatzung ab. Ich würde an sich kein Bedenken tragen, noch mit einem Schiffchen von der Größe oder vielmehr Kleinheit von „Bora III" auch auf dem Atlantik zu segeln, wenn es in seiner ganzen Bauart und Ausführung (ganz kleine, wasserdichte Plicht,

137

niedrigerer Mast, kleinerer Aufbau, noch viel kräftigere Konstruktion) auf eine solche Fahrt zugeschnitten wäre. Eine andere Frage ist es jedoch, ob ich eine mehrwöchige Reise in so beschränktem Raum aushalten würde, und dies möchte ich verneinen. Die Länge der ununterbrochenen Reise ist ausschlaggebend für die Beanspruchung der Besatzung auf einem kleinen Schiff, nicht etwa die zurückgelegte Seemeilenzahl; kann man im allgemeinen die Nächte in geschütztem Hafen verbringen und hat man unbeschränkte Zeit, so lassen sich auch auf ganz kleinem Schiff weite Reisen ohne sonderliche Strapazen ausführen. Für längere Fahrten auf hoher See dürfte wohl „Bora IV" die unterste Grenze sein, um ein gewisses Maß von Bequemlichkeit mit den Forderungen der Seetüchtigkeit zu vereinigen.

Ein Motor erhöht bedeutend die Aktionsfähigkeit und in gewissem Grade auch die Sicherheit. Es gibt oft genug Stellen, wo eine Strömung mit dem herrschenden leichten Wind nicht mehr zu überwinden ist und die Brandung doch noch unangenehm hoch läuft; auch Ein- und Ausfahrten aus engen Häfen sind manchmal nur mit Motorhilfe zu forcieren. Wenn man mit schwacher Besatzung segelt, gehört der Motor auch auf ein kleines Schiff, bei größeren ist er selbstverständlich.

Takelage und Beschläge.

In früheren Jahren, als die menschliche Arbeitskraft noch billig war und Yachten nur mit reichlicher Mannschaft gefahren wurden, übernahm man für den Yachtbau einfach die Takelage der Berufsschiffahrt, nur daß meist die Segelfläche vergrößert wurde. Als dann die großen Rennyachten aufkamen, mußte man alle möglichen Neukonstruktionen ersinnen, um dem Bestreben nach immer größerer Geschwindigkeit gerecht zu werden. Jedoch erst in jüngster Zeit, die den reinen Amateursport im Renn- und Fahrtensegeln brachte, ging man darauf aus, durch Verkleinerung der Segelfläche bei gesteigerter Wirkung und durch durchdachte Anordnung der Takelage Arbeit zu sparen und es so einer verhältnismäßig schwachen Mannschaft zu ermöglichen, eine Yacht von reichlichen Rumpfabmessungen im Rennen und auf Fahrt zu segeln. Diese Entwicklung ist noch keineswegs abgeschlossen und wird in allen Ländern durch die starke Besteuerung der Segelfläche und die immer mehr aufkommende zahlenmäßige Beschränkung der Regattabesatzung gefördert. Führend sind natürlich die Regattasegler im Ausprobieren neuer Anordnungen, — der Fahrtensegler ist im allgemeinen konservativer und macht sich oft sogar erst reichlich spät Neuerungen zunutze.

Doch sollten selbst gut durchprobierte Einzelheiten von Renntakelagen nicht kritiklos übernommen werden, wie dies rein gefühlsmäßig — wegen des Aussehens — nur zu häufig bei Rumpfformen geschieht. Das Bestre-

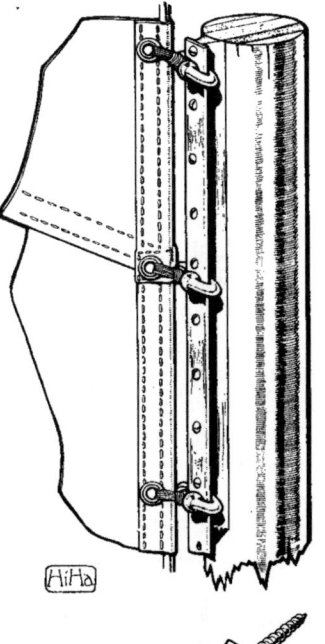

ben, unter allen Umständen Gewicht zu sparen oder gar eine Vermessungsklausel zu umgehen, spielt bei vielen Renntakelagen und ihren Beschlägen eine Rolle.

Bei der Takelage des Seekreuzers ist Gewicht, wenn auch nicht Nebensache, so doch jedenfalls nicht ausschlaggebend, von allergrößter Wichtigkeit aber ist neben der Handigkeit die Dauerhaftigkeit! Nur wer einmal tagelang mit reichlichem Wind die Segel stehen gehabt hat, weiß, welchen Dauerbeanspruchungen die Takelage im Seegang ausgesetzt ist, schwere Havarien aber, die beim Rennen meist nur den Verlust des Preises und eine mehr oder weniger peinliche Belastung der Brieftasche zur Folge haben, sind für den Fahrtensegler leicht von Folgen begleitet, die Sicherheit von Schiff und Besatzung gefährden.

Ich bin ein Freund der Hochtakelung und kann daher nur Einzelheiten der Takelage und der dazu gehörigen Beschläge aus eigener Erfahrung beschreiben, die bei meinen hochgetakelten Booten zur Anwendung kamen, doch dürften eine ganze Reihe von den Beschlägen auch für gaffelgetakelte Boote von Interesse sein.

Abb. 53.
Gleitschuh und Schiene.

Gleitschuh.

Der häufigste Einwand, der gegen die Hochtakelung bei Fahrtenbooten angeführt wird, lautet: ,,Kommt denn das Segel auch immer herunter?" Nun, es kommt immer herunter, wenn der Gleitschuh richtig dimensioniert und die Schiene gut gebaut ist. Der bei den letzten drei „Boras" verwendete Gleitschuh (Abb. 53) kann unmöglich klemmen. Er hat den Vorteil, daß er auch über eine sich an der Gleitschiene etwa lösende Schraube noch wegrutscht, während der lange, eng anliegende Gleitschuh dann klemmt. Er gestattet auch die Verwendung von Linsenkopfschrauben, die die Schiene nicht schwächen. Selbst vor dem Wind und sogar vor viel Wind habe ich meine Segel immer mit Sicherheit bergen können; es ist dies einer der Gründe, weshalb ich die Hochtakelung der Gaffeltakelung vorziehe.

Spieren.

Die Spieren sind bei der Hochtakelung von allergrößter Wichtigkeit; besonders der Mast ist ganz anderen — durchaus nicht etwa immer größeren — Beanspruchungen ausgesetzt, als der Mast der Gaffeltakelung. Auch bei einem Fahrtenkreuzer soll der Mast so leicht sein, wie es die Rücksicht auf die Festigkeit nur eben zuläßt, um das schwingende Topgewicht niedrig zu halten. Da das Großsegel den Mast ziemlich gleichmäßig in seiner ganzen Länge beansprucht, und der Zug der Vorsegel durch die Verstagung abgefangen wird, läßt sich das auch ganz gut machen, nur wird in den seltensten Fällen eine gewachsene Spiere die richtigen Abmessungen haben. Ich ziehe deshalb unbedingt gebaute (geleimte) Spieren vor, die, nachdem der Flugzeugbau erstklassige Leime hervorgebracht hat, in bezug auf Dauerhaftigkeit völlig unbedenklich sind. Auch der Großbaum sollte möglichst leicht sein, da er infolge des Falls des Mastes eine starke Neigung hat, nach achtern zu schwingen.

Bindereff.

Ich habe eine Vorliebe für das Bindereff. Bei dem losen Unterliek, wie ich es fahre, ist es so einfach zu handhaben, daß man vom Patenttreff absehen kann. Bei „Bora III" wurden Hals und Schothorn des Großsegels in Haken eingehängt, die jeweils am Halsbeschlag des Baumes und an einem Wanderring (Ausholerring) fest waren. Das kleine Segel wurde zum Reffen vollständig weggefiert, die entsprechenden Haken in die Kauschen gehakt und das Segel wieder vorgeheißt; hart am Winde beigedreht, konnte dann das Reff eingebunden werden. Vor dem Wind mußte natürlich das Reff bei weggefiertem Segel eingebunden werden, was mehr Arbeit machte. Bei „Bora IV" ist das Großsegel zu groß, um es mit der Hand umhaken zu können, infolgedessen ist hier ein Smeerreep mit dem üblichen Beschlag am Baum vorgesehen; zum Reffen wird der Baum angedirkt, das Segel so weit weggefiert, daß die entsprechende Kausch in den Halshaken eingehakt werden kann, das Smeerreep durchgeholt und dann das Reff eingebunden. Es muß natürlich das Smeerreep bereits eingeschoren sein, sonst muß das Segel soweit weggefiert werden, daß man die Kausch am Achterliek erreichen kann; ich fahre immer ein Smeerreep in der zweiten Reffbahn, da diese bei Böen und dgl. die richtige Verkleinerung gewährleistet. Es empfiehlt sich bei längerem Fahren mit gerefftem Segel, nicht dem Smeerreep allein zu vertrauen, sondern noch ein kleines Ende durch die Kausch zu ziehen und um den Baum zu zurren.

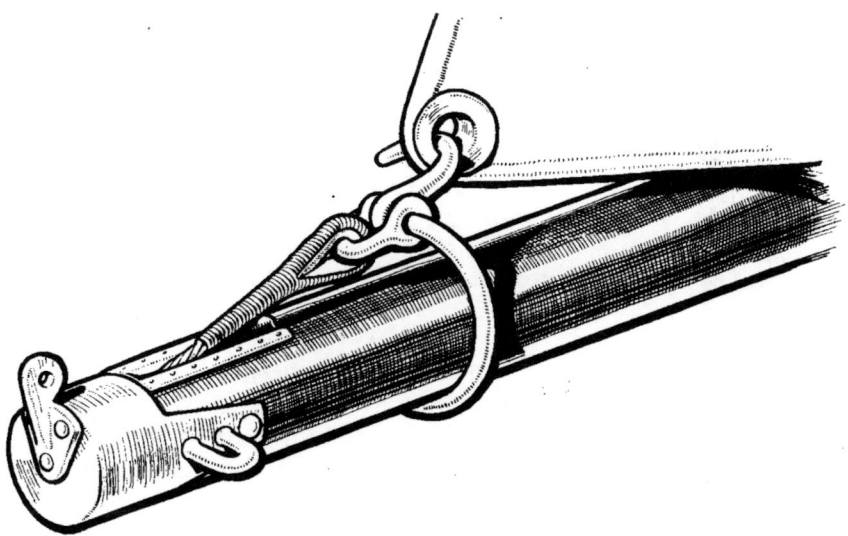

Abb. 54. Ausholerring am Grossbaum von „Bora III".

Bei Vollzeug ist das Schothorn an einen Ausholerring angeschäkelt, mit dem die Spannung des Unterlieks reguliert werden kann.

Fallen.

Es kommt leicht vor, daß die verfügbare Entfernung am Mast nicht ausreicht, um genügend Länge in ein Drahtfall zu bekommen. Beim Klüverfall wird das sogar die Regel sein, beim Klaufall der Hochtakelung auch, sofern das Fall an der Vorderkante des Mastes noch über eine Stütze geführt wird. Die beistehend dargestellte Führung umgeht diese Schwierigkeit und läßt jede beliebige Übersetzung in der holenden Part und im Strecker zu. Daß der Manilaklappläufer wie ein einfaches Ende wirkt, ist ein großer Vorteil beim Heißen der Vorsegel, da bei diesen doch erst ganz zum Schluß Druck auf das Fall kommt.

Standerleine.

Ich habe es bequem gefunden, den Standerstock an einem Draht zu fahren (2 mm Durchmesser), der endlos um je eine Rolle im Top und am Mastring läuft. Man hat dann nicht den Ärger mit der sich ewig reckenden Standerleine; der Draht kann nötigenfalls erst nach dem Vorheißen durch einen kleinen Spanner oder einen Zurring so steif geholt werden, daß der Stock immer auf und nieder steht.

Taljen zum Ankereinhieven.

Es ist praktisch, unter der Saling auf beiden Seiten Taljen zum Einhieven der Anker anzubringen; sie lassen sich gleichzeitig als Topnanten für den Spinnakerbaum und zum eventuellen An-Bord-holen des Beibootes benutzen (s. auch Ankergeschirr).

Stehendes Gut.

Die Wanten sollten nur aus starrem Draht sein; es schadet nichts, wenn sie reichlich schwer sind, denn weder Gewicht noch Windfang spielen bei Stahldraht eine wesentliche Rolle. Häufiger als bei der Gaffeltakelung muß man sich bei der Hochtakelung vergewissern, daß die Spannung richtig ist: der nackte Mast soll gerade stehen, d. h. keine Schlangenlinien beschreiben und auch nicht nach irgendeiner Seite überhängen. Unter Segel darf der Top etwas nach Lee auswehen, doch muß die Biegung des Mastes gleichmäßig sein; längsschiffs wird sich der Mast vor allen Dingen im Seegang immer etwas bewegen, — die Taljen von Topstag und Back- bzw. Achterstagen geben dazu genügend Lose. Weder Wanten noch Stage dürfen zu sehr „angeknallt" werden, müssen aber andererseits viel strammer sein, als dies bei altmodischen Gaffeltakelungen notwendig war. Das stehende

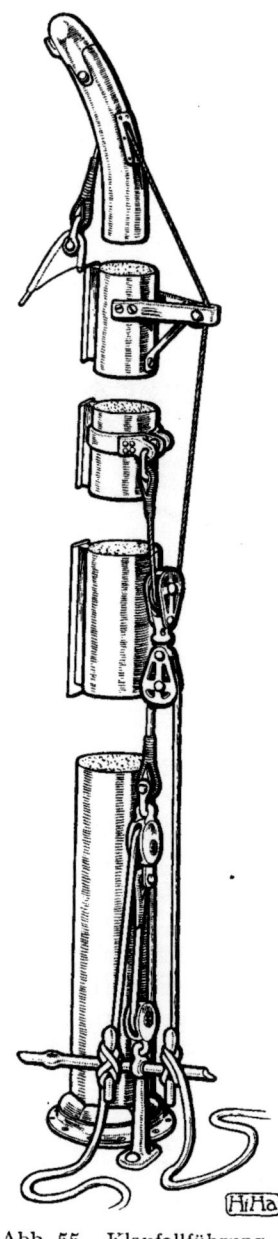

Abb. 55. Klaufallführung.

Gut arbeitet dauernd; es ist daher von Vorteil, die Wantenspanner so einzurichten, daß man mit ihnen das stehende Gut leicht nachsetzen kann. Es empfiehlt sich, sowohl die Spleiße wie das gesamte Gut mit Firnis zu konservieren, der recht dick aufgetragen werden kann.

Wantenspanner.

Nur allzu häufig sieht man zu ausreichendem stehendem Gut lächerlich schwache Wantenspanner; wenn es wenigstens Flugzeugspanner aus bestem Material wären! Meist aber haben sie nur die Abmessungen, — über das Material wird geschwiegen.

Bronzespanner oder wenigstens Bronzehülsen sind schön, weil sie nicht rosten und die Gewinde deshalb keiner Pflege bedürfen. Gegossene Hülsen können gut sein, — man sieht es ihnen aber nicht an, und ich ziehe deshalb gezogene bzw. aus dem Vollen gearbeitete Hülsen vor. Die Spindeln müssen unter allen Umständen aus hochwertiger gezogener Bronze sein; ist diese nicht zu bekommen, so sind verzinkte stählerne Spindeln vorzuziehen.

Bei der Hochtakelung ist die übliche Sicherung der Spanner durch einen durch die Hülsen gesteckten Holz- oder Metallstab selten ausführbar. Die Sicherung an den Spannern von „Bora IV"

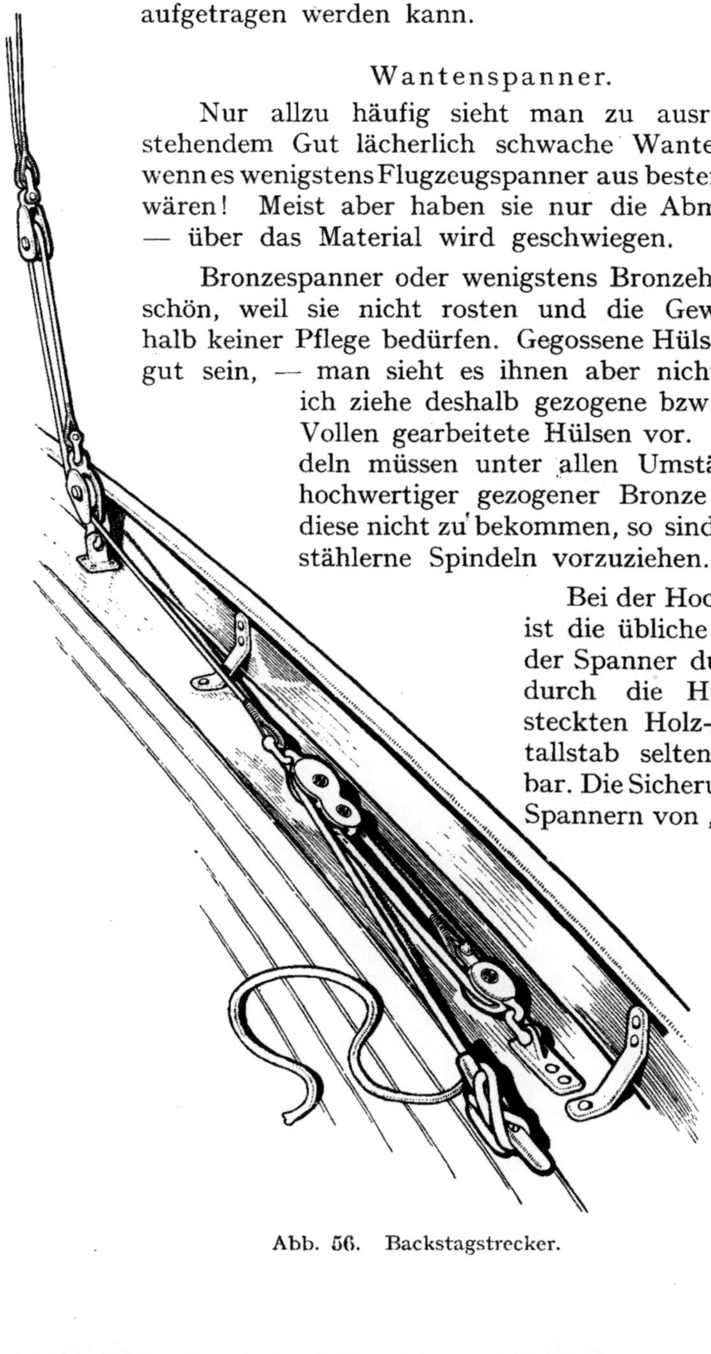

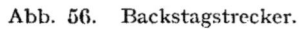

Abb. 56. Backstagstrecker.

Abb. 57. Sicherung der Wantenspanner auf „Bora IV".

hat sich gut bewährt (s. Abb. 57). Die Schäkel, welche die Spanner mit den Rüsteisen verbinden, müssen natürlich der Stärke der Spanner in allen Dimensionen entsprechen; da aber an dieser Stelle meist nicht viel Platz ist, werden oft zu schwache Schäkel gewählt.

Großbaumhalsbeschlag.

Die Druck- und Torsionsbeanspruchungen beim Halsbeschlag des Großbaums sind außerordentlich groß. Es genügt n i c h t, ihn sehr kräftig zu machen, — er muß den Drücken auch richtig nachgeben können. Auf vielen Yachten ist der nebenstehend abgebildete Beschlag zu sehen, der sich verklemmen muß, wenn der ausgeschwungene Baum sich um seine Längsachse dreht und, ohne sich zurückzudrehen, wieder geholt wird. Der Fall ist selten und kommt natürlich nur dann vor, wenn der Bruch des Beschlages unangenehm ist: nämlich bei Wind und See! Wird nur ein einfacher Schwanenhals verwendet, so muß die senkrechte Achse reichlich lang sein. Jedenfalls ist der doppeltgelagerte Beschlag besser (Abb. 59), der in der dargestellten Form für loses Unterliek eingerichtet ist, aber natürlich ebenso gut mit festem Unterliek und Schneckenreff verwendet werden kann. Er hat den großen Vorteil, daß der Druck auch auf den Mast verteilt wird. Dies ist wichtig, denn die leichten und weichen Hölzer wie Spruce und auch deutsche Fichte werden durch schmale und zu stramm angezogene Mastbänder leicht beschädigt; die Quetschung der äußeren Fasern kann zu Brüchen führen. Auch soweit die Fallen nicht an Stropps am Mast angreifen, sollten sie an um den Mast gelegte Bänder geführt werden, n i e m a l s an durch den Mast gehende Bolzen. Wenn dies bei der Berufsschiffahrt geschieht, so ist daran teils Überlieferung, teils und wohl hauptsächlich die Billigkeit der Ausführung schuld; bei dem leichten Mast einer Yacht ist es ein Fehler, der sich bei schlechtem Wetter bitter rächen kann.

Fockbaumhalsbeschlag (Abb. 60):
Verwendet man einen durchgehenden Fockbaum, so empfiehlt es sich, ihn in einem festen Beschlag zu fahren und mit einer Dirk

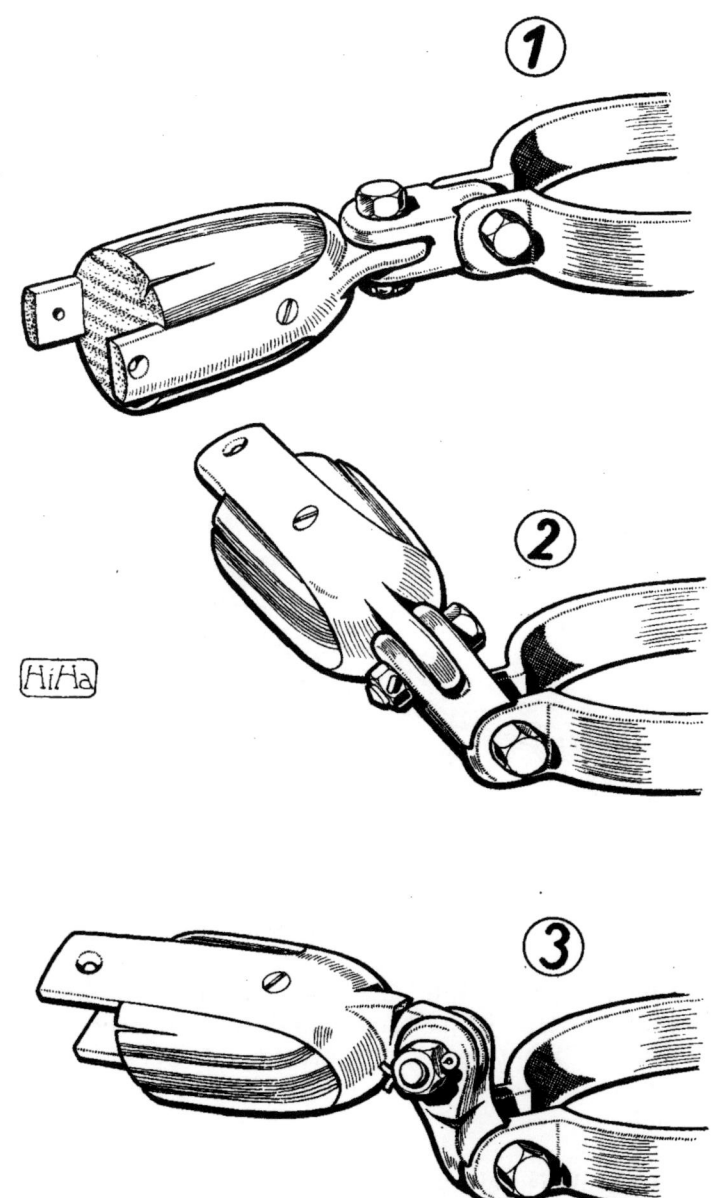

Abb. 58. Großbaumhalsbeschlag, wie er nicht sein soll.

1. Normalstellung. — 2. Der Baum ist ausgeschwungen und verdreht. —
3. Der Baum wird eingeholt, der Beschlag bricht.

nach dem Mast zu versehen. Das Setzen und Fieren der Fock wird dadurch sehr vereinfacht; man wird meistens vor dem Fieren den Baum andirken müssen, da sonst die Fock die Nock des Baumes hochholt, bzw. sich an ihren Stagreitern klemmt.

Schäkel.

Die Bolzen und das Fleisch an den Bolzenlöchern sind die am meisten beanspruchten Teile des Schäkels; sie müssen in ihrer Stärke aufeinander abgestimmt sein, während die Schenkel, die ja nur auf Zug beansprucht werden, für das Auge wesentlich leichter sein können, als bei den üblichen Modellen. (Abb. 61.)

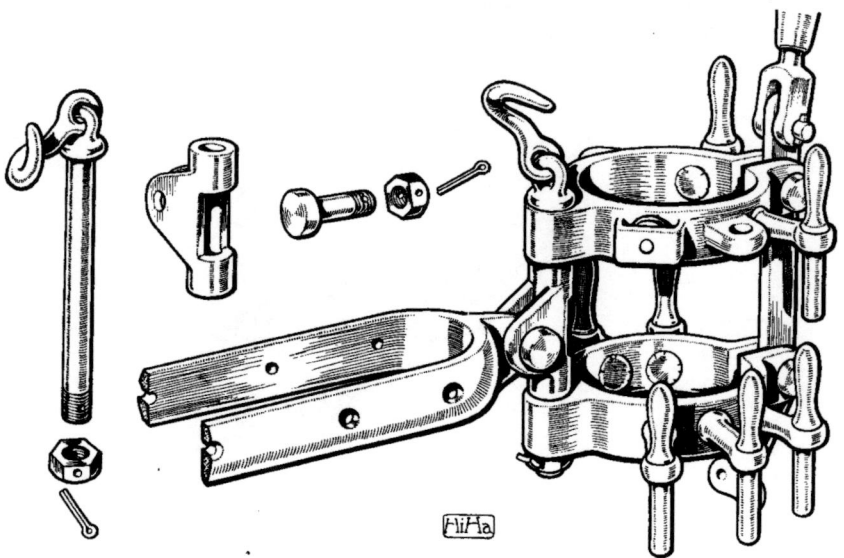

Abb. 59.   Großbaumhalsbeschlag von „Bora IV“.

Daß Schäkel nicht aus Guß, sondern aus geschmiedetem Material sein müssen, ist selbstverständlich; Bronzebolzen sind angenehm, da sie nicht so leicht festrosten wie verzinkte eiserne. Jedenfalls müssen die Gewinde in den Bolzen sauber und tief geschnitten sein

Breitfock.

Die Breitfock ist ein so wichtiges Beisegel, daß sie eigentlich besser behandelt werden sollte. Es hat mir aber nie gefallen wollen, die Raa fest am Mast zu fahren, weil der Windfang der Takelage dadurch wesentlich vergrößert wird. Heißt man die Raa wie üblich an einem Jumpstag an Vorderkante Mast vor, so schamfielt sie an einem Want, sowie man sie etwas braßt, wenn nicht das Jumpstag gründlich nach vorn gespreizt wird.

In Abb.62 (1) ist eine neuerdings von mir ausprobierte Führung der Breitfockraa dargestellt, welche diesen Fehler vermeidet.

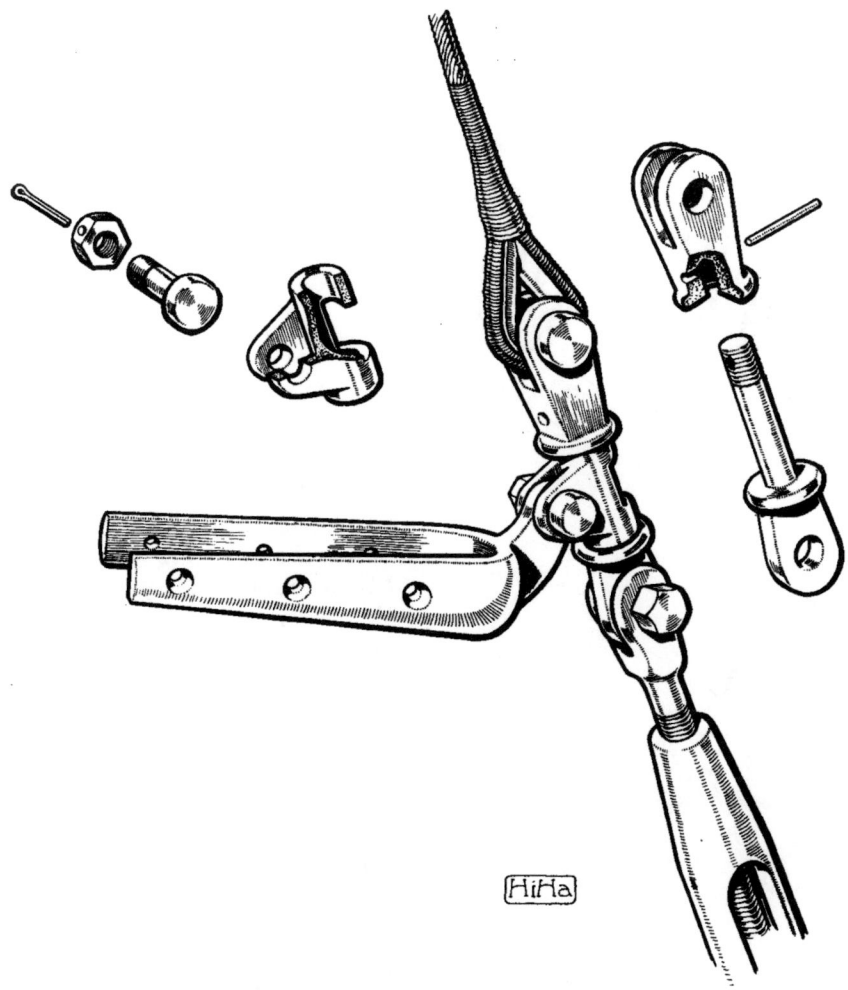

Abb. 60.   Fockbaumhalsbeschlag von „Bora IV".

Selbst eine verhältnismäßig große Breitfock ist leicht zu handhaben; bei „Bora IV" hat das Segel Bändsel am Oberliek, mit denen es an der Raa angeschlagen wird; diese wird dazu querschiffs an Deck gelegt und die Nocken jeweils binnenbords geholt.   Solange die Raa auf dem Segel liegt, fliegt dieses nicht fort, man kann in aller Ruhe arbeiten; Schoten und Brassen (letztere sind bei Seegang durchaus nötig) werden angeschlagen und das Segel dann vorgeheißt; ein Niederholer ist wichtig, — er muß sogar belegt werden, da in hoher See das Segel sonst das Bestreben hat, am Mast hinaufzuklettern. Man sollte feste Leitösen für die Breitfockschoten an Deck haben; bei „Bora IV" sind die Klüverschotleitösen zufällig an der richtigen Stelle und sind auch groß genug, um beide Schoten aufzunehmen. Je weiter achtern die Brassen belegt werden, um so besser.

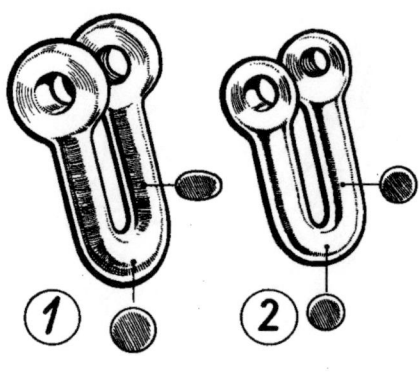

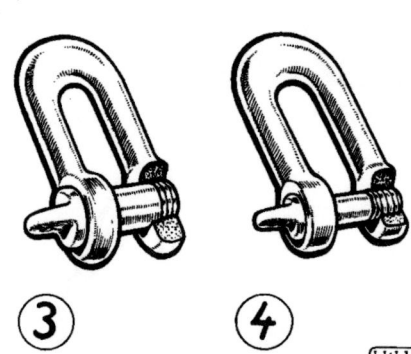

Abb. 61.   Schäkel.
1 und 3: richtig, 2 und 4: falsch.

Schotführung:

Es kann ausschlaggebend für die Handigkeit oder Unhandigkeit der ganzen Takelage sein, wie die Schoten geführt und wo sie belegt sind. Grundsätzlich sollten die Schoten aus der Plicht heraus bedient werden können; am besten werden die Klampen so angebracht, daß sowohl der Steuermann wie ein anderer sie erreichen kann, da bei gutem Wetter auch große Yachten noch ganz gut vom Steuermann allein bedient werden können, und es unzweckmäßig ist, diese Möglichkeit nicht auszunutzen.

Die Großschotführung von „Bora III" und „Bora IV" (Abb. 63) hat sich recht gut bewährt; man hat in der Zugrichtung von oben nach unten viel Kraft, so daß selbst das Großsegel von „Bora IV", obwohl die Schot nur über zwei zweischeibige Blöcke läuft, ganz bequem vom Steuermann geholt werden kann.

Auch auf die Scherung der Backstagen sollte man acht geben; es ist durchaus notwendig, das aufgefierte Backstag bei Seegang am Mast oder an den Wanten beizuzeisen, da es

sonst das Segel unnötig schamfielt. Ich habe deshalb auf „Bora IV"
die Backstagen zum Aushaken einrichten lassen (s. Abb. 56); die
Länge des Läufers ist so bemessen, daß bis beinahe vor dem Wind
das Backstag nicht ausgehakt zu werden braucht; man braucht
das erst zu tun, wenn man fest auf dem neuen Kurs liegt.

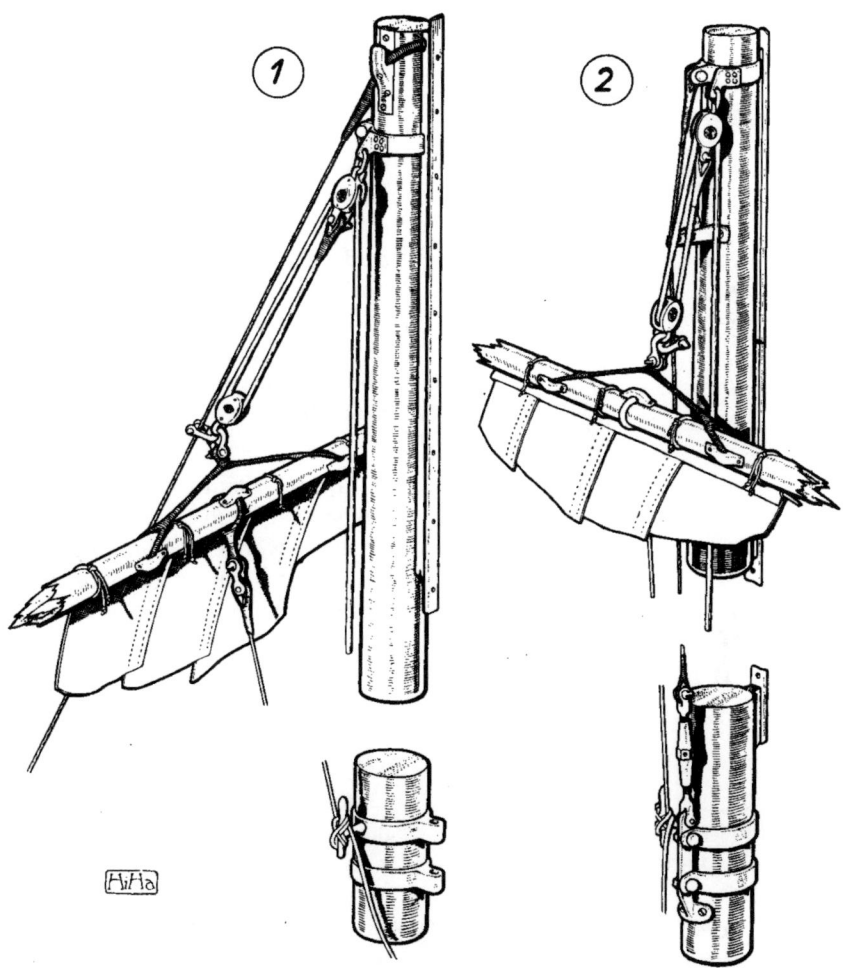

Abb. 62. Zwei Arten, die Breitfock vorzuheißen.

Ankergeschirr.

Auf einem Seekreuzer muß dem Ankergeschirr ganz besondere
Aufmerksamkeit gewidmet werden; nicht nur, daß es schwer
genug sein soll — es soll auch handig sein!

Die Vorschriften des Germanischen Lloyd geben merkwürdigerweise nur an, wie schwer die Anker für die betreffende Bootsgröße zu sein haben; über die Form verlautet nichts, höchstens könnte man aus der Angabe: „Gewicht mit Stock" schließen, daß Stockanker gemeint sind. Die Form ist aber von außerordentlicher Wichtigkeit.

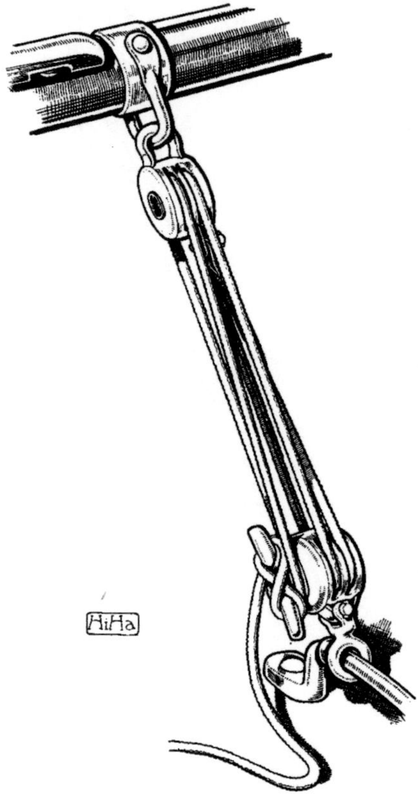

Mit Patentankern, so angenehm sie auch durch ihre dauernde Bereitschaft sind, habe ich schlechte Erfahrungen gemacht; sie haben die Eigentümlichkeit, beim Schwoien des Schiffes leicht umzukippen und, wenn ihre Flunken sich voll Ton gesetzt haben, nicht wieder zu fassen. Bei Gewichten von etwa 150 kg und darüber dürfte dies nicht mehr zutreffen.

Draggen sind nur dann verwendbar, wenn sie noch mit ausgestrecktem Arm an Bord geholt werden können, da sie sonst erbarmungslos die Außenhaut schamfielen. Ein Draggen von 25 kg, den ich auf „Bora II" verwendete, war ein Kreuz: er war nur mit allergrößter Kraftanstrengung frei hereinzuholen.

Der alte Stockanker eignet sich entschieden am besten für den Betrieb auf einem Seekreuzer. Ich halte es für günstig, mit dem kleineren Anker (jedes Seeboot sollte zwei Anker haben!) etwas unter dem vom G. L. vorgeschriebenen Gewicht zu bleiben, dafür den großen erheblich schwerer zu wählen. Die aus Abb. 64 ersichtliche Form, die sich an englische Vorbilder anlehnt, hat sich gut bewährt; Anker dieser Form sind verhältnismäßig groß für ihr Gewicht, halten ausgezeichnet und brechen auch leicht wieder aus. Es sind hier nur die Maße des kleinen Ankers von „Bora IV" angegeben; andere Größen und Gewichte lassen sich leicht durch Einschalten finden. Auch von diesen Ankern darf man natürlich

Abb. 63. Großschotführung auf „Bora III und IV".

nicht Unmögliches verlangen: auf Kraut sind sie genau so unsicher wie alle anderen.

Die Stärke der Ketten richtet sich nach dem Ankergewicht; muß man oft vermuren, so ist es praktisch, zwei Ketten zu haben. Auch wenn, wie bei „Bora IV", der große Anker mit seiner Kette ganz besonders schwer ist, empfiehlt sich das, da es durchaus nicht angenehm ist, überflüssigerweise das schwere Zeug hereinzuholen. Stegketten haben den Vorzug, etwas leichter zu sein als kurzgliedrige Ketten und sich weniger leicht zu vertörnen; langgliedrige

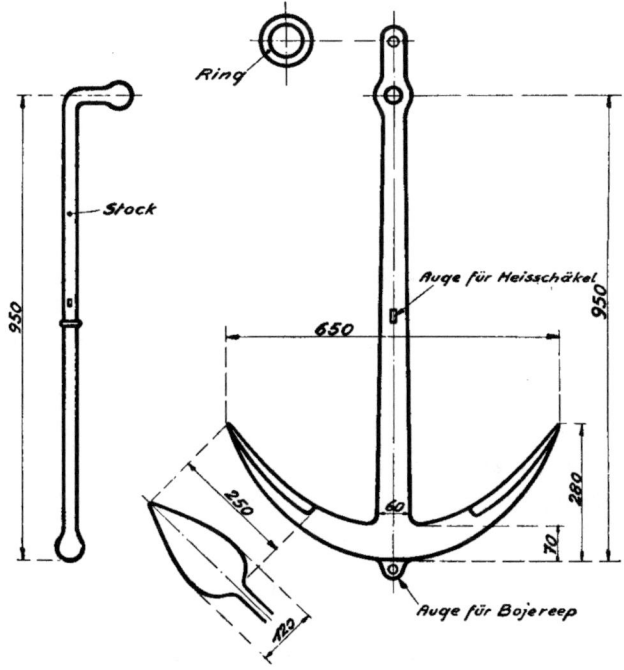

Abb. 64. Anker II von „Bora IV".
Gewicht etwa 32 kg.

Ketten sind unbrauchbar: wenn sie sich vertörnen und die Glieder dabei quer zu stehen kommen, brechen sie unter verhältnismäßig schwacher Belastung. Man kaufe nur die allerbesten Ketten mit Attest des Germanischen Lloyd.

Ein Wirbelschäkel sollte am Ende jeder Kette angebracht sein; selbstverständlich ist, daß die Schäkel, die die Kette mit dem Anker verbinden, die entsprechende Stärke haben. Der Kettenkasten sollte so geformt sein, daß sich die Kette von selbst richtig in ihm verstaut; je höher er also ist, desto besser, denn die

Kette baut sich zu einer spitzen Pyramide auf. Außerdem aber sollte er zugänglich sein, so daß man leicht etwa doch vorkommende Kinken beseitigen kann.

Ankertrossen haben den Nachteil, daß sie getrocknet und überhaupt viel mehr gepflegt werden müssen als Ketten; sie sind natürlich sowohl leichter wie billiger; sie müssen an der Klüse grundsätzlich bekleidet werden. Ich fuhr die Trosse von „Bora III" auf Vorderkante Aufbau aufgeschossen und gezurrt; sie war dort aus dem Weg und trocknete von selbst bei schönem Wetter; unter Deck sollte eine Trosse nur verstaut werden, wenn sie einwandfrei trocken ist. Als Material habe ich geteerten Hanf, Manila und Kokos verwendet. Für dauernden Gebrauch würde ich Manila den Vorzug geben, besonders auf einem kleinen Boot. Kokos schmutzt, hat aber sonst viele Vorzüge, da es wenig kinkt und nicht leicht fault. Zum Vermuren in Verbindung mit der Kette ist es vorzüglich. Geteerter Hanf ist gegen die Feuchtigkeit im Innern des Schiffes verhältnismäßig unempfindlich, man kann ihn also an sonst schlecht verwendbaren Stellen, wie etwa der Bilge im Vorschiff, verstauen, wenn er erst einmal trocken ist; er eignet sich wegen dieser Eigenschaft gut als Reserve.

Die Durchlaufklüse wird immer, selbst wenn man sie noch mit einer Segeltuchkappe verschließt, Wasser durchlassen; läuft die Kette durch ein Rohr in den Kettenkasten, so wird das nichts schaden, anderenfalls muß beim Stauen des Vorschiffs darauf Rücksicht genommen werden.

Ein wunder Punkt ist die Ankerklüse: Am besten ist wohl für Boote der in Rede stehenden Größe die Rolle neben dem Steven; durch entsprechende Formgebung — Abrundung der Kanten — kann man sie auch als Lippklüse für Trossen verwendbar machen. Gestattet die Höhe der Reling aber eine feste ovale Klüse, so würde ich dieser unbedingt den Vorzug geben.

Bei Ankergewichten von über 30 kg und Bootsgewichten von über 6 tons ist es nicht mehr ratsam, die Kette von Hand zu fieren; so lange weder Wind noch Strom auf das Schiff einwirken, mag es noch angehen, steht aber die Kette steif und muß vom Poller losgenommen und wieder darumgelegt werden, so entsteht nur allzu leicht eine böse Fingerquetschung; man verwende also lieber einen Kettenstopper.

Auch bei verhältnismäßig kleinen Booten sollte eine Winsch vorhanden sein; wenn es auch alle möglichen Methoden gibt, um einen hartnäckigen Anker auszubrechen, so ist doch die Winsch das einfachste. Holt man im allgemeinen die Kette mit der Hand ein, so genügt eine Hebelwinsch (Abb. 65) vollständig, sind aber Gewicht von Anker und Kette so groß, daß man sie nur bei kleinen Wassertiefen noch mit der Hand holen kann, so wird eine richtige Winsch mit Kettenrad und Bremse unerläßlich.

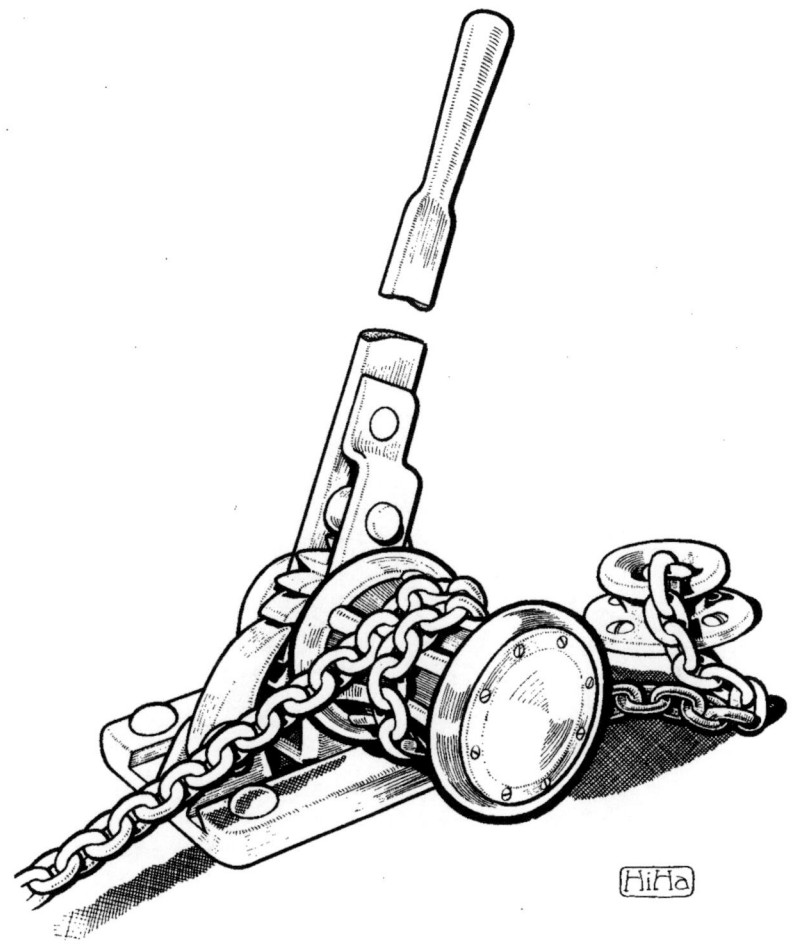

Abb. 65. Hebelwinsch.

Die Winsch sollte zwei Übersetzungen haben: mit nur einer hat man entweder Mühe, den Anker auszubrechen oder ihn genügend schnell hereinzuholen, nachdem er ausgebrochen ist; die Bremse muß einwandfrei arbeiten, auch ist es wünschenswert, daß das Kettenrad unabhängig von der übrigen Winsch festzusetzen ist,

— man spart dann einen Stopper. Die Hauptsache ist, daß die Winsch so hoch ist, daß man sich bei der Arbeit nicht das Rückgrat zerbricht; nur dann wird auch eine schwache Besatzung in der Lage sein, ohne allzu große Anstrengung aus großen Wassertiefen den Anker einzuhieven.

Ist der Anker zu schwer, um ihn noch mit Leichtigkeit an Bord zu holen, so sollte er einen Schäkel etwa im Schwerpunkt am Schaft haben, in den man einen Haken einhaken kann, um dann den Anker mit dem Fockfall oder einer besonders dazu

Abb. 66.   Ankerwinde auf „Bora IV“.
(Hersteller. Wilh. Todt & Sohn, Brunsbüttelkoog.)
a) Übersetzungshebel. — b) Kupplungshebel. — c) Schutzklappe.

angebrachten Talje (s. Seite 142) einschwingen zu können. Die Länge des Hakens (Abb. 67) sollte so bemessen sein, daß man auf dem Vorschiff kniend noch bequem die Wasserlinie erreichen kann.

Weder Kette noch Trosse dürfen ruckweisen Belastungen ausgesetzt werden; je mehr sie durchhängen, desto besser. Um dies zu unterstützen, kann man sie mit Gewichten belasten, die am besten an einem Gleitschäkel befestigt werden, mit dem man sie auf den Grund fieren kann. Nach mehrfachen Versuchen habe ich diesem wichtigen Hilfsmittel die aus Abb. 68 ersichtliche

Form gegeben. An dem Ring werden sowohl die Gewichte wie das zum Fieren verwendete Reep befestigt. Zum Vermuren schäkele ich ein kurzes Stück Kette an den Ring und stecke die Muringtrosse daran, wenn ich nicht für längeren Aufenthalt die Trosse an der Ankerkette anstecke. Als Gewichte verwende ich zwei Bleistücke von je etwa 20 kg, die fix und fertig mit etwa 50 cm Kette daran unter dem Fußboden im Vorschiff liegen. Bei den früheren „Boras" waren diese Gewichte birnenförmig und wurden auf der Schleppfahrt durch den Kanal zum Bremsen verwendet.

Nicht durchaus notwendig, aber sehr praktisch ist es, wenn die Anker in der Mitte zwischen den beiden Flunken einen Schäkel haben, an dem die Ankerboje angesteckt werden kann; das Bojereep ist dort nicht so sehr dem Schamfielen ausgesetzt, als wenn man es an einer Flunke ansteckt.

Als Bojereep verwende ich auf „Bora IV" ein 15 mm Kokosende, an dem zwei und vier Meter vom Anker je ein kleiner Korkschwimmer angebändselt ist, um das Reep frei von den Flunken zu halten. Als Boje verwende ich eine rotweiß längsgestreifte segeltuchüberzogene Korkboje, die durch ein kleines Stück Kette aufrecht schwimmend gehalten wird (Abb. 69).

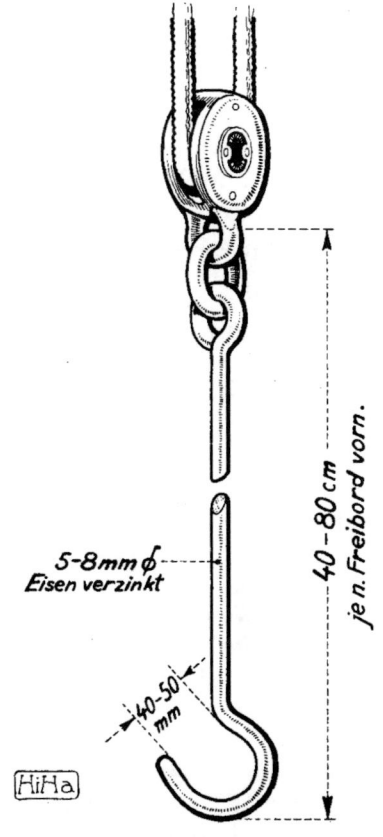

Abb. 67. Haken mit Block zum Holen des Ankers.

Trossen und Fender.

Ich habe immer sehr reichlich Trossen auf meinen Reisen mitgeführt; je mehr man hat, desto mehr kann man die einzelnen Trossen schonen, indem man die geeignetsten Enden wählt. Die Stärke der Trossen richtet sich natürlich nach der Größe des Schiffes, wobei nicht etwa nur die Länge usw., sondern sehr viel mehr das Deplacement eine Rolle spielt. Die Vorschriften

des Germanischen Lloyd sehen für Yachten vollkommen ausreichend starke Trossen vor; die dort verlangten Größen sind
als schwerste Trossen gedacht.

Die Längen richten sich nach dem Reiseziel; in Schweden
oder gar an der Westküste Norwegens muß man sehr lange
Trossen haben, um sich überall mit Sicherheit vertäuen zu können.
Ich gebe nachstehend die Aus-
rüstung von „Bora III" und
„Bora IV" als Beispiel wieder.

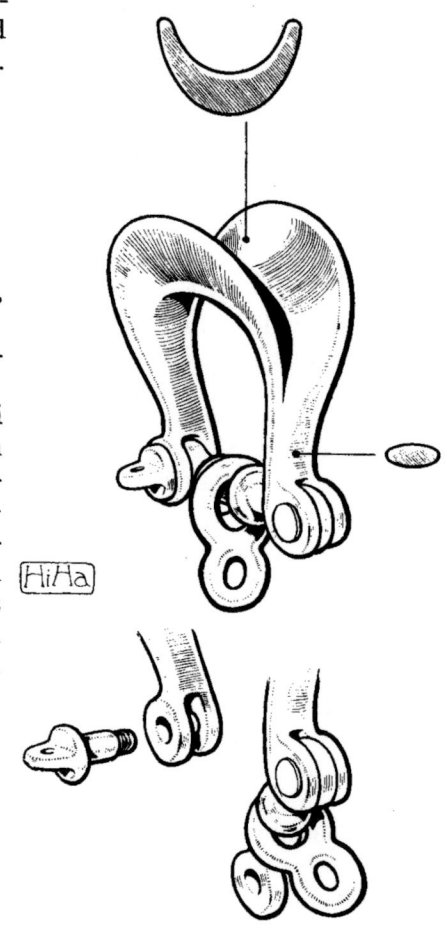

„Bora III":
30 m 25 mm Durchmesser
    Manila (Ankertrosse I),
20 m 18 mm Durchmesser
    Manila (Ankertrosse II),
2×12 m 12 mm Durchm.
    Manila (Festmacheenden),
2×60 m 4 mm Durchm.
    Stahldrahtseil auf Trom-
        meln.

Außerdem zwei bis drei
etwa 4 m lange Enden von
etwa 10 mm Durchmesser ge-
flochtenem Hanf, die sehr angenehm, weil sie nicht kink-
ten, aber sehr empfindlich
gegen Nässe und Schmutz
waren. Ich verwendete sie zum
provisorischen Festmachen und
als „Spring", sie hielten aber
schon die zweite Saison nicht
mehr aus.

Das Drahtseil hat sich
auf „Bora III" gut bewährt.
Inzwischen habe ich jedoch
die Erfahrung gemacht, daß es
wirklich salziges Wasser nicht
aushält, und unter Umständen
schon nach wenigen Tagen
trotz Konservierung mit Leinöl rostet.

Abb. 68.   Kettengleitschäkel.

„Bora IV":
60 m 35 mm Durchm. geteerter Hanf (Kabelschlag, für den
                Seeanker),
30 m 30 mm   „   Manila (schwere Belegtrosse, z. B.
                zum Dalben),

156

5 m 30 mm Durchm. Manila (Bojenreep mit großer Kausch),
40 m 25 mm   ,,   Kokos (zum Ausfahren von Anker II
                         beim Vermuren),
2×20 m 18 mm   ,,   Manila (Belegenden),
2×20 m 15 mm   ,,   ,,   (leichte Belegenden oder Spring),

Abb. 69. Ankerboje. — a) Korkschwimmer.

4×10 m 15 mm Durchm. Manila (leichte Belegenden oder Spring),
8 m 15 mm   ,,   Stahltrosse (Bojenreep, mit großer
                               Kausch),
60 m 9 mm   ,,   ,,   (schweres Verholende, ev.
                               zum Abschleppen),
150 m 6 mm   ,,   ,,   (nur noch zum Verholen
                               gebraucht, auf Trommel
                               an Deck gefahren).

Außerdem ist noch reichlich Reservetauwerk an Bord, das nötigenfalls auch als Trossen Verwendung finden könnte. Für die Westküste Norwegens reicht diese Ausrüstung nicht; ich habe dort zwei 50 m Stahltrossen völlig aufgebraucht und würde an ihrer Stelle jetzt 25 mm Kokos in den gleichen Längen mitnehmen. Kokos hat sich überhaupt gut bewährt.

Als Fender verwende ich ausschließlich „Wurstfender" mit Enden an beiden Seiten. Die aus Kokos bzw. Manila geflochtenen Ringfender von „Bora III" haben sich nicht bewährt. Wenn man nicht auf Schleppfahrt geht, sollten vier Fender genügen.

Wenn sich die Stahltrossen durch ihre geringe Widerstandsfähigkeit gegen Salzwasser auch nicht zum dauernden Gebrauch eignen, kann ich doch die Mitnahme nur dringend empfehlen, da sie wenig Raum beanspruchen und im Verhältnis zu ihrem Gewicht ganz unverhältnismäßig stark sind — also für gefährliche Lagen sehr geeignet! Zum Verholen und besonders zum Ausfahren mit dem Beiboot sind die auf Trommeln aufgeschossenen Drahtenden nicht zu übertreffen, da sie beim Abrollen keiner Überwachung bedürfen, also Einhand ausgefahren werden können.

Recht praktisch ist ein kleiner Draggen ohne Flunken und mit spitzen Armen. Mit Schwung ans Bollwerk geworfen, bleibt er selbst an kleinen Vorsprüngen hängen, sodaß man sich in Reichweite heranholen kann (s. Abb. 70d).

Der Motor.

Der Motor war und ist zum Teil noch das Schmerzenskind des Seglers. Einerseits möchte man ihn haben, um die gräßliche Flautentreiberei in Sicht des Hafens zu vermeiden, um die Batterie zu laden, um auch schließlich in irgendein enges Loch hineinkriechen zu können, wo man ruhig liegen kann, und das man sonst nur mit Hilfe der Verholleinen erreichen könnte. Andrerseits macht er Krach, Gestank, Schmutz, und schließlich auch viel Arbeit, ganz abgesehen von der Feuersgefahr.

Ein sehr erheblicher Teil dieser Unannehmlichkeiten läßt sich nun vermeiden, wenn man nicht nur einen guten, wirklichen Bootsmotor wählt, sondern ihn auch richtig einbauen läßt; auch beim Einbau wieder ist es nicht etwa nur die arme Werft, die daran schuld ist, wenn irgend etwas nachher nicht klappt — oft genug sind es die Wünsche des Eigners, die sich nur auf dem Papier gut ausnehmen und in der Praxis zu allen möglichen Anständen führen.

Vor allen Dingen braucht der Motor Platz und Luft — und je größer er ist, desto mehr! Deswegen soll man sich auch ganz klar darüber sein, was der Motor leisten soll: Ob er nur bei Flaute das Boot vorwärtsbringen oder es auch gegen Wind und See treiben soll; ob man ihn nur notfalls benutzen möchte oder damit rechnet, erhebliche Entfernungen zurücklegen zu müssen; denn danach richtet sich der Brennstoffvorrat, den man mitnehmen muß; und der ist durch die Bootsgröße wieder Beschränkungen unterworfen.

Doch ist das Kapitel Motor viel zu ausgedehnt, als daß ich es, selbst wenn ich nur meine eigenen Erfahrungen heranzöge, in voller Ausführlichkeit behandeln könnte; ich möchte deshalb nur ein paar Dinge erwähnen, vor denen man sich meiner Meinung nach unbedingt hüten muß.

Zunächst sollte die Umdrehungszahl des Motors oder richtiger gesagt der Propellerwelle in einem einigermaßen vernünftigen Verhältnis zu der Geschwindigkeit stehen, die das Fahrzeug erreichen soll. Das ist, glaube ich, der Hauptgrund, weswegen Motoren, die in einem Autoboot vorzüglich laufen, so leicht als Hilfsmotoren versagen. Auch nicht jeder Motor, der an sich gut läuft, ist darauf gebaut, in dauernder starker „Lage" gefahren zu werden, wie das bei einem Hilfsmotor oft vorkommen wird, wenn man ihn unter Segel anspannt.

Infolge der schweren Masse, die zu bewegen ist, werden Wendegetriebe bzw. Umsteuerschraube weit mehr beansprucht als bei einem reinen Motorboot. Um diese Störungsquelle zu beseitigen, hatte ich auf „Bora II" auf den Rückwärtsgang verzichtet. Ich kann das empfehlen, wenn bei einem sehr schwachen Motor Rücksicht auf Baulänge, Hebelführungen und dgl. dem Einbau einer Umsteuerung Schwierigkeiten bereitet; unter Segel hat das Boot auch keinen Rückwärtsgang.

Die Pumpe soll ganz sicher funktionieren, und ihre bewegten, mit Wasser in Berührung kommenden Teile sollen ebenso wie Welle und Propeller aus Bronze sein.

Die Brennstoffleitung soll einfach und klar geführt sein und keine unnötigen Biegungen haben, die zur Bildung von Luftsäcken führen könnten. (Das ist mir auf „Bora IV" passiert und war zunächst sehr störend, bis eine Verlegung der Leitung den Fehler beseitigte.)

Der Auspuff soll so geführt sein, daß unter keinen Umständen Wasser hineinlaufen kann, während der Motor steht. Der Auspuff muß also entweder über Deck gehen, wozu sich das auf „Bora IV" verwendete biegsame Metallrohr sehr gut eignet, oder, wenn er seitlich oder achtern durch die Außenhaut geführt ist, einen Schraubverschluß haben. Ein Pfropfen genügt nicht: er ist im ungeeignetsten Moment immer herausgefallen! Liegt der Auspufftopf bei jeder Lage des Bootes wesentlich über der Wasserlinie, so kann man auch dadurch, daß man einen Wasserfang anbringt, der eine Ableitung nach Außenbord hat, die Gefahr, daß Wasser in die Zylinder dringt, ausschalten. Innerhalb des Schiffes muß das Auspuffrohr, das selbst bei bester Isolierung immer recht heiß wird, so verlaufen, daß es keinen Schaden anrichten kann; vor allen Dingen darf es nicht in die Nähe des Benzintanks kommen.

Eine direkte Entlüftung des Kurbelgehäuses nach außen, etwa durch einen Metallschlauch, verhindert bei sonst dicht schließenden Verbindungen (besonders in der Auspuffleitung) jede Entwickelung von störenden Gasen. Der gesamte Motorraum muß natürlich außerdem gut gelüftet sein, wozu man die vom Motor entwickelte Wärme benutzen kann.

Der Benzinbehälter muß absolut dicht sein und auch unter den widrigsten Umständen dicht bleiben. Ich halte verbleites Kupferblech für das geeignetste Material. Mehr noch als bei den Wassertanks ist auf genügende Unterteilung durch Schlingerschotten zu achten, damit er sich keinesfalls deformieren kann; auch die Aufhängung muß äußerst stabil sein: Man mache sich klar, was für unabsehbares Unheil durch ein Leck im Benzintank entstehen kann. Um selbst die kleinste Leckage gleich merken zu können und zu verhindern, daß doch unvermuteterweise Benzin in die Bilge gerät, soll unter dem Tank eine Wanne angebracht sein, die sich durch einen Hahn entleeren läßt. Auch unter dem Filter und unter dem Vergaser empfiehlt es sich, Tropfwannen anzubringen. Der sehr kleine Tank von „Bora II" war außen in der Plicht aufgehängt, wodurch jede Gefahr größerer Benzinmengen in der Bilge vermieden wurde. Die Benzinleitung soll von außerhalb des Motorraums abgestellt werden können. Besonders wichtig ist auch die richtige Konstruktion der Einfüllverschraubungen: Unter der Decksverschraubung soll eine Verschraubung direkt auf dem Tank sitzen, keinesfalls soll die Außenverschraubung fest am Tank sitzen, da sonst durch Zerrungen Leckagen eintreten können. Die Entlüftung des Tanks (die übrigens ausreichend groß sein soll, sodaß sie sich nicht verstopfen kann) muß unter allen Umständen nach Deck geführt werden. Bei Hitze und auch bei einiger See entweichen sehr reichlich Gase aus dem Tank, die im Schiffsinnern zu Explosionen führen könnten.

Benzin im Innern eines Schiffes ist immer eine heikle Sache; ich habe bei „Bora IV" sehr mit einem Rohölmotor geliebäugelt, konnte aber keinen finden, der meinen Bedürfnissen entsprach, da alle in Frage kommenden Fabrikate zu schwer und auch zu groß waren; einen Glühkopfmotor wollte ich wegen des unvermeidlichen Geruches und auch wegen der Schwierigkeiten der Inbetriebsetzung nicht nehmen. Bei dem schnellen Fortschritt der Motorentechnik wird es aber wohl nicht mehr lange dauern, bis ein Dieselmotor auf dem Markte erscheint, der sich als Hilfsmotor für kleine und mittelgroße Segelyachten eignet; dann ist er dem Benzinmotor unbedingt vorzuziehen, zumal er auch im Betrieb billiger und die Beschaffung des Betriebsstoffs in den von deutschen Yachten gewöhnlich befahrenen Gewässern einfacher ist als die von Benzin. Ich möchte in diesem Zusammenhang davor warnen, mit Motoren, die nur auf Benzol- und Benzin-Benzol-Gemisch eingestellt sind, Reisen nach Skandinavien zu unternehmen. Dieser Betriebsstoff ist dort nicht aufzutreiben.

Ein besonderer Tank für Schmieröl dürfte bei kleinen Motoren überflüssig sein, da man den notwendigen Vorrat in Kannen mitnehmen kann. Trotz höheren Preises versehe man sich mit plombierten Kannen! Ich habe mit dem Öl aus Fässern schlechte Erfahrungen gemacht, trotz der Versicherungen des Verkäufers, es sei die verlangte Marke!

Es lohnt sich, die Schmierstellen mit Nippeln zum Betrieb mit einer Fettpresse zu versehen; besonders an der Stopfbuchse ist das praktisch, wenn man nicht vorzieht, diese mit einer Leitung und einer großen bequem zugänglichen Fettpresse auszustatten.

Man gebraucht zweckmäßig Ölkannen, die in einen anschraubbaren Halter passen, wie sie in den Maschinenräumen kleiner Dampfer verwendet werden; man ist dann der Mühe überhoben, erst eine Halterung zu schaffen.

Man vergesse nicht, einen tüchtigen Vorrat Twist mit auf die Reise zu nehmen; er ist auch sonst gut verwendbar (Abwaschen, beim Lackieren usw.).

Zum Einfüllen des Benzins in den Tank tut man gut, einen Spezialtrichter zu benutzen, wie ihn Abb. 70 zeigt. Er steht fest auf Deck auf, und die Gefahr, daß danebenlaufendes Benzin durch die Decksverschraubung nach dem Schiffsinnern gelangen könnte, ist geringer als bei Verwendung eines Trichters, wie er bei Autos üblich ist. Ich verwende den gleichen Trichter, der übrigens überall an der Küste zu kaufen ist, zum Einfüllen des Wassers! Es macht garnichts, wenn man ihn nur vorher gründlich ausspült.

Wenn man schon einen Motor an Bord hat, so wird man auch eine Lichtmaschine anbauen (wenn sie nicht gar schon dazu gehört), und dann lohnt sich auch der nächste Schritt: der Anlasser. Es ist außerordentlich angenehm, der dummen Kurbelei enthoben zu sein; die Inbetriebsetzung des Motors geht schnell

Abb. 70.   Blick auf das Deck von „Bora IV".

a) Saugkopf zum Motorraum. — b) Biegsames |Auspuffrohr. — c) Benzintrichter. — d)| Wurfanker. — e) Drahtseiltrommel. — f) Achtere Lüftungsköpfe.

und ohne Anstrengung vor sich, und die Betriebssicherheit wird erhöht. Es empfiehlt sich jedoch nicht, den zum Anlasser gehörigen Schaltkasten draußen, etwa in der Plicht, anzubringen, wenn er auch sehr wetterfest ist; Salzwasser frißt an allem! Auf „Bora IV" ist er im Motorraum so eingebaut, daß man ihn aus der Plicht durch ein Bullauge erreichen kann; der Motor ist so von außen und von innen in Gang zu setzen. Drossel und Umsteuerung sollten unbedingt von der Plicht aus zu bedienen sein.

Die Lenzpumpe.

In früheren Zeiten, als eine Reise über See noch ein wagemutiges Unterfangen war, als es üblich war, die Planken durch kielgeholte Ketten zusammenzupressen, um wenigstens eine gewisse Dichtigkeit zu erzielen, stand die Lenzpumpe in hohem Ansehen. Jetzt gilt es — nicht mit Unrecht — als ein schwerer Fehler, wenn ein Schiff überhaupt Wasser zieht, und die Lenzpumpe ist in Vergessenheit geraten.

Zwar sind für Yachten von einer gewissen Größe aufwärts von den Seglerverbänden für ihre Klassen und auch von den Klassifikationsgesellschaften fest eingebaute Lenzpumpen vorgeschrieben, über ihre Größe und Bauart bestehen jedoch meines Wissens keine Vorschriften. Der Erfolg ist dann, daß an irgendeiner meist völlig unzugänglichen Stelle eine möglichst kleine Pumpe eingebaut wird, die gerade noch das eindringende Regenwasser bewältigen kann!

Auf eine seegehende Yacht gehört eine Pumpe, die wirklich schafft; sie sollte — ganz roh gerechnet — in der Lage sein, die bis an die Bodenbretter gefüllte Bilge in höchstens einer halben Stunde zu lenzen. Dazu gehört aber nicht nur, daß die Pumpe nach Angabe des Fabrikanten so und so viel Liter in der Minute schafft: die Mannschaft muß es auch schaffen können, d. h. die Pumpe muß so angebracht sein, daß man die aufgewendete Kraft auch voll ausnutzen kann und nicht in sehr unbequemen Bewegungen und einer verkrampften Körperhaltung vergeudet. Die üblichen ins Deck einzulassenden Yachtpumpen können diesen Forderungen niemals gerecht werden, denn selbst wenn sie ausreichend groß sind und sogar gerade dann ist ihre Betätigung im höchsten Maße unbequem. Ich habe im Ausland derartige Pumpen gesehen, die einen aufsetzbaren Hebel hatten, der es gestattete, sie nach Art einer normalen Dorfpumpe stehend oder in leicht gebückter Haltung zu bedienen: Auf einer großen Yacht, auf der man auch bei Seegang stehend an Deck arbeiten kann, würde das gut gehen; auf einer kleinen Yacht würde ich jedoch eine Pumpe vorziehen, die von der Plicht aus oder noch besser in der Kajüte bedient werden kann.

Die Flügelpumpen, die in Deutschland in ganz besonders guter Ausführung hergestellt werden, eignen sich vorzüglich, haben nur den Nachteil, daß ihre Ventile gegen Verschmutzung sehr empfindlich sind; besser und ebenso wirkungsvoll sind die sogenannten Doppelkolbenpumpen, die sonst in Format, Aufbau und Befestigungsmöglichkeit den Flügelpumpen völlig entsprechen. Ein vorzüglicher Platz zur Unterbringung einer solchen Pumpe ist die Bilge, wenn sie tief genug ist; es wird kein wertvoller Raum weggenommen, die Ansaugleitung ist kurz, und die Pumpe kann nach Wegnahme eines Bodenbrettes und Aufstecken des Hebels auf dem Fußboden sitzend oder kniend bedient werden.

Wo immer die Pumpe angebracht ist, die Ventile müssen zugänglich sein, da selbst bei der größten Sorgfalt doch einmal Fasern durch den Saugkorb kriechen können.

Die Ansaugleitung soll aus Blei sein, die Verschraubungen gut gedichtet; Luft ist viel dünner als Wasser! Eine ganz unscheinbare Undichtigkeit in der Ansaugleitung verhindert das Ansaugen der Pumpe, was dann „Angießen" oder ähnliche Manipulationen notwendig macht. Die Kolben der Doppelkolbenpumpen sind eigentlich immer dicht; es bekommt ihnen jedoch gut, wenn hin und wieder etwas Öl durchgepumpt wird. Ist ein Motor eingebaut, so geschieht das ja meist automatisch! Selbstverständlich müssen alle mit Seewasser in Berührung kommenden bewegten Teile aus Messing oder Bronze sein! Der Mehrpreis lohnt sich, denn eine eiserne Pumpe ist in einer Saison hinüber.

Von der größten Wichtigkeit ist der Saugkorb; Löcher in dem unten verschlossenen Bleirohr sind gänzlich unzweckmäßig. Oberster Grundsatz: Die Summe der Querschnitte der Öffnungen im Saugkorb soll etwa doppelt so groß wie der Querschnitt des Ansaugrohres sein; es sind nämlich immer ein paar Löcher verstopft! Messinggaze, selbst grobe, eignet sich nicht. Am praktischsten ist eine flache Dose aus Kupferblech, die oben und an den Seiten reichliche Löcher von etwa 3 mm Durchmesser hat und in dem Deckel einen Ausschnitt für das Bleirohr; sie wird einfach von unten auf das Rohr aufgeschoben. Sie sollte in einer flachen Aushöhlung in der Kielsohle stehen, in die die Ablaufrinnen der Bilge führen. Die Abmessungen von Saugkorb, Aushöhlung und Ansaugrohr sollten so gewählt sein, daß in betriebsfertigem Zustand Oberkante Saugkorb um einige Zentimeter über die Kielsohle hinausragt, Unterkante Ansaugrohr mit Oberkante Kielsohle abschneidet oder, wenn die Dicke des Kiels eine entsprechend tiefe Aushöhlung zuläßt, noch etwas tiefer liegt; zu beachten ist dabei, daß das Ansaugrohr mindestens $3/4$ seines Durchmessers von dem Boden des Saugkorbes abstehen muß, da sonst die Förderkraft der Pumpe nicht voll ausgenutzt werden kann. Der Zweck der Anordnung ist klar: Der letzte Rest des Bilgewassers soll sich in dem versenkten Saugkorb ansammeln und aus diesem durch die Pumpe abgesaugt werden.

Man überzeuge sich von Zeit zu Zeit, daß der Saugkorb sauber ist; es wird im allgemeinen genügen, ihn mit der Hand abzuwischen (man scheue sich nicht, die Hand zu nehmen; man fühlt nämlich dann, ob die Löcher durch Späne oder dgl. verstopft sind). Etwaige Verstopfungen sind zu entfernen.

Bei dieser Gelegenheit möchte ich auf einen Fehler aufmerksam machen, den die meisten Yachten aufweisen: die viel zu kleinen Ablaufrinnen in der Kielsohle! Besonders bei modernen Booten mit hohen Bodenwrangenplatten ist dies ein großer Nachteil; ist viel Wasser in der Bilge, geht es noch; zuletzt aber genügt das Gefälle nicht mehr, und hinter jeder Platte bildet sich ein

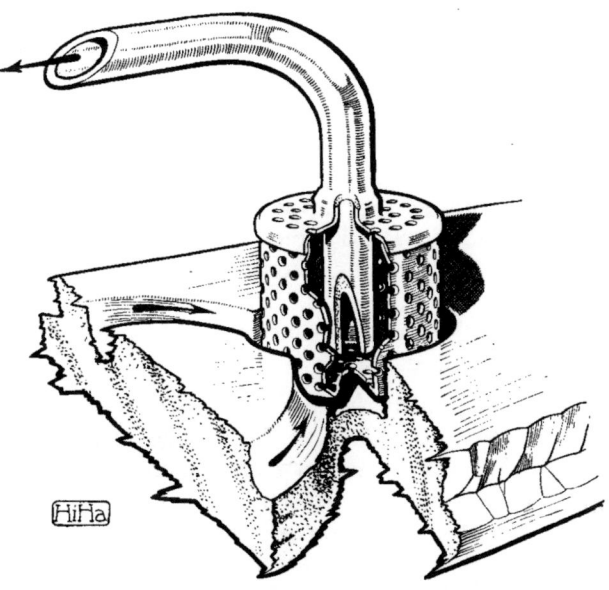

Abb. 71.   Saugkorb.

kleiner Teich, der nur ganz langsam zum Pumpensumpf abläuft; je kleiner die Rinnen, desto leichter verstopfen sie sich auch an den Bodenwrangen; sie sollten so breit und tief sein, wie die Rücksicht auf die Festigkeit des Kiels es eben zuläßt. Das hat den weiteren Vorteil, daß im Vorschiff durch Kettenklüse und dergl. eindringendes Wasser gleich durch die Rinnen läuft, ohne die Kielsohle und die darauf verstauten Dinge anzufeuchten.

Das Ausflußrohr der Lenzpumpe wird zweckmäßig direkt nach Außenbord dicht über die Wasserlinie geleitet; bei Yachten mit Hilfsmotor ist dies unerläßlich, da die Ölrückstände in der Bilge sonst das Deck ruinieren.

Das Beiboot.

Das Beiboot ist ein notwendiges Übel, wie Abwaschen, Kochen und Wasserholen. Nur ein Jollenkreuzer mit unter 0,40 m Tiefgang, der klein genug ist, um mit einem Paddel bewegt zu werden, kann ohne dieses unbequeme Anhängsel auf die Reise gehen. Ich habe es einmal getan — auf meiner „Bora III" — und es bitter bereut. Man braucht es, um Anker oder Trossen auszufahren, zum Schleppen und vor allen Dingen, um selbst an Land zu kommen; ohne Beiboot ist man nicht imstande, gerade die reizvollsten Liegeplätze zu benutzen.

Ich habe mir von einer Faltbootfirma ein zusammenlegbares Beiboot bauen lassen; der Aufbau dauerte zu lange und war an Bord kaum auszuführen. Dann habe ich ein Floßboot benutzt; es war noch der beste Ersatz für ein richtiges Beiboot. Und schließlich habe ich ein Beiboot im Schlepp mitgenommen, und es merkwürdigerweise trotz schlechten Wetters nicht verloren. Ich benutzte eine lange, sehr elastische geflochtene Hanftrosse an einem sehr tief liegenden Schleppschäkel, hatte die Riemen im Beiboot gezurrt und an Bord eine lange Pumpe, mit der ich das Boot in Fahrt auspumpen konnte, nachdem ich es längsseits geholt hatte. Wie gesagt, ich habe es nicht verloren, wenn ich auch manchesmal, besonders nachts, ängstlich danach ausschaute, ob es noch da sei.

Für wirkliche Seefahrt gehört ein Beiboot an Deck, nicht nur, weil man es verlieren könnte: Es hat so viele andere Nachteile, immer ein Anhängsel achtern zu haben. Es kommt trotz größter Vorsicht oft an die Außenhaut und schamfielt dann trotz der besten Wieling, — die Trosse muß immer wahrgenommen werden, wenn man unter Motor anfährt oder gar mal rückwärts geht, — schließlich kommt es bei etwas schwierigeren Bollwerksmanövern immer in Gefahr, zerquetscht zu werden.

Ich habe auf zwei meiner Boote das Beiboot mittschiffs kieloben auf Deck gefahren; es ist dort fraglos am meisten geschützt, aber auch auf einer Seite längs des Aufbaues läßt es sich unterbringen, ohne zu sehr zu stören. Bei schönem Wetter habe ich auf „Bora IV" das Boot neben dem Oberlicht einfach auf Deck gestellt, meist allerdings auch kieloben, wodurch es möglich war, über das Boot weg zum Vorschiff zu gelangen. Das Andeckholen ist bei einem leichten Beiboot und nicht zu großem Freibord ganz einfach: Man holt es an der Fangleine und, sobald man den Steven erreichen kann, zieht man es über die Reling herauf und dreht es längsschiffs, sowie es auf der Reling balanciert. Die Reling muß geschützt werden: Entweder durch eine U-Schiene aus Holz, die jedesmal aufgesetzt wird, oder durch einen Messingblechbeschlag wie bei „Bora IV". Ist viel Wasser im Beiboot, so wird es vielleicht Einhand schwer sein, es heraufzubekommen; dann kann man sich helfen, indem man die Ankerheißtalje oder das Fockfall an die Fangleine steckt und das Boot Steven voraus an die Wanten vorheißt; das Wasser wird zwischen Heckducht und Spiegel herauslaufen (deshalb darf die Heckducht nie am Spiegel anliegen!), und man kann das Boot, sowie das Heck in Höhe des Decks gekommen ist, unter langsamem

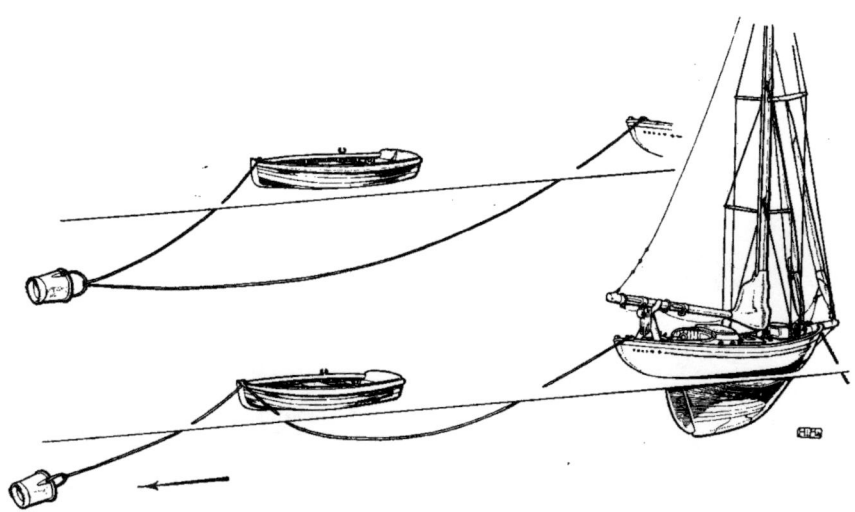

Abb. 72.   Beiboot im Strom.

Auffieren hereinschwingen.   Sehr wichtig ist, daß das Boot am Heck so reichliches Reservedeplacement hat, daß es beim Zuwasserbringen mit dem Heck voran nicht volläuft.

Liegt man vor Anker oder an einer Boje im Strom, so wird das Beiboot nie artig achteraus schwimmen, wenn Wind und Strom verschiedene Richtung haben.   Will oder kann man es nicht an Deck holen, so kann man es auch freihalten, indem man eine Pütz an den Steven selbst oder etwa $\frac{1}{2}$ m vom Steven an die Fangleine steckt; das Boot schwoit dann um die Pütz. Bei sehr starkem, achterlichem Wind und vor allen Dingen in Tidenströmen, die langsam kentern, wird das aber nicht immer

167

klappen, und man wird doch manchmal aus dem schönsten Schlaf heraus müssen.

Ein anderes Mittel ist, das Boot von der Nock des ausgeschwungenen Spinnakerbaums zum Heck der Yacht festzumachen, wobei man zur Vorsicht ein paar Fender etwa in der Gegend außenbords hängt, wo das Heck des Beiboots die Bordwand berührt, wenn man es heranholt.

Wegen des leichten Schleppens oder Andeckholens habe ich immer sehr kleine Beiboote gehabt. 2,50 m scheint allerdings

Abb. 73. „Bora IV" an der Muring.

Der Spinnakerbaum ist ausgeschwungen, um das Beiboot festzumachen.
Um das Vorschiff ist eine Trosse gelegt, um das Schamfielen der Außenhaut
durch die Kette zu verhindern.

die unterste Grenze zu sein; man kann gerade noch drei Personen befördern und einen 30 kg-Anker ausbringen. Natürlich ist, wenn man es erst im Wasser hat, ein größeres Beiboot vorzuziehen.

Das Beiboot von „Bora IV" ist aus ganz leichtem Mahagoni klinker gebaut (nicht etwa aus Gabun!) und hat trotz Liegens in der Sonne an Deck immer dicht gestanden, ebenso das allerdings schwerere Beiboot von „Bora II“, das aus Sapelimahagoni gebaut war. Wie Eiche sich verhalten würde, kann ich nicht sagen; im Wasser ist Eiche vielleicht vorzuziehen, da Eichenholz gegen Stöße nicht so empfindlich ist. Liegt man lange Zeit an der Boje und benutzt viel das Beiboot zum Verkehr etwa mit dem Klubhaus, so halte ich es für rentabel, ein kräftiges Boot als Verkehrsboot zu haben, um das empfindliche „Seefahrt“-Beiboot zu schonen; vollends aber, wenn man lange in einem Tidenhafen liegt, der nicht für Yachten eingerichtet ist, — da sei man nicht stolz und kaufe oder miete sich einen Kahn, der den lokalen Gepflogenheiten entspricht und sich mit den Fischerbooten gut

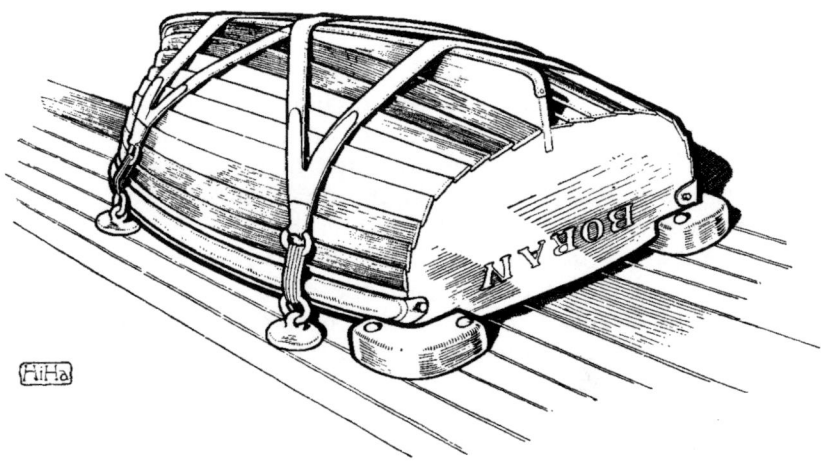

Abb. 74. Beibootzurring.

verträgt, — besonders Sonnabends und Sonntags, wenn die Nachbarn rauhe Feste feiern, ist das wertvoll!

Man vergesse die Stevenkappe nicht! Der scharfe Steven geht sonst doch mal durch die Farbe ins Holz!

Zum Festzurren des Beiboots an Deck eignet sich am besten ein „Geschirr“ aus diagonal laufenden Hanfgurten, in die an den vier Ecken starke Ringe eingenäht sind; von diesen wird dann zu Ringbolzen oder dgl. im Deck gezurrt.

Es ist zweckmäßig, für das Beiboot vorbereitete Lager an Deck zu haben, in die es willig, aber doch fest hineinpaßt, und die es auch nach der Seite hin halten, sodaß es durch die Laschings heruntergedrückt sich nicht rühren kann. Ich halte es für gut, wenn das Beiboot einen Abstand von mindestens 15—20 cm vom Deck hat, damit sich unter keinen Umständen Wasser darunter oder dagegen ansammeln kann; dann würde auch die stärkste Lasching nichts nützen.

Die Inneneinrichtung.

Eine Yacht ist kein Haus! Das sollte jeder Eigner berücksichtigen, der ein neues Boot baut, oder ein altes neu einrichten läßt. Auch ist eine Yacht, wenigstens innerhalb der Größenordnungen, von denen hier die Rede ist, kein Ozeandampfer! Intarsien aus edlem Holz, perlgrauer Schleiflack und Wandbespannungen aus Seidenbrokat sind mit Vorsicht zu genießen!

Zunächst kommt es darauf an, ob der Eigner mit größtmöglicher Bequemlichkeit zur See zu fahren wünscht und dabei auf viele Gäste verzichtet, oder ob er viele Freunde einladen will und dafür geringere Bequemlichkeit in Kauf nimmt. Beides, besonders aber das letztere, kann stark übertrieben werden. Oft wenn ein Eigner mir voll Stolz erklärte: ,,Ja, und es hat fünf Schlafplätze in der Kajüte!'' überfiel mich ein gelindes Entsetzen bei dem Gedanken, daß alle diese Schlafplätze besetzt sein könnten; wobei ich aber gleich bemerken möchte, daß ein Wochenende und auch eine ganze Woche sogar sehr reizvoll sein kann, während eine monatelange Seereise mit der gleichen Besatzung und der gleichen Unterbringung zu einem grauslichen Erlebnis wird. Ausgenommen von diesen Betrachtungen sei also ein Boot, das in der Hauptsache zu Wochenendfahrten dienen soll, oder gar nur vom Eigner Sonntagsnachmittags zu repräsentativen Zwecken benutzt wird.

Ausschlaggebend für die Gestaltung des ,,Grundrisses'' sind die folgenden Überlegungen:

Soll das Boot immer oder nur zeitweise oder gar nicht mit bezahlter Besatzung gefahren werden?

Soll die bezahlte Besatzung kochen oder sollen die Kajütbewohner das tun?

Sollen Personen des anderen Geschlechts˙ mitbefördert werden, die Wert auf getrennte Schlafgelegenheit legen?

Soll eine abgetrennte Wasch- usw. Gelegenheit vorhanden sein?

Wieviel feste und wieviel Notschlafplätze soll das Schiff haben?

Gewöhnlich wird bei dem letzten Punkt angefangen und dann stellt sich immer heraus, daß für etwas anderes kein Platz ist: also Kompromiß! Und dann leidet meist die Bootsform!

Je mehr das Schiffsinnere unterteilt wird, desto schlechter wird die Lüftung, desto unübersichtlicher die einzelnen Räume, desto schwieriger die Sauberhaltung.

Je weniger es unterteilt wird, desto schwieriger wird es, die harten Köpfe der Besatzung wenigstens zeitweise zu trennen, desto schwerer sind die unvermeidlichen Dünste von Küche und Motor aus der Kajüte zu bannen, desto leichter überfluten nasse Segel, Ölzeug und Benzinkannen die Schlafstellen.

Also auch hier Kompromiß!

Jeder Konstrukteur hat seine eigene Patentlösung, und keine ist ideal. Ich möchte deshalb einige Grundsätze aufführen, deren Nichtbeachtung auf dem Papier vielleicht schön aussieht, bei Sonnenschein und schmiegem Wasser auch noch angehen mag, bei schlechtem Wetter, Wind und See aber das Leben auf einer Yacht qualvoll und unter Umständen sogar gefährlich machen wird.

Oberster Grundsatz: Hat ein Raum nur einen Zugang, so muß dieser bei jedem Wetter benutzbar sein.

Also: Vorschiff muß auch von der Kajüte zugänglich sein, in der Achterpiek dürfen nur solche Gegenstände verstaut werden, die bei schwerer See nicht gebraucht werden. Ist z. B. die Segelkoje in der Achterpiek, sollen Sturmsegel und Treibanker im Vorschiff verstaut werden. (Dies gilt natürlich nicht für große Glattdecker, die womöglich einen eigenen Niedergang zur Achterpiek haben.)

Zweitens: In Räumen, die nicht lediglich als Stauraum dienen, soll man sich, nachdem man sie betreten hat, auch noch umdrehen und zum mindesten sitzen können: Toilette, Küche! Die Zugänge zu Stauräumen aber sollen so groß sein, daß man die darin verstauten Gegenstände nicht nur erreichen, sondern auch entfernen kann.

Drittens (und das gilt ausnahmsweise hauptsächlich für größere Fahrzeuge): Man muß auch bei heftigstem Seegang ohne die Gefahr eines Knochenbruches sich im Innern bewegen können. Also querschiffs nicht zu viel Platz, so daß noch überall ein fester Gegenstand erreichbar ist; Sitz- und Schlafgelegenheiten, auf denen man sich festklemmen kann (Schlingerbretter vor den Kojen), andererseits aber auch Rücksicht auf die Tätigkeit, die in einem Raum ausgeübt werden soll: Toilette längsschiffs oder zum mindesten schräg, Sitz für den Koch, wenn nur Sitz-höhe vorhanden, vor oder hinter dem Schwingkocher, sonst verbrennt sich der Arme die Augenbrauen!

Ich halte große Fußbodenbreite gar nicht für so erstrebens-wert, wenn einmal der Punkt erreicht ist, wo man noch am Kajüt-

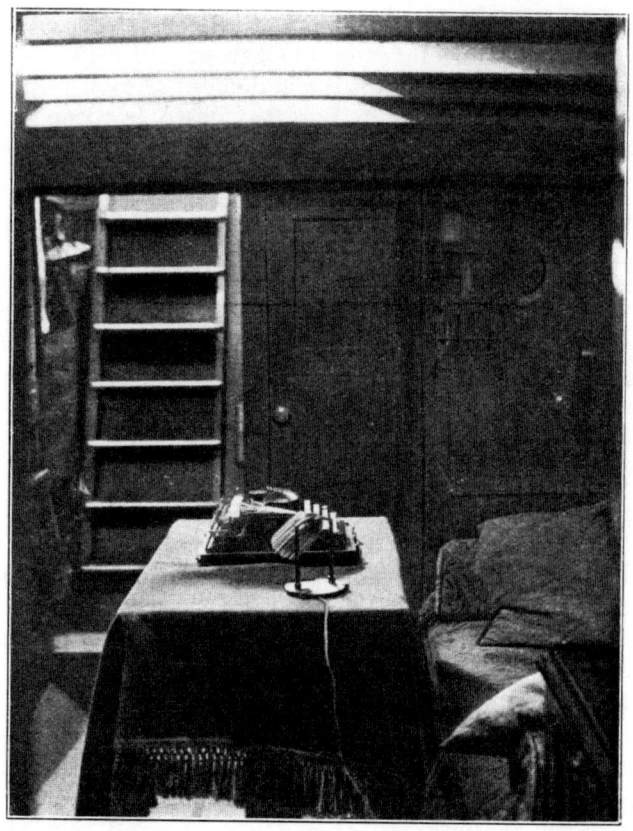

Abb. 75. Schlingertisch auf „Bora IV“.
Im Hintergrund der Niedergang und daneben Tür zum Motorraum.
Man beachte, daß die Decksbalken unter dem Oberlicht durchlaufen.

tisch (der dann schon fest sein muß) bequem vorbei kann; Steh-höhe würde ich nie auf Kosten der Seefähigkeit erkaufen.

Viertens: Wie schon eingangs gesagt: Eine Yacht ist kein Haus, — Tapeten sind ein klägliches Surrogat des Maschinen-zeitalters,. Stoffbespannung ein Überbleibsel aus dem Mittel-alter, als man Teppiche über die Feldsteinwände hing, um die

Spinnweben zu verdecken, — eine Yacht ist ein Schiff und sollte sich nicht schämen, es zu zeigen!

Also: Wichtige Konstruktionsteile wie Decksbalken oder sogar Mast sollte man nicht hinter Blenden verstecken, sondern sie lieber freilassen und sie in Material, Form- und Farbgebung zur Gestaltung des Raums verwenden: die Haltbarkeit und vor allem auch die Einfachheit der Unterhaltung des Schiffes wird dadurch gewinnen. Das gleiche gilt für Wegerung und Schränke usw., also für das für die Wände verwandte Material. Weder Stoff noch Schleiflack eignen sich für einen Raum, den rauhe Seeleute mit Ölzeug und Seestiefeln betreten, und der als ultima ratio der Raum ist, in den alles, was an Deck verschwinden muß, hineingestopft wird: Bootslack auf schönem Holz ist das Ideal, — sonst Ölfarbe und Lackfarbe darüber.

Noch ein paar Kleinigkeiten, die ein Seekreuzer, wo irgend der Platz zu schaffen ist, aufweisen sollte:

Schlingertisch, der wirklich schlingern, also Ausschläge bis zu 90⁰ machen kann.

Schwingkocher, der mit Topf die gleiche Schwingmöglichkeit hat.

Kartenschrank, in dem nur Seekarten verstaut werden. Bei größeren Booten gehört unbedingt der Kartentisch dazu, sonst muß die Möglichkeit bestehen, die Seekarte nachts zu studieren, ohne einen der Schläfer als Unterlage für die Karte zu benutzen.

Fester Ofen, der immer betriebsbereit ist und die Möglichkeit bietet, nasses Zeug zu trocknen. (War selbst auf „Bora III" vorhanden in Form eines Primus mit Schamottestein.)

Und zu guter Letzt und ganz groß und fett geschrieben und noch rot unterstrichen:

Reichlicher Stauraum für Segel und Trossen!

Lüftung und Heizung.

Die meisten Yachten werden durch die Niedergangskappe gelüftet, sowie durch ein Paar Bullaugen im Aufbau und, wenn sie größer sind, ein oder mehrere Oberlichter. Das reicht ja auch unterwegs und bei schönem Wetter aus — scheinbar! Denn, wenn man die Kajüte ein paar Stunden lang schließt, ist da eine Atmosphäre! Aber das weiß jeder Segler, der sein Schiff die Woche über an der Boje liegen hat. Man gewöhnt sich ja an diesen Schiffsgeruch, der in einem älteren Boot auch bei schönstem Sommerwetter vorhanden ist; man lebt doch draußen in der freien Luft! Daß nun die Sachen, die man an Bord aufbewahrt, allmählich diesen Modergeruch annehmen, stört nicht so sehr; wenn aber der ganz feine „landfein" Anzug große Schimmelflecken zeigt, oder gar üppiges Unkraut auf den Manschetten der selten gebrauchten Oberhemden wuchert, dann ärgert man sich doch!

Und dabei ist es ganz einfach, alle diese Unannehmlichkeiten zu vermeiden, wenn man nur den Grundsatz befolgt: kein ungelüfteter Raum im ganzen Schiff! Allerdings muß schon beim Bau darauf Rücksicht genommen werden: Ich habe Schiffe gesehen, bei denen die ganze Einrichtung einschließlich der Wegerung herausgerissen werden müßte, um ihm gerecht zu werden.

Es ist eine merkwürdige Eigenschaft der meisten Yachten, nicht etwa von vorn nach achtern, wie man doch denken sollte, sondern von achtern nach vorn zu entlüften; ich nehme allerdings den Normalfall an, daß der Wind vorlich einkommt, — bei starker achterlicher Brise ist es umgekehrt. Ich will auch nicht behaupten, daß es so sein müßte, denn ich habe eigentlich keine vernünftige Erklärung dafür; aber nachdem alle Yachten, die ich mir daraufhin angesehen habe, diese scheinbar sinnwidrige Eigentümlichkeit aufweisen, glaube ich, daß es eben so ist! Es wäre vielleicht möglich, daß die Luftbewegung im Innern einer Yacht viel mehr von Temperaturunterschieden beeinflußt wird, als von der Bewegung der Außenluft — andere Vorgänge deuten darauf hin —, und da wäre es denkbar, anzunehmen, daß die Luft deshalb nach dem Vorschiff dringt, weil dieses als ganzer Luftraum meistens höher liegt als die Kajüte. Aber, wie gesagt, eine einwandfreie Erklärung weiß ich nicht. Eins aber ist ganz sicher: wenn über Mittag die Sonne auf Deck und Außenhaut scheint, dann werden diese Teile des Schiffes und auch die Luftschicht in ihrer Nähe wärmer als die im Wasser liegende Bilge; und wenn nachts der Tau auf dem Deck sich niederschlägt: dann ist es umgekehrt! Daraus entsteht nun eine nicht unerhebliche vertikale Luftbewegung, die man sich zunutze machen und mit der anderen, längsschiffs gerichteten, verbinden sollte. Weist man dem Luftausgleich zwischen Deck und Bilge den Weg längs der Außenhaut innerhalb der Wegerung und sorgt gleichzeitig dafür, daß sämtliche Spinde Luftlöcher nach der Kajüte zu haben, die so hoch wie möglich liegen, während anderseits die Rückwand mit dem freien Luftraum zwischen Außenhaut und Wegerung in Verbindung steht, so wird eine dauernde Lüftung aller dieser Teile des Schiffs erfolgen. Kann nun durch Öffnungen im Achterschiff frische Luft dort eintreten und durch gleiche Öffnungen im Vorschiff wieder entweichen, so entsteht eine gewissermaßen spiralförmige Luftbewegung im ganzen Schiffsinnern, die natürlich nicht ausreicht, wenn das Schiff bewohnt wird, aber doch genügt, um die Bildung des „Schiffsgeruchs" zu verhindern, wenn, und das möchte ich nochmals unterstreichen, kein, auch nicht der kleinste Raum von diesem Luftausgleich abgesperrt ist; wobei zu bedenken ist, daß ein derartiger von verhältnismäßig

Abb. 76. Blick auf das Vordeck von „Bora IV".
a) Versenkbarer Lüftungskopf. — b) Poller. — c) Ankerwinde.

geringen Temperaturunterschieden bewirkter Luftausgleich nur stattfinden kann, wenn für Zutritt und Austritt der Luft ausreichende Möglichkeit geschaffen ist. Im Kajütraum kann die Luft sich von achtern nach vorn bewegen, wenn die etwa vorhandenen Türen geöffnet werden; sie sollte aber auch in der Bilge längsschiffs strömen können; erst dann wird jede Möglichkeit, durch Temperaturdifferenzen der einzelnen Räume des Schiffsinnern die Lüftung zu bewirken, ausgenutzt.

Ganz besonders wichtig ist es, den Motorraum, falls ein solcher vorhanden ist, gründlich zu entlüften. Auch hier ist es zweckmäßig, die vom Motor entwickelte Wärme zu benutzen und den über ihm aufsteigenden Luftstrom ins Freie zu führen; das Entlüftungsrohr muß aber auch im höchsten Punkt des Motorraums gelegen sein, — keine Öffnung darf ebenso hoch oder gar noch höher liegen. Wenn also der Motor z. B. wie bei „Bora IV" in der Toilette steht, darf nicht etwa eine Tür nach der Kajüte in gleicher Höhe mit der Decke des Motorraums führen, — sonst würden unweigerlich die Motordünste sich einen Weg durch die

Abb. 77.
Ofen auf „Bora IV".
(Hergestellt von
Franz Schilbach, Stettin.)
a) Primus. — b) Verschluß
des Einführungsschlitzes. —
c) Luftzufuhrrohr aus der
Bilge.
Der Ofen besteht aus Kupferblech und ist mit geformten Schamottesteinen gefüllt, die fünf vertikale Züge freilassen. — Höhe des Ofens: 80 cm, Durchmesser: 25 cm.

Ritzen der Tür nach der Kajüte suchen. Aber auch die Luftzuführung zum Motorraum muß vorhanden sein. Auf „Bora IV" werden dazu Lüftungsköpfe benutzt, die in die Achterpiek führen, wodurch die Luft, die vom Motorraum verbraucht wird, an den Tanks vorbei und unter der Plicht entlang strömt. Diese versenkbaren Lüftungsköpfe sind recht praktisch, da sie nicht an Deck stören und — versenkt — wasserdicht schließen. Die gleichen Lüftungsköpfe sind auf dem Vorschiff angebracht (s. Abb. 76a).

Wenn draußen die Luft so kalt wird, daß man auch in der Kajüte den dicken Mantel anziehen muß, wird es Zeit, an die Heizung zu denken. Es ist erstaunlich, wie kleine Wärmemengen genügen, um eine Kajüte mit ihrem beschränkten Luftraum erträglich zu machen; bei uns, wo die meisten Yachten frühzeitig im Herbst außer Dienst gestellt werden, beschränkt man sich meist darauf, die Kochgelegenheit, so wie sie gerade ist, auch zum Heizen zu benutzen. Bei einem Kohlenherd mag das noch angehen, da seine Wärmeabgabe verhältnismäßig groß ist; besteht aber die Kochstelle aus einem Spiritus- oder Petroleumkocher neben dem Niedergang oder gar im Vorschiff, so wird man wenig Nutzen davon haben: Die warme Luft steigt über dem Kocher zur Decke, breitet sich dort aus und zieht so schnell wie möglich durchs Vorluk ab. Auf dem Fußboden bleibt die kalte Luft liegen und verhindert irgendwelche Zirkulation. Stellt man den gleichen Kocher auf den Fußboden, so wird man mit Freuden bemerken, daß die gesamte Kajüte gleichmäßig erwärmt wird. Es tritt auch dann die wünschenswerte Luftbewegung zwischen Außenhaut und Wegerung ein, nur die Bilge selbst wird nicht erwärmt und hat infolgedessen nur dann Anteil an der Durchlüftung, wenn der Luftstrom durch sie hindurchgetrieben wird. Um auch dies zu erreichen, habe ich bei der Ausrüstung von „Bora IV" einen Ofen bauen lassen, der die Luft, die er verbraucht, aus der Bilge saugt. Ich war mir bei den Angaben, die ich der Herstellerfirma machte, gar nicht klar, ob das Ding auch funktionieren würde, da es sich aber ganz glänzend bewährt hat, gebe ich eine Abbildung.

Der durch den Ofen hervorgerufene Luftzug ist so stark, daß z. B. an den Luftlöchern des Kleiderschranks die hineinströmende warme Luft ein Streichholz ausbläst und achtern 3 m vom Ofen entfernt in der Bilge noch soviel Luft längsschiffs strömt, daß die Flamme stark flackert. Die Bilge von „Bora IV" ist selbst bei Außentemperaturen von wenig über 0° vollkommen trocken. Ich möchte nun ganz besonders darauf hinweisen, daß Messinggaze in dem Luftzufuhrrohr unbedingt für den Fall nötig ist, daß doch einmal Benzingase*) in der Bilge sich ansammeln. Auf meinen früheren Fahrzeugen habe ich zum Heizen einen Primuskocher verwendet, auf den ich einen Schamottestein (Kochkistenstein) mit Draht gezurrt hatte. Experimente mit dieser Vorrichtung liegen auch den vorangegangenen Ausführungen zugrunde; bei „Bora III" war der beste Platz für den Heizprimus gleich achtern vom Mast. Jedes Boot dürfte nach der Hinsicht verschieden sein, und es wird sich empfehlen, den günstigsten Platz durch Versuche festzustellen. Von einer Pfeife, Zigarette oder noch besser von einer Räucherkerze aufsteigender Rauch eignet sich vorzüglich, um die Luftströmung zu prüfen.

Auch wenn man nicht in kalter Jahreszeit unterwegs ist, ist eine Heizvorrichtung wie die oben beschriebene unschätzbar, um bei dauernd feuchter Witterung Schiff und Kleidung trocken zu halten. Auf „Bora IV" brennt der Ofen oft bei geöffnetem Oberlicht!

---

*) Benzingase sind schwerer als Luft, liegen am Boden, in der Yacht in der Bilge, weshalb die Entlüftung der Bilge so wichtig ist, wenn ein Motor vorhanden ist.

Polster, Decken, Fußbodenbelag.

Ich habe die verschiedensten Polsterungen ausprobiert, ohne bis jetzt eine gefunden zu haben, die nach allen Richtungen hin zufriedenstellend ist. Ich glaube fast die einzige Lösung ist die von mir auf „Bora IV" gewählte: nämlich die Schlafstellen nicht zum Sitzen zu benutzen und umgekehrt!

Die gewöhnliche Art, Polster auf Holzbänke zu legen, hat den Vorzug großer Einfachheit; wird ein Polster mal naß, ist es schnell zum Trocknen herausgeholt; Brotkrumen und ähnliche Dinge, die sich leicht in Ritzen festsetzen, sind bequem zu entfernen, sitzen kann man auch noch ganz gut auf so einem ungefederten Etwas, — aber schlafen! Ich weiß nicht — aber ich fühle mich nach einer Nacht auf solch' einem Marterinstrument am anderen Morgen immer, als ob ich nach Gastein oder sonst einem Gichtbad pilgern müßte! Bleibt der andere Weg: Spiralfeder-Patentmatratzen mit einem aufgelegten Polster. Richtig gebaut und mit einem guten dicken Polster belegt, schläft man wundervoll darauf, — aber sitzen: Das Ding rutscht immer nach irgendeiner Richtung weg und sitzt sich außerdem an der Innenkante platt, mag der Polsterarbeiter auch noch so viel Sorgfalt auf das Stopfen verwendet haben.

Bleibt also wirklich nur die Lösung von „Bora IV": Winkeleisenrahmen in den Kojen mit Spiralfedern dazwischen, darauf dicke, weiche Kapokmatratzen (dreiteilig, wegen des bequemen Herausnehmens); feste Sprungfederpolsterung auf dem Sofa, so auf einen Holzrahmen montiert, daß auch das Sofapolster zwecks Lüftens und Reinigens leicht herausgenommen werden kann. Natürlich läßt sich das gleiche auch bei Pullmann-Klappkojen machen.

Ein wunder Punkt sind weiter die Polsterbezüge. Kunstleder ist unangenehm und kalt, wird außerdem sehr schnell unansehnlich, echtes Leder schimmelt. Alle Stoffe sind gegen Feuchtigkeit empfindlich, und insbesondere gegen Erbssuppe, Marmelade, Schmieröl und all' die anderen schönen Dinge, die nur allzuoft in der Kajüte einer kleinen Yacht bei Seegang den ihnen zukommenden Platz verlassen. Am unempfindlichsten ist ganz entschieden Persenningstoff, — aber schön ist er gerade nicht! Das Leinenvelourpolster von „Bora IV" hat sich bislang ganz gut gehalten, der Farbunterschied zwischen Sitz und Rückenlehne ist doch aber schon recht bedeutend, trotz reichlicher Waschungen mit Benzin.

Als Schlafdecken eignen sich nach meinen Erfahrungen am besten Wolldecken, — wenn man verschwenderisch sein will,

178

Kamelhaardecken. Steppdecken werden zu leicht muffig, trocknen außerdem sehr schwer, wenn sie mal naß geworden sind und die Daunen ballen sich.

Nach jahrelangem Sträuben habe ich mich jetzt doch zum Linoleumfußboden bekehrt — allerdings gemustert — der einfarbige sieht zu sehr nach Amtsgericht oder Krankenhaus aus! Sehr schön ist natürlich ein lackierter Holzfußboden; aber man rutscht zu leicht darauf aus, und die notwendigerweise breiten Ritzen zwischen den einzelnen Bodenbrettern lassen sich schlecht verkleiden. Bei kleinen Booten wie „Bora I und III" ist ein Teppich hübsch und auch gar nicht unpraktisch, da er sich mit einem Griff zusammenrollen und außenbords ausschütteln läßt, womit dann die alltägliche Reinigung des Kajütfußbodens erledigt ist. Bei „Bora II" schon war der Teppich eine Qual und vollends bei „Bora IV"! Dauernd naß (weil das Ölzeug darauftropfte, sobald man die Kajüte betrat) und mit nicht zu vertilgenden Spuren meiner Tätigkeit als Smutje behaftet, machte sich sein Vorhandensein so deutlich bemerkbar, daß wir ihn kurzerhand auf dem Skagerrak schwimmen ließen.

Der Linoleumbelag, den ich später habe anbringen lassen, ist tadellos sauber; da die Bilge so gut gelüftet ist, stocken auch die Ränder nicht; etwa alle vier Wochen wird der Fußboden geölt. Selbstverständlich sind die Klappen zur Bilge mit Messingschienen eingefaßt.

Beleuchtung.

Auf den meisten Kreuzeryachten, die ich kenne, ist der Frage der Innenbeleuchtung wenig Beachtung geschenkt worden: Ein paar Kerzenhalter oder Lampen irgendwo, wo sie gerade hinpassen, angebracht und damit fertig! Dabei ist die Frage recht wichtig und kann ausschlaggebend dafür werden, ob ein paar Sturmtage in einem einsamen Hafen eine Qual oder eine zwar unerwünschte, aber doch erträgliche Unterbrechung der Reise werden. Noch schlimmer freilich ist's, wenn bei einer stürmischen Nachtfahrt die Beleuchtung nicht ausreicht, um die Karten zu lesen — dann kann dieser Mangel zu einer Gefahr anwachsen. Otto Protzen kam einmal einen halben Tag nach mir in Kopenhagen an, d. h. eine Nacht! Kurz vor Drogden-Feuerschiff wurde es dunkel, und als die elektrische Beleuchtung in Gang gesetzt werden sollte, versagte sie; eine Kerze war nicht zu finden, Positionslampen und Kompaßlampen wurden gebraucht, und der Zylinder der Ankerlaterne war zerbrochen! Resultat: eine höchst ungemütliche Nacht mit Hin- und Herkreuzen in

Sicht von Drogden-Feuerschiff! Ich selbst habe nach dieser Richtung auch einiges Lehrgeld zahlen müssen in Form eines angebrannten Deckbalkens auf „Bora I". Wenn man nämlich ein Boot lange Zeit auf dem gleichen Bug segelt und einige Lage hat, fällt der Hitzestrahl einer Petroleumlampe an die unerwartetsten Stellen!

Meine Erfahrungen erstrecken sich auf Kerzen, Petroleumlampen und elektrische Beleuchtung. Spiritusglühlicht ist mir wegen seiner Farbe unangenehm, außerdem gelten natürlich die gleichen Nachteile wie für Spirituskocher auch für Spiritusbeleuchtung. Ich habe aber viel Gutes besonders von den hängenden Lampen gehört; fraglos ist das Licht außerordentlich hell, und das unangenehme Blaken kommt nicht in Frage.

Kerzen sind von allergrößter Betriebssicherheit; ich habe deshalb immer etwa ein Dutzend als Reserve an Bord. Als normale Beleuchtung sind sie entschieden nicht zu empfehlen, da sie teuer im Betrieb und lichtschwach sind. Am besten sind noch die kardanisch aufgehängten Kerzenhalter mit Federn in Messingrohr. Auch sie verkleben allerdings leicht und gehen dann nach dem Anzünden plötzlich aus.

Petroleumlampen sind nach jeder Richtung hin das Einfachste und Billigste; der Brennstoff ist, wenn man Primuskocher verwendet, sowieso an Bord, und bei normaler Vorsicht besteht auch keine Feuergefahr. Große Nachteile sind aber das leidige Blaken, das den weißen Deckenanstrich unwiderruflich ruiniert, und die nicht unerhebliche Arbeit, die mit dem täglichen Reinigen und Füllen verbunden ist. Unter keinen Umständen darf man diese Mühe scheuen: Sämtliche Lampen müssen täglich nachgesehen werden, sonst ist doch die eine cder andere plötzlich leer, der Docht verbrannt und der Gestank da! Bei der Aufhängung muß man auf die Ausschläge des Kardans Rücksicht nehmen und an den oben erwähnten verbrannten Decksbalken denken. Oft habe ich kleine Kreuzer getroffen, die die Ankerlaterne oder eine Sturmlaterne als Kajütbeleuchtung verwendeten und die Lampe einfach an einem Decksbalken aufhingen. Das ist absolut zu verwerfen, denn selbst auf einem sonst ruhigen Ankerplatz kann ein vorbeifahrendes Motorboot das Schiff so heftig zum Schlingern bringen, daß die Lampe an den Balken schlägt; verwendet man Anker- oder Sturmlaterne innen, so soll man sie festzurren.

Am bequemsten und saubersten und unter Umständen im Betrieb auch am billigsten ist fraglos die elektrische Beleuchtung. Die tägliche Wartung ist null, die Betriebsbereitschaft

dauernd und die Betriebssicherheit groß, wenn die Anlage sorgfältig hergestellt ist. Auf „Bora III" waren alle Leitungen in
Bleikabel verlegt und die Batterie sehr reichlich bemessen:
120 Ampèrestunden bei 6 Volt Spannung. Die Batterie war gerade
noch transportabel und war sehr bequem zugänglich unter dem
Plichtfußboden eingebaut; ein Bleideckel schloß sie gegen Feuchtigkeit von oben ab und verhinderte gleichzeitig, daß die Säure-
dünste an die Bodenbretter gelangten. Bei sparsamem Gebrauch
reichte die Batterie vier Wochen aus, die längste Zeit, die eine
Batterie überhaupt, ohne geladen zu werden, herumstehen darf.
Daraus ergibt sich gleich der Hauptnachteil der elektrischen
Beleuchtung: Die Sorge, was mit der Batterie werden soll, wenn
man das Boot mal auf längere Zeit außer Dienst stellt. Bei der
großen Verbreitung des Rundfunk ist ja diese Frage jetzt sehr
viel einfacher zu lösen, da sich leicht irgend jemand finden wird,
der die Batterie „in Pension nimmt" und sie regelmäßig und
rechtzeitig auflädt. Diese Schwierigkeiten werden vermieden,
wenn man eine Edisonbatterie verwendet; dem steht der wesentlich höhere Preis entgegen, der sich allerdings auf lange Sicht
durch die fast unbegrenzte Lebensdauer und die völlige Unempfind-
lichkeit der Batterie ausgleicht. Man kann die Edison-Batterie bis
zum letzten „Tropfen" entladen, jahrelang ungeladen stehen
lassen, überladen und sogar mit verkehrter Polarität laden —
nichts schadet ihr! Zudem arbeitet sie mit Kalilauge statt mit
Säure, und die Gefäße sind aus Nickel, beides in einem Boot
erhebliche Vorzüge. Nur hat sie einen Nachteil, der beinahe alle
diese Vorzüge bei einem Fahrzeug, das kein besonderes Licht-
aggregat mit sich führen kann, wieder aufwiegt: Lade- und
Entladespannung sind so stark verschieden, daß sie nicht mit einer
normalen Lichtmaschine des Motors geladen werden kann. Während
des Ladevorganges ist also die ganze Anlage außer Betrieb. Für
ein Boot jedoch, das wie „Bora III" eine transportable Batterie
besitzt und keinen Motor, würde ich jetzt, nachdem die Edison-
batterien auch in Deutschland hergestellt werden, unbedingt einer
Edisonbatterie den Vorzug geben.

Hat das Schiff einen festeingebauten Hilfsmotor, so ist
naturgemäß die Verwendung einer normalen Autolichtmaschine
das Gegebene. Man achte nur darauf, daß die Leistung der Lichtmaschine und die Kapazität der Batterie übereinstimmen. Es hat
gar keinen Zweck, eine Batterie so groß zu wählen, daß die Lichtmaschine gar nicht in der Lage ist, sie voll aufzuladen; man überlege sich also bei der Anschaffung erst, welche Batteriegröße man
braucht und lasse dann die entsprechende Lichtmaschine anbauen.
Dabei ist zu bemerken, daß selbst die Anlagen großer Wagen

für ein Boot zu klein sind, wenn man einige Ansprüche an die Beleuchtung stellt und nicht dauernd den Motor laufen lassen will. Bei einem Auto brennen die stromfressenden Scheinwerfer eben nur, wenn der Motor läuft, während die Kajütbeleuchtung einer Yacht tage- oder gar wochenlang allein auf die Batterie angewiesen ist. — „Bora IV" hat eine Batterie von 280 Ampèrestunden Kapazität bei 12 Volt Spannung. Die Lichtmaschine, die größte von Bosch für Omnibusbeleuchtung gebaute Type, hat eine Dauerleistung von etwas über 20 Ampère, was sich gerade mit der Ladestromstärke der Batterie deckt. — Man wähle die einzelnen Einheiten der Batterie nicht zu groß, sodaß der eventuell nötige Transport nicht zu schwierig wird. Am besten nimmt man die in massiven Hartgummikästen montierten Batterien, da die früher üblichen und auch jetzt noch viel verwendeten Holzkästen leicht faulen. Man verstaue sie in einer mit starkem Bleiblech ausgeschlagenen Holzwanne und klemme sie nach allen Richtungen so fest, daß sie sich bei den wildesten Bewegungen nicht rühren können. Bei den guten jetzt auf dem Markt befindlichen Konstruktionen ist ein Herausfließen der Säure nicht zu befürchten. Wünschenswert ist, daß die Batterie einigermaßen zugänglich ist, damit die Kontakte, der Säurestand usw. ohne zu große Mühe nachgeprüft werden können.

Die Leitungen werden am besten in Bleikabel verlegt und mit Schellen gut befestigt. Wo Gefahr besteht, daß die Leitungen durch Stöße beschädigt werden könnten, müssen sie durch Holzleisten geschützt werden. Abzweigungen sind nur mit Abzweigdosen herzustellen, niemals durch Zusammenlöten der Drähte. Ich halte es für fehlerhaft, das Leitungsnetz, wie bei einem Auto einpolig anzulegen, da die unvermeidlichen Wanderströme bei der Benutzung der leitenden Verbände des Schiffs als Masse sehr unerwünschte galvanische Wirkungen haben könnten.

Als Beleuchtungskörper verwende ich bei „Bora IV" ausschließlich Deckenbeleuchtungen mit daneben montierten Schaltern: ich halte diese Anordnung für praktisch, da man erstens die Schalter leicht im Dunkeln findet und sie zweitens an der Decke am wenigsten Beschädigungen ausgesetzt sind. Für den Hafen habe ich außerdem noch nette kleine Tischlampen mit Seidenschirmen, die aber auf See sicher verstaut sind. Sie haben ebenso wie die verschiedenen Ableuchtlampen Boschstecker; Steckdosen sind reichlich über das ganze Schiff verteilt.

Es empfiehlt sich, die in dem zur Lichtmaschine gehörigen Schaltkasten vorgesehenen Stromkreise voll auszunutzen und einen davon für die Außenbeleuchtung zu nehmen. Man kann diese dann vollständig ausschalten, was, wenn das Schiff unbewacht an der Boje oder im Hafen liegt, von Vorteil ist. Selbst Erwachsene sind nicht darüber erhaben, mit Schaltern und dergleichen zu spielen! Die Sicherungselemente der Schaltkästen dürften wohl immer zur Sicherung der Leitungen ausreichen.

Die Anlage der Außenbeleuchtung — Steckdosen, Schalter — ist im Kapitel Lichterführung behandelt.

Die Kombüse und ihre Ausstattung.

Ausreichende warme Mahlzeiten sind so wichtig für die Behaglichkeit und Bekömmlichkeit einer Seereise, daß man sich wundern muß, wie wenig auf älteren Booten für die Kombüseneinrichtungen gesorgt ist. Es mag wohl daran liegen, daß noch vor wenigen Jahren längere Reisen auf kleinen Yachten nicht gemacht wurden, und auf größeren so zahlreiche bezahlte Mannschaft an Bord war, daß man ihr die Umständlichkeiten einer unzulänglichen Kücheneinrichtung zumuten konnte. Hinzu kommt, daß die meisten Boote frühere Rennyachten waren, auf denen naturgemäß die Ernährungsfrage eine untergeordnete Rolle spielte — wenigstens soweit es sich um feste und vor allen Dingen warme Nahrung handelte!

Die Frage, wo die Kombüse am besten untergebracht wird, läßt sich nicht ein für allemal entscheiden. Es ist dabei zu berücksichtigen, ob bezahlte Mannschaft die Herstellung der Mahlzeiten übernimmt, oder ob sich die Kajütinsassen dieser Aufgabe widmen; wie die gesamte Raumeinteilung unter Deck ist und wieviel Mann überhaupt an Bord sind. Je schwächer die Besatzung, desto geräumiger und desto besser eingerichtet muß die Kombüse sein, damit nicht zu viel Zeit und Arbeit auf das Kochen und Abwaschen verwendet zu werden braucht. Bei ganz kleinen Booten ist der Platz neben dem Niedergang entschieden am geeignetsten, da hier die Dünste am besten abziehen können — bei „Bora I" hatte die vorn zwischen den Bänken befindliche Kochgelegenheit nicht unerhebliche Nachteile. Bei „Bora IV" ist die Kombüse am schönsten Platz in der Kajüte selbst untergebracht, da hier der Kapitän ja meistens „Mädchen für alles" ist. Man kann vom Tisch aus mit einem Schritt Herd und Schwingkocher erreichen und ist dadurch in der Lage, während des Essens die Küche zu überwachen.

Ob Kohlenherd oder Petroleumherd ist Geschmackssache; ich liebe die mit Kohlen unweigerlich verbundene Schmutzerei nicht und habe infolgedessen auf „Bora IV" den abgebildeten

Petroleumherd eingebaut. Ein Herd irgendeiner Art sollte aber nicht fehlen, da er das Kochen wesentlich erleichtert. Auf offenen Flammen ist es fast unmöglich, mehrere Gerichte zuzubereiten und warm zu halten, ganz abgesehen davon, daß viele Dinge die unangenehme Eigenschaft haben, anzubrennen. Nachdem ich einmal die Annehmlichkeiten eines Herdes schätzen gelernt habe, würde ich auch auf einem so kleinen Boot, wie „Bora III" es war, einen Herd einbauen. Außer dem Herd muß aber unter allen Umständen ein Schwingkocher an Bord sein, damit auch bei heftigstem Seegang wenigstens Kaffee, Tee oder eine Suppe zubereitet werden kann. Auf „Bora II" hatte ich

Abb. 78.   Blick auf die Kombüse von „Bora IV".

einen zweiflammigen Schwingkocher, der wie ein Schlingertisch nur querschiffs schwang; bei beschränktem Platz genügt das auch. Wichtig ist, daß die Schwingungsperiode des Kochers möglichst kurz ist, damit er nicht ins Pendeln gerät (wie beim Kompaß!); die Kardanringe, bei denen der Drehpunkt über dem Topfboden liegt, sind in dieser Beziehung ungünstig. Besser liegt der Drehpunkt in der Ebene des Topfbodens; die Stabilität wird dann durch ein sehr schweres, möglichst dicht unter dem Ring angebrachtes Gewicht erteilt.

Ich habe für Seereisen eine Abneigung gegen Spirituskocher. Das Brennmaterial ist feuer- und sogar explosionsgefährlich, die

Gase sind unerfreulich, und vor allen Dingen ist Spiritus in vielen Ländern überhaupt nicht oder nur zu horrenden Preisen zu erhalten. Petroleum gibt es überall! Ich habe mit Dochtlampen keine Erfahrung, sie werden aber in England viel benutzt; mir will es scheinen, als ob das aus dem Grunde geschähe, weil die Eigner schlechte Erfahrungen mit ungeeigneten Petroleumgaskochern gemacht haben; mir ist das auch so gegangen, und ich bin wieder reumütig zu dem „Primus" (aber Original!) zurückgekehrt. — „Ein Primus verläßt dich nie!" Übrigens sind auch die geräuschlosen Brennerköpfe von hervorragender Betriebsicherheit, und in einem größeren Boot, wo die Flamme beim Anzünden nicht der Zugluft ausgesetzt ist, den „rorenden" Brennern vorzuziehen.

Abb. 79. Herd auf „Bora IV".
(Hergestellt von Franz Schilbach, Stettin.)

a) Primuskocher, Größe 6. — b) Luftlöcher. — c) Ringe in der Herdplatte. — d) Verschiebbare Stange zum Festhalten der Töpfe. — e) Falltür zum Bratofen. — f) Schornstein.

Der Herd besteht aus doppelwandigem Kupferblech mit Asbestzwischenlage. Er ist vorn durch eine, auf der Abbildung offene Tür zu verschließen.

Bei Dauerbetrieb, wie auf „Bora IV", wo auch die Heizung mit einem geräuschlosen Primus erfolgt, der wochen- und monatelang täglich 14—16 Stunden arbeiten muß, empfiehlt es sich, einige Reservebrenner mitzuführen. Reservedüsen und reichlicher Vorrat an Brennernadeln sind sowieso nötig, ein Ersatzteilkästchen mit Pumpenledern und dgl. auch ganz praktisch, obgleich bei der großen Lebensdauer der Kocher ich noch nie Verwendung dafür gehabt habe. Spiritus zum Anzünden der Kocher halte man in einer Spritzkanne bereit; auch Hartspiritus kann man verwenden.

Die Decke über den Kochern sollte mit Kupferblech bekleidet sein, um etwaigen Qualm aufzunehmen und um die Feuersgefahr zu beseitigen, wenn der Kocher dicht unter der Decke hängt. Man achte jedoch dabei auf die Lüftung! Ich habe es erlebt, daß unter dem Blech eine braune Sauce herauslief, wenn der Kocher brannte — je stärker die Temperaturdifferenzen, desto leichter sammelt sich Feuchtigkeit in einem abgeschlossenen Raum an und bringt das Holz zum Faulen. Die Wände in der Nähe der Kochstelle sind zweckmäßig mit Emaillekacheln zu verkleiden; Bratfett, das an die Wände spritzt, ist dann leicht zu entfernen.

Ich habe die verschiedensten Materialien zum Bekleiden des Küchentisches verwendet; es ist so wichtig, ihn gut sauber halten zu können, daß es sich lohnt, einige Mühe darauf zu verwenden. Linoleum ist denkbar ungeeignet; Feuchtigkeit und Fett ziehen allmählich in die Ritzen, und bald fängt die ganze Sache an zu riechen. Dickes Aluminiumblech eignet sich ganz gut, wunderbar sauber ist Marmor, hat nur den Nachteil, unverhältnismäßig schwer und sehr glatt zu sein; auch ist die Schlingerleiste nicht ganz einfach anzubringen. Auf „Bora IV" verwende ich eine Holzplatte, die alle paar Wochen frisch lackiert wird; es ist erstaunlich, was guter Bootslack aushält — weder heißes Salzwasser noch Benzin greifen ihn sonderlich an, auch heiße Töpfe schaden ihm nicht viel. Allerdings ist die Platte aus 30 mm starkem Teak — wie anderes Holz sich verhalten würde, kann ich schwer beurteilen.

Man hüte sich, Eisenteile in der Nähe der Kochstelle zu haben; der Wasserdampf und die Hitze bringen selbst gut verzinkte Gegenstände zum Rosten. Schön ist eine Herdplatte aus nichtrostendem Eisen, wie es sie in England gibt; die gußeiserne Platte an dem Herd von „Bora IV" rostet trotz Graphit.

Das Kochgeschirr ist eine weitere Sorge. Im Haushalt, wo unbegrenzte Mengen Frischwasser zum Säubern zur Verfügung stehen, mag Aluminium angehen, an Bord ist es schwer verwendbar, wenn man nicht unverhältnismäßig viel Zeit und Arbeit auf das Abwaschen verwenden will. Ich habe nickelplattierte kupferne Pfannen und Töpfe verwendet, bis auch Kochgeschirr aus Nirostastahl auf den Markt kam. Dieses ist geradezu ideal: stabil, leicht zu reinigen und völlig unempfindlich gegen Salz und Soda. Die Ausrüstung von „Bora IV" besteht aus einem hohen und zwei niedrigen Töpfen von 2 bzw. 3 l Inhalt, einer kleinen und einer großen Bratpfanne und einem Teekessel, der immer noch aus Aluminium ist, weil es ihn in Nirostamaterial noch nicht gab, als das Boot in Dienst gestellt wurde.

Sämtliche Bestecke sind aus dem gleichen Material; zum Teil stammen die Messer und Gabeln noch von der ersten „Bora" und sind immer noch so gut wie neu. Nur das Schärfen der Messer macht Mühe, wenn man nicht eine kleine Schleifmaschine hat; der Stahl ist so hart, daß er den üblichen Schärfmitteln Widerstand leistet.

Als Eßgeschirr verwende ich nur noch sehr kräftiges Porzellan. Blechteller, so unzerbrechlich sie auch sind, machen das Essen und noch mehr das Abwaschen zu einer Strafe, von Blechtassen gar nicht zu reden. In 7 Monaten Seereise ist nur ein einziger Teller zerbrochen, selbst die Henkel der Tassen sind noch alle vorhanden. Je reichlicher man sich mit Geschirr ausrüsten kann, desto besser; auf langen Fahrten ist es erfreulich, auch äußerlich den Eßtisch etwas gepflegter gestalten zu können — auf die Dauer verdirbt „Butterbrot aus der Hand" Magen und gute Sitten. Auch Gläser müssen so stabil wie möglich sein. Ich besaß einmal zwei Kristallbecher aus der Josefinenhütte, die völlig unzerbrechlich waren und so edel in der Form, daß man auch einen guten Tropfen daraus trinken konnte, nur dürften sie wohl für eine Ausrüstung zu kostspielig sein. Einfache Becher für Wasser gibt es, Weingläser, die gleichzeitig genügend stoßsicher und formschön sind, habe ich noch nicht entdeckt.

Sehr zweckmäßig ist es, in der Kombüse in greifbarer Nähe gutschließende Blech- oder Steingutbüchsen in entsprechenden Halterungen einzubauen, in denen der „Handvorrat" von den gängigsten Dingen, wie Kaffee, Tee, Zucker, Salz, Mehl, Gewürz und dgl. aufbewahrt wird; das Kochen wird dadurch wesentlich erleichtert. Auch sollten andere Vorräte, wie Butter, Fett, überhaupt alles, was dauernd gebraucht wird, leicht zugänglich verstaut sein und so, daß der Koch es auch bei Seegang, ohne sich viel zu bewegen, erreichen kann.

Wohlweislich habe ich in diesem Abschnitt wie auch bei den Mahlzeiten das trübste Kapitel bis zuletzt aufbewahrt: Das Abwaschen! Wenn irgend angängig, sollte man den Platz opfern und einen Abwaschtisch in der Kombüse einbauen, der Wasserzulauf von außenbords hat und auch, unter Umständen mit Hilfe einer Pumpe, nach außenbords zu entleeren ist. Bei ganz kleinen Fahrzeugen, bei denen sich sowieso ein großer Teil des täglichen Lebens in der Plicht abspielt, mag es noch angehen, das Geschirr in Wannen in der Plicht zu reinigen, bei größeren ist es eine Tortur und führt dazu, daß auf See überhaupt nicht abgewaschen wird und infolgedessen unangebrachte und den Appetit verderbende Sparsamkeit in der Verwendung von Eßgeschirr Platz greift. Sehr reichlich heißes Wasser erleichtert das Abwaschen ungemein. Ist das Geschirr fettig, so wasche ich es erst in sehr heißem Sodawasser unter Verwendung eines Twistballens und einer starken Pinzette und spüle es dann in sauberem, aber auch sehr heißem Wasser nach. Auch Bratpfannen sollte man mit abwaschen; es geht zwar die Sage, daß die Bratobjekte weniger leicht anbrennen, wenn man die Pfanne nur mit Papier ausreibt. Ich habe aber gefunden, daß die Fettüberreste bei der herrschenden Feuchtigkeit immer ranzig werden. Apropos Papier: Es lohnt sich, Speisereste vor dem Abwaschen mit Papier zu entfernen und zu diesem Zwecke eine der üblichen Rollen in der Kombüse anzubringen.

Proviant und Zubereitung.

Abgesehen von den Unzulänglichkeiten der Kücheneinrichtungen ist es häufig die unzweckmäßige Auswahl des Proviants, die den Yachtsegler ins Gasthaus an Land treibt. Da tragen die Konserven, die zum Wochenende so angenehm sind, einen guten Teil der Schuld. Das erste, zweite, dritte Mal mögen diese leckeren Gerichte — Rebhuhn in Weinkraut und was es sonst in der Art geben mag — ganz gut schmecken, auf die Dauer werden sie langweilig und erzeugen einen Widerwillen. Sicherlich ist der Mangel an „Vitaminen" hieran schuld. Ich habe die verschiedensten Fabrikate probiert und schließlich gefunden, daß nur Ochsenzunge, Würstchen und Suppen wie Ochsenschwanz- und Schildkrötensuppe, die sehr stark gewürzt sind, öfter erträglich sind. Ich habe an Fleischkonserven schließlich außer den obenerwähnten nur noch Corned Beef mitgenommen — als Ersatz für Salzfleisch — und Leberwurst oder Fleischpasten in Dosen, sowie Sardinen. Fruchtkonserven, letztere sowohl als Kompott in Büchsen, wie als Marmelade in Töpfen oder Gläsern, habe ich sehr reichlich mitgeführt. Bei allen anderen Nahrungsmitteln, die nicht ganz frisch von Land geholt werden, spielt die Aufbewahrung eine große Rolle; es gibt aber so viele, die in ihrem „Naturzustand" unbegrenzt oder wenigstens sehr lange haltbar sind, daß man mit der reichen Auswahl eine große Abwechselung in die Bordküche bringen kann.

Unbegrenzt haltbar sind: Erbsen (trockene grüne Erbsen sind vitaminreich), Bohnen, Linsen, Reis, Hartbrot (Schiffszwieback) in Säcken in einem gut gelüfteten Schrank aufbewahrt; steht ein Schrank nicht zur Verfügung, so kann man die Säcke aufhängen (Vorpiek!), muß nur darauf achten, daß sie keinesfalls mit nassen Segeln in Berührung kommen. Besser sind Blechbüchsen, nehmen aber viel Platz weg.

Zucker, Mehl, Kaffee, Tee in Blechbüchsen; den Reservevorrat schließt man zweckmäßig durch Leukoplaststreifen luftdicht ab.

Speck, gutgeräuchert und in einem Steingutgefäß in trockenem Salz verpackt (ein Blechgefäß rostet!), sodaß er völlig bedeckt ist, scheint sich auch unbegrenzt zu halten; wenigstens war Speck, den ich sechs Monate an Bord hatte, noch ganz vorzüglich.

Begrenzt haltbar sind Kartoffeln, Mohrrüben, Zwiebeln, Butter, Eier, Brot. Kartoffeln, in einem Sack oder besser in einem mit Blech ausgeschlagenen Kasten, halten sich je nach Qualität drei bis sechs Wochen. Es lohnt sich, die Kartoffeln vor dem Verstauen einzeln durchzusehen und alle irgendwie zweifelhaften zu entfernen, da die Fäulnis ansteckend ist. Mohrrüben und Zwiebeln habe ich meist im gleichen Fach wie die Kartoffeln aufbewahrt: Haltbarkeit 14 Tage bis drei Wochen, in trockenem Sand sollen sie sich länger halten. Bei Butter kommt es sehr darauf an, ob sie gut durchgeknetet ist und möglichst wenig Wasser enthält. Verpackt man sie dann in absolut sauberen Tontöpfen mit einer dicken Schicht Salz darunter und darüber, so wird sie sich vier Wochen tadellos halten, — wenigstens in unserem Klima. Eier habe ich ebenso wie den Speck verpackt und gute Erfahrungen damit gemacht; sie blieben durchschnittlich drei Wochen frisch, d. h. zum Essen — zum Kochen hätten sie noch länger Verwendung finden können. Sie sollen sich noch länger halten, wenn man sie vorher in flüssiges Stearin taucht; ich habe das wegen der Umständlichkeit des Verfahrens nie getan — für eine lange Reise würde es sich schon lohnen. Abgesehen von der Haltbarkeit ist es übrigens recht praktisch, Eier in Salz zu verpacken: Sie sind ebenso gut geschützt wie in

Holzwolle, und ein ausgelaufenes Ei hat weiter keine unangenehmen Folgen; Eiweiß entwickelt nämlich unter dem Einfluß. der Feuchtigkeit mit der Zeit einen ganz infernalischen Gestank! Brot hält sich um so besser, je mehr es durchgebacken ist; die Aufbewahrung in einem Blechgefäß halte ich nicht für so praktisch; am besten noch ein gut gelüfteter Schrank. Ein bißchen Schimmel außen dran schadet weiter nichts, da man ihn abkratzen kann. Ein Arzt hat mich jedoch davor gewarnt, Brot zu essen, das im Innern verschimmelt ist, da sich hier unter ungünstigen Umständen schädliche Substanzen entwickeln könnten. Wurst ist in bezug auf Haltbarkeit an Bord genau so verschieden wie an Land. Harte Dauerwurst, möglichst hängend aufbewahrt, hat sich schon viele Wochen gehalten; ich bin mit Wurst ganz besonders vorsichtig, da eine Vergiftung meist auf die ganze Mannschaft ausgedehnt sein würde und allein schon dadurch eine Gefahr bedeutet. Schinken habe ich nie längere Zeit gehabt; nach meinen Erfahrungen mit stark durchwachsenem Speck müßte sich jedoch auch Schinken — gut geräuchert — in trockenem Salz vorzüglich halten.

Ganz besonders heikel ist frisches Fleisch; wenn man es schon aufbewahren will, dann so luftig wie möglich. In England sieht man auch auf ziemlich kleinen Yachten oft sogenannte „meatsafes", fliegenschrankähnliche Kästen, die an Deck gefahren werden, und in denen das Fleisch gegen Sonne und Regen geschützt aber jedem Luftzug ausgesetzt ist. Ein Eisschrank leistet natürlich gute Dienste; um aber auf längere Zeit verwendbar zu sein, müßte er schon solche Dimensionen haben, daß ich ihn auf einer kleinen oder mittelgroßen Yacht niemals einbauen würde; die Beschaffung von Eis stößt in kleinen Häfen auf die größten Schwierigkeiten, sodaß der Eisvorrat sehr erheblich sein muß, damit der Eisschrank auch seinen Zweck erfüllt. Plötzlich eintretende Hitze kann einem da üble Streiche spielen und Veranlassung geben, den schönen Sonntagsbraten lieber den Fluten anzuvertrauen. Vielleicht beschert uns die Industrie nächstens einen „Frigidaire" oder etwas ähnliches in einem für Yachten passenden Format; dann dürfte sich die Eisschrankfrage leichter lösen lassen. Gekochtes oder angebratenes Fleisch ist natürlich etwas haltbarer, jedoch sollte man auch da vorsichtig sein: Feuchtigkeit ist fast ebenso schlimm wie Wärme! Fisch wird man wohl nie aufheben; man bedenke auch, daß ein lebender Fisch in der Pütz bald stirbt und dann ganz ungenießbar ist!

Über den „flüssigen" Proviant ist nicht viel zu sagen. Weinsorten, die gegen Schütteln empfindlich sind, wie etwa Burgunder, sollte man nicht wählen, auch Moselwein scheint mir im allgemeinen den Seegang nicht zu vertragen. Die Bilge ist der geeignete Aufbewahrungsort.

Recht empfehlenswert sind Fruchtsäfte aller Art, da sie das schließlich etwas fad schmeckende Tankwasser verbessern; zu dem gleichen Zweck eignen sich auch die „Sparklet"- oder „Timner"-Kapseln, mit denen man Selterwasser herstellen kann. Orangen- und Zitronensaft sind sehr vitaminreich!

Den Dauerproviant habe ich immer in solchen Mengen an Bord, daß er im Notfall auch für längere Fahrten genügt; es ist zu unangenehm, wenn man wegen fehlenden Proviants eine gute Gelegenheit zu versäumen gezwungen ist. Vollends sollte man bei langen Reisen auf hoher See die Möglichkeit einer Havarie ins Auge fassen, die die Reisedauer verlängern könnte. Auch der „Halbdauerproviant" wird in reichlichen Mengen beschafft, da man nie wissen kann, ob man ihn in geeigneter Qualität in kleinen Orten bekommt. Sehr wesentlich ist dabei allerdings die Transportfrage: Ein halber Zentner Kartoffeln, 30 Eier und 20 l Petroleum sind schon eine Handvoll, um sie im Beiboot zu holen. Ich habe deshalb, wo irgend möglich, solchen Proviant bei einem Schiffshändler bestellt und an Bord liefern lassen. In vielen mittleren Häfen hat das noch den Vorzug, daß man gleichzeitig Alkoholika und Tabak zollfrei erhalten kann; bei dem ungeheuren Zoll, der gerade auf diesen Dingen liegt, ist die Ersparnis nicht zu verachten. Für den Einkauf von Frischproviant empfiehlt es sich, einen Marktkorb mitzunehmen — Segelsack oder Rucksack tun es auch und sehen vielleicht männlicher aus.

Bei der Zubereitung der Mahlzeiten kommt es sehr darauf an, ob ein Mitglied der Besatzung sich ausschließlich dieser wichtigen Tätigkeit widmen kann, oder ob diese neben den seemännischen Obliegenheiten sozusagen im Nebenberuf ausgeübt wird. Ganz entschieden lohnt es sich, bei mehr als zwei Mann Besatzung einen Koch abzuzweigen, der dann weitgehend von allen anderen Arbeiten zu entlasten ist. Geht das aber nicht, weil vielleicht das einzige Kochtalent auch gleichzeitig der Navigateur ist (wie mir das meistens ging), so muß natürlich auf See die Kocherei so einfach wie möglich gestaltet werden; dabei kommt es auf dasselbe heraus, wenn man auch wirklich abends meist im Hafen ist: Man möchte dann vielleicht erst recht bald mit Kochen, Essen und Abwaschen fertig sein, um in die Koje zu kommen.

Wegen der schnellen und einfachen Zubereitung habe ich immer gerne Reis als Rückgrat einer warmen Mahlzeit verwendet. Vom letzten Hafen her noch vorhandenes Rindfleisch oder Kalbfleisch wird erst gekocht (in kochendes Wasser gesteckt — nicht mit kaltem aufgesetzt!), und wenn es beinahe gar ist, der Reis dazu getan und nun langsam sieden gelassen. Asbestteller verhindert das Anbrennen; ist frisches Fleisch nicht mehr vorhanden, so geht auch Corned Beef; Speck eignet sich weniger. Zum Schluß kommt eine Portion Butter in den Topf und je nach Laune Tomatenpüree oder Parmesankäse oder beides.

Erbsen, Bohnen oder Linsen sind natürlich auch sehr einfach zu kochen, wenn man sie am Abend vorher eingeweicht hat; sie kochen nur sehr viel länger, werden aber besonders gut in einer Kochkiste. Speck, möglichst durchwachsener, ist die richtige Beigabe. Er wird am besten von vornherein mitgekocht.

Kartoffeln sind durch das unausbleibliche Schälen schon schwieriger und zeitraubender in der Zubereitung. Sind noch vom Abend vorher gekochte Kartoffeln vorhanden, um so besser! Man kann mit Speck und Eiern ein „Bauernfrühstück" daraus machen, oder sie mit Corned Beef oder etwaigen Fleisch- oder Fischüberresten unter Hinzunahme von reichlich Butter zu einem Labskaus verrühren.

Die vorerwähnten Gerichte sind auf Seegang zugeschnitten. Sie sind in einem kontinuierlichen Vorgang in einem Topf auf einer Flamme (Schwingkocher) herzustellen und können, wenn es sein muß, aus dem Topf gegessen werden. Wer schon einmal versucht hat, einen Teller bei schwerer See so auf den Knien zu balancieren, daß die Speisen auch wirklich darauf bleiben, und sich selbst festzuhalten und noch dabei zu essen, der wird die Annehmlichkeit, schließlich den Kochtopf als gemeinsames Speisegefäß benutzen zu können, schätzen.

Irgendwelche Anweisungen für die Bereitung zivilisierterer Gerichte möchte ich nicht geben, um mich nicht der Verachtung der tüchtigen Hausfrauen, die diese Zeilen lesen sollten, auszusetzen. — An fernen Küsten wird der Segler auch ohne heimatliches Kochbuch sich das Leben durch allerhand nette Dinge zu würzen wissen. So kann ich versichern, daß Austern in Butter gedünstet, zu der man zum Schluß Milch und ein paar Stückchen Zwiebel und etwas roten Pfeffer gibt, eine recht leckere Mahlzeit sind. Auch Langusten mit Curry-Sauce eignen sich gut als Beigabe zu Reis.

Die Bordapotheke.

So wichtig es ist, einige Medikamente und vor allen Dingen Verbandzeug auf der Seereise an Bord zu haben, so sollte man nicht zu viel mitnehmen. Schienen für Knochenbrüche und dgl. lassen sich auch behelfsmäßig herstellen; bei allen schwereren

Verletzungen und Erkrankungen muß man doch so schnell wie möglich einen Hafen und den Arzt aufsuchen.

Ich führe in einer Blechkiste (Holzkisten halten sich nicht, außer wenn sie vom Bootstischler gebaut sind) sehr reichlich Mullbinden aller Formate, Verbandgaze, Jodoformgaze, etwas Mosettigbattist, Leukoplast und ganz obenauf und sofort zugänglich ein paar Brandbinden mit; diese haben nämlich nur Zweck, wenn sie gleich nach erfolgter Verbrennung aufgebracht werden. Die Kiste ist auf allen Seiten mit einem roten Kreuz bemalt und steht offen auf einem Bord, so daß sie jedermann gleich sehen kann. In einer zweiten ähnlichen Kiste sind alle möglichen Medikamente untergebracht wie: Aspirin, Abführmittel, Sublimatpastillen, Kaliumpermanganat, doppelkohlensaures Natron. In einem besonderen Etui eine Flasche mit Jodtinktur (darf unter keinen Umständen auslaufen!), Alkohol und etwas Mastix zum Ankleben von Verbandgaze. In dem Verbandzeugkasten befindet sich ebenfalls obenauf eine Schere, in der Medikamentenkiste ein Fieberthermometer.

Der Verbandkasten wird bei jeder, auch der geringfügigsten Verletzung in Bewegung gesetzt: Seewasser gibt leicht unangenehme Entzündungen. Ich lege lieber um einen kleinen Schnitt einen dicken Verband und lasse die besorgten Fragen Fremder über mich ergehen, als daß ich mich wochenlang über den schmerzenden Finger ärgere. Jodtinktur leistet bei den häufig vorkommenden Prellungen gute Dienste.

Verstopfung ist eine Seemannskrankheit; wenn man auch selbst an die Kost und die der Landratte ungewohnte Lebensweise gewöhnt ist, sollte man doch für die nicht so seefeste Besatzung eine kleine Auswahl von Abführmitteln haben.

Gegen die Seekrankheit gibt es nur ein Mittel: Gewöhnung! Je reichlicher man ißt, desto schneller wird der Magen seefest. In der Kajüte wird selbst der sonst immune Magen manchmal rebellieren; Liegen ist dann besser, als sich mühsam aufrecht zu halten; wenn man aber schon den Göttern opfern muß, dann so schnell und gründlich wie möglich. Übrigens spielt der gesamte seelische und körperliche Zustand eine erhebliche Rolle.

In verzweifelten Fällen scheinen Mothersills-Pastillen ganz wirksam zu sein, aber nur wenn der Patient sich dann auch völlig ruhig verhalten kann; die Pastillen wirken prophylaktisch und müssen schon, ehe der Seegang anfängt, eingenommen werden. Hat man empfindliche Gäste über nicht zu weite Strecken zu befördern, sind sie empfehlenswert, ein Genuß ist aber der halbe Betäubungszustand weder für den Patienten noch für die anderen.

Wasser.

Sobald man sich außerhalb des Gebietes der deutschen und dänischen Ostseehäfen begibt, ist die Mitnahme eines reichlichen Frischwasservorrates anzuraten; aber auch der Segler, der nur in der westlichen Ostsee von Hafen zu Hafen segelt, tut gut daran, einen ordentlichen Wassertank an Bord zu haben. Nichts ist unangenehmer, als gleich nach der Ankunft im Hafen mit einer großen Korbflasche loszuziehen und erst einmal Wasser zu holen; der Vorrat sollte also auch auf kleineren Fahrten so bemessen sein, daß man ihn dort ergänzen kann, wo das Wasser gut und auch bequem erreichbar ist. Für häufige Wochenend-Ausflüge ist ein besonderer kleiner Tank oder auch bei sehr kleinen Schiffen eine Korbflasche zu empfehlen.

Der Wasservorrat wird am besten in einem, bei Mengen über 100 l in mehreren Zinkblechtanks aufbewahrt. Von Kupferblech, selbst wenn es gut verzinnt ist, ist ganz entschieden abzuraten, wegen der Gefahr gesundheitsschädlicher Salze, die sich bilden könnten. Zinksalze sind völlig unschädlich, dasselbe gilt allerdings auch von Aluminiumsalzen. Ich kenne zwei Yachten mit Aluminiumtanks, deren Eigner auch gute Erfahrungen gemacht haben. Doch hat Aluminium die Neigung, von Seewasser in ganz unberechenbarer Weise angefressen zu werden; wenigstens habe ich bei allen möglichen Gegenständen diese Erfahrung gemacht — vielleicht sind neuere Legierungen beständiger. Bei großen Tanks kann es sich empfehlen, lieber stark verzinktes Eisenblech zu nehmen, da sich reines Zinkblech infolge seiner Weichheit leicht unter dem Wasserdruck deformiert. Sollte wirklich eine geringe Rostbildung eintreten, so ist auch diese ganz unbedenklich für die Brauchbarkeit des Wassers.

Ein Punkt, der gern übersehen wird, ist die Anbringung von Schlinger-Schotten in den Tanks. Die hin und her spülende Wassermasse beansprucht nicht nur die Tankwände weit über den normalen Druck hinaus, sie bringt auch selbst bei kaum merklichen Bewegungen des Schiffs vor Anker oder an der Boje sehr störende Geräusche hervor.

Wenn ein Tank so gebaut ist, daß wirklich alles Wasser herauslaufen kann, halte ich besondere Reinigungslöcher für nicht so notwendig, weil dann die Möglichkeit gegeben ist, ihn durch Spülen zu reinigen. Bei Tanks, die in der Bilge eingebaut und nicht so klein sind, daß sie herausgenommen werden können, dürften sich allerdings Mannlöcher nicht umgehen lassen.

Bei Schiffen, die für lange Seereisen bestimmt sind, sind, ganz abgesehen von der Menge des Wassers, mindestens zwei voneinander unabhängige Tanks vorzusehen; es darf nur tadelloses Wasser in den Tank kommen, der den Trinkwasservorrat enthält; da es aber nicht immer möglich ist, rechtzeitig gutes Trinkwasser zu beschaffen, so hat man bei zwei oder mehr getrennten Tanks die Möglichkeit, zunächst den Kochwasservorrat zu ergänzen.

Direkter Zulauf zu den Zapfstellen ist natürlich im Betrieb das Einfachste und Bequemste, nur wird es nicht immer angängig sein, die Tanks so hoch zu legen, daß genügend Gefälle herauskommt; dabei ist daran zu denken, daß man auch Wasser braucht, wenn das Schiff Lage hat!

Über die Menge des mitzunehmenden Wassers gehen die Meinungen weit auseinander; jedenfalls aber kann man mit sehr viel weniger auskommen, als in der Großschiffahrt je Kopf der Mannschaft vorgesehen wird. Ich glaube, daß man mit 2—3 l je Kopf und Tag meistens genug hat, vorausgesetzt, daß sich die Mannschaft bei ihrem Verbrauch an Waschwasser auf das allernötigste beschränkt.

Das Füllen der Tanks geschieht wohl fast immer durch Verschraubungen im Deck, was auch das praktischste ist. Man wird möglichst dort Wasser nehmen, wo man es direkt durch einen Schlauch einfüllen kann.

Seekarten, nautische Bücher und Zubehör.

Wieviel Karten man mitnimmt, hängt nicht nur vom Reiseziel ab, sondern auch vom Stauraum und — leider — am allermeisten vom Finanzminister der Bordgesellschaft. Grundsätzlich ist es erstrebenswert, sämtliche Spezialkarten mitzuführen; den richtigen Mittelweg zu finden, wird nicht immer einfach sein. Übersichtskarten genügen natürlich niemals, die Segelkarten im Maßstab 1 : 300 000 sind an einfachen Küsten wie etwa der östlichen deutschen Ostseeküste völlig ausreichend, wenn man noch in einem Sonderwerk, wie es jetzt in den „Hafenplänen der Ost- und Nordsee" zur Verfügung steht, Spezialpläne der Hafeneinfahrten hat. Für die reizvollen Fahrwasser zwischen den dänischen Inseln und für die Nordseeflußmündungen wird man unbedingt Spezialkarten brauchen, ganz besonders aber für die nordischen Schärenreviere, deren Befahren ohne solches Kartenmaterial schlechterdings unmöglich ist. Aber nicht nur für die geplante Reiseroute sollte man Karten an Bord haben; nie kann man wissen, ob nicht besonders günstige Wetterverhältnisse eine Ausdehnung oder auch sehr ungünstige eine völlige Verlegung des Reisezieles wünschenswert machen. Fährt man vollends, wie ich es besonders gern tue, ohne eigentliches Ziel aufs Meer hinaus und läßt sich von Wind und Sonne und seinen Launen treiben, so muß der Kartenschrank besonders wohlgefüllt sein.

Segelanweisungen (Handbücher, herausgegeben von der Marineleitung) mit den dazugehörigen Nachträgen und Ergänzungen sollten nicht fehlen; unbedingt notwendig ist das neueste Leuchtfeuerverzeichnis und innerhalb des Gebiets der ausgesprochenen Tidenströme die Gezeitentafeln des Jahres. Selbst an der norwegischen Westküste nördlich Stavanger kann man schon recht unangenehme Überraschungen erleben, wenn man nicht in der Lage ist, Eintritt von Ebbe und Flut zu bestimmen. Das nautische Jahrbuch ist auch, wenn man nicht mit astronomischen Ortsbestimmungen arbeitet, ganz angenehm, ebenso der „Nautische Funkdienst", der die Wellenlängen, Sendezeiten usw. der Küsten und Großstationen enthält. Die großen Rundfunksender, die für den Yachtsegler besonders interessant sind, enthält dieses Werk leider nicht, dafür kann man aber die notwendigen Angaben aus fast jeder Tageszeitung entnehmen. Hat man Signalflaggen an Bord, gehört auch das internationale Signalbuch dazu; die Flaggen sind sonst nur Dekoration.

Unter allen Umständen sollte man das Kartenmaterial, das man besitzt, auf dem laufenden halten, d. h. vor Beginn der Reise berichtigen lassen und zu alte Karten durch neue ersetzen. Ich persönlich halte es nicht für so wichtig, die Schärenkarten berichtigen zu lassen, da man in diesen Gewässern viel weniger nach Seezeichen als nach der Küstenformation segelt, zumal besonders in Norwegen auch in den neuesten Karten nicht immer alle Kummel und nicht einmal alle schwimmenden Seezeichen enthalten sind; muß man sich aber auf weit vom Land entfernte Seezeichen verlassen, so sind genau berichtigte Karten durchaus notwendig. Man sollte auch vor Antritt der Reise die „Nachrichten für Seefahrer" durcharbeiten, um etwaige Änderungen seit der letzten Kartenberichtigung und den Nachträgen der Handbücher selbst zu berichtigen.

Ich habe meine Seekarten immer auf ein einheitliches Format zerschnitten und auf Leinewand aufziehen lassen. Die großen Formate der Karten passen auf keine Unterlage in der Kajüte einer kleinen Yacht, das Kniffen der unaufgezogenen Karte ruiniert sie in kürzester Zeit. Hat man keine Zeit, die Karten auf Leinewand aufziehen zu lassen (wenn man etwa unterwegs welche kauft), so ist ein ganz guter Ersatz, sie in dem einmal gewählten Format zu zerschneiden und mit Leukoplast zusammenzukleben.

Der Größe meines Kartenschranks entsprechend, habe ich die Karten auf ein Format von 40×50 cm zerschnitten, ein kleineres Format dürfte wohl etwas klein werden, ein größeres ist, wenn man Platz hat, vorzuziehen. Auf eine große Yacht gehört ein Navigationsraum, in dem die Karten in ihrem vollen Format in Schüben untergebracht werden können. Dann kann auch die etwa erst später zur Verwendung kommende Reserve gerollt aufbewahrt werden. Ein Kapitel für sich ist die Verwendung der Karten bei schlechtem Wetter, wenn der Steuermann zugleich der Navigateur ist. Ich habe auf norwegischen Yachten gesehen, daß die Karte in einem Kasten mit Glasdeckel vor dem Steuermann untergebracht war; mit Zellontaschen habe ich ohne großen Erfolg herumexperimentiert: es kam doch immer Wasser hinein, und dann war die Karte ganz verdorben, weil man es nicht rechtzeitig merkte. Am einfachsten scheint es mir zu sein, die Karte innen nahe am Niedergang aufzubauen, so daß man sie von außen erreichen kann, und dann im Schutz der Schiebekappe einen Blick hineinzuwerfen, wenn es nötig wird; noch besser freilich ist es, einen Mitsegler als beweglichen Kartentisch abzukommandieren. Auf hoher See bei schwerem Wetter ist die Frage Gott sei Dank nicht von so großer Wichtigkeit, da man dann Zeit hat, die notwendigen Arbeiten in der Kajüte zu erledigen — Einhand vor dem Wind kann das allerdings zu schwierigen Manövern führen.

Die Bücher sollten gebunden sein; bei den jedes Jahr neu anzuschaffenden (Leuchtfeuerverzeichnis) mag die Heftung genügen. Wasserfeste und vor allen Dingen nicht färbende Einbände sind vorzuziehen.

Millimeterpauspapier ist ganz praktisch, um nicht zu viel in der Karte selbst zu zeichnen. Sehr wünschenswert ist es, ein Verzeichnis der deutschen und der in Frage kommenden ausländischen Seekarten und Bücher an Bord zu haben; die etwa unterwegs notwendig werdende Ergänzung des Kartenmaterials wird dadurch wesentlich vereinfacht.

Was man sonst noch an Büchern mitführt, ist Geschmackssache; ich habe immer gern alle möglichen lehrreichen Reisebeschreibungen und solche Standard-Werke wie „Yacht Cruising" und „Yacht Navigation and Voyaging" von Claud Worth an Bord; über die Bibliothek, die zur astronomischen Navigation gehört, ist bei diesem Abschnitt das Nötige gesagt. Baedeker oder ähnliches der besuchten Länder sollte nicht fehlen, schon wegen der Angaben über Gasthöfe, Landausflüge usw.

Ich verwende seit Jahren das Kursdreieck der Askaniawerke zum Absetzen der Kurse auf den Seekarten. Ich habe die hohe Kunst der Navigation zuerst mit einem Parallellineal betrieben, aber sehr bald eingesehen, daß auf einer kleinen Yacht mit ihrem beschränkten Raum dieses Instrument fast unverwendbar ist. Zudem habe ich später bemerkt, daß ausländische Seekarten oft keine Kompaßrose haben, und dann müßte doch ein Winkeltransporteur dazu genommen werden. Aber auch auf den deutschen Seekarten sind die Rosen nicht immer ohne weiteres verwendbar: Liegt die letzte große Berichtigung lange Zeit zurück, muß doch die inzwischen eingetretene Veränderung der Mißweisung in Rechnung gestellt werden — wenn man aber schon rechnet, kann man auch gleich die ganze Mißweisung rechnen! Recht praktisch für das oberflächliche Bestimmen von Kursen sind die Rosen aus Zelluloid mit einem Faden in der Mitte, der dann direkt den Kurs angibt. Sicherer, weil nachzuprüfen, ist ein Bleistiftstrich in der Karte.

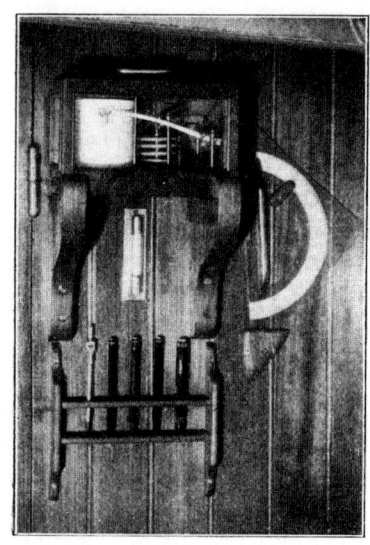

Abb. 80.
Bleistiftregal, Kursdreieck und
Barograph auf „Bora IV".

Ein Kreuz sind die Zirkel zum Abgreifen der Seemeilen! Ich kenne keinen, der nicht rostet, da ja schließlich die Spitzen aus Stahl sein müssen. Hoffentlich entschließt sich irgendeine Firma bald, Navigationszirkel aus nichtrostendem Stahl herzustellen. Dem Abbrechen der Spitzen habe ich auf „Bora IV" dadurch ein Ende gemacht, daß ich den Zirkel zusammen mit den Bleistiften in einem kleinen Gestell an einem Schott unterbrachte (s. Abb. 80).

Daß man zum Einzeichnen der Kurse in die Karten keinen zu harten Bleistift verwenden soll, ist eine Selbstverständlichkeit. Ich gebrauche auf „Bora IV" einen Montblancbleistift; das lästige Anspitzen fällt dadurch fort. Ganz angenehm, aber durchaus nicht etwa notwendig sind ein paar Farbstifte; ich benutze sie hin und wieder zum Einzeichnen geschätzter Stromversetzungen und dgl. sowie von Kreuzpeilungen. Diese Zeichnungen sind in der Seekarte dann sofort als solche zu erkennen und verwirren nicht das Bild der gesteuerten Kurse.

Außerdem enthält mein „Navigationsregal" noch eine spitze und harte Füllfeder für die Eintragungen in das Logbuch. Auf

„Bora III" waren diese Dinge in einem Fach vor dem Barographen verstaut; das kleine Gestell, das sich auch auf dem kleinsten Fahrzeug anbringen läßt, ist aber vorzuziehen.

Das Logbuch.

Nicht mit Unrecht wird bei den Bewerbungen um Preise für Kreuzfahrten — nicht nur bei uns — die Führung des Logbuches bewertet. Es gehört zur sorgfältigen Schiffsführung, peinlich genau alle wichtigen Vorkommnisse in das Logbuch einzutragen; wenn auch an sich von einer Yacht nicht die Führung eines richtigen Schiffsjournals verlangt wird, so könnte ich mir doch denken, daß bei etwaigen Unglücksfällen und daraus resultierenden Gerichtsverhandlungen das Fehlen genauer Aufzeichnungen ungünstige Wirkungen haben könnte.

Im Prinzip genügt irgendein Notizbuch, wenn nur die wichtigen Angaben darin enthalten sind. Diese Angaben sind: Abfahrtzeit aus dem Hafen, sodann Wetter, Wind, Zustand der See einschließlich etwaiger Strömungen, Segelführung, Kompaßkurs und, wenn es in Gebrauch ist, Ablesung des Logs. Hat man keinen Barographen an Bord, so notiert man auch den Barometerstand. Diese Angaben sind von Zeit zu Zeit während der Fahrt zu wiederholen, unter allen Umständen aber Änderungen der Windrichtung, der Segelführung und des Kurses einzutragen, ebenso das Insichtkommen oder Passieren von irgendwelchen Landmarken oder Seezeichen, welche zur Bestimmung des Schiffsortes benutzt werden. Segelt man in dauernder Sicht von Land auf allen Seiten, wie etwa im Öresund oder den schwedischen oder norwegischen Schären, ist das nicht so wichtig, aber schon bei einer Fahrt längs der Ostseeküste, etwa von Rügen nach Travemünde, kann ein plötzlicher Windwechsel zu Kursänderungen zwingen, die genaue Kenntnis des Schiffsortes voraussetzen. Es genügt durchaus nicht, von Zeit zu Zeit ein Kreuzchen in die Seekarte zu malen: Hier sind wir! Die Grundlagen für die Ermittelung des Schiffsortes müssen jederzeit nachzuprüfen sein — und das geht am besten an Hand genauer Eintragungen ins Logbuch. Ganz besonders wichtig ist das natürlich, wenn widriger Wind zum Aufkreuzen zwingt.

Um der Denkfaulheit, die auf langen Reisen entsteht, möglichst weitgehende Konzessionen zu machen, habe ich mir ein Schema entworfen, das für jede Stunde des Tages Rubriken für die wichtigsten Eintragungen enthält. Nachdem ich es einige Jahre verwendet hatte, hat der Verlag Richard Carl Schmidt & Co.

ab	Liegeplatz			Fahrtziel				Tag	Datum	Jahr
—	in Fahrt			Dover (?)				Donnerstag	1. 9.	27
Zeit	Wetter	Wind	See ufw.	Segel	Bar	Log	Kurs	Peilungen und dgl.		Wache
12	diesig	SO₁	σ	Vollzeug	stetig	13	245°			W
1¹⁵	„	S₁	Wstrom	„	„	21	250°	West Hinder F.Sch.		W
2	„	W₁	„	„ u. Mot	„		SW			W
3¹⁵	„	„	—	„ „	„	32	NW	Ruytingen (??) in O zu Süren (?)		W
4	„	„	—	„ „	„	36	NW			W-M
5⁴⁵	„	„	—	„ ohne Mot	„	45	210°			M
6										M
7										M
8³⁰	aufkl	„	? Strom	„	„	60	NW	beigedreht Frühstück u. Bad		
9										
10	diesig warm	SW₁	—	„	„	64	270°			W
11	bed. diesig	„	N Strom	„ u. Mot	„	69		East goodwin in NW zu hören		W
12⁴⁵	„	„	„	„ „	„	78	W	East goodwin 2 s.m. in N		W
1	sehr diesig	„	„	„ „	„	—	S. u. W	kreuzen nach S. goodwin auf		W
2⁵⁰	„	„ 2	„	„ ohne Mot	„	—	N	South goodwin W 1 s.m. in W		W
3³⁰	„	„ 3	„	—		—	—	vor Deal		W
4										
5										
6										
7										
8										
9										
10										
11										

3³⁰ an	Liegeplatz			Nähere Bezeichnung (vor Anker: Waffertiefe, Grund u. dgl.) 40 m	
	Deal	Reede		½ sm südl. Brücke, Anker II auf 12 m Kies Kette	

Tagesetmal: Segel	30 sm	Motor: 28 sm	Gefahrene Zeit: 15ʰ 30ᵐ	Führer:
Gesamtetmal: Segel	328 sm	Motor: 113 sm	Gesamt-Zeit: 123ʰ	

Wasser: —	Brennstoff: —	Uhren: 12ʰ Nauen: I = + 38 sec II = + 1ᵐ 16 sec

Abb. 81. Eine Seite aus dem Logbuch von „Bora IV".

dies Schema schön gedruckt als Logbuch herausgebracht. Es
enthält noch Vordrucke über die Art des Festmachens, zurückgelegte Entfernungen, Stand der Uhren, Übernahme von Wasser
oder Benzin. In einer Neuauflage wird natürlich die 24-Stunden-
Rechnung berücksichtigt werden.

Der Kompaß.

Der Kompaß hat es der Menschheit ermöglicht, die See zu meistern — wenn das Land unter dem Horizont verschwunden ist und Wolkenschleier Sonne und Sterne verhüllen, ist er alleiniger Weiser durch die Weite des Meeres.

Aber der Yachtsegler blickt scheel auf ihn herab; wenn er ihn schon aus dem finsteren Versteck, in dem er ein verborgenes Dasein führt, hervorholt, so schraubt er ihn auf ein Brettchen, stellt dieses auf die Ducht vor sich und flucht, wenn ihn der Miß-handelte in die Irre führt!

Dem Kompaß aber gebührt ein Ehrenplatz auf jedem Schiff — und ganz besonders auf einer Yacht!

Die Schuld am Versagen hat zunächst der Konstrukteur und der Erbauer. Blättert man die Jahrgänge der Fachzeit-schriften durch und studiert die darin veröffentlichten Pläne von Seekreuzern, wird in den seltensten Fällen aus ihnen ersichtlich sein, wie der Kompaß untergebracht werden soll. In Wirklichkeit ist er dann auch wahrscheinlich erst angebracht worden, als ihn der Eigner zur Probefahrt mitbrachte!

Der Kompaß muß einen Platz haben, an dem er sich immer befindet, solange das Fahrzeug für Seefahrt in Dienst gestellt ist. Besonders auf modernen Yachten mit Motoren und elektrischen Leitungen ist dies wichtig.

Dann aber muß der Kompaß einen Platz erhalten, an dem er nicht nur von dem Steuermann ohne Halsverrenkungen gesehen werden kann, sondern auch gegen Stöße, und zwar schwere Stöße — bis zum Gewicht des schwersten Mitgliedes der Besatzung — völlig geschützt ist.

Dann muß er so aufgestellt sein, daß er nachts mit Sicherheit beleuchtet werden kann.

Und schließlich sollen sich in seiner Nähe möglichst wenig feste Eisenteile befinden; bewegliche Eisenteile dürfen überhaupt nicht in seinen Einflußbereich kommen.

Ich sah im Herbst 1927 in Dartmouth die kleine Kreuzer-yacht „Content", der es zusammen mit zwei anderen wesentlich größeren Yachten gelungen war, im Fastnetrennen dieses windigen Jahres glücklich nach hartem Kampfe Landsend zu runden — die anderen zwölf des Feldes von 15 hatten aufgegeben! Und „Content" mit ihrer großen Vorgabe lag gut im Rennen! Aber Fastnet hat sie nie in Sicht bekommen — irgendwo stieß sie auf die irische Küste und war plötzlich in Queenstown mehr als 20^0 aus ihrem Kurs. Grund: Der eiserne Umsteuerhebel des Motors war nur fünfzig (!!) Zentimeter von dem Kompaß entfernt;

Abb. 82. Kompaß in der Kajüte von „Bora III".

er war, da der Motor im Rennen versiegelt war, fortgenommen worden, um den Zugang zur Segelkoje zu erleichtern; und der Kompaß war kompensiert worden, als der Hebel an seinem Platz war! „Content" hat, wie mir ihr Führer zugab, noch Glück gehabt; bei etwas größerem oder geringerem Fehler hätte sie leicht auf Legerwall geraten können — an der Südküste von Irland bei Sturm!

Das Mißgeschick von „Content" ist ein typisches Beispiel für das Unheil, das bewegliche Eisenteile im Bereich des Kompasses anrichten können. Eiserne Umsteuerhebel und Pinnen sollte man grundsätzlich vermeiden und bei einem Neubau auf Ausführung dieser Teile in unmagnetischem Material dringen. Bekleidung mit Holz, Leder und dgl. hat gar keinen Zweck: Ein magnetisches Feld ist durch solche Mittel nicht abzuschirmen.

Drei Unterbringungsmöglichkeiten gibt es, die die oben erwähnten Forderungen erfüllen können:

Das feste Kompaßhaus in der Plicht;

die Aufhängung in der Kajüte an dem Schott nach der Plicht;

ein dickes Bullauge im Fußboden der Plicht, unter dem der Kompaß hängt.

Die letzte Art der Unterbringung habe ich selbst nie probiert, habe sie aber öfter gesehen. Sie hat den Vorzug, daß der Kompaß gut sichtbar und völlig geschützt ist, den Nachteil, daß er nur mit elektrischem Licht gut zu beleuchten ist und sich in bedenklicher Nähe von Kielbolzen, Bodenwrangen und dgl. befindet. Bei Yachten mit Hilfsmotoren dürfte dieser Platz wegen der ungünstigen magnetischen Lage nicht in Frage kommen.

Bei „Bora I und III" war der Kompaß St.-B. neben dem Niedergang am achteren Aufbauschott innen in der Kajüte montiert (s. Abb. 82). Das Bullauge in dem Schott war so gestellt, daß der Steuermann auch von B.-B. die Kompaßrose sehen konnte; allerdings war die Parallaxe Rosenrand—Steuerstrich dann nicht unerheblich und mußte in Rechnung gestellt werden. (Bei „Bora III" mit $\frac{1}{2}$ Strich.) Die Beleuchtung war vorzüglich: Bei „Bora I" eine Petroleumlampe, die einen Spiegel über dem Kompaß beleuchtete, bei „Bora III" eine winzige Glühbirne, die an der Decke über dem Kompaß angebracht war.

„Bora II" hatte ein festes Kompaßhaus dicht vor dem Steuermann, „Bora IV" hat das schöne Kompaßhaus der Askaniawerke, das regulierbare elektrische Beleuchtung, Petroleumnotbeleuchtung und sämtliche Kompensationseinrichtungen enthält.

Es kommt natürlich für eine Yacht nur ein Fluidkompaß in Frage; je kürzer die Eigenschwingung des Magnetsystems ist, desto ruhiger wird die Rose stehen und desto genauer wird der gesteuerte Kurs sein. Fast unverwendbar sind die noch aus der Kriegszeit stammenden Flugzeugkompasse; das Verhältnis von Dämpfung zu Schwingung ist bei ihnen denkbar ungünstig, sodaß sie die wildesten Verrenkungen vollführen, wenn das Boot im Seegang tanzt. Nur sehr selten dürfte es vorkommen, daß die Schwingung des Kompaßgehäuses im Kardanring mit der Schwingung des Bootes in Koinzidenz kommt; geschieht das öfter, so kann man dem durch Veränderung der Gewichtsverteilung des Kompaßgehäuses abhelfen. Wenigstens ist es

Abb. 83. Kompass von „Bora IV" (Askaniawerke A.-G., Berlin).

mir einmal gelungen, durch Anbringen eines schweren Messingringes oben auf dem Gehäuse das lästige Pendeln zu beseitigen. Man achte darauf, daß der Kardanring einerseits leicht läuft und andererseits nicht zu viel Spiel hat. Das Spiel darf Bruchteile von Millimetern nicht übersteigen, sonst rutscht der ganze schwere Kompaß bei jeder Schiffsbewegung mit deutlichem Ruck auf den Zapfen hin und her.

Ich habe schon immer mit Graden gerechnet, aber nach Strichen gesteuert, weil die mir bekannten Gradrosen in ihrer Teilung zu unübersichtlich waren. Nachdem ich aber bei der Ausrüstung von „Bora IV" auf die nebenstehend abgebildete Gradrose gestoßen bin, verwende ich auch zum Steuern die

Gradeinteilung. Die Vorteile liegen auf der Hand: Die Fehlerquellen der Umrechnung von Graden in Striche und der Übermittelung vom Navigateur an den Steuermann fallen fort.
ONO½O und O½N werden bei der Übermittelung selbst bei
sorgfältigem Wiederholen viel leichter durcheinander gebracht
als die einfache Weisung: 73 oder 85 Grad. Ein weiterer Vorteil
ist, daß auch der blutigste Anfänger, der gerade eben weiß, was
Rose und was Steuerstrich ist, nach einer Gradrose steuern kann.

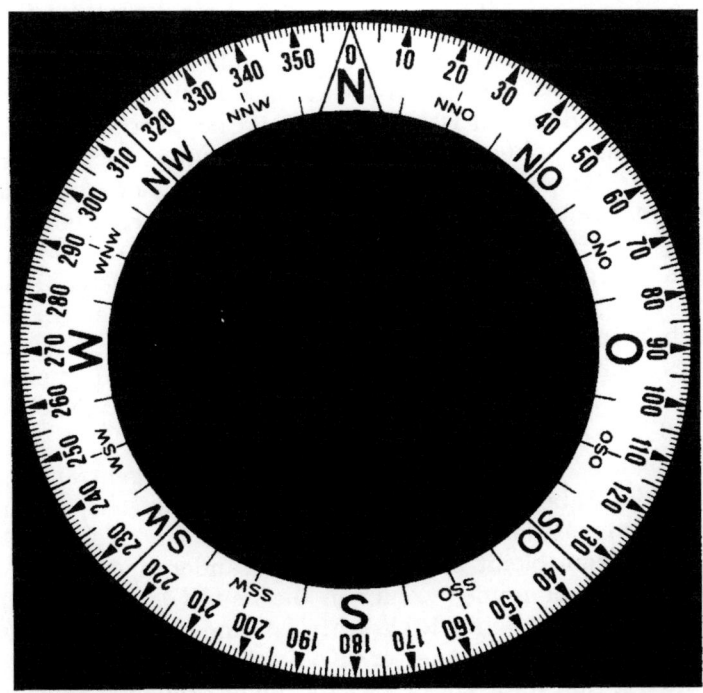

Abb. 84.
Gradrose mit Strichteilung am Innenrand (Askaniawerke A.-G., Berlin).

Bei der neuen „Askania"rose ist zur oberflächlichen Bestimmung
der Windrichtung etc. innen noch eine Strichteilung angebracht.

Von großer Wichtigkeit, vor allem bei häufigen und ausgedehnten Nachtfahrten, ist eine gute Beleuchtung; diese darf
ja nicht zu hell sein! Ist wie immer bei meinen Fahrten der Steuermann allein an Deck, so verhindert die Blendung durch eine
übermäßig helle Beleuchtung des Kompasses ihn an dem recht-
zeitigen Erkennen von Feuern und den Lichtern anderer Fahrzeuge. Neuerdings verwende ich eine Oberbeleuchtung, deren

Lichtstärke durch einen veränderlichen Widerstand geregelt werden kann. Die zu den üblichen Kompaßhäusern gehörigen Petroleumlampen sollen bei viel Wind leicht ausgehen; ich kann darüber selbst nichts sagen, glaube es aber schon nach meinen Erfahrungen mit Ankerlaternen. Claud Worth empfiehlt, die Lampen mit Flaggentuch zu umwickeln, um den Luftdruck einigermaßen auszugleichen.

In modernen Yachten mit Hilfsmotor und gar mit stählernen Spanten wird der Kompaß immer eine gewisse Deviation haben. Es ist durchaus wünschenswert, diese durch Anbringung von Kompensationsmagneten so weit wie möglich auszugleichen, da das Rechnen mit Deviation leicht eine Fehlerquelle bedeuten kann. Ganz unglaublich ist es jedoch und ein sträflicher Leichtsinn, wenn man ohne sorgfältige Bestimmung der Deviation in See geht! Besonders bei neuen Schiffen versäume man keine sich bietende Gelegenheit (Deckpeilungen!), den Kompaß nachzuprüfen, wobei zu beachten ist, daß eine Änderung der Deviation auf einem Kurs fast immer eine Änderung auf anderen Kursen mit sich bringt, die richtige Kompaßstellung auf einem Kurs aber noch keine Gewähr für den Gegenkurs bietet! Wie lange ein neues Schiff brauchen kann, bis sich sein Magnetismus „gesetzt" hat, habe ich am eigenen Leibe gespürt (s. „Nach dem Sognefjord", S. 95 ff.)

Ich möchte der oft geäußerten Ansicht entgegentreten, daß eine Deviationstabelle größere Sicherheit böte, als eine gut ausgeführte Kompensierung. Im Gegenteil! Ein Kompaß mit größerer Deviation bleibt bei häufigen Kursänderungen in dauernder Unruhe, weil er immer wieder in die neue Gleichgewichtslage einschwingen muß. Seine Richtkraft ist ungleichmäßig verteilt, während ein gut kompensierter Kompaß ringsum die gleiche Richtkraft hat und infolgedessen viel weniger leicht ins Schwingen kommt.

Trotzdem sollte man für die nicht zu beseitigenden Reste der Deviation eine Tabelle aufstellen, und diese von Zeit zu Zeit nachprüfen.

Stimmt die Kompensierung nicht mehr (infolge Verschiebung der Pole im Schiff durch Umbau, anderweitiges Stauen von Eisenmassen, wie Anker oder Werkzeug, Einbau eines anderen Magnets oder, was allerdings selten in Frage kommen dürfte und dann vorauszusehen ist, durch erhebliche Breitenänderung), so wird auch die Deviationstabelle nicht mehr stimmen! Es sei denn, daß die Kompensationsmagnete sich verschoben haben oder gar, was einem Klubkameraden von mir passiert ist, vom Maler abgenommen und dann fein säuberlich mit verkehrten Polen wieder angeschraubt worden sind!

Für längere Seereisen sollten auch kleine Yachten unbedingt zwei Kompasse an Bord haben, und zwar auch den zweiten fest eingebaut und kompensiert oder mit Deviationstabelle versehen. Bei Versagen des Steuerkompasses bleibt dann immer noch der andere übrig, der allerdings kaum mehr in Sicht des Steuermanns sein wird. Dann muß ein Mann der Besatzung eben „Kompaß-wache" gehen und den Steuermann auf dem Kurs halten. Ein guter Platz für den zweiten Kompaß ist das Oberlicht in der Kajüte oder mangels eines solchen ein geschützter Platz an der Decke. Wählt man dann einen Kompaß mit durchsichtigem Boden, so hat man den Vorteil, in der Kajüte jederzeit den Kurs des Fahrzeuges nachprüfen zu können. Für den Einhandsegler ist dies unerläßlich, aber auch für den Schiffsführer mit erfahrener Mannschaft ist diese leichte Kontrolle eine nicht zu unter-schätzende Annehmlichkeit.

„Bora IV" hat noch einen dritten Kompaß, der verpackt als Reserve für den Steuerkompaß mitgeführt wird; er paßt in das Kompaßhaus; gegebenenfalls würde an Hand des Kajüt-kompasses für ihn eine Deviationstabelle aufgestellt werden müssen.

Bei großen Glattdeckern wird ja wohl sowieso ein zweiter Kompaß als Peilkompaß an Deck stehen. Bei kleineren Schiffen, selbst bei solchen, die noch um einiges größer sind als „Bora IV", halte ich einen Peilkompaß für zwecklos. Ein Peilkompaß muß ziemlich hoch an Deck stehen, wenn man am Horizont befindliche Objekte damit anpeilen will; aus der Plicht heraus wird das niemals gehen. Mit einiger Übung kann man recht gut ein Leucht-feuer, Vorgebirge oder dgl. so anpeilen, daß man sich ziemlich dicht über den Kompaß beugt und Rosenmitte, Gradstrich und Objekt in Linie bringt.

Der Kompaß von „Bora IV" hat zwar einen Peilaufsatz, aber eigentlich nur, um die Deviation nachprüfen zu können (s. „Navigation", S. 240).

Der Barograph.

Ein Instrument zum Messen des Luftdrucks gehört zur selbstverständlichen Ausrüstung für die Seefahrt. Die zum Haus-gebrauch bestimmten Barometer eignen sich fast nie für eine Yacht, da sie gewöhnlich nicht genügend gegen Temperaturschwankungen ausgeglichen sind. Ich habe selbst ein Instrument gehabt, das bei herrlichstem Wetter jeden Mittag um etwa 5 mm fiel und abends ebensoviel stieg. Als ich dann einmal an einem glutheißen Tag über Mittag die Kajüte verschloß und an Land ging, fand ich bei meiner Rückkehr das Barometer um 12 mm gefallen und die Temperatur in der Kajüte auf 30 Grad gestiegen; und dabei hatte ich erst eben in dem schönen Klubhaus, in dem ich zu Gast war, den völlig geraden Strich bewundert, den der Barograph seit Tagen zeichnete!

Wenn es sich irgendwie mit dem Platz in der Kajüte und mit den Finanzen des Eigners vereinbaren läßt, sollte eine Yacht auf See einen Barographen mit sich führen. Es sind gerade die unscheinbaren Schwankungen, die am aufschlußreichsten sind; sie lassen sich mit einem Barometer nur feststellen, wenn regelmäßig jede halbe Stunde beobachtet und notiert wird; bei einem Barographen genügt ein Blick auf die Trommel. Übrigens dient der Barograph mir gleichzeitig als Kalender! Da er die Wochentage sowieso vorgedruckt zeigt, ist es nur nötig, vor dem Auflegen eines neuen Streifens das Datum zu jedem Tag hinzuzuschreiben, was ja später bei dem Einheften ins Logbuch doch zu geschehen hätte. Ich glaube, jedem ist es schon einmal nach schönen, weit von jedem Hafen und jeder Sorge auf See verbrachten Tagen passiert, daß ihm Wochentag und Datum entschwunden waren — da ist der präparierte Barograph ein Helfer in der Not!

Den Barographen unterzubringen, wird allerdings nicht immer einfach sein. Er muß gut zugänglich und gut sichtbar sein; das Regal, Konsol oder Bort, auf dem er steht, muß so weit wie möglich aus dem Bereich der bei Seegang verzweifelt nach einem festen Halt suchenden Passanten sein; und schließlich soll sein Standort so wenig wie möglich Erschütterungen ausgesetzt sein. Ich muß gestehen, daß es mir bisher noch nicht gelungen ist, einen Barographen einwandfrei aufzustellen: Bei „Bora II" stießen die Sofabewohner an das Instrument, bei „Bora III" verursachte die Benutzung der Seehandbücher, bei „Bora IV" die zu hastige Benutzung der Toilettentür unschöne Kleckse auf der sauberen Kurve. Besonders schwierig ist es, die Instrumente unterzubringen, die mit einer Pendelfeder ausgerüstet sind; sie müssen querschiffs stehen, da sonst auf dem einen oder auf dem anderen Bug die Feder von der Trommel wegpendelt, sowie das Boot Lage hat.

Der Schreibhebel eines entsprechend konstruierten Barographen ist gegen die Erschütterungen mittleren Seeganges unempfindlich, bei schwerer See wird der Hebel mehr oder weniger große Ausschläge machen, die aber nur den Strich verbreitern, ohne die Kurve zu verfälschen (s. Abb. 85, Kurve vom 25. 7. 27). Man kann leicht feststellen, ob der Hebel die nötige Trägheit hat, indem man das Instrument in beide Hände nimmt, ein paarmal um etwa ein Meter hebt und senkt, wobei man das Tempo so bemißt, daß eine volle Schwingung etwa eine Sekunde dauert. Das muß der Hebel ohne merklichen Ausschlag vertragen; natürlich darf man die Bewegungsrichtung nicht ruckweise umkehren. Sowie das Boot in die Seen einhaut, macht der Schreibhebel Sprünge, und wenn dies zur Gewohnheit wird, wird die Kurve

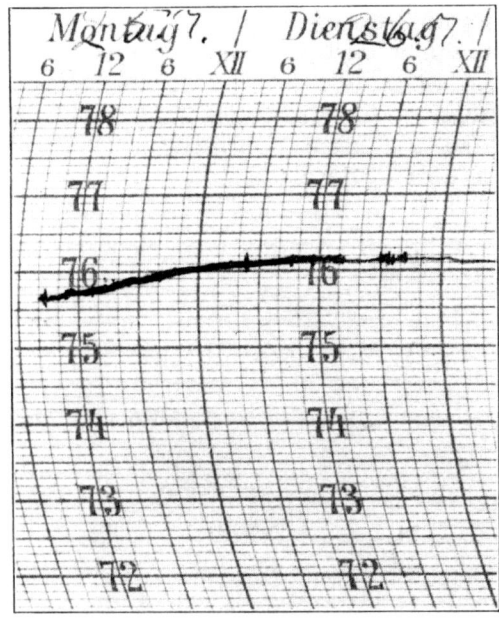

Abb. 85.
Barographenkurve am 25. und 26. Juli 1927.

unbrauchbar; ich habe das allerdings nur einmal auf „Bora II" erlebt, als ich vor Kolberg in eine Bö kam.

Die Schreibfeder in Ordnung zu halten, ist nicht ganz einfach. Hat man zuviel Tinte eingefüllt, sodaß sie anfängt zu schmieren, ist es aus; man nimmt sie dann am besten heraus, reinigt sie mit Spiritus, läßt sie völlig trocknen und füllt sie frisch. Wenn sie dann guter Laune ist, wird sie gut funktionieren, sonst muß man die ganze Prozedur wiederholen. Die feinsten, mit dem bloßen Auge kaum zu erkennenden Fäserchen verursachen natürlich sofort ein Schmieren. Ist die Tinte von vornherein gut, so verändert sie auch in Jahren ihre Konsistenz nicht; in der Feder bildet sich jedoch mit der Zeit ein Rückstand, der durch Waschen mit Spiritus entfernt werden muß. Man fülle die Feder nie ganz voll, da sie sonst leicht kleckst, wenn eine Erschütterung den Hebel zum Ausschlagen bringt.

Vor Antritt der Reise vergleiche man das Instrument mit einem Normalbarometer, das aber nicht etwa auf Meereshöhe korrigiert sein darf! Die Aneroidbarometer in den kleineren Ostseehäfen sind völlig unzuverlässig. Am sichersten ist es, den Barometerstand dem Funkwetterbericht zu entnehmen oder der Zeitung; Voraussetzung dafür ist allerdings, daß man sich an einem Ort befindet oder am Berichtstage befunden hat, der im Wetterbericht angeführt wird. Wenn auch die Veränderungen des Barometerstandes das Wichtigste sind, so ist doch auch der absolute Stand zu beachten; Differenzen von mehr als 2 mm sollte man nicht durchgehen lassen.

Man lasse sich beim Kauf des Instrumentes zeigen, wie der Schreibhebel verstellt wird, damit man nicht etwa an einer verkehrten Schraube dreht!

Tintenfläschchen und Uhrschlüssel, falls ein solcher vorhanden, sind am besten in dem Gehäuse fest gehaltert untergebracht, damit sie nicht auf Wanderung gehen. Besonders wichtig ist das bei der Tinte, die eine kaum glaubliche Färbekraft besitzt.

Uhren.

Auf ein Boot gehört eine Borduhr. Taschenuhren sind bei schlechtem Wetter meist unzugänglich, ganz abgesehen davon, daß sie unter der ständigen Feuchtigkeit leiden und bei einem unbeabsichtigten Überbordgehen ruiniert werden. Man kann natürlich eine Taschenuhr in der Kajüte aufhängen (legt man sie auf ein Bort, so wird sie mit Sicherheit in kürzerer oder längerer Zeit unbrauchbar), besser ist jedoch eine fest angebrachte möglichst 8 Tage laufende Uhr mit großem Zifferblatt, die von überall in der Kajüte zu sehen und zu erkennen ist. Sehr angenehm ist eine Uhr in der Plicht; die üblichen Autouhren eignen sich vorzüglich, besonders wenn man ein schwarzes Zifferblatt mit Radiumleuchtzeigern nimmt. Wichtig ist nur, daß sie hinter einem Bullauge in dem Plichtschott angebracht wird, denn wenn diese Uhren auch als „wasserdicht" auf den Markt gebracht werden, so sind sie doch schwerlich dem dauernden Sprühregen von Salzwasser in der Plicht gewachsen.

Legt man Wert auf astronomische Navigation, ist selbstverständlich ein einwandfrei guter Zeitmesser durchaus notwendig. Genau wie auf den Kompaß muß man sich auch auf die Navigationsuhr völlig verlassen können; große Fehler merkt man zwar, aber die kleinen Abweichungen, die gar nicht festzustellen sind, genügen, um den Wert einer Längenbestimmung aufzuheben. Aus diesem Grunde werden ja in der Großschiffahrt auch zwei und mehr Chronometer mitgenommen; auf einer Yacht wäre das ein recht kostspieliger Spaß. Gott sei Dank gibt es nun in dem Radio einen Ausweg, der nicht nur billiger, sondern auch noch besser ist, als ein Satz großer Schiffschronometer. Ich glaube nicht, daß man noch irgendwo auf der Welt selbst mit einem Dreiröhrenapparat außerhalb der Reichweite eines Zeitsignals ist — innerhalb der europäischen Gewässer ist Nauen überall mit großer Lautstärke zu bekommen. Von erfahrenen Seeseglern wird behauptet, daß ein Schiffschronometer auf einer Yacht infolge der außerordentlich heftigen Bewegungen unberechenbaren Gangänderungen ausgesetzt sei, und daß eine sogenannte „Chronometeruhr" sich besser eigne. Der technische Unterschied ist mir nicht klar, ich weiß nur, daß eine solche „Chronometeruhr" etwa ein Viertel eines großen Chronometers kostet. Als weitere Kontrolle habe ich eine sehr gute Taschenuhr, die in einem gefütterten Kasten in dem Chronometerfach steht und ebenso regelmäßig aufgezogen wird wie der „Chronometer". Für die normalen Yachtreisen, bei denen Längenbestimmungen doch zu den Seltenheiten gehören, genügt überhaupt die Mitnahme irgendeiner guten Uhr, die nur an einem ruhigen Platz aufbewahrt und regelmäßig aufgezogen werden muß; d. h. wenn man ein Radio an Bord hat! Man muß sich selbstverständlich der Mühe unterziehen, den „Gang" der Uhr, d. h. ihre tägliche durchschnittliche Abweichung von der Normalzeit festzustellen, wobei zu beachten ist, daß eine Uhr leicht nach einem etwaigen Stehenbleiben ihren Gang ändert; auch unregelmäßiges Aufziehen kann Gangänderungen hervorrufen. Beobachtungen mache man an Hand einer anderen Uhr, eventuell einer Stoppuhr, und reduziere dann die beobachtete auf Chronometerzeit. Es ist zweckmäßig, den Chronometer unabhängig von der jeweiligen Ortszeit auf mittlere Greenwichzeit zu stellen.

Beinahe unentbehrlich ist eine Stoppuhr, wenn man häufiger nachts in stark befeuerten Fahrwassern segelt. So ist z. B. Darsser Ort nur durch genaue Messung von Plantagenetgrund zu unterscheiden. Ganz besonders aber bei schlechtem Wetter und hoher See ist die genaue Messung der Wiederkehr eines Feuers oft die einzige sichere Methode, es zu bestimmen. Mit einer Stoppuhr kann dies der Steuermann allein ausführen, sonst muß ein zweiter Beobachter mit einer Sekundenuhr im Niedergang oder in der Kajüte helfen. Sehr bequem ist die Stoppuhr mit Radiumleuchtblatt, die ich auf „Bora IV" verwende. In kürzester Zeit kann ich damit — gute Beobachtungsmöglichkeit vorausgesetzt — die genaue Kennung eines Feuers ermitteln: Erst die einzelnen Lichtblitze nach ihrer Dauer, dann die Verdunkelungen und schließlich die Wiederkehr.

Das Log.

Das uralte Log mit Logscheit und Sanduhr wird wohl kaum auf einer Yacht Verwendung finden; auch von dem Relingslog halte ich nicht viel, da die Geschwindigkeiten bis zu einer Meile je Stunde, für die es sich gut eignet, und die das Patentlog nicht anzeigt, so ziemlich vernachlässigt werden können und sich, macht man wirklich auf längere Zeit so wenig Fahrt, mit ausreichender Genauigkeit schätzen lassen.

Ein Patentlog ist schlechterdings unentbehrlich, will man längere Fahrten außer Sicht von Land unternehmen; auch bei der Fahrt längs der Küste, die an sich nie außer Sicht des Landes führen würde, kann es von Wert sein, wenn Unsichtigkeit der Luft die Orientierung erschwert.

Es ist von einer erstaunlichen Genauigkeit: Bis zu zwei Seemeilen die Stunde (die Grenze ungefähr, unterhalb der es sich nicht mehr gleichmäßig dreht) sind seine Angaben zwar nicht so zuverlässig, da äußere Einwirkungen, wie Seegras oder gar Schleifen auf Grund nicht ohne weiteres erkennbar sind; doch auch dann wird das Ausbleiben jeglicher Drehung den Führer stutzig machen. Über diese Geschwindigkeit hinaus ist es, richtige Justierung vorausgesetzt, völlig zuverlässig; Störungen machen sich sofort durch Ausbleiben der Drehungen bemerkbar, nur bei sehr großer Fahrt kann es vorkommen, daß trotz Seegras im Propeller das Schwungrad sich noch gleichmäßig dreht; es wird aber eine Verlangsamung zeigen, die so auffällig ist, daß sie nicht übersehen werden kann. Ich muß aber gleich dazu bemerken, daß ich eine Störung durch Seegras nur zweimal erlebt habe.

Ein Nachteil des von mir verwendeten Plathschen Patentlogs ist ganz entschieden, daß das Schwungrad bei hohem Seegang so stark pendelt, daß es leicht gegen die Bordwand schlägt; bringt man es ganz achtern an, so wird es dauernd unter Wasser gesetzt und ist außerdem schlecht abzulesen.

Große Sorgfalt erfordert die Behandlung des Uhrwerks, ohne daß man sich deshalb viel Arbeit zu machen braucht. Es ist nur nötig, darauf zu achten, daß kein Salzwasser in dem Werk stehen bleibt, da das Öl sonst dick wird und die Stahlkugeln des Drucklagers sogar rosten können. Ist sehr viel Wasser daran gekommen, so kann man das ganze Werk erst mit Spiritus und, nachdem dieser getrocknet ist, mit Petroleum gründlich auswaschen und dann die Lager frisch ölen. Ich habe auch, wenn es mehr als 12 Stunden hintereinander in Betrieb war, während des Laufens sehr reichlich Öl durch die Schmierlöcher eingeführt und gründlich überlaufen lassen. Das gleiche Mittel habe ich angewendet, wenn die Drehungen trotz ausreichender Fahrt ungleichmäßig wurden, d. h. das Schwungrad sich eine Zeitlang gar nicht und dann wieder mit großer Geschwindigkeit drehte. Erst, wenn das Ölen nichts nützte, habe ich den Propeller auf Seegras untersucht. Übrigens ist es noch lange.nicht gesagt, daß das unregelmäßige Drehen große Ungenauigkeiten hervorruft. Zur Schmierung habe ich teils Nähmaschinenöl, teils sehr dünnflüssiges Motorenöl verwendet — beides mit gleich guter Wirkung; das Zylinderöl, das man zum Motor verwendet, geht nicht!

Die Logleine holt man am besten ein, indem man sie vom Schwungrad losnimmt und nun, während man den Propeller einholt, den losen Tampen schwimmen läßt; holt man dann die Leine vom Propellerende aus ein, so wird sie sich nicht mehr vertörnen, was sie sonst unweigerlich tut. Selbstverständlich ist die Leine sorgfältig zu trocknen und dann so zu verstauen, daß der Propeller nicht durch zufällige Stöße beschädigt werden kann.

Das Fernglas.

Ohne einen „Kieker" geht wohl heutzutage niemand mehr auf Seefahrt. Am besten ist ein Doppelglas von etwa sechs- bis achtfacher Vergrößerung und der größtmöglichen Lichtstärke. Ich habe immer gefunden, daß man am Tage mit guten unbewaffneten Augen noch auskommen kann, bei Dämmerung oder bei Nacht ist ein Glas unerläßlich, sei es auch nur, um bei Dunst die Farbe von Feuern ausmachen zu können.

Die Unterbringung auf kleinen Yachten macht immer Schwierigkeiten. In der Kajüte wird sich ja das Glas immer noch gut verstauen lassen, nur seinen festen Platz muß es haben! In der Plicht aber wird sich selten ein Platz finden, in dem es sicher und vor Spritzwasser geschützt und trotzdem leicht zugänglich untergebracht werden kann. Wenn irgend möglich, sollte aber doch wenigstens ein Regal in Reichweite des Steuermanns sein, auf dem es schlingerfest liegen kann.

Wenn viel Spritzwasser überkommt, wird das Glas in kurzer Zeit so stark beschlagen, daß es gereinigt werden muß. Der Beschlag besteht aus konzentrierter Salzlösung und läßt sich infolgedessen nicht ohne weiteres abwischen, da die Lauge schmiert. Am besten geht es, wenn man die Linse anhaucht, abwischt und wieder anhaucht usw., bis sie sauber ist. Nur muß man jedesmal eine andere Stelle des Läppchens verwenden. Natürlich kann man das Läppchen auch mit Frischwasser anfeuchten, da ja der Zweck der Sache ist, die Salzlösung zu verdünnen; nur muß man das Frischwasser erst holen — „der Hauch", ist immer da. Zum Abwischen benutzt man zweckmäßig sehr alte ausrangierte Taschentücher; Leinenbattist ist das beste, weil er am wenigsten „fusselt".

Außer einem lichtstarken Doppelglas habe ich auf „Bora IV" noch ein Fernrohr von Zeiß, das den Vorzug hat, eine durch einfaches Drehen eines Ringes in weiten Grenzen (vierfach bis zwanzigfach) veränderliche Vergrößerung zu haben. Bei den niedrigen Vergrößerungen ist es außerdem unerhört lichtstark. Trotzdem ist seine Verwendbarkeit begrenzt, da es zu schwierig ist, den Schwankungen des Schiffes mit genügender Ruhe zu folgen. Dabei hat es ein recht großes Gesichtsfeld; die normalen Fernrohre mit Auszug sind auf einer Yacht nur bei ganz stillem Wetter zu gebrauchen.

Das Lot.

Es ist praktisch, zwei verschieden schwere Lote an Bord zu haben; für die Tiefen von 4—8 m, wie sie in der Ostsee häufig vorkommen, genügt ein Lot von etwa 1 kg Gewicht mit einer Leine von etwa 15 m. Das große Lot sollte 3—4 kg wiegen und mindestens 30 m Leine haben.

Man sehe darauf, daß die Leine sich nicht allzusehr reckt; die geflochtene Leine, die man im allgemeinen verwendet, tut das gerne, wenn sie nicht gehörig ausgereckt wird, ehe man sie markt.

Das Marken ist Geschmacksache; ich habe die besten Erfahrungen mit kleinen Lederstreifen gemacht, die von 5 zu 5 m in die Leine eingebunden waren. Die Zwischenmaße habe ich dann beim Einholen mit der Hand gemessen, d. h. mit jeder Armbewegung immer einen Meter eingeholt. Man hat das bald im Griff; die Lederstreifen, die man auch in der Dunkelheit sofort erkennt, da man sie ja in der Hand fühlt, korrigieren

automatisch die abgegriffene Entfernung. Man vergesse aber
nicht, beim Einholen die Freibordhöhe bzw. die Höhe über dem
Wasserspiegel, bei der man angefangen hat, zu zählen, in Abzug
zu bringen! Ich habe immer an der Relingkante angefangen
zu messen, aufgehört, wenn das Lot über Wasser erschien, und
mit dem letzten Griff wieder bis zur Reling gemessen — dann
ist kein Irrtum möglich.

Mit Peilstöcken habe ich keine Erfahrung, habe aber auf
kleinen Booten es oft bedauert, keinen an Bord zu haben. Ich
denke mir, daß ein Peilstock für Fahrten besonders auf den großen
Haffs von Wert sein könnte.

Das Thermometer.

Es ist ein Luxus, ein Thermometer in unseren Gewässern
an Bord zu haben. Beschäftigt man sich etwas ernsthafter mit
der Wetterkunde, ist es praktisch. Angenehm ist es immer, sein
Gefühl für Wärme oder Kälte etwas nachprüfen zu können.

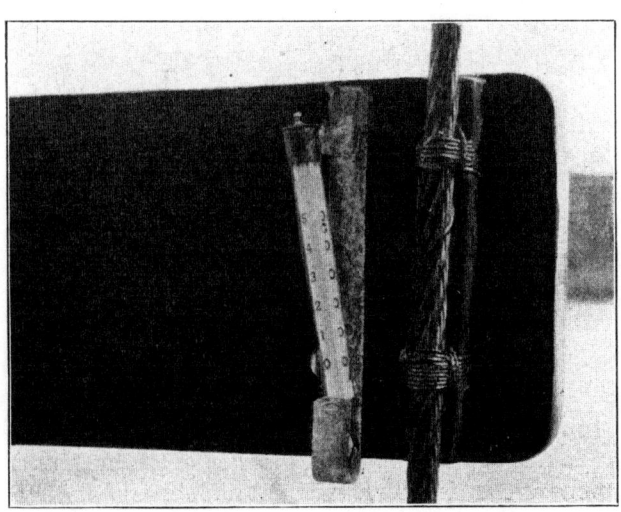

Abb. 86.   Thermometer am Laternenbrett.

Ein guter Platz für ein Thermometer ist die Innenseite eines
Laternenbrettes. Bei einigem Wind wird es an dieser Stelle auch
bei Sonnenschein die richtige Lufttemperatur anzeigen. Ich
verwende ein Instrument, das zwischen zwei Messingfedern eingeklemmt ist, die an einem an das Laternenbrett geschraubten
Halter befestigt sind; das hat den Vorzug, daß man es heraus-
nehmen und zum Messen der Wassertemperatur oder, wenn kein
Wind ist, als Schwingthermometer verwenden kann.

Radio.

Die Radiotechnik ist noch so jung und in so raschem Fortschritt begriffen, daß irgendwelche Erfahrungen oder Ratschläge, die heute Geltung haben, morgen schon überholt sein können; ich beschränke mich daher darauf, einige Einzelheiten der Anlage an Bord von „Bora IV" anzuführen.

Die erhebliche Feuchtigkeit an Bord einer Yacht muß bei der ganzen Anlage beachtet werden. Leider sind die für Schiffsanlagen üblichen Armaturen, wie Isolatoren, Durchführungen usw., für eine kleine Yacht viel zu groß, dagegen waren die kleinen Porzellaneier, mit denen ich die als Antenne ausgebildete Dirk isolierte, der Beanspruchung auf Dauer nicht gewachsen — sie sind ein paarmal gesprungen. Die Zuführung längs des Baumes

Abb. 87.   Radioanlage auf „Bora IV".

durch starkes Gummikabel (Zündkabel) hat selbst bei viel Regen nie nachteilige Wirkungen gehabt. Viel Mühe hat die Anodenbatterie gemacht, die ich (es war eine kleine Akkumulatorenbatterie) zunächst in dem Motorraum bei der Lichtbatterie unterbrachte; neben der Batterie war eine kleine Schalttafel angebracht, deren Kontakte an die entsprechenden Batterieklemmen angeschlossen wurden und durch Bleikabel mit einer Schalttafel neben dem Radio verbunden war. Die Isolation genügte aber trotz sorgfältigster Ausführung nicht, wohl wegen der oftmals sehr bedeutenden Luftfeuchtigkeit in Verbindung mit dem Salzgehalt. Die Spannung der Batterie ließ so häufig und so schnell nach, daß ich sie schließlich neben dem Radio aufbauen mußte, wo sie dann gut arbeitete. Ich habe dann trotzdem später eine Trockenbatterie verwendet, weil ich die Säurezellen in der Kajüte in der Nähe von Barograph, Chronometer usw. nicht leiden mochte. Der Heizstrom wird von der Lichtbatterie abgezweigt und hat immer störungsfrei gearbeitet, wenn die Batterieklemmen sauber gehalten wurden. Daß auch diese an Bord leichter oxydieren als an Land, ist einleuchtend.

Was den Apparat selbst anlangt, so glaube ich kaum, daß ein normaler Rundfunkapparat der dauernden Feuchtigkeit standhalten würde. Mein Dreiröhrenapparat (Marinetyp der C. Lorenz A. G.) war für meine Zwecke völlig ausreichend, allerdings nur für Kopfhörerempfang. Von größter Wichtigkeit ist natürlich, daß alle Wellenlängen empfangen werden können, ganz besonders aber, wenn ein Mitglied der Besatzung in der Lage ist, auch telegraphische Nachrichten abzuhören; die für die Schiffahrt bestimmten Wetterberichte werden so langsam gegeben, daß man sie auch ohne viel Übung aufnehmen kann.

Der Wert einer Radioanlage ist außerordentlich groß und wird mit dem weiteren Ausbau des Funkwetterdienstes noch steigen; bei langen Seereisen ersetzt sie außerdem die kostspieligen Chronometer. In Bälde dürfte es ja auch möglich sein, Privattelegramme durch den Rundfunk zu verbreiten, wie es für die Fischerflotte jetzt schon durch den Hochseerundfunk Norddeich geschieht.

Werkzeug.

Wieviel Werkzeug man auf die Seefahrt mitnimmt, richtet sich nach dem Reiseziel, den handwerklichen Fähigkeiten der Besatzung und nach dem verfügbaren Stauraum. Doch selbst wenn dieser sehr reichlich vorhanden ist, bedenke man, daß Werkzeug unter der Einwirkung der Feuchtigkeit leidet — je mehr man hat, desto mehr Arbeit macht das Sauberhalten. Besucht man hauptsächlich größere Häfen, so kann man sich darauf verlassen, jederzeit geeignete Handwerker zu bekommen. Treibt man sich aber in kleinen Fischernestern oder an den unwirtlichen und schwach bevölkerten Küsten des Nordlands herum oder gar auf hoher See, muß man schon das Werkzeug an Bord haben, um wichtige Reparaturen wenigstens notdürftig selbst machen zu können.

Also: Für „kleine Fahrt" Hammer, verschiedene Schraubenzieher, Bohrer, Dichteisen, Marlspieker, Drahtzange (Kombinationszange), Engländer, zwei oder drei Stechbeitel verschiedener Form, kleine Metallsäge (auch als Holzsäge verwendbar), Segelnadeln, Segelmacherhandschuh. An Material: Sandpapier, Segelgarn, Schrauben verschiedenster Größe in Messing und verzinkt (man achte darauf, für alle Schraubengrößen auch die passenden

Bohrer und Schraubenzieher zu haben!), einige kleine Nägel (die man möglichst nicht verwenden soll), Messingsplinte und Messingbindedraht, Dichtbaumwolle.

Für „große Fahrt" das vorerwähnte Werkzeug reichlicher und außerdem: Holzsäge, kleines Beil, Brustleier mit reichlicher Ausrüstung von Bohrern usw., Metallsäge, Metallbohrmaschine und Bohrer, Sortiment Feilen, Lötkolben und Lötlampe, kleine Schleifmaschine, Abziehstein. Wenn man sich zutraut, auch an den Instrumenten etwas in Ordnung zu bringen, so sollte man ein paar Feinmechanikerschraubenzieher an Bord haben. An Material außer dem oben erwähnten: Nieten der am Boot verwendeten Größe, ein paar verzinkte und Bronzebolzen, einige Stücken Holz und, wenn man irgend den Stauraum auftreiben kann, ein Stück des für die Außenhaut verwendeten Holzes in Plankenbreite. Auch Segeltuch sollte für Reparaturen vorhanden sein.

Hat man einen Motor, so sollen selbstverständlich alles · zu ihm gehörige Werkzeug und die notwendigsten Ersatzteile an Bord sein, die ja von allen guten Motorenfirmen gleich mitgeliefert werden. Für die elektrische Anlage: Voltmesser, Isolierband, Sicherungen, Kupferdraht, Gummikabel.

Zur Unterbringung des Werkzeuges eignen sich auf kleinen Booten vorzüglich die im Handel befindlichen zylindrischen Blechdosen; auf größeren Booten baue man einen Werkzeugschrank ein: Werkzeug, das nicht jederzeit zugänglich ist, hat gar keinen Zweck!

Kleidung.

Die Kleidung, die man an Bord trägt, ist selbstverständlich Geschmackssache; es wird nicht immer leicht sein, den Geschmack und etwaige Rücksichten auf Konventionen mit den Forderungen der Praxis zu vereinen. Daß man die „landfeine" Kleidung ablegt, sowie man an Bord kommt, ist ebenso selbstverständlich; sie wird sonst nicht lange „landfein" bleiben. Ein Wink: Man erledige alle Arbeiten an Bord, wie etwa das Nachholen von Trossen, Verstauen des Decksinventars, ehe man sich umzieht! Man sollte nach dem Umziehen direkt an Land oder ins Beiboot steigen (das auch völlig klar längsseits oder achteraus liegen sollte!), der einzige noch zulässige Handgriff sei das Abschließen der Kajüte.

Es ist sehr unrationell, abgelegte Landkleidung an Bord zu verwenden, es sei denn für Nachmittagsausflüge bei einwandfrei schönem Wetter. Weder Material noch Schnitt eignen sich für den Bordgebrauch, eine einzige Bö mit dem unweigerlichen massenhaften Spritzwasser und den rücksichtslosen und heftigen Bewegungen, die die Manöver erfordern, verdirbt rettungslos ein solches Kleidungsstück.

Bordkleidung soll gegen Wasser unempfindlich sein und durch ihren Schnitt die freieste Bewegung erlauben; außerdem soll sie beim etwaigen Hängenbleiben nicht gleich zerreißen und der jeweiligen Außentemperatur entsprechen. Zu guter Letzt soll sie auch nicht zu empfindlich gegen Schmutz sein und den Träger nicht in eine Vogelscheuche verwandeln.

Wolle von oben bis unten, innen und außen erfüllt diese Forderungen am besten. Ich trage wollene Hemden mit bis an den Ellenbogen reichenden Ärmeln (Tennishemden), kurze wollene Unterhosen, wollene Socken. Wird es kälter, einen Sweater über dem Hemd, noch kälter (Nachttörn) lange Unterhosen, lange, dicke Wollstrümpfe, noch einen Sweater und darüber eine „Hamburger Jacke" (ganz weites zweireihiges, wollgefüttertes Jackett) oder Ölzeug bzw. Lederjacke. An den Beinen kräftige, sehr weite blaue Hosen, die sich bequem bis übers Knie aufschlagen lassen (zum Deckwaschen!); wenn es heiß wird, weiße Flanellhosen und Hemd und nichts weiter. Auf dem Kopf je nach Laune und Wetter: Nichts, Baskenmütze (die nicht wegweht und nicht von losen Enden mitgenommen wird), Leinenhut oder Südwester. An den Füßen: Nichts, Bordschuhe oder Seestiefel. Wenn ich in Sichtweite von Land oder anderen Schiffen einen offiziellen Eindruck machen will, binde ich eine Krawatte um und setze eine Schirmmütze mit dem Klubabzeichen auf. Auch für die Nacht kann ich nur empfehlen Flanellpyjamas zu tragen, da man in ihnen am wenigsten friert, wenn man plötzlich wegen der Vertäuung oder der Verankerung an Deck muß; die Freiwache vollends wird es bei Nachtfahrten kaum wagen können, die Kleider abzulegen, wenn sie nicht in warme Pyjamas eingehüllt und so jederzeit gerüstet ist, an Deck zu erscheinen.

Ölzeug ist ein notwendiges Übel; ich kenne keins, das nicht klebt, wenigstens in dem beschränkten Raum einer Yacht. Zudem hat es die üble Eigenschaft, an Lack festzukleben; das bei schönem Wetter so erfreuliche „Steuermannskissen" ist aber längst verstaut, wenn das Ölzeug angezogen wird. Ich habe mit allen möglichen Dingen herumexperimentiert, und dabei ist schließlich folgende Ausrüstung herausgekommen: Bei mäßigem Spritzwasser oder feinem Regen: Eine doppelreihige Jacke aus gefettetem Leder (sie muß öfters geölt werden — Rizinusöl wird nicht ranzig, „Collonil" auch nicht —) und Hut aus dem gleichen Material. Die Jacke muß so lang sein, daß sie eben noch die Knie bedeckt, dann genügen die Seestiefel unter den Hosen, wenn man es bei einigermaßen warmem Wetter nicht vorzieht, etwas nasse Füße mit in Kauf zu nehmen. Muß man allerdings damit rechnen, die Plicht zu verlassen, wenn viel Wasser längs Deck läuft, so sind die Seestiefel unentbehrlich. Für schweres Wetter: Ein Anzug aus starkem schwarzem Gummistoff, bestehend aus einem „Pullover" mit doppelreihigem Verschluß und Zurrings an den Ärmeln und weiten Hosen, die am Bauch doppelreihig sind und weit übereinander greifen. Der „Pullover" wird natürlich über die Hosen gezogen. Im übrigen ist der Schnitt dem üblichen Seemannsölzeug entlehnt. Die Hosen werden über die Seestiefel gezogen und an den Knöcheln zusammen gebunden (damit man mit den weiten Hosen nicht hängenbleibt). Ich weiß, daß man das nicht tun soll, weil man beim Überbordgehen dann die Seestiefel nicht ausziehen kann — aber ich halte das für das kleinere Übel. Es ist darauf zu achten (was für die gesamte Bordkleidung gilt!), daß man in diesem Aufzug sich nicht nur bewegen, sondern auch stundenlang sitzen soll; wenn man auch nicht gerade den besten Londoner Schneider in Bewegung zu setzen braucht, sollte man doch dem Schnitt der Hosen einige Aufmerksamkeit schenken. — Auf dem Kopf ein Südwester, der aus Ölzeug sein kann, da es leichter ist und dieses kleine Kleidungsstück sich leicht luftig aufhängen läßt. Um den Hals unter dem Kragen ein Schal aus Wolle oder Seide, um das übers Kinn herunterlaufende Wasser abzuhalten und das Scheuern des Gummistoffes am Hals zu verhindern; wenn der Sweater, den ich trage, einen großen Kragen hat, so klappe ich diesen hoch und verwende ihn an Stelle des Schals. Bei Kälte Handschuhe aus gefettetem Leder. Ich habe mehrere: Fingerhandschuhe, wollgefütterte Fausthandschuhe, pelzgefütterte Fausthandschuhe; nur Lederhandschuhe eignen sich, da sie allein einigermaßen wasserdicht sind und gleichzeitig das Anfassen von Schoten oder anderem Tauwerk gestatten, ohne sofort in Fetzen zu gehen.

Die Seestiefel müssen wohl oder übel aus Gummi sein, da man nicht mit schweren Ledersohlen auf dem Deck einer Yacht herumlaufen kann. Ich trage die Seestiefel nur, wenn es sich nicht vermeiden läßt; die völlige Wasserdichtigkeit guter Gummistiefel hat allerdings auch für andere Zwecke: Deckwaschen bei kaltem Wetter, Anlandgehen mit dem Beiboot an flachem Strand, nicht zu unterschätzende Vorzüge. Für die letztgenannten Zwecke verwende ich Stiefel, die bis zur Hüfte reichen, zusammen mit dem Gummianzug Schaftstiefel bis zum Knie; in den langen

Stiefeln ist man so unbeweglich, daß ich sie ungerne an Bord trage, wenn ich gewärtig sein muß, zu Manövern aufs Vorschiff zu gehen.

Auch weiblichen Mitgliedern einer Yachtbesatzung kann ich, sofern sie sich seemännisch betätigen, nur empfehlen, sich ähnlich zu kleiden.

Um allen Mißverständnissen vorzubeugen, möchte ich betonen, daß diese Ratschläge nur für den Teil der Besatzung gelten, der sich ganz aktiv an den Bordarbeiten beteiligt; sie sind entstanden auf Grund meiner Erfahrungen bei Einhandfahrten oder bei Fahrten mit so schwacher und unerfahrener Mannschaft, daß alle schwere Arbeit von mir geleistet werden mußte. Als Eigner oder Führer einer Yacht mit starker Besatzung würde ich mich auch in bezug auf die Bordkleidung wohl mehr an die Gebräuche halten und diesen noch etwas weitergehende Konzessionen machen, als Krawatte und Klubmütze es sind.

Stauen und Zurren.

Grundsätzlich sollte jeder Gegenstand an Bord, der nicht fest mit dem Schiffskörper verbunden ist, einen Platz haben, der ein für allemal nur für ihn bestimmt ist und von dem er sich auch bei den wildesten Bewegungen des Schiffes nicht entfernen kann. Wie alle Grundsätze, kann auch dieser natürlich übertrieben werden: Wollte man jede Konservenbüchse und jedes Knäuel Segelgarn einzeln in ein Fach verstauen, würde für die Mannschaft wenig Platz übrig bleiben!

In richtiger Erkenntnis der Tatsache, daß zerbrechliche Gegenstände am meisten leiden, wenn man ihrem eigenwilligen Wandertrieb nicht Einhalt gebietet, wird ja das „Eß- und Trink"-geschirr auf den meisten Yachten „eingebaut" — meist in einem Schrank, in dem es bei verschlossener Tür sich wenig oder gar nicht rühren kann; öffnet man dann bei geeigneter Lage des Schiffes die Tür, so entleert sich der Inhalt (wenn man Glück hat) auf das jenseitige Sofa, wo dann nur ein Teil zerbricht! Also: Die einzelnen zerbrechlichen Dinge müssen so eingebaut werden, daß man sie auch einzeln entfernen kann. Dabei kann nun der Eigner schon lange vor dem Einbau durch verständige Auswahl des Geschirrs mitwirken, sonst werden die notwendigen Halterungen so kompliziert und so platzraubend, daß sie in dem vorgesehenen Raum nicht untergebracht werden können. Man sollte es, wo irgend angängig, der Schwerkraft überlassen, die Dinge festzuhalten — das ist kein Widerspruch! Mit Neigungen von mehr als 90⁰ braucht man nicht zu rechnen — es sei denn, man kommt wie Kapitän Voß in einen Taifun und wird ein paarmal um die eigene Achse gedreht. Wenn es mir einmal passiert ist, daß ein Gegenstand scheinbar „nach oben" gefallen ist, so lag das daran, daß die †‡† Butterdose mit Schwung über den Küchentisch rutschte, an die Schlingerleiste schlug und nun mit einem Satz durch die „Gegend" fuhr. Daraus läßt sich nun der Grundsatz für alle Einbauten entnehmen, die ohne „Zurring" auskommen sollen: Der eingebaute Gegenstand darf sich bei aufrechter Lage des Schiffes in horizontaler Richtung nicht bewegen können und darf auch bei einer Neigung von 90⁰ noch nicht umkippen. Dabei ist zu bedenken, daß nur querschiffs

Abb. 88. Bücherbort auf „Bora IV".
(Das Bort steht querschiffs; man beachte die niedrige Schlingerleiste.)

wirklich heftige Krängungen vorkommen — längsschiffs sind die Bewegungen viel weniger heftig, als man denken sollte; hier spielt bei Schiffen, die dazu neigen, in die See einzuhauen, die Massenbeschleunigung eine große Rolle. Beispiel: Bücher auf einem querschiffs an der Achterseite eines Schotts angebrachten Bort stehen fest und brauchen nur eine kleine Schlingerleiste von etwa 2 cm Höhe, um sie zu halten. Ebenso an der Vorderseite eines Schotts aufgebaut, fliegen sie bei der ersten steilen See, in die der flache Bug hineinhaut, herunter.

Um aber auf das Geschirr zurückzukommen: Es sollte in der Vertikalen möglichst geradlinige Formen aufweisen, ebenso wie alle anderen einzubauenden Gegenstände. Ovale Suppen-

terrinen sind ein Kreuz — gar nicht zu reden von anderen nützlichen Gefäßen, die meist rundlich zu sein pflegen. Eine genauere
Betrachtung von Abb. 89 legt dar, wie ich diese Grundsätze
auf „Bora IV" angewendet habe; da, wo ich sie verließ, blieb
der Erfolg nicht aus: Der Deckel des kleinen Teekessels war
zu flach, konnte sich etwas bewegen und ging sehr bald in

Abb. 89.   Geschirrbort auf „Bora IV"
(je ein Glas und eine Tasse sind entfernt um die Halterung zu verdeutlichen).

Scherben; der Fuß der Weingläser (in der Abb. 89 rechts, drittes
Fach von unten) war so schwer, daß bei viel Lage die dünne Wand
des Glases den Druck nicht aushalten konnte und zerbrach.
Hingegen haben sich weder die Teetassen noch die Schubfächer
für die Bestecke trotz ihrer niedrigen Halterungen je gerührt. Mit
mehr Seegang, als ich auf „Bora IV" erlebte, braucht man aber

meines Erachtens nicht zu rechnen. Ich persönlich liebe es, so heikle Dinge wie Geschirr so offen wie möglich unterzubringen; man kann natürlich einen Geschirrschrank ebenso praktisch einrichten.

Kleider hängen theoretisch am besten an längsschiffs gerichteten Bügeln; da man aber dann keine normalen Kleiderbügel mehr verwenden kann, ohne erst den gesamten Inhalt des Schranks entfernen zu müssen, wenn man schnell etwas braucht, so geht

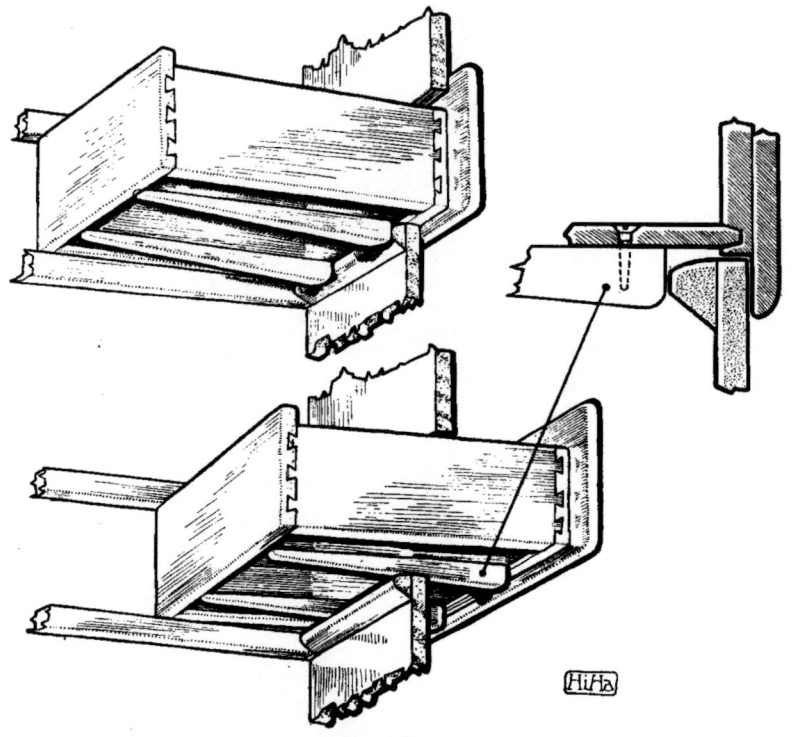

Abb. 90. Selbstsperrendes Schub.

auch die viel einfachere längs laufende Stange mit querlaufenden Bügeln, wenn die Dimensionen so gewählt sind, daß die Sachen nicht ins Pendeln kommen: Der Schrank darf also nicht zu tief sein.

Wenn man die Bücher nicht oder nicht alle auf einem Querbord unterbringen kann, so geht auch ein Längsbord, das aber dann etwa in halber Höhe eine wegnehmbare Leiste haben muß, die die Bücher im Seegang hält.

224

Schlingerleisten sind eine gute Sache; sie haben jedoch nur Wert, wenn die Gegenstände, die sie halten sollen, entweder fest an ihnen anliegen oder sich ihnen nur ganz behutsam nähern; sonst dienen sie nur dazu — siehe oben — um dem Durchbrenner erst den richtigen Schwung zu verleihen. Trotzdem gehören sie an jeden Tisch und an jedes Bort! Man ist schließlich nicht immer auf hoher See, und im Hafen werden sie ausreichen, wenn nicht ein ganz wildes Maschinenungetüm vorbeijagt.

Nun aber die Schränke und ihr Inhalt: Sie müssen so unterteilt sein, daß beim Öffnen einer Tür nur ein Teil des Inhaltes herauszukommen versucht — den kann man dann mit kühnem Griff festhalten, solange, bis man das Gewünschte gefunden hat. Zerbrechliche Gegenstände gehören keinesfalls lose in einen Schrank, auch nicht Kochtöpfe und dgl., die beim Schlingern nervenzerrüttende Geräusche von sich geben. Auch Wäsche wird zweckmäßig in Schüben verstaut, die zu der Größe der einzelnen Stücke passen; einfacher noch ist es, man macht es umgekehrt und legt die Wäsche im richtigen Format zusammen; das ist nicht etwa nur wegen der Schönheit ratsam: es kann vorkommen, daß sich die Oberhemden alle in einen Winkel verkriechen und nachher das Schub nicht mehr aufgeht.

Es gibt ein sehr einfaches und sehr wirkungsvolles Mittel, um Schübe am unbeabsichtigten Aufgehen zu verhindern: siehe Abb. 90.

Sehr wichtig, aber wie ich gerne zugebe, auch sehr schwierig, ist das Stauen von Segeln, Trossen und ähnlichem Schiffsinventar. Meist wird dazu die Achterpiek verwendet werden, Platz hat man aber nie genug, selbst wenn man, wie ich auf „Bora IV", eine außergewöhnlich große Vorpiek opfert. Zum mindesten die hauptsächlich zur Verwendung kommenden Segel sollten einzeln an Haken aufgehängt sein, so daß man sie jederzeit erreichen kann, ohne anderes zu entfernen. Um Platz zu sparen, tut man gut, die Segelsäcke so fest zuzuschnüren, daß man sie am Boden aufhängen kann, ohne daß das Segel herunterrutscht. Trossen, wenigstens die am meisten gebrauchten, werden auch am besten aufgehängt, nachdem sie vorher so bebenzelt sind, daß sie klarbleiben. Sowohl mit Segeln wie mit Trossen, die nicht luftig hängen können, sei man vorsichtig und lüfte sie öfters. Das Stocken geht erstaunlich schnell.

Konservendosen liegen gut auf Grätings in der Bilge, wo man sie nur so zu stauen braucht, daß sie sich gegenseitig stützen. Auch Flaschen bringe ich in der Bilge unter, gebrauche allerdings die Vorsicht, sie durch dazwischengestopfte Wischtücher (neue!!

ich führe so die Reserve mit!) gegen allzu heftige gegenseitige Berührungen zu schützen. Papier und Twist eignen sich nicht, da sie die Ablaufrinnen der Bilge verstopfen. „In Betrieb" befindliche Flaschen aller Art pflege ich querschiffs auf der Wegerung unter den Sofabänken liegend aufzubewahren. Sie lassen sich dort übersichtlich verstauen, nehmen keinen wertvollen Platz weg und sind mit einem Handgriff zu erreichen.

An Deck und auch in der Plicht kommt zu den oben aufgeführten Ursachen, die unerwünschte Wanderungen nicht „ortsfester" Inventarstücke veranlassen können, eine weitere hinzu: das Wasser! In der Form, in der es an Deck häufig aufzutreten pflegt, nämlich als Sturzsee, hat es die Eigenschaft, allen Dingen einen mehr oder weniger großen Auftrieb zu erteilen! Die Schwerkraft genügt also nicht mehr, um die Dinge an ihren Platz zu bannen; alles, aber auch restlos alles, was nicht niet- und nagelfest ist, muß fest an Deck gezurrt werden!

Damit ist eigentlich genug gesagt! Nur noch ein paar Winke: Anker sollten in Lagern liegen und an mindestens zwei Stellen nach kräftigen Augen im Deck gezurrt werden. Kann man auch Bootshaken in Lagern unterbringen, so zurre man sie dort, sonst längs des Aufbaus oder längs der Reling; auf „Bora III" führte ich den Bootshaken schräg von Wanten nach Steven, da er anders nicht unterzubringen war; er schwamm nie fort, störte aber etwas. Tweidel, Besen, Beibootsriemen müssen einzeln gezurrt werden: Achtung: Die Zurrings schamfielen leicht an harten Gegenständen! Pütting-Eisen, das Gewinde der Wantspanner und ähnliches eignen sich aus diesem Grunde nicht zum Befestigen der Zurrings! Ich verwende als Zurrings geflochtene Hanfleine (Lotleine), weil sie oft abhanden kommen, und die geflochtene Leine, die dann schnell in der richtigen Länge abgeschnitten wird, nicht gleich mit einer Takeling versehen zu werden braucht.

Neubau.

Es ist eine schwierige Frage, ob es besser ist, sich ein gutes altes Boot zu kaufen oder sich ein neues bauen zu lassen. Für den Kauf spricht die geringere Belastung des Geldbeutels und die sofortige Bereitschaft des Bootes, für den Bau, daß man das bekommt, was man haben will und auch weiß, was in dem Boot drin steckt!

Der Neubau fängt auf dem Papier an, das heißt eigentlich schon vorher im Kopf des zukünftigen Eigners. Dieser muß sich erst einmal darüber klar sein, was er haben will. Will er in eine

Klasse hineinbauen, um so besser, denn er wird sich dann sofort sagen müssen, daß zu viele Sonderwünsche nicht zu erfüllen sein werden; will er das nicht, so muß er sich in seinen Wünschen selbst weise Beschränkung auferlegen und den Ratschlägen von Konstrukteur und Werft folgen, wenn diese erklären, daß der eine oder andere Wunsch nicht oder nur auf Kosten anderer Dinge zu erfüllen sei. Je mehr Erfahrung er selbst im Bau von Booten hat, desto mehr wird er geäußerte Bedenken zu würdigen verstehen. Der Neuling sollte besonders vorsichtig sein, denn aus sehr begreiflichem Geschäftsinteresse werden die Erbauer dazu neigen, Forderungen, an denen dem Kunden viel zu liegen scheint, zu erfüllen, selbst wenn sie konstruktiv nur durch Gewaltmaßnahmen zu lösen sind. Der Schiffbau ist nicht nur eine Technik,

Abb. 91. „Bora IV":
Blick auf Decksbalken und Diagonalversteifung am Mast.

er ist auch eine Kunst! Trotz allen Rechnens gehört noch eine ganze Menge Gefühl für Harmonie dazu, um die Linien eines guten Seebootes zu entwerfen, und diese Harmonie sollte nicht durch Unmöglichkeiten gestört werden. So sollten auch Eigner und Konstrukteur harmonisch zusammenarbeiten und gegenseitiges Vertrauen haben. Der Konstrukteur muß wissen, daß der Eigner ihm ein: „Nein, das geht nicht!" nicht verübelt, der Eigner aber muß wissen, daß dieses Veto auf Überzeugung und nicht auf Bequemlichkeit beruht. Ob man sich erst an eine Werft oder erst an einen Konstrukteur wendet, wird davon abhängen, ob durch persönliche Beziehungen die Anknüpfung hier oder da zuerst erfolgt. Unter allen Umständen muß dem Bau die Aufstellung eines eingehenden Entwurfes voraufgehen;

können sämtliche Konstruktionszeichnungen vor Baubeginn fertiggestellt werden, um so besser. Je mehr vorher auf dem Papier bedacht, berechnet und gezeichnet ist, desto glatter wird sich der Bau abwickeln und desto weniger werden nachträgliche

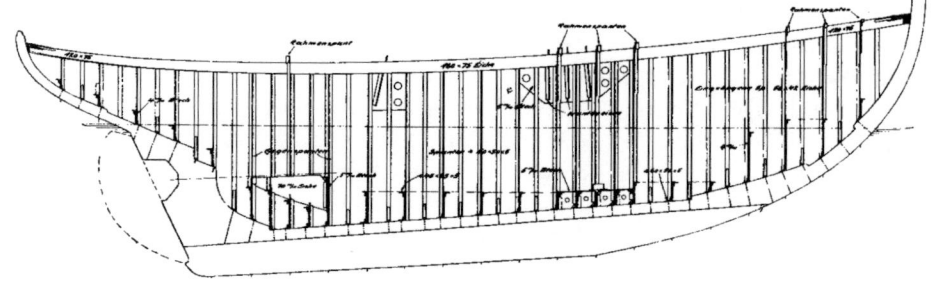

Abb. 92. „Bora IV": Bauzeichnung.

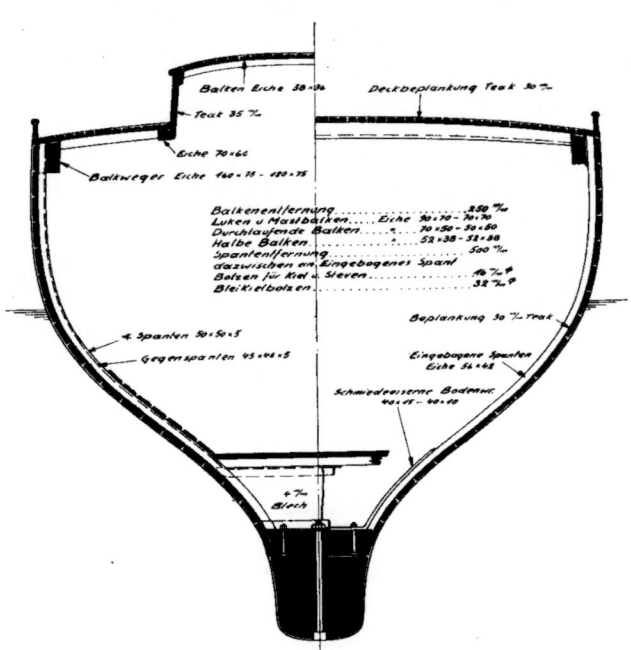

Abb. 93. „Bora IV": Material-Hauptspant.

Änderungen notwendig werden. Selbst wenn man, wie es mir fast immer und in ganz besonderem Maße bei dem Bau von „Bora IV" möglich war, aufs angenehmste mit der Werft zusammen arbeitet, sollte man dem Bauvertrag eine bis ins Einzelne gehende Baubeschreibung und die wichtigsten Zeichnungen zugrunde legen.

Während des Baues ergeben sich trotz der schönsten Pläne unendlich viele kleine Probleme, die auf die eine oder andere Art gelöst werden können. Es empfiehlt sich daher, die Werft öfter zu besuchen und diese Dinge unter Hinzuziehung des Konstrukteurs zu besprechen. Unterläßt man das oder macht die notwendigen Angaben nicht rechtzeitig, so kann man sich nicht wundern, wenn plötzlich z. B. die Schnapsgläser in das für sie vorgesehene Fach nicht hineinpassen wollen. Alle diese einzubauenden Dinge, soweit sie vom Eigner geliefert werden, müssen rechtzeitig bei der Werft eintreffen, denn die Hauptausgabe beim Bau des Bootes ist der Arbeitslohn und nicht das Material, ein unvorhergesehener Aufenthalt aber wirft die Lohnberechnungen der Werft um. Hat man nicht schon reichliche Erfahrung, so überlasse man die Beschaffung der Ausrüstung lieber der Werft

Abb. 94. „Bora IV": Wantplatten.

oder dem Konstrukteur, sonst passen nachher Kompaß und Ankerwinde nicht an den vorgesehenen Platz! Dinge, die dem persönlichen Geschmack unterliegen, wie Geschirr, Wäsche und auch die Bezüge der Sofas, besorge man besser selbst oder lasse sich zum mindesten Proben des zur Verwendung kommenden Materials vorlegen.

Es ist praktisch, dem Konstrukteur die Bauaufsicht über den Neubau zu übertragen, um jederzeit sich auf den Rat eines Fachmannes stützen zu können. Bei den alten renommierten Werften, die ihre eigene gute Tradition haben, mag das nicht nötig sein, bei anderen aber mit weniger geschultem Personal können doch einmal grobe Fehler in der Ausführung unterlaufen, die der Laie nicht bemerkt. Es lohnt sich deshalb auch, unter Aufsicht des Germanischen Lloyd zu bauen.

Wenn ein Schiff gut werden soll, müssen Konstrukteur und Erbauer Zeit haben — Zeit für die Pläne und Zeit für die Ausführung. Man sollte so frühzeitig den Auftrag erteilen, daß die Fertigstellung noch vor der Segelsaison erfolgt: Die Arbeit wird besser sein, und man wird auch nicht mit einem Schiff auf die Probefahrt gehen müssen, in dem der Lack noch klebt.

Es ist üblich, der Belegschaft der Bauwerft bei Gelegenheit des Stapellaufs ein Fäßchen Bier und dgl. zu stiften. Man erkundige sich aber vorher nach der Menge, die erwünscht erscheint, damit man nicht zu wenig, aber auch nicht zu viel tut; auch ist es praktisch, festzustellen, welchem von den Meistern oder Vorarbeitern man durch einen Händedruck mit Inhalt seinen Dank für die gute Arbeit ausdrücken soll.

Bauvorschrift der 12 m-Hochseekreuzeryacht mit Hilfsmotor „Bora IV".

Abmessungen:

Größte Länge	12,00 m
Größte Breite	3,02 m
Seitenhöhe nach Germanischem Lloyd	2,295 m

Allgemeine Bedingungen:

Die Yacht wird nach den Zeichnungen und unter der Bauaufsicht des Herrn Hans Schröder, Berlin, hergestellt.

Alles für den Bau verwendete Material soll erstklassig und fehlerfrei sowie für seinen jeweiligen Verwendungszweck geeignet sein.

Im übrigen sind für das Material und für die Ausführung die entsprechenden Vorschriften des Germanischen Lloyd 1926 für seegehende Yachten maßgebend, damit das Fahrzeug die höchste Klasse 100 A/4 für Seefahrt erhalten kann.

Baubeschreibung:
Ruder:

Ruderschaft aus Bronze, Ruderblatt aus Teak. Letzteres wird mit dem Schaft mittels Durchbolzen solide verbolzt. Ruderösen aus Bronze werden passend modelliert und mit Ruder und Hintersteven sorgfältig verbolzt. Ruderkoker Kupfer, mit dem Hintersteven aufs sorgfältigste verbunden, so daß absolute Dichtigkeit gewährleistet ist.

Kiel:

Aus deutscher Eiche, durchaus gesund und der Form des Schiffes angepaßt.

Ballastkiel:

Aus Blei, 6 000 kg. Der Kiel ist in einem Stück zu gießen und sorgfältig mit dem Rumpf zu verbolzen; dabei ist peinlichst darauf zu achten, daß der Ballastkiel völlig dicht an Totholz bzw. Holzkiel anschließt.

Vor- und Hintersteven:

Aus gesundem deutschem Eichenholz der Form entsprechend gewachsen.

Totholz:

Aus ausgesuchtem Eichenholz.

Spanten:

Die Hauptspanten bestehen aus schwarzem rundkantigem Winkelstahl; zwischen je zwei Stahlspanten ist ein Spant aus ausgesuchter Spiegeleiche einzubiegen.

Außenhaut:

Aus ausgesuchtem reinem ostindischem Teak (Rangoon oder Mulmein). Die Nähte sind auf das peinlichste zu dichten und vor dem Kitten zu ölen bzw. mit dünner Farbe zu streichen. Sämtliche Bolzenlöcher werden vorgezentert und gepfropft. Die Pfropfen sind in dickem Bleiweiß bzw. Mennige einzusetzen. Alle Bolzen und Nieten sind stramm zu schlagen, die Schrauben sind zu verpacken. Die stählernen Spanten sind vor dem Aufbringen der Planken mit Mennige zu streichen. Während des Aufbringens ist nochmals zwischen Spant und Planke dick Mennige zu packen. Vor dem Einbringen der eingebogenen Spanten ist die Außenhaut an diesen Stellen zu ölen. Vor Anbringen der Wegerung und Einrichtung ist die ganze Außenhaut innen dreimal zu ölen. Außer den drei untersten Planken soll die Plankenbreite 130 mm nicht überschreiten. Der Schergang darf bis 150 mm breit sein.

Balkweger:

Aus ausgesuchter Eiche, in möglichst langen Längen.

Decksbalken:

Aus Eiche, ausgesuchte Wurzelenden.

Schandeck und Mittelplanke:

Aus ausgesuchtem Teak, mit dem oberen Gang und mit den Decksbalken verschraubt und gepfropft.

Deck:

Aus absolut reinem Teak in Planken von nicht über 50 mm Breite, welche in sich und mit den Decksbalken sorgfältig durch verdeckte Nagelung zu verbinden sind. Die Nähte sind sorgfältig zu dichten und mit Marineleim auszugießen.

Schanzkleid:

Aus ausgesuchtem Teak, mit dem oberen Gang sorgfältig verbolzt.

Reelingleiste:

Aus Teak, mit dem Schanzkleid verschraubt und gepfropft.

Fußboden:

Aus Eiche oder Teak nach Wahl des Bestellers, mit reichlichen Luken ausgestattet, an den Seiten mit der Wegerung bzw. der Einrichtung dicht abschließend.

Logis:

Der Raum wird aus Teak angefertigt und naturlackiert. Er erhält eine feste Koje, eine Backskiste mit Zinkeinsatz, einen Kleiderschrank, einen Klappsitz. Unter der Koje zwei Schübe und zwei Schränke mit herausnehmbaren Grätingborten. Die Ankerketten finden ihren Platz vorne unter der Koje in besonderen Abschottungen, die durch Klappen leicht zugänglich sind. Über der Backskiste und in der Vorpiek auf beiden Seiten sind reichlich kräftige Messinghaken zur Aufhängung der Segelsäcke und Trossen anzubringen. Licht und Luft erhält der Raum durch die Niedergangskappe und zwei Bullaugen an deren Seitenwänden, sowie durch zwei versenkbare Pilzköpfe ganz vorne.

Anrichte:

Auf St.-B. ist eine Anrichteplatte mit einem eingelassenen Aufwaschbecken einzubauen, welches mittels Pumpe nach Außenbord entleert werden kann. Neben der Anrichteplatte ist ein vom Besteller zu liefernder Herd einzubauen und mit einem Kupfer- oder Messingschornstein zu versehen. Die Decke über der Anrichteplatte und im Bereich des Herdes, auch die Schotten, sind mit Asbest und Messingblech bzw. Emaillekacheln zu verkleiden. An der Bordwand bzw. den Querschotten sind in Fächern und Borten Töpfe, Geschirr, Bestecke und Proviantdosen, die sämtlich vom Besteller geliefert werden, nach dessen Angaben bzw. nach Zeichnung einzubauen. An geeigneter Stelle ist je ein Hahn für Seewasser- und Frischwasserzufluß anzuordnen. Der ganze Raum wird in Teakholz ausgeführt und naturlackiert.

Salon:

Der Salon erhält auf B.-B. ein bequemes sprungfedergepolstertes Sofa mit Rückenlehne und zwei großen Kopfrollen. Der Bezug wird vom Besteller geliefert. Vor dem Sofa ein großer besonders kräftiger feststellbarer Schlingertisch mit Bleigewichten. Am Achterende des Salons Schrank für Seekarten, in welchem Schreibmaschine, nautische Instrumente und dgl. schlingerfesten Platz erhalten. Über dem Sofa wird ein vom Besteller gelieferter Radioapparat, außerdem ein Bücherbord mit wegnehmbaren Schlingerleisten angebracht. Anschließend nach vorne ein Büfettschrank, daran anschließend ein Wäscheschrank mit Auszügen und ganz vorn ein großer Kleiderschrank mit Stange zum Aufhängen der Kleiderbügel. Auf St.-B. ist eine feste Koje mit Zugfederboden einzubauen, darunter drei Schubfächer und Schränke mit herausnehmbaren Borten, am Fußende ein großes Bücherbord. Hinter dem Mast ist ein vom Besteller zu liefernder Ofen einzubauen. Es sind ferner an geeigneten Stellen vom Besteller gelieferte Instrumente, wie Barograph, Uhr und dgl., anzubringen. Der ganze Raum wird in Teak naturlackiert ausgeführt, die Decke weiß gestrichen. Licht und Luft erhält er durch ein Oberlicht, durch die Niedergangskappe und durch ein Bullauge in der Aufbauwand.

Toilette:

Auf B.-B. wird ein Unterwasser-Pumpklosett mit Absperrventil eingebaut. Das Klosett erhält Sitz und Deckel aus Teakholz, poliert, mit Bronze-Armaturen. Daneben wird ein Fayencewaschbecken eingebaut. Der Abfluß des Waschbeckens führt in das Klosett. Hinter diesem Waschbecken und einer Abschottung ist ein Zinkblechwassertank von etwa 80 Liter Inhalt einzubauen, welcher zur Frischwasserversorgung des Waschbeckens dient. Am Schott des Wassertanks sind Toilettegegenstände auf kleinen Regalen oder Haltern schlingerfest einzubauen. Licht und Luft erhält der Raum durch ein festes Bullauge in der Aufbauwand, neben dem ein Facette-Spiegel anzubringen ist, und durch ein zu öffnendes Bullauge in der Stirnwand. Der ganze Raum wird in Teak naturlackiert hergestellt.

Motoranlage:

Der Motor (Einzylinder Hanomag) mit Wendegetriebe, Licht-maschine, Anlasser, wassergekühltem Schalltopf, Pumpe und Instrumenten wird vom Besteller geliefert. Der gesamte be-triebsfertige Einbau, sowie Lieferung der Wellen- und Schrauben-anlage (Zeise-Spezial-Propeller), des Spindelrades zur Betätigung des Wendegetriebes, der Ölwanne aus Zinkblech unter dem Motor, der Hebel zur Gasregulierung usw., der Rohrleitungen, eines etwa 200 Liter — und eines 60 Liter fassenden kupferverbleiten explosionssicheren Brennstoffbehälters erfolgt werftseitig.

Der Auspuff des Motors geht direkt nach oben und endet im Aufbaudach neben der Niedergangskappe in einem Metall-stutzen, an welchem ein biegsames Rohr aus Messing oder Kupfer mit einer Überwurfmutter befestigt wird, sodaß es nach allen Seiten geschwenkt und am Schanzkleid gehaltert werden kann. Der im Aufbaudeck endende Metallstutzen erhält eine leicht zu öffnende Verschlußkappe aus Metall. Die Wellenlager in der Stopfbüchse und im Stevenrohr sowie in der Sternbuchse sind aus Poro-Bronze oder Weißmetall zu liefern.

Treppe:

Die Treppe zur Kajüte ist aus Teak herzustellen. Die Stufen sind mit Riffelgummi zu belegen und die Außenränder mit einer Messing-Treppenschiene zu versehen. Auf St.-B. neben der Treppe wird ein offener Raum zum Aufhängen von Ölzeug angeordnet.

Kajütaufbau:

Aus Teak. Aufbaubalken Eiche. Aufbaudeck Teak.

Oberlicht:

Aus Teak mit besonders starkem Glas und Messinggrätings nach Zeichnung sowie wegnehmbaren Fliegenfenstern aus Messing-gaze.

Niedergangskappen:

Aus Teak, beide Kappen sind als Schiebekappen ausgebildet, mit auf horizontaler Achse klappbaren Türen.

Elektrische Beleuchtung:

Batterien, Schalter, Abzweigdosen, Innen- und Außen-beleuchtungskörper werden vom Besteller geliefert, sind jedoch von der Werft anzubringen. Die Leitungen sind unter Ver-wendung besten Bleikabels entsprechender Abmessungen von der Werft zu liefern und aufs sorgfältigste, wo notwendig in Rohren, zu verlegen. Das Schott hinter den Batterien ist mit Bleiblech zu verkleiden, ebenso die Wanne, in der sie stehen. Zwei Laternenbretter sowie evtl. Stützen für Scheinwerfer und Hecklaterne sind werftseitig zu liefern.

Plicht:

Ganz aus Teak, einschließlich Reling und Sitzgrätings, wasserdicht und selbstlenzend. Der Boden ist mit Bleiblech zu belegen, welches an den Wänden bis zur Oberkante der Fußbodengräting zu führen ist. Letztere wird mehrteilig aus Teak gebaut. Die Kompaßsäule wird vom Besteller geliefert und ist einzubauen.

Bilge:

Es ist peinlich darauf zu achten, daß die gesamte Bilge einwandfrei zum Pumpensumpf entwässert. Der Innenballast ist auf besonderen Lagern anzubringen. Außer den Pilzköpfen im Vorschiff und Achterschiff ist ein großer Lüftungskopf im Motorraum anzuordnen.

Malerarbeiten:

Außenhaut über Wasser weiß oder schwarz lackiert. Die Hohlkehle sowie Name und Klubinitialen beiderseits am Heck geschnitzt und echt vergoldet, alle Aufbauten einschließlich des Aufbaudecks, das Schandeck, Oberlicht, die gesamte Plicht, das innere Schanzkleid sowie die Rundhölzer werden unter Verwendung von bestem Bootslack naturlackiert. Das Unterwasserschiff wird mit Valsparbronze gestrichen bzw., falls gleich Kupferung vorgesehen wird, mit Ölfarbe. Sämtliche Innenräume sind naturlackiert auszuführen, bis auf die Decken, welche sämtlich weiß lackiert werden.

Tapezierarbeiten:

Ein abnehmbares Sofakissen mit Sprungfedern, eine Rückenlehne, zwei Kopfrollen 250 mm Durchmesser (Bezugsstoff hierzu wird vom Besteller geliefert), zwei Patentfederrahmen, zwei Kojenmatratzen nebst Keilkissen aus gutem Drell mit Kapokfüllung, Roßhaarplattierung und Matratzenschonern, zwei Klappstühle.

Lenzpumpe:

Es ist eine sehr reichlich dimensionierte Lenzpumpe bester Konstruktion nach Wahl des Bestellers, Saugkorb vor der Ansaugleitung sowie Entwässerung nach außenbords einzubauen. Die zweite Lenzpumpe erhält eine Ansaugleitung nach der Bilge unter dem Motor.

Frischwasserbehälter:

Außer dem Waschwassertank auf B.-B. wird auf St.-B. neben dem Motorraum ein etwa 280 Liter fassender Doppeltank aus verzinktem Eisenblech eingebaut; beide Tanks sind durch große Verschraubungen an Deck zu füllen, die Wasserentnahme erfolgt durch Gefälle, die Rohrleitungen sind aus Blei. Die Tanks sind entsprechend stark zu bauen und müssen ebenso wie auch die Brennstofftanks mit reichlichen Schlingerschotten versehen sein.

Mast und Rundhölzer:

Aus ausgesuchtem Spruceholz, aus mehreren Stücken geleimt. Der Mast als Steckmast mit Keilen und Kragen einzurichten. Sämtliche Beschläge sind aus dem durch die Zeichnung vorgeschriebenen Material aufs sorgfältigste nach den Zeichnungen anzufertigen. Der Klüverbaum besteht aus Eichen- oder Teakholz. Ein Spinnakerbaum ist nach Zeichnung gebrauchsfertig mitzuliefern.

Taklerarbeiten:

Eine komplette Ausrüstung von erprobtem Stahldraht-Seil (Festigkeit von 180 kg pro Quadratmillimeter) nach Zeichnung und Spannschrauben aus bestem verzinktem Tiegelflußstahl bzw. Bronze sowie eine komplette Ausrüstung von bestem Yachtmanila-Tauwerk mit Haken, Schäkeln und Mastreitern nach Zeichnung, Streckertaljen usw.

Blöcke:

Eine volle Ausrüstung bester Yachtblöcke reichlicher Dimensionen aus Eschenholz mit verz. Innenbeschlag und Patentscheiben bzw. Eisen- oder Bronzeblöcke für Drahtfalle nach Zeichnung. Die Großschotblöcke sind nach besonderer Zeichnung anzufertigen.

Decksausrüstung:

Vollständig für eine Yacht dieser Größe, wo angängig aus Bronze und wo größere Kräfte auftreten, aus Stahl, bestehend aus Lippklampen, Leitösen, Belegklampen, Pollern usw. Für Anker, Beiboot usw. sind Teakholzlager und, wo notwendig, Ringklampen oder Augbolzen zum Festzurren anzubringen.

Steuergeschirr:

Es ist ein Spindelsteuerapparat bewährter Konstruktion mit Bronze- bzw. Rotgußlagern und 0,60 m Durchmesser Teakholzrad auf Bronzeachse einzubauen. Der Steuerapparat ist von Deck durch ein wasserdichtes Luk zugänglich.

Ankergeschirr:

Ein verzinkter Stockanker von 60 kg inkl. Stock, ein dito von 30 kg (beide nach besonderer Angabe anzufertigen), 90 m verzinkte Stegkette 12 mm Durchm., 30 m verzinkte kurzgliedrige Ankerkette 9 mm Durchm. (beide mit Attest des Germanischen Lloyd), 60 m Manilatrosse 90 mm Umfang, zwei Durchlaufklüsen an Deck für die Ketten, zwei Kettenstopper, zwei Klüsen mit Rollen am Steven.

Ausrüstung und Inventar:

Es ist werftseitig mitzuliefern: Außer den im Vorstehenden genannten Stücken nachstehende Ausrüstungsteile:

2 kräftige, gebrauchsfertige Bootshaken,
1 Flaggenstock mit Leine,
1 Standerstock,
1 Fallreep aus Teakholz,
1 gebrauchsfertiger Bootsmannstuhl.

Alle anderen Inventar- und Ausrüstungsstücke sowie sonstiges Zubehör für die Yacht, die vom Besteller rechtzeitig angeliefert werden, sind kostenlos einzubauen.

Allgemeines:

Wo nicht besonders erwähnt, sind alle Holzteile aus Teak oder Eiche, alle Verbolzungen, Verschraubungen und dgl. aus Bronze oder Kupfer anzufertigen. Die Bauzeichnungen sind maßgebend. Insbesondere ist die Verwendung von Kiefern- und dgl. Holz zu Füllstücken zu vermeiden sowie jede Verwendung von Nägeln, außer wo solche besonders zugelassen.

Unter Teak ist in allen Fällen ostindisches Teak von 900 kg Mindestgewicht je Kubikmeter zu verstehen. Es ist möglichste Einheitlichkeit in der Größe der verwendeten Muttern und dgl. anzustreben. Vierkantmuttern sind zu vermeiden. Kleiderhaken, Haken und Ringe zum Aufhängen von Inventar sind sehr reichlich vorzusehen und nach Angaben des Bestellers anzubringen.

Sämtliche unterhalb der Wasserlinie nach Außenbord führende Leitungen sind durch Absperrhähne und Verschraubungen zu führen.

Es ist aufs peinlichste darauf zu achten, daß keine toten ungelüfteten Ecken (etwa bei Plankenstößen und dgl.) entstehen. Ebenso dürfen unter keinen Umständen Hobel- oder Sägespäne hinter der Wegerung oder an anderen schlecht zugänglichen Stellen liegen bleiben.

Das gesamte Innenschiff ist überall da, wo Teile des Inventars mit der Außenhaut in Berührung kommen könnten, zu wegern, jedoch ist peinlichst darauf zu achten, daß nirgends die Luftzirkulation von der Bilge zwischen Wegerung und Außenhaut zur Decke behindert wird; die Schränke haben daher unter der Decke Luftlöcher zu erhalten. Der Motorraum, der gleichzeitig die Toilette enthält, ist gegen die weiter vorn liegenden Räume von der Bilge bis zur Decke völlig dicht abzuschotten.

Auf absolute Dichtigkeit der Außenhaut wie des Decks wird allergrößter Wert gelegt.

Schränke und Schübe sind auch innen aus Teak oder Eiche herzustellen.

Die elektrischen Leitungen sollen bezüglich ihrer Verlegung, Dimensionierung usw. den Bauvorschriften des Handels-Schiffs-normen-Ausschusses für elektrische Anlagen auf Handelsschiffen entsprechen.

Ebenso sind die vom Handels - Schiffsnormen - Ausschuß genormten Teile weitgehendst bei dem Bau des Fahrzeuges zu verwenden.

Bei dem ganzen Bau ist der Verwendungszweck des Fahrzeuges: Mit sehr schwacher Besatzung ausgedehnte Hochsee-reisen zu unternehmen, im Auge zu behalten. Es sind daher auch weniger wichtige Bauteile, wo nicht anders möglich unter Hintansetzung des gewöhnlich geforderten yachtmäßigen Äußeren, so kräftig zu wählen, daß nach menschlichem Ermessen eine Bruchgefahr ausgeschlossen ist.

Seemannschaft.

Zur Seemannschaft gehört eigentlich alles, was der Führer einer Yacht können, wissen und bedenken muß. So wenig man sich diese Kenntnisse nur auf theoretischem Wege aneignen kann, so falsch wäre es zu glauben, daß die Theorie überflüssig sei — im Gegenteil! Je fester die praktischen Kenntnisse auch theoretisch im Bewußtsein verankert sind, desto eher wird man in der Lage sein, sie auch vorkommendenfalls zu verwenden; nur darf eine solche „Verankerung" keinesfalls allein aus der Erinnerung an irgendwelche auswendig gelernten Regeln bestehen: der kausale Zusammenhang muß erfaßt sein, sodaß jederzeit logische Rekonstruktion möglich ist. Ganz besonders gilt das für Fälle, die wenig vorkommen, aber dann sofortigen Entschluß verlangen: Havarien aller Art, Zusammenstöße, Versagen eines Manövers u. a. m. Auch Lagen, die den Gebrauch des Seeankers notwendig machen, werden in der Praxis selten vorkommen, und doch ist es wichtig, daß der Führer gegebenenfalls seine Anwendung beherrscht. Es ist vorteilhaft, sich solche Situationen in der Phantasie vorzustellen, sie gewissermaßen als Film vor sich abrollen zu lassen und sich nun klar zu werden: Was tue ich? Dabei ist das Studium von dem, was andere in Wirklichkeit unter gleichen oder ähnlichen Umständen taten, lehrreich und hilft den eigenen potentiellen Entschluß zu fassen.

Beim Segelsport dürften es Brüche der Takelage oder das Überbordgehen eines Mitgliedes der Besatzung sein, die blitzschnelle Entschlüsse verlangen, um größeres Unheil abzuwenden. Man unterschätze jedoch nicht die Erschwerung jeder Gedankentätigkeit, die durch die hohe See, das Heulen des Windes und die unweigerliche Ermüdung hervorgerufen wird. Je weniger man in schwierigen Lagen zu denken braucht, je mehr man instinktiv handeln kann, um so besser.

Man hüte sich davor, sein Gehirn mit allzuviel Weisheit zu belasten! Was man schwarz auf weiß, gedruckt oder geschrieben oder gezeichnet, in der Kajüte aufbewahren kann, soll man nicht im Kopf haben, wenn man nicht glaubt, daß man diese Kenntnis ganz plötzlich brauchen wird — und das wird nicht so häufig der Fall sein. Von Kursen und Entfernungen z. B., die mich im Augenblick nichts angehen, habe ich immer nur eine sehr vage Vorstellung, andererseits pflege ich mir vor Anbruch der Dunkelheit alle etwa in Frage kommenden Feuer einzuprägen, selbst wenn es unwahrscheinlich sein sollte, daß sie in Sicht kommen; daß man natürlich die Gegend, in der man sich befindet, einigermaßen im Kopf hat, ist wohl selbstverständlich.

Allzu große Forschheit ist ein schwerer Fehler und ein Mangel an Seemannschaft. Nie sollte man sich verleiten lassen, gegen seine Überzeugung etwas zu tun, selbst wenn es von anderen vorgemacht wird. Es ist ein beliebter Fehler, mit dem eigentlich notwendigen Reffen zu warten, weil der „Andere" ja auch noch nicht refft — man bedenkt dabei nicht, daß es dem wahrscheinlich genau so geht! Auch ob man unter schlechten Verhältnissen ausläuft, lasse man nicht von den Nachbarn entscheiden, sondern fasse seinen Entschluß aus sich heraus. Man kann nicht wissen, ob er nicht gewichtige Gründe hat, um mehr zu wagen, als man selbst, oder ob er vielleicht von Unkenntnis sich leiten läßt. Kennt man ihn und glaubt, seinem Urteil vertrauen zu können, so ist das natürlich etwas anderes.

Aber auch übergroße Ängstlichkeit ist nicht am Platze. Auf starkem Schiff mit guter Ausrüstung läßt sich vieles ertragen, was dem seeungewohnten Segler gefährlich erscheint. Im allgemeinen ist es die Mannschaft, die versagt, und nicht das Schiff; auf objektiv seeuntüchtigem Schiff auf See zu fahren, steht hier außer Diskussion.

Navigation.

Es gibt so viele vorzügliche Lehrbücher der Navigation, die auch zum Teil auf die besonderen Bedürfnisse des Yachtseglers zugeschnitten sind, daß es an sich ganz überflüssig wäre, darüber etwas zu sagen. Bloß will es mir scheinen, daß sowohl Lehrbücher wie manche Methoden, die in Kursen gelehrt werden, zu wenig auf etwas Rücksicht nehmen: Daß nämlich der Yachtsegler doch schließlich nur im Nebenberuf Seemann ist! Er hat irgendeinen Beruf, der meistens nicht das geringste mit Mathematik, Winkeln und derartiger von der Schule her noch im Gehirn haftender Gelehrtheit zu tun hat — und soll plötzlich alle diese Dinge nicht nur wissen, wenn er im Sommer sechs oder acht Wochen zur See fährt — er soll sie auch unter höchst erschwerenden Umständen anwenden können!

Deshalb ist allergrößte Einfachheit in der Navigation die Hauptsache. Die verwendeten Methoden müssen so klar aus dem gesunden Menschenverstand und gewissen elementaren Grundbegriffen jederzeit rekonstruiert werden können, daß selbst im Geheul einer Bö der Steuermann in der Lage ist, sie abzuleiten und sich nicht auf sein Gedächtnis zu verlassen braucht.

Je weniger man rechnet, desto besser ist es; nicht etwa, weil man sich verrechnet (was allerdings auch vorkommen kann), aber weil man irgendwo plus und minus verwechselt hat, stimmt die Rechnung oft nicht — wenn man Glück hat um so viel, daß man's merkt! Ich halte es deshalb nicht für richtig, auf einer Yacht Koppelkurse zu rechnen, außer wenn man einen Berufsseemann auf Urlaub oder ein mathematisches Genie an Bord hat, — und auch dann würde ich heimlich, still und leise die Kurse noch in die Karte einzeichnen!

Überhaupt ist das Zeichnen der Kernpunkt der ganzen Navigation, soweit sie sich auf der Karte abspielt. Stromversetzung, Abtrift — alles, was das Schiff von seinem Kurse abbringen kann, läßt sich bequem einzeichnen; dann hat man es vor Augen, irrt sich nicht so leicht und wenn — kann man durch Nachprüfen feststellen, wie man zu dem Irrtum gekommen ist. Das einzige, was man rechnen muß und wo man sich aber auch nicht gut irren kann, ist die Mißweisung und die Deviation. Für letztere hat man die Tabelle, aus der allerdings klar und eindeutig hervorgehen muß, ob der Kompaß so und so viel Grade zuviel zeigt oder ob man diese Anzahl Grade zu dem mißweisenden Kurs hinzuzählen soll (oder umgekehrt)! Deshalb ist sowohl das Rechnen wie das Steuern nach Graden dem mit Strichen vorzuziehen.

Nachdem man das Verwechseln von Vorzeichen durch einfache Überlegungen ausgeschaltet hat, besteht das Rechnen der Kurse nur in Additionen oder Subtraktionen, die im Kopf auszuführen sind. Mit Kursdreieck, Bleistift und Kartenzirkel läßt sich dann die ganze terrestrische Navigation bewältigen — und das ist sehr wünschenswert, denn die Praxis bietet noch genug Schwierigkeiten!

Es sollte der Ehrgeiz eines Yachtführers sein, niemals auch nur für einen Augenblick über den Schiffsort im unklaren zu sein, deshalb sollte die Besteckrechnung beginnen, sowie der Hafen verlassen wird. Es wird darin recht viel gesündigt — das Wetter ist so schön — man weiß ja so gut Bescheid! Und mit einemmal dreht der Wind, der dicke Regen ist da, der Kurs nicht mehr zu halten — wohin nun? Das soll aber nicht heißen, daß der arme Navigateur dauernd zwischen Karte, Kompaß und Log hin und her pendeln soll — durchaus nicht! Ich bin ein großer Freund der „über den Daumen gepeilten" Navigation — unter Verwendung aller technischen Neuerungen; so habe ich oft genug die Tonnen der Baggerrinne durchs Stettiner Haff dazu benutzt, um mein Gefühl für die Fahrt des Schiffes nachzuprüfen — mit der Stoppuhr in der Hand.

Schließlich besteht doch die „Besteckrechnung" in der Beantwortung der Frage: Wie weit und in welcher Richtung bin ich gefahren? Sowie ich aber länger als vielleicht eine Stunde nicht mehr in der Lage bin, mein „Gefühl" für die Fahrt des Schiffes, also für die zurückgelegte Entfernung durch einwandfrei erkennbare Landmarken oder durch Seezeichen zu kontrollieren, wird das Log dazu herangezogen; immer aber geschieht das, wenn ich den Verdacht hege, es könnte Strom laufen, dessen Stärke von Einfluß auf meine Entschlüsse sein könnte.

Außerdem soll man nie, auch nicht in dem bekanntesten und best bezeichneten Fahrwasser ohne einen Kompaßkurs segeln!

Wir verließen einmal — ich war Gast an Bord einer großen Yacht — an einem strahlend schönen Julimorgen Helsingör Richtung Kopenhagen; die Westhuk von Hven lag klar vor uns, und wir liefen etwas frei am Wind gemächliche Fahrt. Mit der Plötzlichkeit, mit der er im Sund aufzutreten pflegt, überfiel uns Nebel. Der Führer dachte an nichts Böses und frug erst nach etwa einer halben Minute den Steuermann, der brav am Winde weitergesegelt war, welchen Kurs wir anlägen; den nahm er dann zur Kenntnis, und als ich vorschlug, doch mal auf der Karte nachzusehen, ob er auch stimmte, hieß es: „Aber wir segeln doch genau so am Wind wie vorher, der hat doch nicht gedreht!" Und dann gab es Kaffee, und als wir wieder heraufkamen, sah ich bloß durch Zufall nach dem Kompaß: SWzW! Und dann gucke ich nach dem Wasser und siehe da: Es waren schon helle Flecke zwischen dem Kraut zu sehen, und es fiel mir ein, daß der Sund so im allgemeinen mißweisend Süd läuft! Ich sagte etwas — rote Köpfe — die Karte raus — „Um Gotteswillen, R h e !!" Wir waren dann auch glücklich auf 3 m Wassertiefe mit unseren 2,50 m Tiefgang! Nachher gab es eine tiefgründige Diskussion, welche meteorologischen Ursachen den Wind veranlaßt haben könnten, so plötzlich und unmerklich mit der Nebelwand zu drehen! „Unverzeihlicher Leichtsinn" sagt jeder, der dies liest; aber Hand aufs Herz, wer hat nicht schon einmal so etwas ähnliches gemacht? Ich jedenfalls fühle mich durchaus nicht unschuldig.

Aber auch, wenn nicht die geringste Gefahr besteht, daß unsichtiges Wetter eintritt, sollte man den Kompaßkurs nicht vergessen; Huken, Leuchttürme und derartiges sehen einander zum Verwechseln ähnlich, gar nicht zu reden von den Granitbrocken der Schärenfahrwasser. Ich habe mich auf meinen Fahrten in den Schären nur zweimal „verlaufen" — und beide Male hatte ich es versäumt, nach irgendeiner Ecke den neuen Kurs abzusetzen: es schien so selbstverständlich klar, wo es weiterging! Dagegen ist es mir oft genug passiert, daß ich glaubte, es könnte unmöglich stimmen — voraus auch nicht die Spur einer Öffnung in den Felsen zu sehen — aber der Kurs ist richtig: Also ab dafür! Und es hat immer geklappt!

In den Lehrbüchern ist sehr viel von Peilungen die Rede; auch in den Segelanweisungen ist oft zu lesen: „Man steure so lange r. w. Nord, bis der Schornstein der Zuckerfabrik von X. r. w. 245⁰ peilt, dann —". Leider habe ich noch keine Methode ausfindig machen können, um von einer kleinen Yacht aus einwandfreie Peilungen zu machen, es sei denn, daß man das Boot selbst zum Peilen benutzt, es also das Peilobjekt anliegen läßt. Wenn ich auf eine genaue Peilung Wert legte, habe ich die Mühe auch von Segelmanövern nicht gescheut, um das zu tun. Ziemlich genau ist auch die „Querabpeilung" auszuführen, weil man an Achterkante Aufbau oder dgl. eine gute Visierlinie besitzt. Angenähert kann man peilen, indem man sich über den Kompaß beugt und Rosenmitte und Objekt anvisiert, wobei die Hand — „Der Daumen" — als Hilfe dienen kann. Relingsmarken für Vierstrichpeilungen, die ich einmal verwendet habe, weisen den gleichen Fehler auf wie Peilkompasse, Peilscheiben und dgl.: Es ist nur selten möglich, sie mit dem Objekt in Deckung zu bringen, weil irgendein Teil des Schiffes im Weg ist. Es gibt im Ausland kleine Peilkompasse, die man in der Hand halten kann; ein deutsches Fabrikat dieser Art, das ich einmal besaß, war so unruhig, daß es unverwendbar war; vielleicht wird einmal eins hergestellt, das sich eignet — die neuerdings aufgekommenen Magnetsysteme mit kurzer Schwingungsdauer lassen das möglich erscheinen. Mit dem Sextanten eine Winkelmessung von Landmarken vorzunehmen, ist ein Kunststück, das mir nur gelungen ist, wenn das Boot vollkommen ruhig lag; gelingt es allerdings, so ist die Genauigkeit groß und übersteigt die Notwendigkeit.

Kreuzpeilungen sind immer das angenehmste, da sie ohne weiteres in die Karte einzuzeichnen sind und den Schiffsort ohne irgendwelche Logablesungen ergeben. Hat man die Möglichkeit, zwei annähernd im rechten Winkel zueinander befindliche Objekte zu benutzen, so ist auch die Genauigkeit „über den Daumen gepeilt" erträglich; bei ab- oder zunehmenden Winkeln sinkt sie schnell — bei Winkeln unter 45⁰ bzw. über 135⁰ hat sie schon kaum mehr Wert; man wird mit Schätzungen ebenso weit kommen.

Einfache Peilungen erfordern eine Abstandsbestimmung, um den Schiffsort festzulegen. Die Schätzung ist da ein sehr unsicheres Hilfsmittel, da sie sehr von Erfahrung und vor allen Dingen Übung abhängig ist; gerade diese aber wird dem Yachtführer meistens fehlen. Abstandsbestimmungen „in der Kimm" werden bei Tage kaum ausführbar sein, bei Nacht hingegen sind sie äußerst wertvoll und sehr oft anwendbar. Wenn man nur die nötige Sorgfalt auf das Aufsuchen der Feuer- — nicht der Turm- — höhe im Verzeichnis verwendet und die richtige Augeshöhe einsetzt, wird man eine erhebliche Genauigkeit erreichen; bei hohem Seegang wird sie allerdings sinken, da der Wechsel in der Augeshöhe zu groß wird, und man vor allen Dingen schwer beurteilen kann, ob das Feuer durch die Kimm oder durch eine See verdeckt ist. Abstandsbestimmungen mit der „Vierstrichpeilung" habe ich mich bemüht, ersprießlich zu benutzen: Bei geringen Abständen ist die Schätzung ausreichend genau und bei großen vergeht so viel Zeit, bis die vier Strich abgelaufen sind, daß die Bestimmung meistens keinen Zweck mehr hat. Läuft kein Strom und kann man sich auf das Log verlassen, und hat man vor allen Dingen sehr genau gepeilt (die erste Peilung durch Anliegen!), so wird man recht schöne Resultate erreichen. Mir ist das oft gelungen — aber immer nur, wenn es ganz überflüssig war!

Große Schwierigkeiten wird oft das Erkennen von Landmarken bereiten. Trotz Vertonungen in den Segelanweisungen, wird man sich manchesmal nicht Klarheit verschaffen können, um welche Huk oder welchen Wald es sich handelt; ganz besonders schlimm ist das an der Schärenküste — ihr sollte man sich von See aus nur an Punkten nähern, die durch unverkennbare und unverwechselbare Zeichen (Leuchtfeuer, Baken) gemarkt sind. Ich habe nach langen Strecken über See die Fahrt immer gerne so eingerichtet, daß ich noch vor der Morgendämmerung in Sicht der Küste kommen mußte; dann ist durch die Kennungen der Feuer an Land jede Möglichkeit von Verwechselungen ausgeschlossen. Man sollte es sich nicht verdrießen lassen, lieber ein paar Stunden beizudrehen, um dann bei Tageslicht in den Hafen einzulaufen, als so spät anzukommen, daß die Feuer nicht mehr brennen, wenn die Küste in Sicht kommt.

Überhaupt ist es nachts leichter sich zurechtzufinden als bei Tage, weil, gleiche Sicht vorausgesetzt, die beleuchteten Schifffahrtszeichen besser erkennbar sind. Der Dunst muß schon recht dick sein, wenn man beim Einlauf in den Sund von Süden nicht entweder Stevns Klint oder Falsterbo sichtet — bei Tage aber ist es mehr als einmal vorgekommen, daß ich vor Drogden-Feuerschiff nichts gesehen habe, obwohl die Luft nicht ungewöhnlich diesig war.

Außer Sicht von Land ist man auf Kompaß, Log und Schätzungen des Stromes angewiesen, um den Schiffsort zu bestimmen; hinzu tritt bei geringen Wassertiefen das Lot und, falls man die dazugehörigen Instrumente an Bord hat und ihre Handhabung beherrscht, die astronomische Navigation. Letztere möchte ich zunächst ausschalten, um sie später im Zusammenhang zu behandeln.

Völlige Zuverlässigkeit des Kompasses ist erste Vorbedingung, um bei längeren Strecken über See das Ziel zu erreichen. Die Deviation muß genauestens bekannt oder ausgeglichen sein. Es wäre ein Trugschluß, anzunehmen, daß, wenn auch beim Steuern $\pm$ 3⁰ so ungefähr das Maximum der Genauigkeit bei einem kleineren Schiff sind, der gleiche Fehler bei der Deviation unberücksichtigt bleiben könnte; denn der Steuerfehler hebt sich durch die Ausschläge nach beiden Seiten, die die Regel sein werden, nahezu auf, während der Deviationsfehler konstant nach einer Seite wirkt. Ich habe den Kurs mit Mißweisung und Deviation immer genau auf einen Grad gerechnet und dann für Abtrift einen gefühlsmäßigen Wert zugefügt oder abgezogen. Sind starke Dwarsströme zu erwarten, sollte man sich allerdings nicht auf das Gefühl verlassen, sondern durch Zeichnung in der Karte die Strömungen in Rechnung stellen. Ich möchte in diesem Zusammenhang auf einen Punkt hinweisen, der eine Eigentümlichkeit des Yachtsegelns ist und trotzdem meist übersehen wird.

Am Wind hat jedes Schiff eine größere oder geringere Abtrift nach Lee; auf raumen Kursen hingegen hört diese sehr bald auf, desto eher, je größer und wirksamer der Lateralplan des Fahrzeugs ist. Der Kurs, bei dem dies eintritt, läßt sich leicht in schmiegem Wasser mit entsprechenden Richtungspunkten voraus ausprobieren. Wird der Wind noch raumer oder kommt er gar von achtern ein, so wird die Luvgierigkeit des Schiffes wachsen. In schmiegem Wasser wird der Steuermann die Neigung anzuluven dauernd ausgleichen können — nicht so im Seegang: Die Wirkung dwars oder achterlich einkommender See wird sich zur Wirkung des Windes addieren, der dauernde Ausgleich durch das Ruder aber nicht nur den Steuermann erheblich belasten, sondern auch die Fahrt des Schiffes hemmen und unruhig machen. Läßt man es „laufen", so werden die Ausschläge aus dem eigentlichen Kurs dauernd etwas größer nach Luv als nach Lee sein, man wird also eine „Abtrift" nach Luv haben. Diese wird zwar nicht groß sein — je nach Schiff, Wind und See vielleicht 2⁰ bis 4⁰ — immerhin aber doch so viel, daß man sie als konstanten Fehler berücksichtigen muß; hat man aber auf solchen Kursen gar mit Leeweg gerechnet, wird das Erstaunen groß sein! Ich bin der Ansicht, daß oft genug „Stromversetzungen" auf die Außerachtlassung dieses Punktes zurückzuführen sind.

Hat man einen genauen Kompaßkurs und kennt die Abtrift, sodaß man sie beim Steuern gebührend berücksichtigen kann, so genügt ein gut arbeitendes Log, um eine große Genauigkeit in der Bestimmung des Schiffsorts zu gewährleisten — wenn kein Strom läuft! Auf sehr vielen Kursen in der Ostsee läuft nun der Strom mehr oder weniger in der Kursrichtung, man wird also praktisch nur etwas früher oder später sein Ziel erreichen. Wenn man also, um bei dem mehrfach angeführten Beispiel der Ansteuerung des Sundes von Süden zu bleiben, Falsterbo nicht in Sicht bekommt, sobald die Entfernung nach dem Log abgelaufen ist, so ist das noch kein Beweis dafür, daß der Kurs nicht stimmt — noch viel mehr gilt dies weiter nördlich bei Drogden-Feuerschiff, wo eigentlich nur mit Nord- oder Südstrom zu rechnen ist. Anders auf der Fahrt Moen—Barhöft: Hier ist Nordost- oder Südweststrom zu erwarten. Man tut gut, sich die zu erwartende Stromversetzung in die Karte einzuzeichnen und danach den Steuerkurs zu bestimmen (s. Abb. 96). Bei der Fahrt in wechselnden Strömungen, wie etwa in der Nordsee, ist es schwierig, mit einiger Sicherheit den Schiffsort festzustellen. Aufmerksames Studium der Gezeitentafeln und häufiges — etwa zweistündliches — Eintragen des gegißten Schiffsortes in die Karte wird da notwendig werden.

Von entscheidender Bedeutung für die Wahl des Kurses sind die Gestaltung des Landes, dem man sich nähert, und die bei Änderungen der Windrichtung etwa drohenden Gefahren. Ein Beispiel: An der norwegischen Südküste läuft im allgemeinen ein mehr oder weniger starker Strom südwestlich längs der Küste, an der Nordwestküste Jütlands hingegen meist Nordoststrom. Beide Ströme werden sich annähernd aufheben (in Wirklichkeit ist der norwegische Küstenstrom gewöhnlich etwas stärker, dafür nicht so breit), und man wird auf der Fahrt Skagen—Kristiansand einfach den direkten Kurs steuern. Nähert man sich dann der hohen und weithin sichtbaren Küste, so wird man noch rechtzeitig die notwendigen Korrekturen anbringen und einen irgendwie erheblichen Umweg vermeiden können. Dreht der Wind oder nimmt er unangenehme Stärken an, so kommt man entweder in Lee der Küste oder kann rechtzeitig durch eine Kursänderung einen der vielen, bei jedem Wetter „gangbaren" Einläufe erreichen; selbst im schlimmsten Fall: Unsichtigkeit und auflandiger starker Wind, kann man sich durch rechtzeitiges Beidrehen frei von jeder Gefahr halten. Nicht so bei dem umgekehrten Kurs: Hier ist man bei den in diesen Gewässern fast ausschließlich zu fürchtenden Winden zwischen Südwest und Nordwest an der jütischen Küste auf Legerwall. Die Küste ist flach, sodaß sie selbst bei sichtigem Wetter erst auf verhältnismäßig geringe Entfernung auszumachen ist, und bildet außerdem noch zwei große flache Buchten, in die man leicht hineingerät; nicht umsonst heißt die südliche von beiden Jammerbucht! Ist das Wetter etwa unsichtig, so kann man auch bei ruhiger See sehr unangenehm nahe an die Küste kommen; ein auflandiger Sturm wird dann verhängnisvoll. Man sollte deshalb einen Kurs steuern, der in bequemer Sichtweite an Skagen nördlich vorbeiführt, und den Umweg nicht scheuen, den es bedeutet, nach Sichten des Leucht-turmes den Kurs nach Süden zu ändern. Kommt man dabei zu weit nördlich, sodaß man das Feuer nicht in Sicht bekommt, so ist es auch nicht weiter schlimm, da man nach Ablaufen der Entfernung auf Südkurs gehen und so lange laufen kann, bis der Turm in Sicht ist; man hat aber die Beruhigung, bei auf-kommendem Sturm nicht auf Legerwall zu geraten — bis zur schwedischen Küste ist es weit! (Ich habe bei dieser mehr schema-tischen Betrachtung die Komplikation, die Skagens Reff ver-ursacht, mit Absicht weggelassen.)

Daß nicht nur der obenerwähnte, sondern noch ein paar Dutzend anderer Gründe die Wahl des Kurses beeinflussen können, ist selbstverständlich; ich habe nur einen mir besonders wichtig scheinenden herausgegriffen.

Gestattet die Windrichtung nicht mehr, den direkten Kurs anzuliegen, so muß man eben einen anderen wählen; welcher das sein wird, hängt von der neuen Windrichtung, der wahrschein-lichen weiteren Drehung des Windes und anderen derartigen Erwägungen ab. Grundsatz sei, niemals sich verleiten zu lassen, nun „voll und bei" anzuliegen; man wähle einen Kurs, den man halten kann, und segle auf diesem, so lange es geht. Ebenso wichtig ist, gleichzeitig mit der Kursänderung das Log abzulesen und die Ablesung zu notieren! Dann kann später der Ort, an dem die Kursänderung erfolgte, in die Karte eingetragen werden, und, was genau so wichtig ist, ins Logbuch! Nur so ist es möglich, mit einiger Genauigkeit die Kurse zu koppeln. Man vergesse dabei nicht die Abtrift, die hier eine erhebliche Rolle spielt, zumal wenn man mit „einem langen und einem kurzen Bein" aufkreuzt; in diesem Fall ergibt sich nämlich eine seit-liche Versetzung aus der allgemeinen Richtung des Fahrtziels. Das „Koppeln" selbst geschieht, wie schon eingangs gesagt, am allersichersten auf der Karte und ist da so einfach, daß es keiner weiteren Erläuterungen bedarf.

Auf hoher See wird man selten das Lot zur Ortsbestimmung benutzen können; es gibt einige Flachs im Kattegat, die sich dazu eignen, die man aber eigentlich meiden sollte; der Adlergrund und die Oderbank können auch dazu dienen, im allgemeinen aber werden die Tiefen zu groß sein, um sie mit den Mitteln, die an Bord einer kleinen Yacht sind, auszuloten. Anders natürlich, wenn das Wetter unsichtig ist; dann ist das Lot der einzige sichere Anhalt bei der Annäherung an die Küste — wenn diese langsam genug aus dem Wasser heraufsteigt! Je breiter der Landgrund, desto besser — wenn das Lot nicht zu benutzen ist, ist man bei Nebel verraten und verkauft. Man muß dann die Annäherung an die Küste meiden und draußen warten, bis es klar wird. Es gehört mit zu der vorsichtigen Navigation einer Yacht, sich schon rechtzeitig über diese Schwierigkeiten klar zu werden und den Kurs danach zu wählen. Während man sich an der deutschen und holländischen Nordseeküste (bei völliger Beherrschung der Tidenverhältnisse!) mit dem Lot noch einigermaßen wird zurechtfinden können, auch allenfalls noch im Sund und westlichen Kattegat, wäre es ein Leichtsinn, sich der westschwedischen oder gar der norwegischen Küste unter solchen Umständen zu nähern! Seekarten und Segelanweisungen geben so reichhaltigen Aufschluß, daß ein Fehler in dieser Hinsicht unentschuldbar ist. Nebelsignale sind nur bedingt brauchbar; wenn die Signalstellen weit draußen in See auf Feuerschiffen liegen, kann man noch nach ihnen steuern; die großen Nebelhörner und Sirenen der Leuchttürme sind nur insoweit zu gebrauchen, als man sie möglichst schnell wieder außer Hörweite segeln sollte.

Immer aber wird man das Lot fleißig benutzen, wenn man sich dem Lande nähert, ohne den Abstand genau erkennen zu können, also bei unsichtigem Wetter und vor allem bei Dunkelheit. Hier kann man sich ganz besonders leicht täuschen; will man aber gar an einer Küste bei Dunkelheit vor Anker gehen, so ist es selbstverständlich, daß man sich mit dem Lot heranfühlt.

Zu guter Letzt aber ist es der gesunde Menschenverstand, der über aller Weisheit nie außer acht gelassen werden darf! Sieht man an Backbord und Steuerbord große Dampfer auf gleichem Kurs, so kann man beruhigt sein, daß man selbst auch noch auf dem richtigen Wege ist; Küstensegler sind schon weniger geeignet, um sich nach ihnen zu richten, Fischerboote nur sehr bedingt, da man nie wissen kann, ob sie nicht nach irgendeinem Fischgrund fahren.

Astronomische Navigation.

Der Yachtsegler kommt bei uns fast überall ohne astronomische Navigation aus und beschäftigt sich infolgedessen wenig oder gar nicht mit ihr. Die meisten glauben wohl auch, daß ein langwieriger Kursus zum Erlernen dieser eigentlich dem Berufsseemann vorbehaltenen Kunst erforderlich sei. Zweifellos ist ein Kursus das beste, hat man jedoch keine Zeit und keine Lust, so kann man sich auch selbst aus Lehrbüchern, wie etwa dem „Lehrbuch für den Unterricht in der Navigation an den Deckoffizierschulen" die nötigsten Kenntnisse zusammensuchen. Ganz vorzüglich, knapp und klar ist die Darstellung in Claud Worth's „Yacht Navigation and Voyaging".

Wenn ich schon eingangs die größte Einfachheit der Rechnung forderte, so gilt das in besonderem Maße für die astronomische Navigation. Die erschwerenden Umstände, unter denen an Bord einer Yacht nicht nur die Beobachtungen, sondern auch die Rechnungen erfolgen, bringen schon genug Fehlerquellen mit sich. Die im folgenden geschilderten Methoden der astronomischen Ortsbestimmung habe ich als brauchbar ausprobiert; sie sind so einfach, daß die Überbleibsel der höheren Schulbildung im Verein mit den entsprechenden Tafeln ausreichen, um sie anzuwenden.

Ich darf als bekannt voraussetzen, daß zu einer über dem Horizont gemessenen Höhe eines Gestirns ein Kreis auf der Erdkugel gehört, auf dem notwendigerweise der Beobachter sich befinden muß. In der Praxis ist dieser Kreis so groß, daß er auf der Seekarte auf eine kurze Strecke als Gerade dargestellt werden kann. Berechnet man nun die Höhe eines Gestirns für einen angenommenen Ort, so muß der wirkliche Ort, an dem die Beobachtung gemacht wurde, mehr oder weniger von dem Gestirn entfernt sein, je nachdem die beobachtete Höhe kleiner oder größer ist, als die berechnete. Zieht man nun von dem angenommenen Ort in Richtung auf das Gestirn eine Gerade — den Azimutstrahl —, trägt auf dieser den Höhenunterschied ab und zieht durch den so gewonnenen Punkt eine Senkrechte zu dem Azimutstrahl, so erhält man das obenerwähnte, als gerade Linie darzustellende Stück der „Höhengleiche" und damit eine Standlinie, d. h. eine Linie, auf der der wirkliche Schiffsort sich befindet. Daraus folgt weiter: Wenn man in der Lage ist, zwei Gestirne zu beobachten, deren Azimute einen möglichst nahe an 90^0 liegenden Winkel miteinander bilden, so erhält man zwei Standlinien, auf deren Schnittpunkt sich das Schiff befindet. Es entspricht dies einer Kreuzpeilung zweier Objekte an Land. Man kann das gleiche erreichen, wenn man eine zweite Beobachtung eines Gestirns so viel später anstellt, daß das zweite Azimut mit dem ersten einen entsprechenden Winkel bildet; man muß dann die erste Standlinie parallel um den Betrag der inzwischen erfolgten Versegelung verschieben.

Für die praktische Durchführung einer Ortsbestimmung nach dieser Methode ist die Kenntnis der genauen Zeit durchaus erforderlich, da von ihr der „Stundenwinkel" des Gestirns und damit Azimut und Höhe abhängen. Je näher am Meridian die Beobachtung gelegen hat, desto mehr wird sich die Standlinie der Ost-West-Richtung nähern, desto geringer wird also der Fehler in der Breite sein. Läuft der Azimutstrahl Ost-West, wird die Genauigkeit der Längenbestimmung am größten.

Ein Sonderfall ist die Bestimmung der Meridianhöhe eines Gestirns; die Kenntnis der Zeit spielt dabei keine ausschlaggebende Rolle.

Bei schönem Wetter ist es sehr einfach, die Mittagshöhe der Sonne festzustellen; außer dem Nautischen Jahrbuch, aus dem man die Abweichung der Sonne für Tag und Länge entnimmt (Nautisches Jahrbuch, Seite V des Monats), braucht man nur noch irgendeine Tabelle für die Gesamtverbesserung der beobachteten Höhe. Die verbesserte Höhe von 90° abgezogen (= Meridianzenitdistanz) und die Abweichung abgezogen oder hinzugezählt, je nachdem sie gleichnamig oder ungleichnamig mit der Breite ist (bei uns also N-Abweichung abziehen, S-Abweichung hinzuzählen), ergibt unmittelbar die Breite, auf der man sich befindet. Die so erreichbare Genauigkeit ist recht groß; selbst wenn man, wie ich das häufiger getan habe, sich damit begnügt, etwa um die Zeit des wahren Mittags (den man vorher aus dem Nautischen Jahrbuch berechnen muß), in kurzen Zwischenräumen eine Reihe von Höhen zu nehmen und dann die größte als Meridianhöhe betrachtet, wird man auf etwa 3—4 Sm. an die wirkliche Breite herankommen. Selbstverständlich muß man sich vergewissert haben, daß die Sonne auch durch den Meridian gegangen ist, d. h. die Höhen müssen erst zunehmen und dann wieder abnehmen! Besser noch ist es, man nimmt vor und nach dem Meridiandurchgang eine Höhe und rechnet diese unter Verwendung einer Tabelle für Nebenmeridianbreiten aus. Selbst erhebliche Fehler in Zeit und Länge haben keinen großen Einfluß auf die Genauigkeit. Ich habe bei günstigen Beobachtungsverhältnissen 1 Sm. manchmal südlich, manchmal nördlich des genau bekannten Schiffsorts errechnet, unter Benutzung der einfachen und handlichen Tabellen von Brunswig (Eckardt und Meßtorf, Hamburg) und ohne Verwendung des Chronometers.

Leider ist es nicht möglich, die Länge auf gleich einfache Weise zu errechnen. Die Zeit des beobachteten Meridiandurchgangs gibt zwar einen Anhalt, doch wird wegen der geringen Höhenänderung der Sonne in der Nähe des Meridians der Zeitpunkt des Durchgangs sich nicht so genau feststellen lassen, daß man die Besteckslänge wesentlich verbessern könnte. Nur wenn man seit Tagen herumgetrieben ist, ließe sich so wenigstens feststellen, ob man z. B. näher an Norwegen oder England ist — vorausgesetzt, daß der Chronometer noch richtig läuft! Ich bin auf der Nordsee einmal auf 8 Sm. an die wirkliche Länge herangekommen, würde mich aber niemals auf diese Bestimmung verlassen haben. Will man die Länge wissen, auf der man sich befindet (z. B. beim Überqueren der Nordsee), so bedient man sich am besten des obenerwähnten Standlinienverfahrens.

Um auch dieses Verfahren ohne wesentliche Rechenarbeit anwenden zu können, kann man die vom Reichsmarineamt herausgegebenen „Höhen und Azimute" nebst den dazu gehörigen stereographischen Karten verwenden. Der Nachteil dieser Tafeln ist, daß sie nur für eine bestimmte Breite gelten, der Vorteil, daß Höhe und Azimute mit einer einzigen Verbesserung einer Seite zu entnehmen sind und die stereographischen Karten auf eine bestimmte Länge zentriert, den „angenommenen Schiffsort" ein für allemal geben. Die Karten mit den dazu gehörigen Tafeln existieren unter anderem für Nordsee, Ostsee und Kanal, also für die für Yachtreisen im allgemeinen in Frage kommenden Gebiete. Sie sind für alle Gestirne verwendbar, die sich überhaupt zur Beobachtung eignen, und haben den weiteren Vorteil, im Vorwort eine derartig einfache und verständliche Gebrauchsanweisung zu enthalten, daß sie ohne alle Vorkenntnisse zu benutzen sind.

Um ein weniges komplizierter, aber dafür vielseitiger anwendbar, sind die englischen Tafeln von Ball (J. D. Potter, London), welche die Höhen für alle Breitengrade zwischen 0—60° geben, für Abweichungen von 0—24°. (2 Bände.) Im Verein mit Azimuttafeln (Burdwood oder Davis) ist auch dieses Verfahren verblüffend einfach. Die Hauptschwierigkeit ist, die verschiedenen Größen mit dem richtigen Vorzeichen anzubringen; besonders bei der Verwandlung von Länge in Zeit muß man aufpassen! Sowohl die deutschen wie die englischen Tafeln sind innerhalb der Abweichungen, für die sie aufgestellt sind, natürlich außer für die Sonne, auch für andere Gestirne verwendbar.

In den Abend- oder Morgenstunden, wenn Kimm und Sterne gut sichtbar sind, sind Beobachtungen von Sternhöhen sehr leicht auszuführen und für die Ortsbestimmung bequem, weil sie bei richtiger Auswahl sofort zwei Standlinien ergeben, die sich annähernd rechtwinklig kreuzen. Besonders gut zu beobachten sind die Planeten, da sie schon bzw. noch bei Sonnenuntergang bzw. Sonnenaufgang zu sehen sind. Schwierigkeit wird dem Ungeübten die Identifikation des beobachteten Sterns machen. Ich habe gefunden, daß es praktisch ist, abends erst geeignete Sterne zu beobachten und erst später, nach Eintritt der Dunkelheit, festzustellen, um welchen es sich gehandelt hat. Mit Hilfe irgendeiner Sternkarte gelingt das leicht, denn man beobachtet ja doch nur Sterne erster oder allenfalls zweiter Größe; am Morgen ist das Verfahren umgekehrt. Auch läßt sich aus der beobachteten Höhe und der Zeit, sowie einer rohen Kompaßpeilung meist feststellen, um welchen Stern es sich handelt. Voraussetzung ist allerdings klares Wetter, wie überhaupt die astronomische Ortsbestimmung oft dann versagt, wenn man sie am besten brauchen könnte, weil eben weder Gestirne noch Horizont zu sehen sind. Seegang hat nicht den großen Einfluß, den man ihm im allgemeinen zuschreibt; ich habe selbst bei sehr grober See recht gute Höhenbeobachtungen gemacht, wobei die Hauptschwierigkeit darin bestand, mich selbst und den Sextanten festzuhalten und das empfindliche Instrument noch möglichst vor Spritzwasser zu schützen. Den Meridiandurchgang eines Gestirns wirklich zu beobachten, wird dann allerdings recht schwierig.

Es würde zu weit führen, über den Sextanten etwas zu sagen; teils den Lehrbüchern, teils den Gebrauchsanweisungen der Fabrikanten kann man alles Wissenswerte entnehmen. Ich habe nach verschiedenen Versuchen zuletzt fast ausschließlich das Sternfernrohr benutzt, da sein großes Gesichtsfeld es erleichtert, bei Seegang die Kimm zu halten.

Es ist sehr schwierig, bei Seegang ganz allein Beobachtungen auszuführen, da man fast nie aus der Plicht heraus beobachten kann, und an dem Platz zwischen den Wanten, der sich am besten eignet, keine Möglichkeit ist, Beobachtungsuhr, Bleistift und Notizblock unterzubringen. Der Steuermann wird aber die Arbeit des Notierens und Zeitablesens leicht übernehmen können. Muß man allein arbeiten, so ist eine Stoppuhr unerläßlich. Man setze sie zur Zeit der Beobachtung in Gang und stelle sie ab, wenn der Chronometer eine volle Minute zeigt. Man sollte nie versäumen, im Anschluß an die Beobachtungsreihe den Indexfehler des Instruments festzustellen!

Eine wesentliche Rolle spielt die Augeshöhe bei der Anbringung der „Gesamtverbesserung" an die beobachtete Höhe;

bei sehr hoher See wird man auch die Wellenhöhe berücksichtigen müssen und die Hälfte der geschätzten Höhe zur Augeshöhe hinzuzählen. Da die meisten Tafeln die Verbesserungen nur für Augeshöhen von 3 m und darüber enthalten, sind diesem Abschnitt Tabellen für die Gesamtverbesserung für Sonnenunterrand und Sterne für Augeshöhen von 1, 2 und 3 m angefügt.

Selbst wenn die Ausdehnung der Reisen die astronomische Navigation mit ihren immerhin kostspieligen Anhängseln überflüssig erscheinen läßt, Nautisches Jahrbuch, Azimuttafeln und Schattenstift am Kompaß sollten auf keiner Yacht fehlen. Die Prüfung des Kompasses und evtl. die Aufstellung einer neuen Deviationstabelle ist an jedem schönen sonnigen Tag bei ruhigem Wetter auszuführen, sofern man nur den genauen Schiffsort (Breite und vor allen Dingen Länge) und die Zeit kennt. Dazu ist ein Chronometer nicht erforderlich; auch in kleinen Häfen wird man die Zeit hinreichend genau ($\pm$ 1 Min.) feststellen können — und eine halbwegs gute Uhr hält die Zeit schon ein paar Stunden. Man braucht auch nur an irgendeiner Stelle, etwa vor einer Hafeneinfahrt, auf den verschiedenen Kursen, die zu prüfen sind, zu segeln und dabei den Schatten des Stiftes und die Uhrzeit zu notieren; das Ausrechnen kann später in Ruhe erfolgen. Man hat den großen Vorteil, den Kompaß prüfen zu können, ohne dafür mehr als eine halbe Stunde opfern zu müssen; vor allen Dingen aber ist man unabhängig von den nicht immer leicht auszumachenden Peilungen der Deviationsdalben. Zum Kompensieren des Kompasses eignet sich der Schattenstift natürlich nicht, da sich das Azimut der Sonne zu schnell ändert.

Beispiel einer astronomischen Ortsbestimmung und Deviationsbestimmung.

Um zu zeigen, wie einfach die Rechnungen sind, gebe ich nachfolgend ein Beispiel einer Orts- und Deviationsbestimmung (s. Abb. 96).

Es sei angenommen, daß die Yacht in den Morgenstunden des 8. Mai 1927 Arkona in etwa 2 Sm. Abstand passiert und von dort Kurs rw 325° = mw 332° auf Falsterboreff-Feuerschiff genommen hat. Ein paar Regenböen mit wechselnden Winden machen die Angaben des Logs unzuverlässig; der Führer nimmt daher zwischen 12 h und 12 h 15 m M. E. Z. eine Anzahl Sonnenhöhen und rechnet die größte als Meridianhöhe aus (s. Rechnung I). Der Bestecksort a (Abb. 96) wird daraufhin nach b zurückverlegt.

Etwa drei Stunden später nimmt der Führer wiederum eine Sonnenhöhe und bestimmt gleichzeitig mit dem Schattenstift das Kompaßazimut der Sonne. Der Bestecksort des Schiffes unter Zugrundelegung der Meridianhöhe ist b, da das Log einwandfrei gearbeitet hat und inzwischen 10 Sm. auf Kurs mw 332⁰ zurückgelegt wurden. Rechnung II und Einzeichnung der Standlinie ergeben einen Schiffsort d, der wesentlich östlich des Bestecksorts liegt. Da ein Beobachtungsfehler nicht anzunehmen ist, Mittagsbreite und Versegelung stimmen, so muß ein Deviationsfehler des Kompasses vorliegen; eine Stromversetzung in diesem Ausmaße soll als unwahrscheinlich gelten. Da die Längendifferenz zwischen c und d für die Bestimmung des Azimuts unerheblich ist, kann das Azimut aus Rechnung II ohne weiteres verwendet werden. Nach Rechnung III hat der Kompaß eine östliche (—) Ablenkung von 12⁰. Der Kurs von d nach dem Feuerschiff ist also nunmehr: rw 317 + Mißweisung 7⁰ W, — Deviation 12⁰ Ost: Kompaßkurs also 312⁰.

In Wirklichkeit würde man beschleunigt nochmals eine Deviationsbestimmung auf dem neuen Kurs vornehmen, da nicht gesagt ist, daß die Deviation auf Kurs 332⁰ und 312⁰ gleich ist.

Die Rechnungen sind vollständig wiedergegeben; die Daten sind dem Nautischen Jahrbuch, den Azimuttafeln von Burdwood und den Höhentafeln von Ball direkt entnommen.

Abb. 95. Sardinenfischer bei der Bodenreinigung.

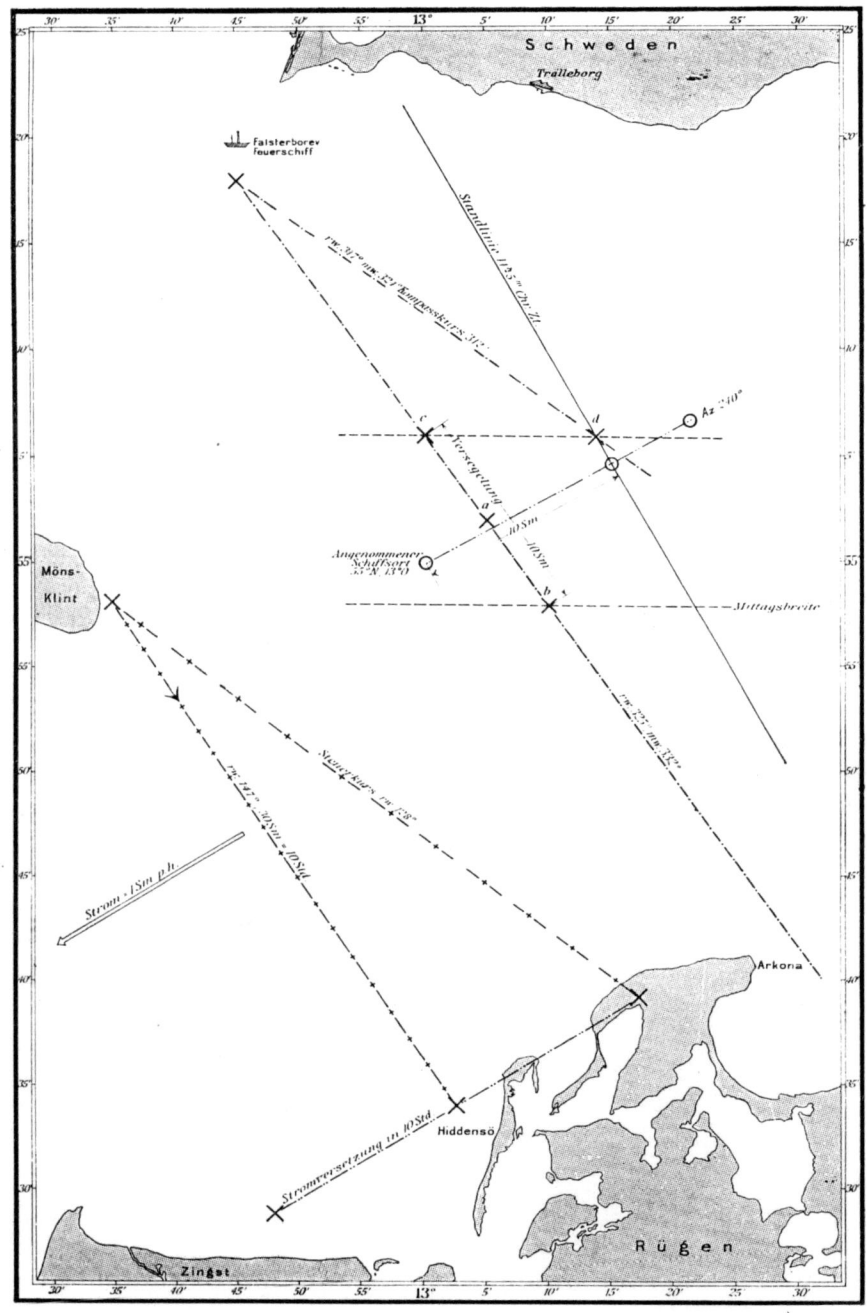

Abb. 96.

Links: Einzeichnung der Stromversetzung.

Rechts: Zeichnung zur astronomischen Ortsbestimmung.

Rechnung I.

Mittagshöhe der Sonne.
Sonntag, 8. Mai 1927.

Bestecksort: $q = 55^0\ 2'$ N (Breite) Augeshöhe $= 2$ m
$\lambda = 13^0\ 5'$ O (Länge)

Abgelesene Sonnenunterrandhöhe	⊙ ha	$51^0\ 44,1'$
Indexverbesserung	I. V.	$-\ 2\ '$
Gesamtverbesserung für Sonnenunterrand und 2 m Augeshöhe	⊙ G.V.	$+\ 12,7'$
Gemessene Sonnenmittelpunktshöhe	⊙ hg	$51^0\ 54,8'$
		$89^0\ 60'$
		$-\ 51^0\ 54,8'$
Meridianzenitdistanz	⊙	$38^0\ 5,2'$
	$+$ ⊙ δ	$16^0\ 52,8'$
	Mittagsbreite $=$	$54^0\ 58,0'$

Aus dem Nautischen Jahrbuch:	
Abweichung (δ) der wahren Sonne im wahren Greenwicher Mittag am 8. Mai 1927 $=$ N $16^0\ 53,4'$ Änderung für 1^0 Länge 0,046', auf 13^0 O also $-\ 0,046 \cdot 13 = 0,598 = 0,6'$ ⊙ δ im wahren Mittag $=$	Das Schiff steht also 4 Sm. südlicher als das Besteck ergab.

Änderung für 1^0 Länge 0,046', auf 13^0 O also

$-\ 0,046 \cdot 13 = 0,598 = 0,6'$ $16^0\ 53,4'$

$-\ 0,6'$

⊙ δ im wahren Mittag $=$ $16^0\ 52,8'$ N

Rechnung II.

Standlinie aus einer Sonnenhöhe.

Sonntag, 8. Mai 1927, 14h 5m Chronometerzeit

Besteckbreite φ 55⁰ 6' N	Abgelesene Sonnenunterrand-
Besteckslänge λ 13⁰ O	höhe ☉ ha = 38⁰ 46,2'

Chronometerverbesserung .... —	33 s	Abweichung (δ)	
M. G. Z. der Beobachtung 14h 4m	27 s	der wahren	
(mittlere Greenwich-Zeit)		Sonne um	
Zeitgleichung 8. 5. 27, 14h +	3m 33 s	14h M. G. Z.	
W. G. Z. 14h 8m	00 s	16⁰ 54,8' N	
(wahre Greenwich-Zeit)		(aus	
W. O. Z. auf 13⁰ O (4 · 13)	52 m	Nautischem	
(wahre Ortszeit) 15h		Jahrbuch).	
also westlicher Stundenwinkel = 3 h			

Errechnete Höhe (hr) für 55⁰ N
und westlichen Stundenwinkel 3 h

	für	$\delta = 16^0$ hr_1 38⁰ 0,1'
Azimut der Sonne für west-		$\delta = 17^0$ hr_2 38⁰ 51,4'
lichen Stundenwinkel 3 h		Differenz 51,3'
Breite N 55⁰, $\delta = 17^0$ N =		für δ 54,8' 46,4'
119,7⁰ (von N über W!) also		hr_1 38⁰ 0,1'
360,—		+ 46,4'
— 119,7		hr 38⁰ 46,5'
240,3⁰		hb 38⁰ 56,5'
		Interzept 10' = 10 Sm.

☉ ha   38⁰ 46,2'   in Richtung von der Sonne fort
I. V.   — 2   vom angenommenen Schiffsort
G. V. ☉   + 12,3'   auf 55⁰ N und 13⁰ O.
☉ hb   38⁰ 56,5'
(beobachtete
Sonnenmittelpunktshöhe)

Rechnung III.

Deviationsbestimmung.

Sonntag, 8. Mai 1927, 14 h 5 m Chr. Zt. Bestecklänge, Breite und errechneter Stundenwinkel s. Rechnung II. Wahres Azimut der Sonne daraus 240⁰.

Der Schatten des Schattenstiftes fiel bei dem gesteuerten Kurs von m. w. 332⁰ auf 55⁰.

Die Sonne peilt also in 55 + 180 = 235⁰. Die örtliche Mißweisung beträgt 7⁰ W. Die Sonne müßte danach in 240⁰ + 7⁰ = 247⁰ stehen. Der Kompaß hat also eine östliche Ablenkung von 247⁰ — 235⁰ ≐ 12⁰, welche beim Verwandeln des r. w. in m. w.-Kurs abzuziehen ist.

☉ Gesamtverbesserung für Sonnenunterrand (zuzulegen)					✶ Gesamtverbesserung für Planeten und Fixsterne (abzuziehen)				
Höhe gem.	Augeshöhe				Augeshöhe				Höhe gem.
	0 m	1 m	2 m	3 m	0 m	1 m	2 m	3 m	
0 ′	′	′	′	′	′	′	′	′	0 ′
8 0	+ 9.6	7.8	7.0	6.4	— 6.6	8.4	9.2	9.7	8 0
20	+ 9.8	8.0	7.2	6.6	— 6.3	8.2	8.9	9.5	20
40	+ 10.0	8.2	7.5	6.9	— 6.1	7.9	8.7	9.3	40
9 0	+ 10.2	8.4	7.7	7.1	— 5.9	7.7	8.5	9.1	9 0
20	+ 10.4	8.6	7.9	7.3	— 5.7	7.5	8.3	8.9	20
40	+ 10.6	8.8	8.1	7.5	— 5.5	7.3	8.1	8.7	40
10 0	+ 10.8	9.0	8.2	7.7	— 5.3	7.1	7.9	8.5	10 0
20	+ 11.0	9.2	8.4	7.8	— 5.2	7.0	7.7	8.3	20
40	+ 11.1	9.3	8.6	8.0	— 5.0	6.8	7.6	8.2	40
11 0	+ 11.3	9.5	8.7	8.1	— 4.9	6.7	7.4	8.0	11 0
20	+ 11.4	9.6	8.9	8.3	— 4.7	6.5	7.3	7.9	20
40	+ 11.6	9.7	9.0	8.4	— 4.6	6.4	7.2	7.8	40
12 0	+ 11.7	9.9	9.1	8.5	— 4.5	6.3	7.0	7.6	12 0
20	+ 11.8	10.0	9.2	8.6	— 4.4	6.2	6.9	7.5	20
40	+ 11.9	10.1	9.4	8.8	— 4.2	6.0	6.8	7.4	40
13 0	+ 12.0	10.2	9.5	8.9	— 4.1	5.9	6.7	7.3	13 0
30	+ 12.2	10.4	9.6	9.0	— 4.0	5.8	6.5	7.1	30
14 0	+ 12.3	10.5	9.7	9.2	— 3.9	5.7	6.4	7.0	14 0
30	+ 12.4	10.7	9.9	9.3	— 3.7	5.5	6.3	6.8	30
15 0	+ 12.5	10.8	10.0	9.4	— 3.6	5.4	6.1	6.7	15 0
30	+ 12.6	10.9	10.1	9.5	— 3.5	5.3	6.0	6.6	30
16	+ 12.7	11.0	10.2	9.6	— 3.3	5.1	5.9	6.5	16
17	+ 12.9	11.2	10.4	9.8	— 3.1	4.9	5.7	6.3	17
18	+ 13.1	11.4	10.6	10.0	— 2.9	4.7	5.5	6.1	18
19	+ 13.3	11.5	10.8	10.2	— 2.8	4.6	5.4	6.0	19
20	+ 13.5	11.7	10.9	10.3	— 2.6	4.4	5.2	5.8	20
21	+ 13.6	11.8	11.0	10.5	— 2.5	4.3	5.1	5.7	21
22	+ 13.7	11.9	11.2	10.6	— 2.4	4.2	4.9	5.5	22
24	+ 13.9	12.2	11.4	10.8	— 2.2	4.0	4.7	5.3	24
26	+ 14.1	12.3	11.6	11.0	— 2.0	3.8	4.6	5.1	26
28	+ 14.2	12.5	11.8	11.2	— 1.8	3.6	4.4	5.0	28
30	+ 14.4	12.6	11.9	11.3	— 1.7	3.5	4.3	4.8	30
32	+ 14.6	12.8	12.0	11.4	— 1.5	3.4	4.1	4.7	32
34	+ 14.7	12.9	12.1	11.5	— 1.4	3.3	4.0	4.6	34
36	+ 14.8	13.0	12.2	11.6	— 1.3	3.2	3.9	4.5	36
38	+ 14.9	13.1	12.3	11.7	— 1.2	3.1	3.8	4.4	38
40	+ 15.0	13.2	12.4	11.8	— 1.1	3.0	3.7	4.3	40
45	+ 15.2	13.3	12.6	12.0	— 1.0	2.8	3.5	4.1	45
50	+ 15.3	13.5	12.7	12.2	— 0.8	2.6	3.4	4.0	50
55	+ 15.4	13.6	12.8	12.3	— 0.7	2.5	3.3	3.8	55
60	+ 15.5	13.7	12.9	12.4	— 0.6	2.4	3.1	3.7	60
65	+ 15.6	13.8	13.1	12.5	— 0.5	2.3	3.0	3.6	65
70	+ 15.7	13.9	13.2	12.6	— 0.4	2.2	2.9	3.5	70
80	+ 15.9	14.1	13.3	12.7	— 0.3	2.0	2.7	3.3	80
90	+ 16.0	14.2	13.4	12.8	— 0.2	1.8	2.6	3.2	90

☉ Zusatzverbesserung für Sonnenoberrand — 32′.0

Wetterkunde.

Der Erfolg oder Mißerfolg einer Yachtreise ist stark vom Wetter abhängig, desto mehr, je kleiner das Boot und je schwächer die Besatzung; es gehört daher zur Führung, daß man sich vor Antritt der Fahrt ein Bild über die Wetterlage macht.

Ich kann die allgemeinen meteorologischen Grundbegriffe als bekannt voraussetzen; in den Seehandbüchern sind vorzügliche Abhandlungen enthalten, aus denen auch der Laie alles Wissenswerte lernen kann. Ich erwähne mit Absicht die Seehandbücher, weil sie im Anschluß an die allgemeinen Grundsätze die für das betreffende Gebiet geltenden Wahrscheinlichkeiten bringen. Es wäre ein großer Fehler, irgendwelche Regeln, die für die Ostsee richtig sein mögen, auf die norwegische Westküste oder den englischen Kanal anwenden zu wollen, ohne sich vergewissert zu haben, daß sie hier noch sinnvoll sind. So ist die Ostseeküste meist südlich der Zugbahnen der vom Atlantik in östlicher Richtung vordringenden Tiefdruckgebiete, während über das Skagerrak und einen Teil der westschwedischen Küste diese hinwegzuziehen pflegen und weiter nördlich gegen Drontheim eine große Zahl von Minima südlich vorbeiziehen wird. Daraus folgt auch, daß die Faustregeln der Küstenbevölkerung, so gut sie sich auf die örtlichen Verhältnisse auch anwenden lassen, nicht ohne weiteres auf andere Gegenden übertragbar sind.

Man wird vor Antritt der Fahrt die neueste Wetterkarte studieren, oder, falls man Radio an Bord hat, am Abend vor der geplanten Ausreise den Funkwetterbericht abhören und sich so über die Luftdruckverteilung orientieren, wobei man auch die vorangegangenen Tage berücksichtigen wird, um Richtung und Geschwindigkeit des Fortschreitens von Tiefdruck- oder Hochdruckgebieten zu beurteilen. Sind diese ausgedehnt und verändern sie ihre Lage nur langsam, so ist eben das Wetter beständig und auch der Wind gleichmäßig in seiner Richtung (soweit er nicht durch ganz örtliche Verhältnisse — Land- oder Seewind — beeinflußt wird). Schwirren jedoch Teilminima herum, so ist die Lage unübersichtlich, man vergesse aber nicht, daß diese kleinen Wirbel oft nur geringe Ausdehnung haben, und man infolgedessen manchmal in der Lage sein wird, sie zu vermeiden, wenn man einen entsprechenden Kurs wählt.

Wetterkarte und Wetterbericht müssen durch aufmerksame Beobachtung des Barometers bzw. Barographen und der Atmosphäre (Wolkenbildung und Zugrichtung) ergänzt werden. Wie wichtig der Barograph ist, läßt sich am besten an Hand einiger Beispiele darstellen:

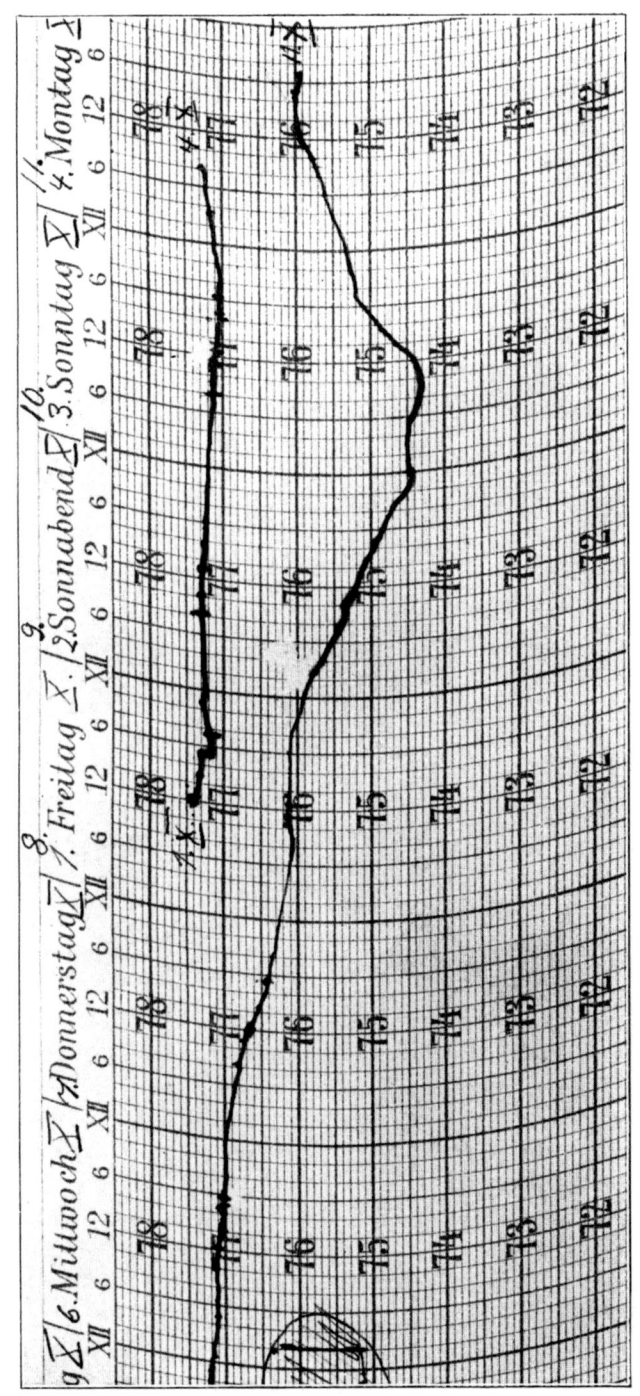

Abb. 97. Barographenkurve vom 6.—11. Oktober 1926.
(Die obere Linie stammt aus der Vorwoche.)

Ich war am Mittwoch, 6. Oktober 1926, in Barhöft angekommen. Wind frisch SO. Am 7. wehte der SO weiter trotz
fallenden Barometers; da die Kurve recht gleichmäßig nach
unten ging, schloß ich, daß es sich nicht um eine Teildepression
handeln würde, und wartete. Am 8. kam dann auch richtig SW
auf, der mich bis zum Ruden brachte. Als in den Morgenstunden
des 9. die Kurve sich stark nach unten neigte, ohne daß an sich
der Barometerstand besonders tief gewesen wäre, beeilte ich
mich, nach Swinemünde zu kommen, wo dann am 10. aus-
gesprochener Sturm wehte, der um die Mittagszeit nach NW
umging. (s. Abb. 97.)

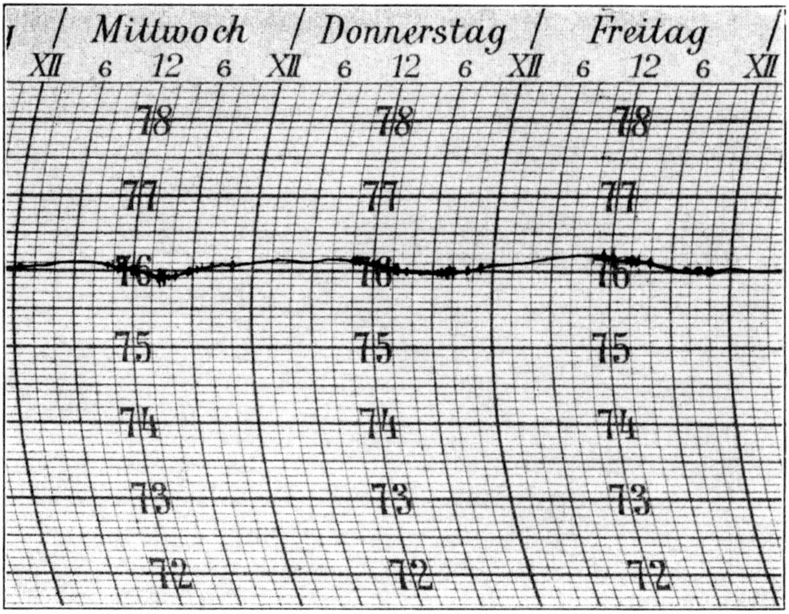

Abb. 98. Schönwetterkurve.
(Die Verdickungen der Linie rühren von Erschütterungen des Instrumentes her.)

Eine typische Schönwetterkurve zeigt Abb. 98. Es war ein
ausgesprochenes Hochdruckgebiet mit schwachen Winden an
der Westküste Norwegens.

Das gleichmäßige langsame Steigen bewog mich, trotz hoher
See und hartem West am 25. Juli 1927 von Lindesnes nach
Skagen zu laufen, da ich ein Auffrischen nicht befürchten zu
müssen glaubte (Abb. 85).

Besonders lehrreich war folgender Fall: In Dartmouth
am 23. September 1927. Es hatte tagelang hart aus SW und W

geweht. Im Norden lagerte ein großes Tiefdruckgebiet, das kleine Ausläufer in den Kanal entsandte. Am Freitag morgen war wenig Wind, etwa um 10 Uhr kam leichter Ost auf. Eine kleine englische Yacht, die westwärts bestimmt war, machte sich fertig zum Auslaufen und ging gegen 11 Uhr heraus. Ich muß allerdings hinzufügen, daß der Eigner die Angewohnheit hatte, seinen Barometer am Abend einzustellen, er hatte also das Steigen über Nacht nicht bemerkt und mußte beim Aufstehen um 10 Uhr gleichmäßigen Barometerstand annehmen; der Himmel war klar und der Wind günstig! Um 12 Uhr wehte es beträchtlich

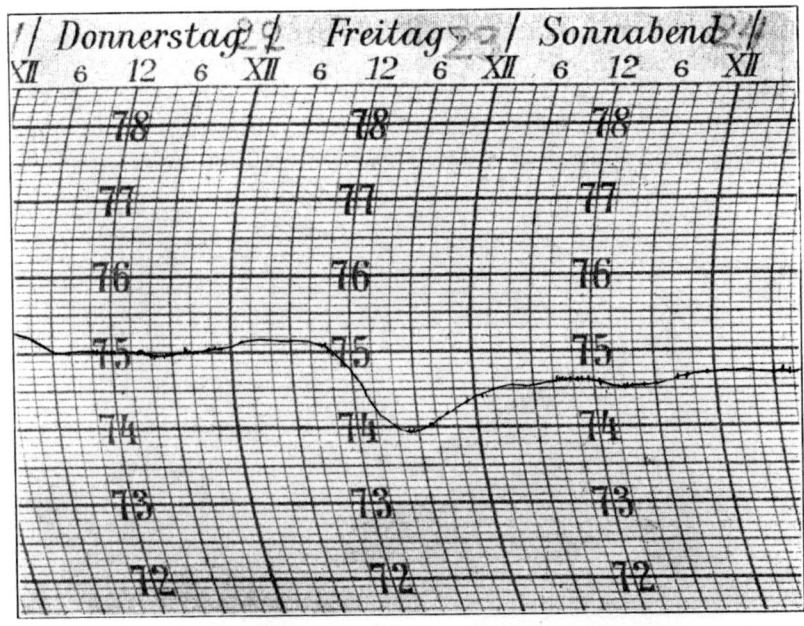

Abb. 99. Sturmwirbel am 23. 9. 1927.

aus S, um 2 Uhr Windstärke 9 aus W, und um 6 Uhr ging der Wind in einer unerhörten Bö auf NW. Das Unglücksboot kroch am nächsten Morgen ziemlich ramponiert nach Plymouth hinein; es war auf dem ganzen Weg auf Legerwall gewesen, hatte sich mühselig bis ein paar Seemeilen von Plymouth durchgekämpft, um dann von der Bö, der es nicht standhalten konnte, wieder hinausgetrieben zu werden! Dieser ausgesprochene Sturmwirbel war ganz lokal; er zog nur längs der Südküste von England nach Holland, ohne z. B. den Bristolkanal oder die französische Küste mit Ausnahme der Gegend von Calais zu berühren (s. Abb. 99.)

Daß etwa besonders tiefer Barometerstand immer schlechtes Wetter bedeutet, ist gar nicht gesagt. Im Zentrum ausgedehnter Tiefdruckgebiete herrscht oft genug schönes, zum mindesten ziemlich ruhiges Wetter. Ich habe das mehrmals in Skandinavien erlebt, und auch jetzt, während ich diese Zeilen schreibe, weht seit zwei Tagen bei einem Barometerstand von 749 bis 750 mm ein leichter, gleichmäßiger Nord! Ich habe gefunden, daß eine aufmerksame Betrachtung der Kurven vor Überraschungen schützt — allzu schnelle Änderungen nach oben oder unten sind immer bedenklich; wie sehr der Barograph dem Barometer überlegen ist, zeigt obiger Fall.

Doch sollte man auch der Wolkenbildung Aufmerksamkeit schenken. Der Liebenswürdigkeit des Verlages verdanke ich die Möglichkeit, hier die ausgezeichneten Darlegungen des holländischen Meteorologen van Beukenslot anzufügen, der wie kein anderer die Materie beherrscht. Die Zeichnungen mit ihren Beschreibungen sagen mehr als lange Abhandlungen vermöchten.

Abb. 100. Moderner Thunfischer.

Cirrus (Ci.) = Erste Andeutung nahenden schlechten Wetters.

Beschreibung: Feine Federwolken. Bald große Bogen, von Horizont zu Horizont gehend, bisweilen durch Querstreifen verbunden, bald vereinzelte, zarte Wolken von faserigem Gewebe und federartiger Form. Farbe: Weißlich, elfenbein, hellgelb, bisweilen goldgelb. In der Dämmerung: Gelb, orange, gräulich, grau, bisweilen rosig oder purpur. Nachts: Schwierig festzustellen, weil die Sterne manchmal hindurchleuchten. Um den Mond kann sich ein sogenannter großer Ring bilden.

Abb. 101. Cirrus (Ci.).

Allgemeine Prognose: Das schöne Wetter neigt sich seinem Ende zu. Das Hoch weicht! Depressionen nahen. Im Sommer zunehmende Gewitterneigung, im Winter Schneeaussichten.

Spezielle Wetterregeln:

I. Ci. bei nicht fallendem Barometer langsam aus N bis SO heranziehend, ist nicht unbedingt als Schlechtwetterzeichen zu betrachten.

II. Ci., wenn schnell aus N bis SO heranziehend, daß die Richtung mit einem Blick zu erkennen ist, kündigt baldige, doch schnell vorübergehende Unterbrechung des guten Wetters an.

III. Ci. langsam aus S bis NW heranziehend, sagt langsame, doch positive Wetterverschlechterung vorher.

IV. Ci. so schnell aus S bis NW heranziehend, daß die Richtung mit einem Blick zu erkennen ist, bedeutet: Völliger Wetterumschlag innerhalb 24—48 Stunden. Im allgemeinen mit Regen bzw. Schnee und Wind.

Wind: Im allgemeinen Neigung, sich nach S zurückzudrehen. Windschnelligkeit langsam zunehmend, in den Fällen zu I und III bis zu mäßiger Stärke, im Fall zu IV evtl. bis zu Sturm.

Abb. 102. Cirro-Stratus (Ci.-S.).

Cirro-Stratus (Ci.-S.) = Untrügliches Vorzeichen für Regen und Wind.

Beschreibung: Hauchfeine Wolkenschleier von faseriger Struktur. Entsteht im allgemeinen durch Verfilzung der Cirri. Bald den ganzen Himmel bedeckend, bald in feineren Bahnen größere Teile des Himmels überziehend, folgen vielfach schnell niedrigere Wolken, die den Ci.-S.-Schleier den Augen entziehen. Farbe: Weißlich, elfenbein, hellgelb, kupfer. In der Dämmerung: Gräulich, hellgrau oder dunkelgrau, rosig, terrakotta. Nachts: Die größeren Sterne leuchten im allgemeinen hindurch. Um den Mond großer Ring.

Allgemeine Prognose: Ci.-S. gilt als untrügliches Zeichen kommenden schlechten Wetters. Übergangsfrist 12—48 Stunden. Treten Ci. und Ci.-S. zu gleicher Zeit auf, so gelten die Ci.-S.-Regeln. Nur ein winziges Ci.-S.-Fleckchen inmitten eines ausgedehnten Ci.-Systems darf ignoriert werden. Im Sommer Gewitterbildung; im Winter Vorzeichen kommenden Schnee- und Tauwetters.

Spezielle Wetterregeln:

I. Bedeckt Ci.-S., ohne irgendeine Bewegung erkennen zu lassen, den ganzen Himmel, so besteht die Möglichkeit, daß sich

Abb. 103. Cirro-Cumulus (Ci.-Cu.).

lediglich eine örtliche Störung gebildet hat; ein wesentlicher Wetterumschlag braucht nicht zu folgen.

II. Bewegt sich Ci.-S. mit großer Schnelligkeit, blaue Lücken hervorrufend, so deutet das darauf hin, daß das Zentrum einer Depression in unmittelbare Nähe rückt; der Jahreszeit entsprechend sind zu erwarten: Gewittererscheinungen, Platzregen, Hagel, Windstöße, Schneeböen. Eine schnelle Aufheiterung steht allerdings bevor.

III. Die Kombination Ci.-S. Nimbus und Ci.-S. Cumulus, bzw. Cumulo-Nimbus weist auf sehr baldige und heftige Niederschläge; die Kombination Ci.-S. Alto-Cumulus-Castellatus und

Ci.-S. Alto-Stratus-Castellatus (kleine säulenförmige Köpfchen) gilt als ausgesprochenes Gewittervorzeichen.

Wind: Erst nach S wendend, später vielfach nordwestlich. Windschnelligkeit zunehmend, besonders in Fall II nicht selten bis zu Sturm.

Cirro-Cumulus (Ci.-Cu.) = Übergangszeichen.

Beschreibung: Kleine Schäfchen- oder Lämmerwölkchen. Im allgemeinen in Reihen angeordnet. Bisweilen bedecken sie einen ziemlich großen Teil des Himmels. Farbe: Gelb, goldgelb, weiß, weißlich, blaßgrau. Bei guter Beleuchtung können gelegentlich sehr kleine Schatten beobachtet werden. Versteckt sich die Sonne hinter Ci.-Cu., so hat diese Bewölkung ein dunkles Aussehen; in diesem Fall sind die Wolken rötlich umsäumt. Steht die Sonne ihnen gerade gegenüber, so sind sie im Zentrum am hellsten. In der Dämmerung: Rötlich oder gräulich, gold oder purpurn umsäumt. Nachts: Nur ein Stern ist ab und zu zu sehen. Der Mond spielt märchenhaft hindurch. Kein Ring.

Allgemeine Prognose: Für die Prognostik von wenig Bedeutung. Ci.-Cu. gilt als Übergangswolke: Bei gutem Wetter deutet sie auf Verschlechterung, bei schlechtem Wetter auf Verbesserung der meteorologischen Lage. Öfter erscheint sie jedoch, um nach einigen Stunden wieder zu verschwinden, ohne daß irgendeine Wetteränderung eintritt.

Spezielle Wetterregeln:

I. Ci.-Cu., langsam aus östlicher Richtung heranziehend, deutet auf beständiges Wetter.

II. Ci.-Cu., schnell aus westlicher Richtung heranziehend, deutet auf baldigen Regen bzw. Schnee.

Wind: Im allgemeinen zunehmend.

Alto-Cumulus (A.-Cu.) = Von harmlosem Charakter.

Beschreibung: Dicke Ballen, systematisch in Gruppen geordnet. Die Ränder berühren sich öfter. Farbe: Weiß, gelb oder blaßgrau, fast immer mit Schatten. In der Dämmerung: Gräulich oder grau mit goldenen oder purpurnen Rändern. Nachts: Nur vorübergehend noch ein Stern zu beobachten. Ab und zu sieht man ein Stückchen Mond. Kein Ring.

Allgemeine Prognose: Wetterverbesserung. Schließt öfter eine Periode böigen Wetters ab. Es gibt jedoch Ausnahmen: ein zuverlässiges Zeichen nahenden guten Wetters ist A.-Cu. nicht.

Spezielle Wetterregeln:

I. Bildet sich in einer Gutwetterperiode plötzlich A.-Cu., so deutet sie lediglich dann auf schlechtes Wetter, wenn das Barometer dabei plötzlich zu fallen beginnt.

II. A.-Cu., langsam aus östlicher Richtung heranziehend, ist als Gutwetterzeichen zu betrachten.

Abb. 104. Alto-Cumulus (A.-Cu.).

III. A.-Cu., mit großer Schnelligkeit aus W bis NW heranziehend, bedeutet:

a) bei schlechtem Wetter schnelle Besserung, im Winter mit Schnee und Fallen der Temperatur, im Sommer mit bedeutender Abkühlung;

b) bei gutem Wetter Unterbrechung des Sonnenscheines für 1—2 Tage.

IV. A.-Cu. Castellatus (kleine säulenförmige Ausläufer) gilt als Gewittervorzeichen.

Temperatur: Fallend.

Feuchtigkeit: Abnehmend.

Wind: Vielfach sich etwas nördlich wendend. Windgeschwindigkeit im allgemeinen etwas zunehmend.

Alto-Stratus (A.-S.) = Die Wolke der atmosphärischen Ruhe.

Beschreibung: Dichter Schleier, vielfach einen großen Teil des Himmels bedeckend. Befindet sich niedriger als Ci.-S., mit welcher sie übrigens große Ähnlichkeit hat. Hat vielfach

Abb. 105. Alto-Stratus (A.-S.).

die Gestalt eines verworrenen Filzes von Fäden. Niedriger befinden sich im allgemeinen enge Stratus-Streifen. Die Sonne ist stark verschleiert, so daß sie mit dem unbeschützten Auge zu beobachten ist. A.-S. gibt der ganzen Natur ein trübes Ansehen. Farbe: Grau oder bräunlich. In der Nähe der Sonne leuchtet die Bewölkung stark. Bewirkt die Bildung von einem Hof um die Sonne. In der Dämmerung: Gräulich, ab und zu rötlich, bisweilen schmutzig-grau. Nachts: Nur ein sehr hell leuchtender Stern kann ausnahmsweise beobachtet werden. Auch um diesen Stern kann man einen Hof sehen. Um den Mond kein Ring, sondern ein Hof.

Allgemeine Prognose: Atmosphärische Ruhe, örtlich kann einiger Regen fallen (Sprühregen), Gewitterneigung (Nachtgewitter).

Spezielle Wetterregeln:

I. A.-S., im Sommer gegen Abend erscheinend, deutet auf drückende Wärme.

II. Bildet sich A.-S. gegen Mittag, so ist gegen Abend Regen zu erwarten.

III. Im Winter gilt das Erscheinen von A.-S. als ein unzweifelhaftes Tauwetterzeichen.

Abb. 106. Nimbus (N.).

IV. A.-S.-Castellatus (kleine säulenförmige Ausläufer) gilt als Gewittervorzeichen.

Wind: Im allgemeinen nach S drehend. Windschnelligkeit abnehmend.

Nimbus (N.) = Regenwolke.

Beschreibung: Dicke Schicht formloser Wolken mit zerfetzten Rändern. Tritt fast immer in Kombination mit A.-S. und Ci.-S. auf. Farbe: Dunkel, bisweilen blaugrau. Bedeckt Schnee den Erdboden, erscheint N. fast schwarz. In der Däm-

merung: Dunkel. Ränder manchmal goldig oder rötlich umsäumt. Nachts: Dunkel. Von Sternen und Mond nichts zu
sehen.

Allgemeine Prognose: Regen bzw. Schnee steht unmittelbar bevor.

Spezielle Wetterregeln:

I. Zerreißt N. und bilden sich die sogenannten Fracto-Nimbi,
so ist der Regen vorüber; die Wetterbesserung kann jedoch
sehr vorübergehend sein.

II. Fracto-N. deuten auf zunehmenden Wind.

Abb. 107. Strato-Cumulus (S.-Cu.).

III. Zieht N. vorüber, ohne daß Ci.-S. oder A.-S. sich auflösen, so ist sehr bald neuer Regen zu erwarten.

IV. Bedeckt N. den ganzen Himmel, bilden sich aber im
Norden Ballen, so bekommt das Wetter einen böigen Charakter.

V. Ein Teil des Himmels mit N. bedeckt, wobei man aber
im übrigen wolkenlosen Himmel sieht, deutet auf schnelle Wetterbesserung.

Wind: Bei dem Vorüberziehen von N. zieht der Wind vielfach von SW nach NW, wobei die Windstärke zunimmt.

Strato-Cumulus (S.-Cu.) = Drohend, doch nicht gefährlich.

Beschreibung: Wolkenwülste, vielfach den ganzen Himmel bedeckend. Ab und zu von bogenförmiger Struktur. Große horizontale Ausdehnung. Geringer vertikaler Durchschnitt. Ab und zu wird hie und da ein Stück Blau des Himmels wahrgenommen. Farbe: Hellgrau, grau, gelbgrau. In der Dämmerung: Dunkel. Nachts: Der Mond ist nicht zu beobachten.

Allgemeine Prognose: Kein Regen. Die Bewölkung kann, besonders im Winter, viele Tage hintereinander dauern. Der Schneefall bleibt jedoch auf einige Flocken beschränkt.

Abb. 108. Cumulus (Cu.).

Spezielle Wetterregeln:

I. Bildet sich S.-Cu. zu vielen länglichen Rollen, so ist innerhalb sechs Stunden unbewölkter Himmel zu erwarten.

II. S.-Cu., aus N heranziehend, geht im Winter einer Frostperiode voraus.

III. Bildet sich im Sommer plötzlich S.-Cu., so ist baldiges Fallen des Thermometers zu erwarten.

Wind: Gleichbleibend.

Cumulus (Cu.) = Gutwetterwolke.

Beschreibung: Haufenwolke. Von unten horizontal, oben kuppel- oder turmartig. Farbe: Gelb mit dunklen Schatten. Steht die Sonne Cu. gegenüber, so ist die Wolke, besonders in der Mitte, blendend hellgelb, bisweilen rötlichgelb oder orange. Von der Seite beleuchtet, kommt der Schatten am meisten zum Ausdruck. Steht die Sonne hinter Cu., ist die Wolke grau, doch sind die Ränder im allgemeinen goldgelb umsäumt. In der Dämmerung: Dunkel. Der Sonne gegenüber rötlichgelb oder aschfarben. Nachts: Die Konturen von Cu. sind im allgemeinen gut festzustellen.

Allgemeine Prognose: Gutes Wetter. Bildet sich Cu. einige Stunden nach Sonnenaufgang, so gilt das als ausgesprochenes Gutwetterzeichen; im allgemeinen löst sich Cu. dann nachmittags wieder auf. Wird die Basis weniger horizontal, kann örtlich einiger Regen fallen. Besonders in Nordwestdeutschland sind Sturm-Cumuli bekannt; diese bilden sich auf der Rückseite einer Depression und bringen die charakteristischen Nordwest-Böen.

Spezielle Wetterregeln:

I. Die Kombination Cu.Ci., Cu.Ci.-S. und Cu.A.-S. ist ungünstig.

II. Der sogenannte umgekehrte Cu. (Mammato-Cu.) ist sehr gefährlich. Diese Formation deutet sowohl auf nicht zum Ausbruch gelangte Gewitter als auf Windhosen.

III. Fällt der Gipfel des Cu. um und entsteht die sogenannte Amboß-Form, so wird der Himmel bald wieder unbewölkt sein.

Cu. gegen Abend erscheinend, deutet auf eine örtliche Störung.

Wind: Gleichbleibend.

Cumulu-Nimbus (Cu.-N.) = Gewitterwolke.

Beschreibung: Sehr große Wolkenmasse. Riesen-Cu.! Mächtigen Schneebergen ähnlich, auf einer enormen Basis ruhend. Sehr komplizierte Wolke. Der Gipfel stößt gegen einen ausgedehnten Ci.-S.-Schirm. Auch zirrusartige Ausläufer werden nicht selten beobachtet. Von unten hat Cu.-N. das Aussehen einer richtigen Regenwolke. Farbe: Gelblich, rötlich, nicht selten sehr blendend, wenn der Sonne gegenüberstehend. Steht die Sonne hinter der Wolke, so kann sie Unheil verkündend dunkel aussehen. In der Dämmerung: Von der Beleuchtung abhängig, dunkel, stahlgrau, orange, rötlich usw. Nachts: Vom Monde beleuchtet, macht sie einen überwältigenden Eindruck.

Allgemeine Prognose: Gewitter innerhalb drei Stunden.

Spezielle Wetterregeln:

I. Cu.-N., sich vormittags bis zu mäßiger Höhe entwickelnd, kann sich nachmittags bei leichtem Winde aus östlicher Richtung wieder auflösen, ohne irgendeine Störung erkennen zu lassen.

II. Cu.-N., sich bei zunehmender Windstärke und steigendem Barometer bildend, löst sich im allgemeinen schnell auf.

Abb. 109. Cumulu-Nimbus (Cu.-N.).

III. Cu.-N., im Winter im Nordwesten erscheinend, bringt Hagel-, Schnee- oder Regenböen, in Nordwestdeutschland bisweilen von einem einzigen Donnerschlag begleitet.

IV. Nimmt Ci.-N. Amboßgestalt an, so ist zunächst die Gewittergefahr beseitigt.

V. Je länger die Zeit zwischen dem Erscheinen des Cu.-N. und dem Ausbruch des Gewitters, desto länger dauert letzteres.

VI. Im Winter und Frühling kann Cu.-N. Hagel- oder Schneeböen bringen, ohne daß es zu elektrischen Entladungen kommt.

Temperatur: Sehr warm; nach der Entladung schnell abkühlend.

Feuchtigkeit: Zuerst fast bis 100% zunehmend (daher die drückende Wärme); nach dem Gewitter schnell abnehmend.

Wind: Im allgemeinen besteht Neigung, daß der Wind zunächst südlich wird. Nach dem Gewitter gewöhnlich nordwestlich. Zuerst Windstille. Dann einige Windstöße. Nach dem Gewitter vielfach mäßige Winde. Neue Windstille deutet auf neues Gewitter. Im Winter kann in Nordwestdeutschland das Vorüberziehen eines Cu.-N. von kurzen Stürmen begleitet werden.

Abb. 110.   Stratus (S.)

Stratus (S.) = Gutes Wetter.

Beschreibung: Gehobene Nebel. Oben und unten horizontal beschränkt. Eine dünne Schicht. Auch der Nebel muß als S. bezeichnet werden. Bald ist der ganze Himmel bedeckt, bald sieht man hie und da das Himmelblau hindurchscheinen. Auch die „Bank", eine auf dem Horizont ruhende Wolkendecke, muß zu S. gerechnet werden. Farbe: Gräulich. In der Dämmerung: Dunkel. Die Ränder können beleuchtet sein. Nachts: Bedeckt S. den ganzen Himmel, sieht man weder Mond noch Sterne.

Allgemeine Prognose: Schönwetterwolke. Besonders im Herbst erscheinend, deutet sie auf beständiges Wetter. Löst sich am Himmel allgemein schnell auf. Kann allerdings auch plötzlich erscheinen. Letzteres geschieht besonders im Winter.

Spezielle Wetterregeln:

I. S., gegen Abend erscheinend, gleichsam von allen Teilen des Horizonts zusammen aufsteigend, deutet auf gutes Wetter und größere Wärme.

II. Ein grauer S.-Himmel vor Sonnenaufgang sagt einen schönen Tag voraus (besonders im Herbst).

III. Geht vormittags S. in Cu. über, so ist das ein Gutwetterzeichen.

IV. Wird die gleichmäßige S.-Schicht zerrissen (in Fracto-Strati), ist bald unbewölkter Himmel zu erwarten.

V. S., während einer Frostperiode erscheinend, deutet auf Abnahme des Frostes (Reifbildung).

Wind: Im allgemeinen abnehmend. Fracto-S. deutet jedoch auf zunehmenden Wind.

* * *

Ich möchte zum Schluß nur noch einen Rat anfügen: Man kann gar nicht vorsichtig genug mit Gewitterböen sein!

Sie treten bei uns so häufig auf, daß jeder sie kennt; schwer ist es aber, zu beurteilen, ob Wind in ihnen steckt. Ich habe mir zur Regel gemacht, das immer anzunehmen und lieber einmal umsonst zu reffen.

Ein Beispiel: Ich lief Einhand von Warnemünde nach Stralsund bei ruhigem Süd. Etwa auf der Höhe von Darsser Ort bemerkte ich eine kleine Yacht, die ein paar Seemeilen nördlich auf gleichem Kurs lag. In O erschien eine Gewitterwand; getreu meinem Grundsatz reffe ich, die „Bö" kommt und bringt eine Sündflut von Regen und keinen Wind; eine Stunde darauf dasselbe! Mein „Nachbar" war inzwischen weit voraus, da er niemals gerefft hatte. Dann kam die nächste; ich ärgerte mich, daß der andere so weit vorausgekommen war, gab mir aber einen Ruck und reffte doch. Die Bö kam genau wie die anderen mit viel Getöse an, der Regen floß, und plötzlich war der Wind da: SW, aber wie! Ich tobte davon auf meinem Kurs und hielt dann Umschau nach meinem Konkurrenten, als die Sonne wieder schien; erst nichts — und dann entdeckte ich achteraus einen weißen Fleck auf dem Wasser. Im Fernglas war zu erkennen, daß das Großsegel im Wasser lag, die Fetzen der Fock vom Vorstag wehten und die Besatzung verzweifelt arbeitete. Nach einer halben Stunde kam das gereffte Großsegel und eine kleine Fock wieder hoch — als ich am nächsten Morgen Barhöft verließ, kam das Boot gerade bei SO 1 durch die Gellenrinne hereingekreuzt!

Das Segeln im Seegang.

Wohl über keinen Teil der edlen Segelkunst ist soviel diskutiert und auch geschrieben worden, wie über das Segeln im Seegang. Ich würde daher meinerseits schweigen, wenn nicht in manchen Veröffentlichungen und noch öfter in abendlichen Klubgesprächen Ansichten vertreten würden, die ich nicht nur für verkehrt halte, sondern die auch vielleicht den Unerfahrenen verleiten könnten, sich nutzlos in Gefahr zu begeben.

Es will mir scheinen, als ob diese weitgehenden Verschiedenheiten der Ansichten darauf beruhen, daß die Verfechter nicht mit den gleichen Maßstäben für Seegang wie für Boot operieren. Ich will daher im folgenden versuchen, Seegang und Boot und ihr Verhältnis zueinander etwas näher zu umschreiben und hoffe so in die scheinbaren Widersprüche eine gewisse Ordnung zu bringen und sie gewissermaßen „gleichzurichten".

Zunächst der Seegang.

Ich setze die Theorie der Wellenbildung als bekannt voraus, möchte aber gleich betonen, daß die Schlußfolgerungen für die Praxis, die sich daraus ziehen ließen, dadurch erschwert werden, daß man es nie mit reinen Wellen zu tun hat, sondern — um einen Ausdruck aus der Funktechnik zu übernehmen — mit überlagerten. Diese Überlagerungen sind es, die dem Yachtsegler das Leben schwer machen. Zudem aber wird in den Gewässern, die wir Deutschen im allgemeinen befahren, die Wellenform ausschlaggebend von der Grundgestaltung oder von Strömungen oder von beidem beeinflußt. Ich habe einmal versucht, bei frischem Nordwest und Ebbstrom aus der Elbe auszulaufen (und werde es nie wieder tun!) und habe mit Staunen — aber aus sehr achtungsvoller Entfernung — gesehen, was für ein Wirrwarr eine schöne Vollzeugbrise in der berüchtigten Portland Race anrichten kann. Für den Yachtsegler wird die Höhe der Wellen erst dann von Wichtigkeit, wenn sie ihm den Wind wegnehmen, ihre Länge bzw. ihre Steilheit ist ausschlaggebend dafür, ob er sie mühelos überwinden kann oder nicht. Selbstverständlich gibt es auch hierzu Ausnahmen. Sind die Wellen aus irgendwelchem Grunde ganz niedrig — roh gerechnet niedriger als der geringste Freibord — so sind sie überhaupt zu vernachlässigen; andrerseits kann natürlich die an sich harmlose Schaumkrone einer riesigen Atlantiksee einem sehr kleinen Boot gefährlich werden.

Damit komme ich zum zweiten: dem Boot.

Seegang, d. h. Seegang, der den Führer zwingt, ihn bei Manövern und bei der Handhabung des Ruders zu berücksichtigen, ist ein relativer Begriff, der ganz und gar von der Größe und der Form des Bootes abhängig ist. Wetter, das den Schlußball auf dem durch die Nordsee heimkehrenden 20 000-Tonner nicht stört, wird einen Fischkutter schon zum Beidrehen zwingen; wobei ich aber gleich betonen möchte, daß, wenn der große Dampfer auf dem Nordatlantik beidrehen muß, der Fischkutter wahrscheinlich noch ebenso ruhig in seiner Nähe sein könnte, wenn auch vielleicht vor Treibanker!

Für jedes Boot, selbst für den „idealen Seekreuzer", wird es eine Wellenlänge geben, die ihm durchaus nicht paßt: wenn es nämlich nach Überwinden einer Welle etwa in die Mitte der nächsten hineinhaut und das Tal ausläßt; sind die Wellen kürzer oder das Boot länger, wird der Bug bereits von der nächsten Welle gefaßt, ehe er Zeit hat, herunterzusinken. Dann gibt es zwar Wasser an Deck, aber die Fahrt wird nicht übermäßig gehemmt. Wobei zu bedenken ist, daß ein Boot in Fahrt im Seegang von zwei Kräften beherrscht wird: von der vorwärtstreibenden des Windes oder der Maschine und der — positiven oder negativen — Schwerkraft. (Ich wähle diese etwas ungewöhnliche Ausdrucksweise, um zu verdeutlichen, daß Auftrieb und Schwerkraft einander genau entgegengesetzte Kräfte sind.) Ich beschwöre nun den großen Geist: Das Parallelogramm der Kräfte und möchte diese theoretischen Ausführungen nur noch mit dem Hinweis darauf schließen, daß bei Fahrt gegen die See die „kritische Wellenlänge" mit steigender Fahrt wächst und nur ohne Fahrt ganz rein zum Ausdruck kommt.

Der „Brecher".

Da dieses sagenumwobene Meerungeheuer eine große Rolle in allen Reiseberichten spielt und ja schließlich bei sehr vielen Manövern auf sein Dasein Rücksicht genommen werden muß, will ich von ihm an erster Stelle sprechen. Es gibt zwei Sorten Brecher. Der eine ist der wirkliche Brecher, der aus eigener Macht sich auftürmt zu einem scharfen Grat, der dann überkämmt und in eine Masse von brodelndem Schaum zerplatzt. In kleinen Ausmaßen krönt er jede Welle bei frischem Wind, aber selbst in der Sturmsee des Atlantik erreicht er selten Dimensionen, die einem guten Seeboot gefährlich werden könnten. Slocum erzählt in seinem Buch von solch' einem Ungetüm, das sein kleines Schiff vollkommen überlief, aber es kann auch nicht so arg gewesen sein, denn sein Beiboot an Deck blieb unversehrt. In einem Taifun allerdings dürften wohl echte Brecher wirklich gefährlicher Dimensionen auch auf hoher See so häufig sein, daß man mit ihnen rechnen müßte.

Ganz anders, wenn Strömung oder plötzlich ansteigender Grund die Wellenform aus der Tiefe heraus verzerren: Dann sind schwere Brecher bei hohem Wellengang die Regel und bilden eine Gefahr, der der vorsichtige Führer weit aus dem Wege geht. Ich habe an der westschwedischen und der norwegischen Küste noch auf Tiefen von 20 und mehr Meter Grundsee beobachtet, die unangenehm nahe am Brechen war, ohne daß etwa besonders viel Wind wehte.

Die zweite Sorte Brecher ist sehr viel häufiger, läßt sich aber bei guter Führung vermeiden. Dieser „unechte" Brecher wird nämlich durch das Schiff selbst hervorgerufen!

Schon die hübsche kleine Welle mit dem weißen Schaumköpfchen, die an einem schönen Segeltag das Meer belebt, ist in ihrem obersten Teil recht steil. Sie ist das kleine Abbild der Sturmsee; auch bei dieser ist das oberste Fünftel oder vielleicht nur Zehntel außerordentlich steil, jedoch an sich noch nicht gefährlich. Wird aber der Zusammenhalt dieser Wasserwand gestört, so bricht sie mit verheerender Gewalt zusammen. Zweimal habe ich es erlebt, daß ein Schiff, auf dem ich mich befand, von solch' einem Brecher heimgesucht wurde: Das eine Mal überlief eine See von achtern den 8 000 Tonnen-Dampfer, auf dem ich nach Amerika fuhr und der damals der Stolz der deutschen Schnelldampferflotte war. Es war die Zeit des Abendessens — und die Stewards kamen eben mit einem frischen Gang hereinbalanciert, als das ganze Schiff unter einem gewaltigen Stoß zitterte und gleich darauf eine Sündflut von Scherben und Seewasser in den Speisesaal prasselte: die See hatte nicht nur ein halbes Dutzend Boote auf dem achteren Aufbau mitgenommen, sondern hatte auch noch das Oberlicht auf dem Bootsdeck mittschiffs eingeschlagen!

Das zweite Erlebnis war ernsthafter: Der alte englische Tramp von vielleicht 3 000 tons hatte in Batum Manganerz geladen und dann in Alexandria Baumwolle darauf gepackt: Nun lagen wir seit 36 Stunden so halbwegs zwischen Kap Finisterre und Ushant und kamen nicht vorwärts gegen den NNW; ein Stück Reling war schon zu Bruch gegangen, das Achterluk hatte einen Knacks gekriegt und war notdürftig verstärkt worden. Da fing der eine Anker an loszukommen, und der erste Steuermann ging mit ein paar Mann nach vorne, um ihn zu zurren: Ob nun der Rudersmann daran schuld war oder das Manganerz: genug, der alte Kasten konnte plötzlich über eine See, die gar nicht einmal besonders hoch aussah, nicht mehr hinüberklettern, steckte die Nase hinein, und im nächsten Augenblick war das ganze Schiff unter uns verschwunden! Es kam dann nach einiger Zeit wieder zum Vorschein, minus sämtlicher Boote! Den ersten Steuermann und einen Mann haben sie mit zerbrochenen Knochen hinter einer Ladewinde gefunden — dabei noch einige Trümmer des Vorluks — von den andern keine Spur!

Ich halte diese beiden Fälle für typisch; das eine Mal wurde durch die schnelle Fahrt des Schiffes der Zusammenhalt des steilen, von achtern auflaufenden Wellenkammes gestört, das andere Mal konnte das schwer geladene und gegen die See getriebene Schiff nicht mehr der Wellenbewegung folgen.

Am Wind.

Am Wind machen sich naturgemäß die Nachteile des Seegangs am frühesten bemerkbar. Solange die See nicht zu hoch ist, halte man voll und bei und führe nicht zu wenig Segel, besonders wenn die See, wie häufig in der Ostsee, kurz und steil ist. Wie lange man dies „Gegenanbolzen" durchhalten will, ist Geschmackssache und hängt hauptsächlich von der Ausdauer der Mannschaft ab. Ganz sinnlos ist es, unter solchen Umständen Höhe schinden zu wollen; man tut besser daran, in den gegenteiligen Fehler zu verfallen, weil man freier am Wind segelnd nicht nur an sich mehr Fahrt macht, sondern auch die Wellen unter einem günstigeren Winkel schneidet. Muß man allerdings, um Fahrt voraus zu machen, soweit abfallen, daß die Winkel der Kreuzschläge sehr spitz werden, so hat die Sache eben keinen Zweck mehr. Man ändre sein Reiseziel oder drehe bei — und schimpfe auf jeden Fall auf den Konstrukteur! Nur in einem Fall ist auch der gute Beim-Winder verraten und verkauft: Wenn nämlich der Wind gerade daher kommt, wo man hin will und in Richtung des einen Schlages noch Dünung läuft! Ich habe dieses Pech ein paarmal gehabt — dann nützt auch das Schimpfen nichts und wäre obendrein ungerecht. Man sei sich auch klar darüber, daß das lange Gegenantreiben des Schiffes Takelage und Verbände erheblich beansprucht. Kommt öfter grünes Wasser vorn über, so sei man vorsichtig und verkleinere lieber die Segel, zumal wenn die See inzwischen höher und steiler geworden ist.

Anders bei hoher See und mäßigem Wind; auch da halte man voll und bei, schaue aber nach den Seen aus und luve rechtzeitig an, wenn eine See reichlich steil erscheint. Man beachte, daß es darauf ankommt, nicht mit großer Fahrt in den steilen Wellenkamm hineinzustoßen, da die Auftriebskraft im Vorschiff sonst nicht ausreicht, um Schwerkraft und Vortrieb im Winkel der See zu überwinden.

Wird die See wirklich hoch, so wird bald der Zeitpunkt kommen, wo die Strapaze sich nicht mehr lohnt; jedenfalls glaube ich, daß er kommt, ehe es gefährlich wird, noch weiter durchzuhalten. Dann dreht man am besten bei und wartet eine Wetterbesserung ab, wenn man es nicht vorzieht, den nächsten erreichbaren Schutz aufzusuchen. Hat man das Pech, auf Legerwall erwischt zu werden, so muß man eben durch, so gut es geht. Ein weiterer und sehr ungemütlicher Sonderfall ist es, wenn man am Wind in eine Stromkabbelung gerät. Ich kann nur dazu raten, in diesem Falle umzudrehen, so lange es noch Zeit ist, und das unruhige Gebiet zu umgehen, es sei denn, daß man dessen Ausdehnung genau übersehen kann und sicher ist, daß die Sturzseen nicht die Widerstandsfähigkeit des Schiffes übersteigen; dann aber gehe man rücksichtslos durch, da irgendwelche individuelle Behandlung der Kabbelsee doch nicht möglich ist.

Nachts sollte man bei Seegang, der eine Berücksichtigung der einzelnen Seen erfordert, nur segeln, wenn heller Mondschein das rechtzeitige Erkennen gefährlicher Seen möglich macht. Wird die See so hoch, daß sie häufiger den Wind teilweise oder gar ganz aus den Segeln nimmt, so hört das Segeln am Wind auf. Die Überlagerungen der wahren Wellen werden dann schon so bedeutend sein, daß sie besondere Berücksichtigung verlangen; das Anluven zum Überwinden einzelner steiler Hauptseen wird derartig zeitraubend, daß man froh sein kann, wenn man noch den allgemeinen Kurs 7 Strich vom Wind zu halten imstande ist. Das ist aber nicht mehr mit Segeln am Wind zu bezeichnen.

Mit raumem Wind.

Der Einfachheit halber möchte ich unter „raumem Wind" die Winde verstanden wissen, die aus etwa 1 Strich vorlicher bis etwa 6 Strich achterlicher als dwars wehen.

Bei solchen Kursen wird der Seegang erheblich weniger fühlbar sein als am Winde, je achterlicher er kommt, desto weniger wird auch der Wind selbst sich bemerkbar machen; desto größere Aufmerksamkeit erfordert aber die richtige Segel- und Ruderführung. Mäßige See, die am Winde schon massenhaft Spritzwasser an Deck werfen würde, kann ganz unberücksichtigt bleiben; auch wenn hier und da mal eine Schaumkrone klatschend an die Außenhaut schlägt und die Deckswache mit einer Dusche versorgt, macht das nichts, und man halte ruhig Kurs. Nur bedenke man, daß das Schiff, breitseits in dem steilen Wellenkamm liegend, ganz erheblich überholen wird und daß an Deck und unten alles fest sein muß wie für schwere See. Auch der Großbaum erfordert Aufmerksamkeit, keinesfalls darf er durchs Wasser pflügen. Bald, wenn die See noch höher wird, kommt dann die Zeit, wo das gute Seeschiff ruhig weiter auf Kurs bleiben kann, während das weniger gute wild herumtanzt und nicht mehr mit dem Ruder zu halten ist. Man verkleinere dann schleunigst die Segel; ich habe, besonders wenn der Wind achterlicher als dwars einkam, immer gern das Großsegel gründlich gerefft und die Vorsegelfläche unverändert gelassen. Jedes Schiff dürfte aber nach dieser Hinsicht individuelle Behandlung erfordern; rechtzeitig die Eigenheiten seines Fahrzeugs zu studieren, ist daher Pflicht des sorgfältigen Führers. Keinesfalls führe man zuviel Segel; was man an Vortriebskraft gewinnt, verliert man wieder durch ungünstige Trimmlage und harte Ruderbewegungen.

Ein Beispiel: Ich kam Einhand aus Swinemünde Richtung Stettin, Wind West; ich führte Vollzeug, was in der Abdeckung der Kaiserfahrt durchaus notwendig war. Zwischen den Molen, frei von der Abdeckung, merkte ich dann, daß doch mehr Wind wehte, als ich gedacht hatte, da ich aber schließlich die Segel noch tragen konnte, lief ich weiter. Kaum war ich draußen in der ekelhaften, kurzen Haffsee, fing die kleine „Bora I" derartig an zu tanzen und machte so heftige Anstrengungen, aus dem Ruder zu laufen, daß ich schleunigst Kehrt machte und mich erst mal an einen Dalben in der Kaiserfahrt legte und Mittagessen kochte. Der Wind blies unentwegt weiter; ich wollte meine Ruhe haben und band deshalb drei Reff ins Großsegel und setzte die kleine Fock. Dann lief ich hinaus und konnte bald mit Genugtuung feststellen, daß das Boot ohne jeglichen Ruderdruck lief, und ich mir beruhigt in der Kajüte eine Pfeife anstecken konnte. Ich bin trotzdem mit 5 Seemeilen Durchschnitt nach Leitholm gekommen — bei einem Boot, dessen Höchstgeschwindigkeit bei etwa $5\frac{1}{2}$ lag, vollkommen ausreichend!

Wird der Seegang höher, sodaß am Winde ein Anluven zum Begegnen einzelner Seen ganz von selbst erfolgen würde, wachsen die Ansprüche an die Urteilsfähigkeit des Führers und die Aufmerksamkeit des Rudergängers. Kommen die Seen quer ein und brechen bald nach Passieren des Wellenkammes in Lee, so ist das ein Zeichen, daß man sie nicht mehr unberücksichtigt lassen darf. Man kann ihnen durch Anluven oder durch Abfallen begegnen: Beim Anluven kommt es darauf an, den Wellenkamm mit möglichst wenig Fahrt zu erreichen — ganz verfehlt ist es, in voller Fahrt aufzudrehen und in die See hineinzurasen. Ich schäme mich eigentlich, diese Selbstverständlichkeit zu schreiben und würde es nicht tun, wenn ich nicht so häufig diesen Fehler mit angesehen hätte.

Fängt man die hohe See mit dem Heck ab, so tue man das gründlich. Schiffe mit sehr langem Lateralplan werden vielleicht dazu neigen, aufzudrehen, wenn der Wellenkamm ungefähr bis zur Schiffsmitte gekommen ist; man stütze sie dann rechtzeitig mit dem Ruder; besser ist es, durch eine verhältnismäßig große Vorsegelfläche diese Stützung automatisch herbeizuführen. Bei zwei Vorsegeln, die ja überhaupt beim Segeln im Seegang große Vorteile bieten, habe ich den Klüver dann ziemlich dicht geholt — etwa in die Am-Wind-Stellung. Trotzdem ist der lange Lateralplan natürlich dem kurzen weit überlegen, da er ein viel ruhigeres Steuern gestattet. Da der kurze Lateralplan meist mit einem erheblichen Überhang am Heck verbunden ist, kann er praktisch außer Betracht gelassen werden: mit einem lang überhängenden, niedrigen Heck eine See abfangen zu wollen, wäre ein Leichtsinn. Es hängt so sehr von den Eigenschaften des Fahrzeuges ab, wann es noch möglich ist, eine See (in voller Fahrt!) mit dem Heck abzufangen und wann es gefährlich ist, daß es sehr schwierig ist, irgendeine allgemeingültige Angabe zu machen. Vielleicht kann als Anhalt dienen, daß das öftere Brechen der See im Kielwasser eine Warnung ist, solchen Seen besser durch Aufdrehen zu begegnen. Man sei lieber zu vorsichtig! Eine schräg von achtern überkommende See kann die allerschlimmsten Folgen haben!

Wird die See noch höher, sodaß häufiger der Wind aus den Segeln genommen wird, so muß man den Segeln einige Aufmerksamkeit schenken, da sie leicht anfangen zu schlagen. Bei Klüver und Fock mag man das durchgehen lassen, beim Großsegel schlägt der Baum dann so wild um sich, daß die Takelage zu sehr beansprucht wird; verschlimmert wird das Schlagen durch das heftige Schlingern des Schiffes. Man kann beides mäßigen, indem man die Großschot dichter holt, wird allerdings an Fahrt einbüßen.

Besonders unangenehm ist es, wenn dieser Fall bei noch achterlicher einfallendem Wind eintritt, man also das Segel normal ziemlich weit auffieren würde. Man kann dann allerdings die Großbaumnock durch eine Bullentalje nach vorn abstützen, sollte aber damit recht vorsichtig sein! Das Schiff ist bei plötzlich eintretenden Ereignissen, wie etwa Mann über Bord, völlig manövrierunfähig, ein Einhauen des Baumes in die See wird leicht den Bruch der Spiere zur Folge haben. Bei Nacht sollte man keinesfalls eine Bullentalje verwenden; höchstens bei sehr schönem Wetter und reichlicher Besatzung.

Man wird auf raumen Kursen noch segeln können, wenn man am Winde nicht mehr vorwärtskommt. Allerdings erfordert die Ruderführung dauernde gespannte Aufmerksamkeit, vollends wenn die See so wild wird, daß die kreuz und quer laufenden kleineren Seen — die ,,Überlagerungen" — auch schon bedenkliche Abmessungen erreichen. Dann sollte man lieber beidrehen, wenn nicht ganz gewichtige Gründe für das Durchhalten sprechen.

Je weiter auf solchem Kurse der Wind von achtern einkommt, desto schwieriger wird das Manöver des Beidrehens werden; in der Praxis allerdings wird man doch so oft angeluvt haben, daß man genau im Bilde ist, wieweit es noch geht, und wird sich rechtzeitig zum Beidrehen entschließen. Man behalte im Auge, daß es verhängnisvoll ist, von einer Dwarssee in Fahrt überlaufen zu werden!

Vor dem Wind.

Wenn ich im Anfang dieses Abschnittes von gefährlichen Ansichten sprach, so meinte ich eigentlich im wesentlichen die über das Segeln vor dem Wind verbreiteten Anschauungen. Aus vielen Reiseberichten geht nämlich hervor, daß die Verfasser es für richtig halten, vor dem Wind der See ,,davonzulaufen". Ich glaube, die Verfechter dieser Ansicht machen sich nicht klar. daß sie damit etwas tun wollen, was — für ein Segelfahrzeug wenigstens — unmöglich ist. Trotzdem scheint diese Auffassung weit verbreitet zu sein, denn in den verschiedensten Veröffentlichungen, deutschen, englischen und französischen, halten es erfahrene Seesegler, unter ihnen Voß, Claud Worth, Weston Martyr, für angebracht, ihr entgegenzutreten.

Die Wellengeschwindigkeit, d. h. die Geschwindigkeit, mit der sich die wellenförmige Bewegung der Meeresoberfläche in horizontaler Richtung fortpflanzt, hängt im großen und ganzen von der Länge der Wellen ab; unter allen Umständen aber werden Seen, auf die eine kleine Yacht schon Rücksicht nehmen muß, eine wesentlich höhere Geschwindigkeit haben, als diese selbst. Die Wellengeschwindigkeit in der Ostsee wird bei mittelstarkem Wind auf 12 bis 15 Sm. angegeben, wobei ruhig zugegeben werden soll, daß eine schnelle, stark besegelte Yacht vielleicht bei Windstärke zwei die dann entsprechend langsameren Wellen einzuholen vermag. Aber diese kleinen Wellen, die nur dem Auge eine angenehme Belebung der weiten Fläche bedeuten, haben auf die Führung gar keinen Einfluß. Der steile Kamm einer Welle, der unter Umständen den gefürchteten Brecher ergeben könnte, ist nun ein sehr kompliziertes und empfindliches Gebilde, dessen Gleichgewicht durch irgendeine Veränderung seines Fundamentes — der Welle selbst — sehr leicht gestört wird: daher die Grundsee, die Kabbelsee der Tidenströme und letzten Endes die Brandung an der Küste. Aber auch ein im Verhältnis zu ihrer Masse kleiner Körper, der sie durchschneidet, wie der Rumpf einer Yacht, kann ihren Aufbau stören und den steilen Kamm, der sie krönt, zum Überkämmen bringen — der Brecher ist da!

Wann dieser Fall eintritt, ist schwer zu beurteilen, festzuhalten nur, daß ein vertikal und ohne eigene horizontale Bewegung mit den Wellen auf und ab pendelnder Körper niemals die Wellenform zerreißt.

Die praktische Nutzanwendung für das Segeln vor Wind und See ist, daß man sich hüten soll, zu viel Fahrt zu machen. Man überlege sich, ob man es noch wagen könnte, gegen die See anzulaufen, ohne auf sie Rücksicht zu nehmen; glaubt man, das nicht mehr tun zu können, so muß man auch vor dem Wind vorsichtig sein. Ich entnehme dem Bericht einer englischen Yacht folgenden Auszug:

„An der spanischen NW-Küste — nachts 1,30 Uhr — Wind und See zulegend. (Der Kurs war NO, der Wind SW.) 3 Uhr morgens stecken wir zwei Reff in Großsegel und Besan. Schiff läuft viel leichter. Ich saß am Ruder und aß einige Keks, die neben mir auf dem völlig trockenen Sitz lagen, als ich eine riesige See bemerkte, die von achtern auflief. Ich hoffte noch, sie würde vorbeilaufen, aber sie türmte sich plötzlich dicht hinter uns zu einer Wand von 4—5 m Höhe auf und brach mit fürchterlichem Getöse über das Heck. Sie traf mich an der Schulter und riß mich über Bord, außerdem das Deckshaus und einen Mann der Besatzung.“

Der Eigner wurde noch glücklich aufgefischt, da er den ihm zugeworfenen Rettungsring erwischte, der Matrose, den er noch eine Zeitlang über Wasser gehalten hatte, starb später an den erlittenen Verletzungen; dabei handelte es sich um eine Ketsch von 100 tons!

Ich selbst habe an der schwedischen Westküste ein lehrreiches Beispiel dafür erlebt, wie gefährlich ungünstige Heckform und unzweckmäßige Segelführung werden können (s. Seite 57), habe aber das Glück gehabt, niemals von einer See überlaufen zu werden.

Zwei Anzeichen der drohenden Gefahr gibt es, die ich aus eigener Erfahrung kenne und die von anderen Seeseglern als solche angeführt werden.

Das eine, wenn das Schiff in der auflaufenden See die Neigung zeigt, aufzudrehen, ohne daß das hart gelegte Ruder zunächst Einfluß hat. Ich habe das auf dem Rückweg von Kopenhagen nach Warnemünde bei steifem NO auf einer etwa 18 m langen Yawl erlebt, die ich steuerte, aber nicht führte. Das Boot trug Vollzeug und machte eine wahnsinnige Fahrt — die drei Stunden meines Törns am Ruder zählen zu den ungemütlichsten Erinnerungen meiner Fahrten; wäre das Boot quer gedreht und von einer See überlaufen worden, wäre mit aller Wahrscheinlichkeit der eine oder andere der elend an Deck liegenden Fahrtteilnehmer über Bord gegangen — und die Schuld hätte natürlich ich gehabt und nicht der Führer, der nichts von Reffen wissen wollte.

Das zweite, wenn die Seen achteraus steiler auszusehen anfangen, als anderswo. Ich habe das Einhand von der Greifswalder Oie nach Swinemünde vor stürmischem NW mit der Fock lenzend erlebt. Ich wollte unbedingt zur Nacht im Hafen sein, hatte aber Bedenken wegen der viel zu großen und nicht einwandfrei lenzenden Plicht meiner ersten „Bora"; nachdem ein paarmal eine ziemliche Menge Wasser hereingekommen war und zu guter Letzt eine See die „selbstlenzende Plicht" so vollgefüllt hatte, daß ich verzweifelt schöpfen mußte, um das Wasser wieder herauszubekommen, habe ich kurzerhand einen Ölsack an einer etwa 30 m langen starken Trosse nach achtern ausgebracht; der Erfolg war verblüffend, obwohl der Wind noch erheblich zulegte und zuletzt beinahe Sturmstärke erreichte. Kam eine besonders hohe See an, war es nur nötig, genau in die Ölallee zu steuern; alles andere wurde schon durch die Trosse und durch die stark verminderte Fahrt unschädlich gemacht. Jedenfalls kam nicht ein Tropfen Wasser mehr herein, und die Seen zeigten nicht die geringste Neigung zum Brechen.

Auch meine Fahrt von Lindesnes nach Skagen vor Breitfock mit „Bora IV" war aufschlußreich — allerdings hauptsächlich dafür, wie wichtig Unterwasserschiff und Heck für die Fähigkeit sind, gefahrlos vor der See zu laufen.

Abgesehen von der Aufmerksamkeit, die der Seegang heischt, erfordert aber auch die Segelführung selbst erhöhte Beachtung. Ein unbeabsichtigtes Halsen hat fast immer schlimme Folgen; bei einigem Seegang, in dem das Schiff stark rollen wird, tritt es viel leichter und unerwarteter ein, als im schmiegen Wasser. Auch hier ist die Bullentalje ein Hilfsmittel, das mit Vorsicht angewendet werden muß — rollt das Schiff mal etwas mehr, sodaß der Baum ins Wasser haut, dann Ade Baum! Mit dem vielfach empfohlenen Andirken des Baumes habe ich mich nie recht befreunden können, da dadurch das Segel noch mehr an der Saling schamfielt und meist auf über die Hälfte seiner Länge an den Topwanten anliegen und scheuern wird. Das beste ist ganz entschieden, bei viel Wind und See die Breitfock zu setzen; es ist keine Entschuldigung, daß man sie nicht hat: die Breitfock gehört auf einen Seekreuzer!

Gleichgültig, ob man vor Großsegel oder vor Breitfock läuft, sollte man ein oder beide Vorsegel stehen haben und dicht holen. Das entsetzliche, nervenzermürbende Rollen wird dadurch wenigstens etwas gemildert. Für den Vortrieb kommen die Vorsegel bei achterlichem Wind sowieso nicht in Frage. Wie weit man sie voll oder gerefft führt, hängt nicht nur von der Windstärke, sondern mehr von der Handigkeit der Takelage und der Aktionsfähigkeit der Mannschaft ab. Ist man unbedingt sicher, die Vorsegel rechtzeitig — nämlich vor dem etwa nötigen Beidrehen — verkleinern zu können, kann man sie ruhig auch bei sehr viel Wind voll stehen lassen; desto größer wird ihre stabilisierende Wirkung sein.

Wenn man glaubt, in absehbarer Zeit beidrehen zu müssen, so tue man es sofort! Sonst ist es vielleicht zu spät. Das Beidrehen aus der Fahrt vor dem Wind ist eins der kitzlichsten Manöver, die es gibt.

Ist man zu lange gelaufen und glaubt, das Beidrehen nicht mehr wagen zu können, so nimmt man erst das Großsegel bzw. Breitfock weg, und wenn das nicht ausreicht, auch noch die Fock oder was etwa sonst an Vorsegeln steht, und treibt vor Top und Takel oder bringt gar noch eine Trosse gegebenenfalls mit Ölsack achtern aus.

Voraussetzung dafür ist freilich, daß man genügend Seeraum hat. Hat man eine Küste in Lee, an der man keinen sicheren und zugänglichen Unterschlupf hat, so ist die Lage alles andere als schön. Es erscheint mir dann geboten, rechtzeitig den Treibanker auszubringen. Ich selbst habe einen Treibanker nie benutzt; ich glaube, daß der Treibanker achteraus eine ziemliche Belastung für das Rudergeschirr bedeutet — aber schließlich ist alles andere besser als achtkant auf eine Leeküste zuzutreiben!

Unter allen Umständen mache man sich klar, daß man mit einem kleinen Vorsegel allein oder gar vor Top und Takel so gut wie manövrierunfähig ist und nicht etwa eine unbekannte Hafeneinfahrt wagen darf!

Ein scheinbarer Widerspruch mit diesen Ausführungen liegt in der oft geäußerten Empfehlung, eine Flußmündung, Hafeneinfahrt oder dgl. bei auslaufendem Strom und auflandiger See mit möglichst großer Fahrt zu forcieren. Der Widerspruch ist scheinbar, denn man braucht die Fahrt eben, um den Strom zu überwinden. Eine solche Einfahrt bei wirklich schwerer See zu versuchen, ist ein bodenloser Leichtsinn.

Eine Barre, auf der Grundsee steht, sollte man möglichst meiden. Wenn man sie aber durchaus passieren will, so tue man das mit möglichst geringer Fahrt und bringe zu diesem Zwecke Trossen, Pützen oder gar einen Treibanker nach achtern aus. Auch hier spreche ich leider nicht aus eigener Erfahrung, kann mich aber auf die Autorität des Weltumseglers Voß berufen.

Steht auf einer Barre Brandung, so gehört der durchschnittliche Yachtsegler, der den Versuch macht, sie zu passieren, ins Irrenhaus; was nicht ausschließt, daß ein in diesem Sonderzweig der Steuermannskunst erfahrener Führer es ohne allzu große Gefahr wagen kann.

Wenden und Halsen.

Ich habe nie gefunden, daß das Wenden im Seegang besonders schwierig ist; ich kann mich kaum erinnern, daß mir eine Wendung mißglückt ist, wo es wirklich darauf ankam. Bei einiger See sucht man sich schon ganz von selbst eine Periode regelmäßiger Wellen aus! Meines Erachtens liegt die stark überschätzte Gefahr einer mißglückten Wendung darin, daß das Boot, nachdem es einmal zum Stillstand gekommen ist, wieder Fahrt aufnimmt, ohne zunächst dem Ruder zu gehorchen; wenn in diesem Augenblick eine steile See aufläuft, kann sie brechen mit mehr oder weniger unangenehmen Folgen. Aus dem gleichen Grunde halte ich eine „Wendung über den Achtersteven" für recht gewagt; bei dieser kommt das Boot immer, wenn auch nur für kurze Zeit, aber mit ziemlicher Fahrt, in die Dwarslage mit der gleichen unangenehmen Möglichkeit. Übrigens sollte man deshalb auch beim Anluven in eine See recht vorsichtig sein, niemals darf man die Fahrt so weit verlieren, daß das Boot dem Ruder nicht mehr gehorcht.

Auch das Halsen ist nicht besonders schwierig, vorausgesetzt, daß man nicht zu viel Segel führt. Natürlich muß man erst den Baum beinahe mittschiffs holen und dann vorsichtig auf den anderen Bug gehen. Die Vorsegel holt man vorher dicht, wenn sie es nicht schon sind. Ein langer Lateralplan ist für dies Manöver besonders günstig, da er platt vor Wind und See dem Quergeschlagenwerden einen erheblichen Widerstand entgegensetzt. Passiert einem das dennoch, so wird man nur durch seinen guten Stern vor Schaden bewahrt werden.

Ein Kapitel für sich ist das unbeabsichtigte Halsen — es darf einfach nicht vorkommen; allein aus diesem Grunde sind mir lange Vorwindstrecken bei See verhaßt, und ich nehme lieber die Fahrtverringerung in Kauf und setze die Breitfock.

Übrigens ist vielleicht mein Urteil über das Halsen etwas durch die Jahre beeinflußt, in denen ich nur noch Hochtakelung gefahren habe, die sich für dieses Manöver (infolge des Fehlens der Gaffel mit ihrem herumschwingenden Gewicht) besonders gut eignet.

Beidrehen.

Das Beidrehen ist ein so vielseitig verwendbares und so einfaches Manöver, daß ich unabhängig vom Seegang darüber etwas sagen möchte.

Beigedreht ist ein Fahrzeug, wenn es zwar ziemlich hoch am Wind liegt, aber wenig Fahrt voraus bei sehr viel Abtrift macht. Um das zu erreichen, wird im allgemeinen mindestens ein Vorsegel back gesetzt, das Großsegel mehr oder weniger dicht geholt und jedenfalls so gestellt, daß es im Vorliek etwas killt. Ein gutes Seeboot soll dann ohne jede Ruderhilfe vollkommen fest auf seinem Kurs bleiben und höchstens eine Meile Fahrt voraus machen. Mit welcher Stellung der jeweils stehenden Segel ein Boot am besten beiliegt, muß man ausprobieren. Das Ruder soll dabei möglichst wenig benutzt werden. Ein Kutter soll auch unter Fock allein noch einigermaßen hoch am Wind beiliegen, dann allerdings mit Hilfe des stark gelegten Ruders.

Bei allen Segelmanövern, zum Aufnehmen eines Lotsen, zum ruhigen Einnehmen der Mahlzeiten, überall ist das Beidrehen verwendbar und spart eine Unmenge Arbeit. Muß man Nebel oder das Kentern eines Tidenstroms abwarten, wird es beinahe zur Notwendigkeit, vollends aber, wenn Wind und Seegang ein weiteres Segeln unmöglich machen.

Aus der Am-Wind-Lage ist das Manöver denkbar einfach; wenn angängig, verbindet man es mit einer Wendung, wodurch man das Backholen des Vorsegels spart. Will man auf dem gleichen Bug bleiben, so wird allerdings ein Mann nach vorne müssen, da bei viel Wind es kaum gelingen dürfte, das Vorsegel mit den Schooten back zu holen.

Schwieriger schon wird es, wenn man mit raumem oder gar achterlichem Wind läuft. Man bedenke, daß es darauf ankommt, das Boot zwar möglichst schnell in die günstige Lage zu bringen, dabei aber unter keinen Umständen mit viel Fahrt in eine steile See hineinzujagen. Man ist da zwischen Szylla und Charybdis: Dreht man zu schnell auf, so erwischt einen die folgende

See vielleicht noch in voller Fahrt, dreht man zu langsam, kommt man quer in die nächste See und auch noch mit zu viel Fahrt, um sie breitseits vertragen zu können. Das Großsegel auffieren, um damit die Fahrt teilweise aus dem Boot zu nehmen, geht auch nicht, da man die Wirkung des Segels braucht, um aufzudrehen. Am besten habe ich es immer gefunden, das Boot mit solcher Geschwindigkeit durch ganz hartes Ruderlegen herumzuwerfen, daß Ruderwirkung im Verein mit der scharfen Drehung die Fahrt wegnahmen. Jedenfalls habe ich diese Methode auch in dem stärksten Wind und der schwersten See, die ich je an Bord einer Yacht erlebt habe — auf meiner Fahrt von Dartmouth nach Belle Ile im Herbst 1927 — mit Erfolg angewendet.

Selbst bei einem hochgetakelten Boot mit kurzem Baum wird es sich empfehlen, den Baum wegzunehmen und das Sturmsegel ohne Baum zu fahren, wenn man in schwerer See beidreht. Das lästige Schlagen fällt dann weg.

Bei einer See und Windstärke, wie ich sie auf der obenerwähnten Fahrt erlebte, wird auch ein gutes Seeboot nicht mehr ohne ständige Ruderhilfe beigedreht liegen, weil der Wind ihm von den Seen aus den Segeln genommen wird, wenn es sich im Wellental befindet. Klettert es dann an der steilen Wand hinauf, so wird zuerst das backstehende Vorsegel vom Wind erfaßt, wodurch die Nase herumgedrückt wird; auf dem jenseitigen Abhang wird es dann fast quer liegen und mit ziemlicher Fahrt ins Tal hinuntersausen. Das ist ungünstig und sollte vermieden werden, da es immerhin möglich wäre, daß eine schräglaufende See das Boot ganz quer oder ganz in den Wind schlagen könnte. Durch leichte Ruderhilfen läßt sich das zwar vermeiden, aber die unter solchen Umständen für die Mannschaft so wichtige Ruhe leidet darunter.

Dann ist es Zeit, den Treibanker auszubringen!

Dünung.

Die Dünung ist eine höchst unangenehme, aber niemals gefährliche Abart des Seegangs. So lange sie sehr lang ist, wird sie zwar die Fahrt nicht sehr hemmen; allerdings ist es erstaunlich, wie kurz selbst die Atlantikdünung erscheint, wenn man direkt gegenan läuft! Bei leichtem Wind wird ein Fortkommen oft unmöglich sein, und man wird sich entschließen müssen, den Kurs so zu ändern, daß man die Dünung in einem günstigeren Winkel schneidet; geht das nicht, weil man dann zu weit von seinem Ziel fortkommt, so hat man eben Pech. Die Hauptsache ist, bei Dünung die Segel voll stehen zu haben: den Baum setzt man vielleicht durch eine Bullentalje fest, keinesfalls lasse man ihn herumschlagen! Das Großsegel zieht überhaupt nicht, sowie der Baum schlägt. Schot, Beschläge und der Baum selbst werden weit über Gebühr beansprucht, gar nicht zu reden von den Nerven der Besatzung. Ich habe, wenn Wind und Kurs dies zuließen, immer gerne den Ballon gesetzt, wenn selbst am festgelegten Baum das Großsegel schlug: das leichte Tuch des Ballons stand dann meist noch voll. Wenn kein Segel mehr ziehen will, nehme man besser alles weg und ergebe sich in sein Schicksal; es kann das fürchterliche Rollen etwas mildern, wenn man die Vorsegel stehen läßt und ganz dicht holt; wenn man die Arbeit nicht scheut, kann man auch das Sturmsegel setzen. Das Großsegel hat gar keinen Zweck, da es doch immer einen Bauch hat, der schlägt; ein Gaffelgroßsegel muß natürlich noch früher weggenommen werden, da das dauernde Herumpeitschen der Gaffel Mast und Takelage sehr stark beansprucht.

Sehr hohe Dünung kann durch die Abdeckung selbst bei viel Wind die Segelstellung beeinflussen: Als ich mit achterlicher hoher See und Dwarswind von etwa Stärke 8 auf Belle Ile zulief, wollte selbst das gereffte Sturmsegel nicht vollstehen, und ich mußte es bis beinahe in die Am-Wind-Stellung dicht holen, um das Schlagen des Baumes zu verhindern!

Drei gute Ratschläge.

1. Land und Strömung machen aus dem gutmütig wogenden Meer ein brüllendes Ungeheuer. Die Einfahrt selbst in den ruhigsten und sichersten Hafen kann bei auflandiger See gefährlich sein: Studiere daher eifrig Seekarte und Segelanweisung, meide flaches Wasser, Flußmündungen und ungeschützte Hafeneinfahrten.

   Im Zweifel: Bleibe draußen!

2. Im tiefen Wasser wird die See selten bösartig. Erst die Fahrt des Bootes stört den Aufbau der Wassermassen und erzeugt den gefährlichen Brecher.

   Im Zweifel: Nimm die Fahrt aus dem Boot!

3. Auch ein gutes Seeboot schaukelt im Seegang; es soll sogar schaukeln und der See willig folgen. Nicht so Bootshaken, Tweidel, Teekannen, Butterdosen und deine Magennerven: Diese Dinge machen sich gerne selbständig! Es empfiehlt sich also, sie rechtzeitig auf den Seegang vorzubereiten.

   Im Zweifel: Gehe erst aus dem Hafen, nachdem du alles seefest gestaut und gezurrt und selbst gut gefrühstückt hast!

Der Seeanker und seine Verwendung.

Wenn ich, obwohl mir die eigene Erfahrung mangelt, über den Seeanker meine Meinung äußere, so tue ich das, weil er zur Ausrüstung jeder Yacht gehört, die eine längere Reise über See antreten will, und ich des weiteren glaube, durch eifriges Studium aller mir zugänglichen Berichte über seine Verwendung auf Yachten, so viel davon zu verstehen, wie man eben von einer Sache verstehen kann, die man nie selbst ausprobiert hat.

Der Seeanker ist die „ultima ratio": Wenn das zitternde Schifflein auch das gereffte Sturmsegel nicht mehr tragen kann, wenn gar die Segel in Fetzen davon geflogen oder Mast und Spieren gebrochen sind, ist es Zeit, den Seeanker auszubringen! Noch eine andere, friedlichere Verwendung hat er allerdings: nämlich

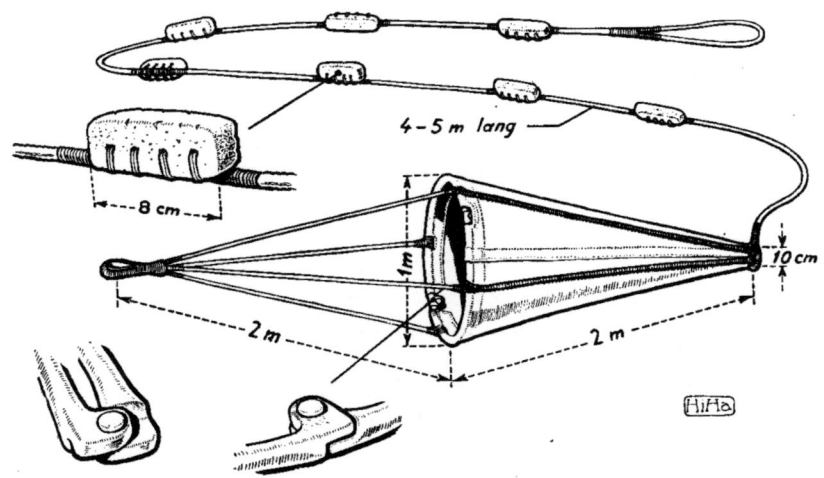

Abb. 111. Treibanker.

bei schönem Wetter der Mannschaft auf hoher See eine ruhige Nacht zu verschaffen — aber aus diesem Grunde allein würde man das sperrige Ungetüm sicher nicht mitnehmen.

Der Seeanker — oder vielleicht noch richtiger Treibanker — dient dazu, die Fahrt, die das Boot durchs Wasser macht, so stark herabzumindern, daß sie keine Gefahr mehr bedeutet; ganz aufheben läßt sie sich natürlich auch durch den größten Treibanker nicht. Daraus folgt, daß er einen möglichst großen Wasserwiderstand haben soll, aber möglichst nur in einer Richtung; er darf aber auch nicht so groß und so schwer werden, daß seine Handhabung und auch schließlich seine Unterbringung an Bord unverhältnismäßig schwierig wird.

So weit die theoretischen Voraussetzungen — in der Praxis scheint der trichterförmige Treibanker (s. Abb. 111) diesen Forderungen am ehesten zu entsprechen. Das Loch am spitzen Ende des Trichters sollte ein Zehntel des Durchmessers der großen Öffnung haben, die Länge des Trichters sollte das Eineinhalbfache dieses Durchmessers sein; ebenso lang sollen die Hahnepots sein, an denen die Trosse angesteckt wird. Der Trichter selbst wird aus schwerem Segeltuch hergestellt, die beiden Öffnungen durch Ringe gespreizt, die je nach Größe des ganzen Apparats aus Holz oder verzinktem Eisen bestehen können. Die Zahl der Hahnepots richtet sich ebenfalls nach der Größe des Seeankers; diese hängt natürlich von der Größe des Schiffes und seinen Unterwasserformen ab; bei einem guten Seeschiff mit langgezogenem Lateralplan und nicht zu stark beschnittenem Vorschiff sollte der Durchmesser der großen Öffnung etwa ein Zehntel der Wasserlinienlänge sein — ein Motorboot etwa mit niedrigen Aufbauten und lang durchgehendem Kiel könnte mit einem kleineren Seeanker auskommen, während eine Yacht mit großen Überhängen und stark beschnittenem Vorschiff einen wesentlich größeren brauchen würde. Hierbei sei bemerkt, daß die Stellung des Mastes und der Luftwiderstand der Takelage eine große Rolle bei der Fähigkeit eines Schiffes, gut vor Treibanker zu liegen, spielt. Das Material des Seeankers ist ganz unwahrscheinlich großen Beanspruchungen ausgesetzt; sie dürften beinahe die erreichen, denen das Ankergeschirr bei gleichem Wind und gleicher See ausgesetzt sein würde; man bedenke auch, daß sich der Trichter im Wasser bewegt und rotiert, was ein Anker nicht tut! Die Gefahr des Schamfielens ist hier größer als bei irgend etwas anderem, nicht zuletzt, weil man ihrer nicht gewahr wird und den Schaden erst merkt, wenn es zu spät ist.

Um den Anker an Bord holen zu können, soll er an seiner Spitze eine Leine haben, an der man ihn einholen kann; diese braucht gar nicht sehr stark zu sein, da man ihn ja mit der Trosse längsseits holt und mit der Leine bloß umdreht, um das Wasser auszukippen; aus dem gleichen Grunde braucht die Leine auch nicht so lang zu sein wie die Trosse, da sie sich sonst nur mit dieser vertörnen würde. Claud Worth, dessen Buch ,,Yacht Cruising'' die oben angeführten Maße entnommen sind, schlägt vor, die ,,Holleine'' etwa 10 m von dem Anker entfernt an der Trosse anzustecken und durch an die Leine gebändselte Korkschwimmer zu verhindern, daß sie unklar kommt. Mir will es scheinen, als ob trotzdem durch die unweigerliche Drehung der Trosse die beiden Enden voneinander unklar kommen würden, und als ob deshalb ein anderer Vorschlag Beachtung verdiene:

Die „Holleine" von etwa 8 bis 10 m Länge nur mit Korkschwimmern zu versehen und frei schwimmen zu lassen; ist der Seeanker erst längsseits, so kann man sie mit dem Bootshaken fassen und an Bord holen.

Der kleine Ring wird immer aus einem Stück sein können, bei dem großen ist das zwar erstrebenswert, aber selten durchführbar, da ja an die Unterbringung gedacht werden muß. Er läßt sich mit Gelenken versehen, die das Zusammenfalten in einen Halbkreis gestatten; jedoch müssen diese gut frei von dem Segeltuch des Trichters sein, damit dort kein Schamfielen eintritt.

Die Hahnepots enden in einer Kausch (Claud Worth empfiehlt, an dieser Stelle keine Metallkausch zu verwenden, sondern nur die zusammengefaßten und gut bekleideten Hahnepots mit Leder zu umnähen), an welche die Trosse angesteckt wird. Die Trosse selbst sollte „Kabelschlag" sein, wodurch sie unempfindlicher für die Rotationswirkung des Ankers wird; ihre Stärke entnehme man den Vorschriften des Germanischen Lloyd, die in diesem Punkte völlig ausreichende Dimensionen vorsehen; über ihre Länge gehen die Meinungen so weit auseinander, daß es schwer ist, irgendeinen Anhalt zu geben. Es will mir jedoch scheinen, als ob in tiefem Wasser, wo doch der Seeanker fast ausschließlich gebraucht werden wird, große Länge keinesfalls schädlich sein kann — ich würde daher immer die volle Länge stecken, die sich aus den G. L.-Vorschriften ergibt — bei sehr kleinen Booten, wie etwa „Bora III", würde ich über diese Länge noch etwas hinausgehen. Übrigens: Die Hahnepots sollten zusammen mindestens die doppelte Belastung aushalten können wie die Trosse!

Der heikelste Punkt des ganzen Geschirrs ist die Durchführung durch oder über den Vorsteven; die Geschwindigkeit mit der hier die Trosse an Wasserstag (Klüverbaumwanten nimmt man fort), Steven, Lippklüse und dgl. schamfielen kann, ist kaum glaublich; ich entnehme dem Bericht eines kleinen amerikanischen Schoners „(Northern Light"), der auf seiner Jungfernreise 14 Stunden vor Treibanker liegen mußte, folgende Liste von zur Bekleidung der Trosse an den Lippklüsen bzw. der Reling (nachdem nämlich die Klüsen ausgerissen waren!) verbrauchten Gegenständen: Eine Kokosmatte, verschiedene Stücken Segeltuch, 5 Proviantsäcke, zwei Badetücher!

Weston Martyr, der übrigens auch bei der eben erwähnten Fahrt an Bord war, empfiehlt deshalb ein kurzes Stück Kette (aber starke Kette!) oben, d.h. am Steven, an die Trosse zu stecken;

er meint nicht mit Unrecht: „Kette frißt erst alles andere auf, ehe sie selbst zu Bruch geht".

Genügt der Treibanker nicht, ist er verloren gegangen, oder hat man gar überhaupt keinen an Bord, so kann man sich auf verschiedene Art helfen. Kette zu stecken, scheint mir eine etwas starke Belastung des Vorschiffs zu bedeuten, das doch über die steilen Seen zuerst hinwegklettern soll. Am einfachsten scheint mir, was Claud Worth für diesen Fall empfiehlt: Einen Anker mit beigeklapptem (und gut festgezurrtem!) Stock an einer möglichst dicken Trosse wegzufieren. Die große Bucht, die die Trosse mit dem daran hängenden Anker bildet, hat einen sehr bedeutenden Wasserwiderstand; natürlich darf der Anker nicht auf dem Grund schleifen, da man sonst Gefahr läuft, ihn zu verlieren und außerdem die Trosse schamfielen wird. In wirklich flachem Wasser, wie etwa auf der Ostsee, scheint es mir nicht unangebracht, die Kette bis auf den Grund zu fieren und dort schleifen zu lassen — wenigstens hat ein Bekannter dies mit gutem Erfolg und ohne Schaden für das Geschirr getan.

Ich kann mir nicht recht denken, wie eine Spiere mit einem Segel daran trotz etwaiger Hahnepots oder schweren Gewichtes bei dem dauernden Hin und Her in hoher See halten kann; der Trichteranker ist ziemlich tief unter Wasser und daher geschützt, wenn er auch gelegentlich an die Oberfläche kommen und dann herumgeworfen werden wird. Der aussichtsvollste und dabei auch einfachste, weil schnell „greifbare" Ersatz scheint mir der Anker an der Trosse zu sein.

Das Ausbringen des Seeankers ist ein außerordentlich schwieriges Manöver, besonders deshalb, weil man es nicht wie alle anderen Manöver in Ruhe üben kann. Man sollte natürlich auch das tun, d. h. man sollte einmal bei hoher See, die aber noch nicht so schlimm ist, daß sie einen dazu zwingt, den Treibanker an Deck schleppen und die verschiedenen Methoden, ihn auszubringen, praktisch probieren. Man sollte! — ich gestehe, daß ich es nie getan habe — außer bei schönem Wetter, und das ist natürlich ganz einfach. Ich glaube, daß ein Beispiel die Schwierigkeiten, die zu überwinden sind, am besten klarlegt. Der schon erwähnte Langfahrtsegler Weston Martyr machte mit einem Freund eine Probefahrt auf einem neuen etwa 15 m langen Schoner; die „Probefahrt" erstreckte sich über 3 000 Sm. auf dem Atlantik, und da war einiges schlechte Wetter schon zu erwarten; infolgedessen waren zwei Seeanker an Bord, jeder etwas kleiner als die oben aufgeführten Maße. Sie sollten notfalls hintereinandergekuppelt werden. Es fing an zu blasen, das Boot wurde unter Schonersegel beigedreht, und nach einiger Zeit mußte daran gegangen werden, es vor Treibanker zu legen, da es nicht mehr beiliegen wollte. Zunächst mußten die beiden Freunde sich in der Kajüte genau über die einzelnen Manöver verständigen, da das draußen infolge des Windes nicht möglich war; dann wurden im Vorschiff die beiden Seeanker aneinander geschäkelt und die Kette durch die Klüse an Deck gesteckt. Als nächstes ging der Eigner nach vorne, um die Kette vollends durchzuholen und am Poller zu belegen; als er an einem Tampen, den er sich um den Bauch geschlungen -hatte, wieder in die Plicht gehievt worden war (eine See hatte ihn halb außenbords geschlagen), holten beide die Trosse durch die Kajüte und den Niedergang in die Plicht und schossen sie dort klar auf; dann wurden die beiden Seeanker auf demselben Wege in die Plicht geholt, wo sie aber lebhafte Versuche machten, wegzufliegen. Mit vereinten Kräften gelang es, die Seeanker auf dem Plichtfuß- boden festzuhalten, während die Trosse angeschäkelt wurde. Dann ging wieder der Eigner nach vorn, wobei er die Trosse außen um Backstage und Wanten herumnahm — natürlich in Luv; vorne angekommen wurde die Trosse an die Kette geschäkelt, und nun konnte erst das eigentliche Manöver losgehen! Aus der Plicht wurde die Trosse über Bord gefiert, als aber die beiden Treibanker drankamen, riß der Wind sie den beiden Freunden aus den Händen, und die schweren Segeltuch- trichter flogen wie Drachen über den Baum und unter der Dirk nach Lee! Beide dachten, daß der Mast brechen würde, als die Trosse steif kam und gegen die Stahldrahtdirk drückte — aber die Dirk brach, und gleich darauf wurde der Steven in den Wind geholt, und es gelang in halbstündiger schwerer Arbeit, das Schonersegel zu bergen. Das ganze Manöver hatte vier und eine halbe Stunde gedauert! Auch dann lag das Boot (infolge des zu sehr beschnittenen Vorschiffs) 6 bis 7 Strich vom Wind und nahm sehr viel Wasser über, das allerdings keinen Schaden an- richtete; der Winddruck auf die Masten krängte jedoch das Schiff unheimlich über, und das Schlingern war unerträglich. Das zur Stütze gesetzte Sturmsegel schamfielte nach kurzer Zeit die Reihleine durch und hielt nun bloß mit dem Vorliek — und be- anspruchte natürlich den Hochmast ganz außerordentlich. Es gelang dann, das Sturmsegel in der kurzen Windstille vor dem Umspringen des Windes wieder herunterzubekommen, und dann ließen die Beiden, völlig erschöpft, den Schoner vor seinen Ankern fast breit- seits zur See liegen und gingen schlafen! Dem Boot ist nichts passiert, die beiden Treibanker waren stark mitgenommen und auch die Trosse hatte an einigen Stellen (wahrscheinlich durch den Drall der sich drehenden Anker) ziemlich gelitten.

Auch das eine Mal, wo Claud Worth einen Seeanker — Einhand! — ausbringen mußte, scheinen sich die Manöver ähnlich, wenn auch nicht mit den gleichen dramatischen Zwischenfällen abgespielt zu haben.

Auf eine Tatsache möchte ich jedoch bei dieser Gelegenheit verweisen, die durch vielfältige Erfahrungen erhärtet zu sein scheint: Es ist nicht so gefährlich, breitseits ohne Fahrt in der See zu liegen, wie es gemeinhin angenommen wird. Verschiedentlich wird von erfahrenen Kämpen wie Worth, Martyr, Voß, Gerbault berichtet, daß sie beim Aufdrehen breitseits von einer See überlaufen wurden und glaubten, die nächste See würde das Ende bringen — nichts dergleichen! Das Boot richtete sich zwar etwas mühsam wieder auf und konnte nun — ohne Fahrt — auch die kommenden Seen vertragen. Mir will es nach meiner eigenen allerdings sehr beschränkten Erfahrung scheinen, als ob es die dauernde starke Beanspruchung der Takelage und der Schiffsverbände wären, die das Liegen im dwars einkommenden Seegang gefährlich macht — die Krängungen des Schiffes erreichen ganz unwahrscheinliche Grade, die Takelage wird beim Aufrichten mit der Windgeschwindigkeit plus der Querschwingung des Schiffes belastet, und schließlich können die gegen die Schiffswand und oft genug gegen den Boden polternden Brecher an der großen Fläche viel mehr Druck ausüben, als an dem ohnehin viel kräftiger gebauten Steven, der ihre Gewalt zerteilt. Wer es einmal erlebt hat, welch' eine Beschleunigung eine Dwarssee einer Masse von 15 Tonnen erteilen kann, wird einsehen, daß nur außerordentlich starke Verbände das längere Zeit vertragen können. Allerdings hat z. B. Alain Gerbault auf den Treibanker verzichtet und hat sich bei schwerem Wetter einfach treiben lassen — mehr unter als über Wasser! Aber der sehr kräftige alte englische Kutter hat es ausgehalten.

Ein Stützsegel am Heck ist ganz entschieden von Vorteil für das Liegen vor Treibanker; bei einem Einmaster ist es aber schlecht anzubringen, wenn auch z. B. Voß es verschiedentlich getan hat. Eine Ketsch, und wenn der Besanmast ein wirklicher Mast und nicht ein Zahnstocher ist, auch eine Yawl hat unter solchen Umständen den Vorzug, daß der Besan bzw. ein an dem Besanmast gesetztes kleines kräftiges Segel jederzeit als Stützsegel verwendbar ist.

Auch vor Wind, d. h. also mit dem Heck gegen die See soll man vor Treibanker einen Sturm abreiten können; dann ist natürlich der Sturmklüver das gegebene Stützsegel. Aber selbst wenn das Ruder mittschiffs gelascht wird, scheint mir doch die Beanspruchung, der es durch die auflaufende See ausgesetzt ist, recht bedenklich; daß überhaupt nur mit einem günstig geformten Heck und nicht etwa mit den üblichen langen Überhängen daran zu denken ist, dürfte einleuchtend sein.

Ankern und Vertäuen.

Ein Schiff ohne Anker ist ein Unding — ich habe selbst auf einem Kanu einen Anker gehabt und habe ihn sogar oft gebraucht! Da ist das Ankern nun allerdings ein einfaches Manöver: Man bindet ein Ende an das kleine Ding und wirft es über Bord — irgendwo bleibt es schon hängen. Sonst bin ich aber absolut kein Freund des so beliebten Überbordwerfens eines Ankers. Ich kann durchaus nicht einsehen, wo der Vorteil dabei ist, eine schwere und sperrige Eisenmasse mit großer Kraftanstrengung anzuheben und sie dann 50 cm von der Bordwand ins Wasser zu werfen, statt sie säuberlich und ohne Aufwand von Kraft und Spritzwasser wegzufieren! Mir ist gesagt worden, man würde das tun, um den Anker in der ihm zusagenden Lage auf den Grund zu befördern — ich möchte das bezweifeln: Gesehen hat es noch niemand! Wenn auch vielleicht Werfen bei einem Draggen von 5 bis 8 kg angebracht sein kann, um ihn dahin zu bekommen, wo man ihn hin haben will — bei einem größeren Anker ist es Unsinn und Kraftvergeudung, denn die geringe Entfernung, die man ihn werfen kann, spielt keinesfalls eine Rolle, und das Risiko, daß sich Trosse oder Kette um den Stock wickeln, ist groß, da in den meisten Fällen der Aufprall aufs Wasser dem Anker einen Drall verleihen wird. Ich las einmal in einer Fachzeitschrift eine sehr berechtigte Kritik eines Reiseberichtes, in dem davon die Rede war, der tüchtige Schiffer hätte „bis an den Hals im Wasser stehend, den Anker mit den Füßen festgetreten" — ebenso unsinnig aber ist es zu glauben, daß die Beschleunigung, die der Fall von allenfalls zwei Meter Höhe dem Anker gibt, sich am Grund noch in irgendeiner Weise auswirken würde — und wenn sie es wirklich täte, wäre es ein Fehler!

Denn der Anker soll sich langsam und allmählich unter dem stärker werdenden Zug der Kette oder Trosse in den Grund einbeißen; es schadet gar nichts, wenn er erst ein bißchen schleift.

Aus dem eben Gesagten folgt, daß das Schiff etwas, aber eben auch nur etwas! Fahrt haben soll, wenn der Anker fällt; ist es möglich, diese leichte Fahrt achteraus zu machen, um so besser. Ich habe früher öfters geankert, wenn das Schiff im Wind lag und eben die Fahrt verloren hatte; mit einem Patentanker geht das auch ganz gut, da er ja keinen Stock hat, mit dem die

Trosse unklar kommen kann; bei einem Stockanker aber ist es gefährlich: zu leicht läßt man zu viel Kette ausrauschen, die sich dann auf den Stock oder sogar um die Flunken legt; bei Trosse ist das weniger schlimm, zumal sie meistens von Hand gefiert wird, und man den Augenblick, wo der Anker den Grund erreicht, deutlich merkt.

Kann man nicht mit Fahrt achteraus ankern (und das wird auf beschränktem Raum oft schwierig sein, wenn man nicht den Motor benutzt), lasse man Anker fallen, wenn man zwar im Winde liegt, aber noch etwas Fahrt voraus macht; die Vorsegel sind natürlich schon geborgen, aber jetzt muß auch das Großsegel schnell herunter, da es sonst recht leicht eine Halse gibt; je weiter der Mast nach hinten steht, desto weniger leicht wird dieser Fall eintreten, desto leichter wird man auch mit stehendem Großsegel (mit Vorsegeln ist es unmöglich!) auf einen vorher bestimmten Punkt zurücksacken können. Es ist immer angenehm, so lange Segel stehen zu haben, bis man sicher ist, daß der Anker hält. So durchaus notwendig, wie in manchen älteren Handbüchern der Segelkunst behauptet wird, ist es heute im Zeitalter der handigen Takelagen nicht mehr; selbst das Großsegel von ,,Bora IV" habe ich mit größter Seelenruhe weggefiert, sowie der Anker unten war — ich war ganz sicher, es auch Einhand in kürzester Zeit wieder vorheißen zu können.

Man sollte rechtzeitig, ehe man sich dem Ankerplatz nähert, alles klar haben, also: Anker mit eingesetztem und versplintetem (!!) Stock an Deck oder, wenn es sich um einen schweren Anker handelt und das Wasser ruhig ist, in der Klüse hängend. Trosse oder Kette eingeschäkelt und frei von allem laufend (man irrt sich leicht mit den Klüverbaumwanten!), Trosse klar an Deck aufgeschossen, ebenso die Kette, wenn sie nicht so in den Kettenkasten geführt ist, daß sie von selbst ausrauscht. Es ist selbstverständlich, daß man sich vorher über die Wassertiefe ein Bild gemacht hat; bei der geringsten Unsicherheit sollte man vorher loten — nach dem Ankern tue ich es immer, schon um sicher zu sein, daß auch die richtige Länge Trosse gesteckt ist und um mich von dem Zustand des Ankergrundes zu überzeugen. Ganz besonders wichtig ist das in Gewässern mit bedeutendem Tidenhub; da muß mit Lot, Gezeitentafeln und Uhr genau die geringste an dem Ankerplatz zu erwartende Wassertiefe festgestellt werden, aber auch die größte! Sonst holt mit einemmal die steigende Flut den Anker aus dem Grund.

Fiert man über einen Kettenstopper oder die Winsch, was bei einigem Gewicht des Ankers und vor allen Dingen des Schiffes durchaus vorzuziehen ist, wird man nicht fühlen, wenn der Anker den Grund berührt; man fiere dann ja nicht zu viel, sondern warte erst ab, bis die Kette schräg steht und damit zweifelsohne der Anker Grund hat. Jetzt lasse man das Schiff zurücksacken und stecke nun langsam, sodaß sie immer wieder steif kommt und den Anker zum Einbeißen bringt, so viel Kette oder Trosse wie für die Wassertiefe nötig ist. Hat man das Pech gehabt, daß trotz aller Vorsicht die Kette von dem Stock unklar gekommen ist, so wird man das in vielen Fällen daran merken können, daß die Kette, wenn die einzelnen Glieder über den Stock rutschen, vibriert, was sich durch leichtes Festhalten mit der Hand feststellen läßt.

Man sollte, ehe man sich nach unten begibt, eine Landmarkenpeilung nehmen, um nachher feststellen zu können, ob man auch wirklich nicht treibt; das ist besonders wertvoll, wenn man bei ruhigem Wetter geankert hat, und der besorgte Kapitän nachts in den Regen hinausstürzt, um sich zu vergewissern, daß der plötzlich aufgekommene Wind auch nicht zu viel ist für den Anker: ein Blick auf die bekannte Peilung, und er geht beruhigt wieder zur Koje. Aus dem gleichen Grunde sollte man bei der Wahl des Ankers oder der Kettenlänge lieber etwas zu viel tun als zu wenig! Besonders den Binnenseglern, die nur in der Sommerzeit ein paar Wochen auf See sind, möchte ich diesen Rat ans Herz legen. Ich habe oft gestaunt, an was für morschen kleinen Enden und was für Spielzeugankern man z. B. auf der Havel zu ankern pflegt (wo es ja nicht weiter schlimm ist, wenn man mal treibt), kann mich aber des leisen Argwohns nicht erwehren, daß dann auch auf See, wenn das Wetter schön ist, das gleiche unzulängliche Geschirr gebraucht wird.

Die Anweisung, das Dreifache der Wassertiefe an Kette zu stecken, scheint mir das richtige zu sein; bei großen Wassertiefen wird man etwas darunter bleiben können, bei viel Wind und vor allen Dingen bei Seegang wird man weit darüber hinausgehen müssen. Niemals darf die Kette mit einem Ruck steif kommen, da sie sonst leicht bricht; dasselbe gilt vom Anker, der dann allerdings nicht bricht, sondern aus dem Grund gerissen wird. Man bedenke, daß der Anker nur halten kann, wenn der Schaft auf dem Grund liegt. Noch viel mehr gilt das für eine Trosse, die zwar selbst nicht so leicht bricht, aber, da sie viel weniger durchhängt wie eine Kette, auch viel früher den Schaft vom Grund abhebt. Unschätzbare Dienste leistet da ein Ankergewicht (s. S. 154).| Das einzige Mal, wo „Bora IV" getrieben ist (mit dem kleinen Anker!), genügte das Gewicht, um sie zu halten. Hat man auf einem sehr engen Ankerplatz, wie er in den skandinavischen Gewässern häufig ist, wenig Platz zum Schwoien, so kann man unter Verwendung des Ankergewichtes mit dem Doppelten oder gar noch weniger der Wassertiefe an Kette oder Trosse auskommen. Hat man keinen Gleitschäkel, so kann man das Gewicht auch direkt an Kette oder Trosse anstecken; nur wird dadurch das Ankeraufgehen schwieriger.

Das Ankeraufgehen ist zunächst ganz einfach. Man holt, wenn man es draußen hat, das Ankergewicht ein und dann die Kette bzw. Trosse. Bei mäßigem Wind setze ich erst Segel, wenn die Kette beinahe auf und nieder steht; bei mehr Wind kann es sich empfehlen, vorher Segel zu setzen und das Holen der Kette dadurch zu erleichtern, daß man zum Anker aufkreuzt; ein Motor ist für solche Fälle sehr angenehm. Das Ausbrechen des Ankers aus dem Grund erfordert nicht nur sehr viel mehr Kraft — der Zeitpunkt muß auch genauestens abgepaßt werden, damit das Schiff, das ja sofort anfängt zu segeln, auch auf den richtigen Bug kommt; aber selbst Einhand läßt sich das durch Handhabung der Vorsegel erreichen, wenn man sich nur Zeit läßt. Hat man in Lee tiefes Wasser, so kann man auch den Anker segelnd aus dem Grund brechen (was besonders Einhand eine Erleichterung bedeuten kann). Anders, wenn in Lee das Wasser flacher wird, dann muß der Anker mit größter Beschleunigung so weit geholt werden, daß er nicht mehr auf Grund kommen kann. Wenn nun vollends anderweitige Hindernisse, wie Schiffe, Bojen und dergleichen, das Fahrwasser über und unter Wasser einengen, muß man sich vorher genau überlegen, in welcher Richtung man den Ankerplatz verlassen will. Man rechne dabei nicht mit zu großer Höhe am Wind! Selbst der beste Beimwinder hat eine erstaunliche Abtrift, wenn er noch nicht in Fahrt ist. Dann ist es auch von Wichtigkeit, den Anker möglichst schnell in Sicht zu bekommen, was wiederum bei der Auswahl der Winsch eine Rolle spielen wird. Ob und wann man eine Winsch braucht, richtet sich nach den physischen Kräften der Besatzung; selbst wenn man aber gewöhnlich ohne ein solches Hilfsmittel auskommen kann, empfiehlt es sich doch, es zu haben, um einen besonders hartnäckigen Anker ausbrechen zu können. Sowie aber unter normalen Umständen ein Mann allein nicht mehr imstande ist, den Anker in Sicht zu bekommen, wird die Winsch notwendig — zumal natürlich beim Einhander. Ist der Anker in Sicht, so beeile man sich nicht zu sehr, ihn an Bord zu holen; in den allermeisten Fällen wird er ruhig eine Zeitlang in der Klüse hängen können. Nur, wenn man gleich in Seegang kommt, muß er sofort und noch ehe man die ersten Bewegungen spürt, an Bord: Es könnte sonst nicht nur der Lack der Außenhaut leiden! Es ist praktisch, den Anker, so lange er noch in der Klüse hängt, zu reinigen und ihn dann erst an Deck zu nehmen; kann man das freihändig, ohne die Außenhaut zu schamfielen, um so besser — sonst nehme man das Fockfall oder noch besser eine eigens für diesen Zweck vorhandene Talje zu Hilfe. Ankerdavits werden wohl kaum auf Yachten unter 20 tons Verdrängung notwendig werden, bei großen Ankergewichten werden sie sich allerdings nicht vermeiden lassen. Wie überhaupt bei dem Aufbruch, lasse man sich besonders bei den Ankermanövern Zeit und gehe vor allen Dingen nicht in den Seegang hinaus, ehe alles klar ist. Darauf sollte man bereits bei der Wahl des Ankerplatzes Rücksicht nehmen, die überhaupt das Wichtigste bei dem ganzen Ankermanöver ist.

Zunächst überzeuge man sich aus Karte und Seehandbuch, ob der Ankergrund gut ist bzw. ob man glaubt, daß er ausreichen wird. Außerhalb von Häfen tut man gut, sich nur die auf der Karte bezeichneten Plätze auszusuchen, da hier im allgemeinen auf guten Grund zu rechnen sein wird. Ganz besonders gilt das für die Schärengebiete, wo manche idyllische Bucht zum Verweilen lockt und nachher erst ihre Tücken in Gestalt von Kraut oder Steinen zeigt. Dann aber mache man sich klar, wie man bei einer Änderung der herrschenden Windrichtung wieder fortkommen kann. In engen Häfen wird man sich „auf Legerwall" ja durch Ausfahren einer Leine und Verholen an die andere Seite helfen können. Schon auf einer geschützten Reede aber kann man in Schwierigkeiten kommen, wenn man zu dicht an flachem Wasser oder gar Dalben und dgl. geankert hat; auch auf andere Fahrzeuge sollte man die gebührende Rücksicht nehmen und ihnen und sich selbst nicht nur genug Platz zum Schwoien, sondern auch zum Fortkommen lassen. Ganz besonders wichtig ist dies aber, wenn man an offener Küste ankert und gewärtig sein muß, mitten in der Nacht bei steifer auflandiger Brise den Ankerplatz zu verlassen. Dann kann die Wahl des Ankerplatzes ausschlaggebend für die Sicherheit von Schiff und Besatzung werden.

Modder, Kraut und Steine sollte man unbedingt vermeiden. Modder und Kraut halten niemals mit Sicherheit, und Steine können zwar halten, haben dann aber meist die Neigung, den Anker nicht wieder loszulassen. Läßt es sich nicht vermeiden, wie z. B. häufig in Norwegen, auf Geröllgrund zu ankern, bringe man unter allen Umständen eine Boje an dem Anker an; ich tue das auch gern in Häfen, wo viel geankert wird, um allein von fremden Ankern, Ketten usw. frei kommen zu können.

Steht Strom, so muß man sich schon bei der Annäherung an den Ankerplatz darauf einrichten. Im Gegensatz zum ruhigen Wasser, wo man fast immer zum Ankern in den Wind drehen wird (ich bin allerdings bei sehr engen Plätzen auch schon vor der Fock eingelaufen und habe das Aufdrehen dem Anker überlassen!), wird man, wenn der Wind gegen den Strom steht, besser tun, vor dem Wind zu ankern, da dann das Boot gleich seine richtige Lage hat. Allerdings erfordert die Segelführung sehr erhebliche Aufmerksamkeit; mit den Vorsegeln allein wird es noch gehen — mit stehendem Großsegel zu ankern, wird nur bei so geringen Windstärken möglich sein, daß eine unbeabsichtigte Halse keinen Schaden anrichtet. Man sollte den Anker wegfieren, wenn man über Grund achteraus fährt! Bei quer zum Strom stehenden Wind darf man natürlich nur auf dem Bug ankern, auf dem der Strom von Luv kommt. Handelt es sich um eine Strömung gleichbleibender Richtung, so kann man für nicht zu lange Zeit mit einem Anker auskommen, indem man das Ruder etwas legt und festzurrt. Selbst wenn dann der Wind stärker wird als der Strom, wird man mit großer Wahrscheinlichkeit von dem Anker freischwoien. Anders wenn man im Tidenstrom liegt, der periodisch seine Richtung ändert: Da ist es unerläßlich, sich zu vermuren, wenn man nicht etwa nur ein paar Stunden liegen bleibt. In Tidehäfen und auf engen Reeden wird man allerdings auch bei kurzem Aufenthalt oft vermuren müssen, da nicht Platz genug für das unregelmäßige Schwoien der verschiedenen Fahrzeuge sein wird.

Am einfachsten ist es, wenn man so viel Kette hat, daß man erst den einen Anker fallen und sich dann mit dem Strom zurücktreiben läßt bis zu dem Platz, wo der zweite fallen soll (wobei man den Strom benutzen kann, um durch Legen des Ruders auch innerhalb gewisser Grenzen seitwärts zu kommen) und diesen dort wegfiert; während man dann die Kette des ersten einholt, fiert man die zweite auf, bis man zwischen beiden Ankern liegt. Die beiden Ketten werden sich zwar vertörnen, das wird aber nur bei großer Bosheit des Windes — wenn er sich nämlich immer in der gleichen Richtung herumdreht — unangenehm werden. Innerhalb 12 Stunden — 2 Tiden — bekommt man jedenfalls kaum mehr als einen Törn in die Kette, was beim Ankeraufgehen noch nicht stört. Bei voraussichtlich längerer Liegezeit empfiehlt es sich, eine andere Methode anzuwenden: Man läßt erst den großen Anker fallen, und zwar mit so wenig Kette, daß er gerade faßt; dann fährt man mit dem Beiboot den kleinen Anker an einer kräftigen Trosse aus, wobei man zweckmäßig gleich eine Trosse von der richtigen Länge nimmt (30 bis 40 m) und durch Anstecken einer leichteren Leine die nötige Lose erzielt. Es kommt darauf an, daß der kleine Anker die Trossenlänge vom Bug entfernt sein muß, wenn er am Grund und das Boot richtig und mit genügender Kettenlänge am anderen Anker liegt. Hat die Stromrichtung es möglich gemacht, den großen Anker gleich in der richtigen Richtung auszubringen, um so besser; wobei die „richtige Richtung" die ist, aus der der meiste Seegang zu erwarten ist. Man läßt nun unter Auffieren der Kette das Boot soweit zurücksacken — oder holt es an der angesteckten Leine — bis die durchgeholte Trosse gerade bis zum Steven reicht, während die K e t t e noch s t e i f s t e h t. Alsdann steckt man die Trosse an einen Gleitschäkel und fiert

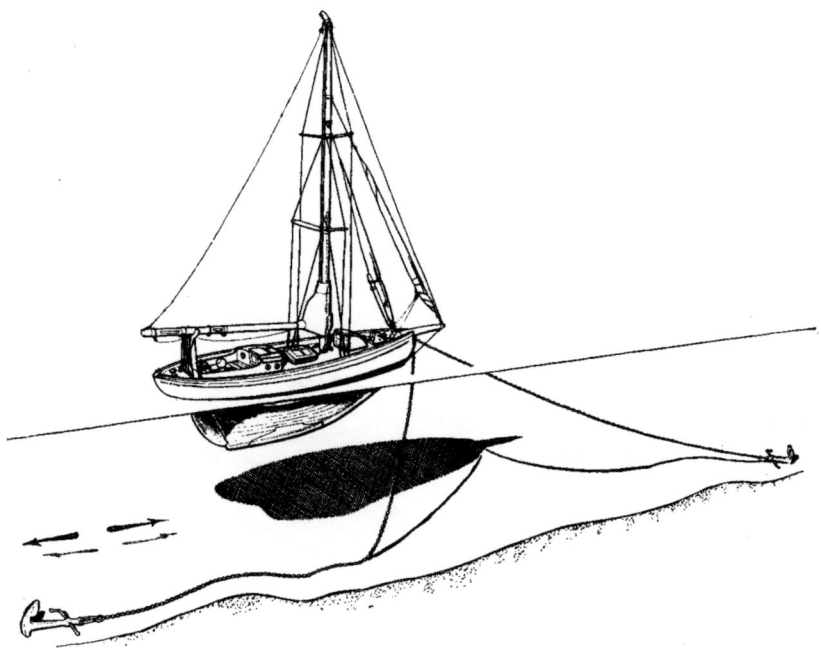

Abb. 112. Muring I.

sie auf den Grund, wobei man auch noch ein Gewicht an den Schäkel hängen kann, oder man steckt die Trosse mit oder ohne Gewicht an die Kette. In beiden Fällen fiert man zum Schluß die Kette um ungefähr die Wassertiefe bei Hochwasser auf. Um den kleinen Anker wieder holen zu können, steckt man eine Boje an kräftigem Bojereep an. Selbst mit dem kleinen Beiboot von „Bora IV" ließ der Anker von etwa 30 kg sich bequem holen. — Das Manöver klingt vielleicht etwas kompliziert, aber bis auf das Ausfahren des kleinen Ankers mit dem Beiboot ist es ganz einfach! Ich habe es mit dieser Ausführlichkeit beschrieben, weil den Ostseeseglern das Vermuren ungewohnt sein wird, es aber bereits an der norwegischen Westküste von Vorteil sein kann, lieber zu vermuren, als das Treiben zu riskieren.

Bei langer Liegezeit an einem Ort, von dem man Tagesausflüge macht, ist es bequem, sich eine richtige Muring zu machen. Ich habe zu diesem Zweck die notwendigen Ketten, Schäkel, einen großen Wirbelschäkel nicht zu vergessen! — an Bord von „Bora IV"; ein oder zwei alte Anker wird man in jedem Hafen mietweise auftreiben können; man schont dann sein eigenes Geschirr und ist auch für kleine Ausflüge gerüstet.

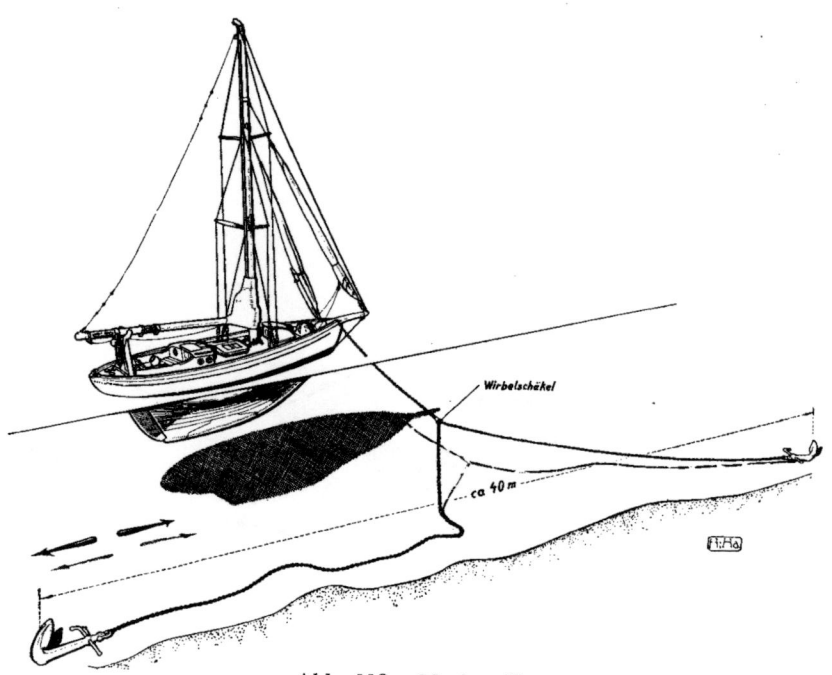

Abb. 113. Muring II.

Wenn ich in einem Hafen oder auf einer Reede eine freie Boje erwischen kann, so tue ich es. Nur bei starkem Tidenstrom kann eine Boje unangenehm werden, wenn sie so groß ist, daß sie nicht mehr durch eine Sorgleine zum Klüverbaum frei gehalten werden kann. Dicke Taufender an der Boje machen allerdings auch dann das Liegen möglich; man wird sie aber wohl selten außerhalb der Bojenfelder von Yachtklubs finden. Ist die Boje groß und das Schiff klein, so wird das Reep bei Seegang unangenehm „rucksen", was mir z. B. in Lysekil passiert ist. Dann empfiehlt es sich, eine lange, schwere Trosse als Bojereep zu verwenden oder gar die Ankerkette. Kette oder Bojereep werden bei Strom und auch bei herumspringendem böigem Wind dazu neigen, an dem Wasserstag zu scheuern; dem ist durch Auffieren des Wasserstags abzuhelfen, wobei dann allerdings der Vorsteven der leidende Teil ist. Ich ziehe es daher vor, Wasserstag oder Reep bzw. Kette zu bekleiden. Es wird auch vorkommen, daß das Boot über die Kette hinausgetrieben wird und diese an der Außenhaut scheuert. Ein um den Steven herumgenommenes dickes Ende wird das verhindern (s. Abb. 73).

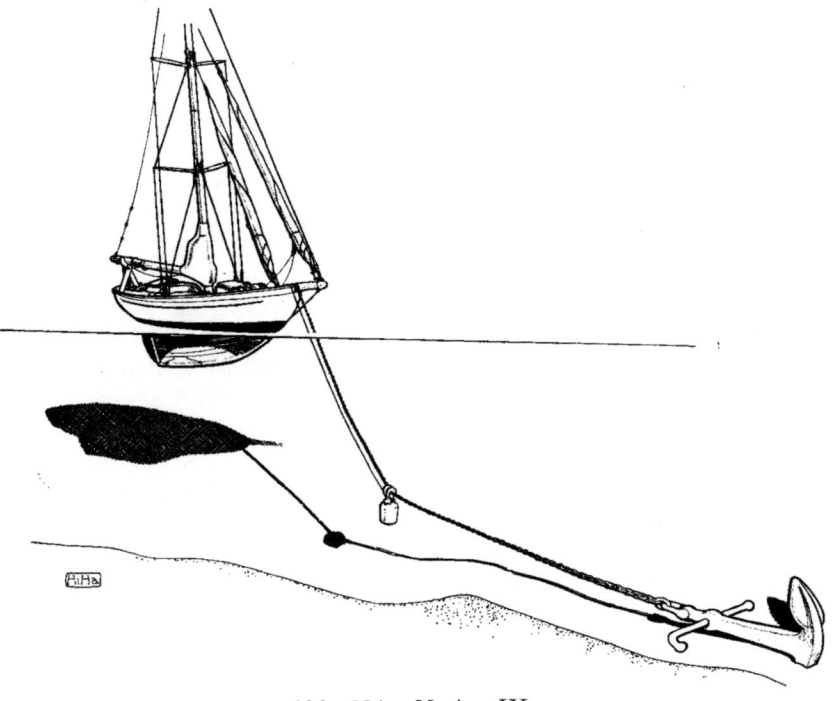

Abb. 114. Muring III.

Kann man im Hafen weder an der Boje noch vor Anker liegen, muß man vertäuen. Bleibt man nur für die Nacht im Hafen, so ist das wohl die Regel, weil es einfach ist und wenig Arbeit macht. In einem größeren Hafen mit viel Verkehr gehe ich dann am liebsten längsseits eines anderen Fahrzeuges, nachdem ich es mir etwas angesehen, den Führer oder den nächsten erreichbaren Mann um Erlaubnis gefragt und dabei auch festgestellt habe, ob der Herr Nachbar nicht etwa morgens um 2 Uhr herauszugehen beabsichtigt. Man liegt dann viel sauberer, ist nicht so sehr der Neugier der Bollwerksbummler ausgesetzt und zu guter Letzt ist auch die Gefahr, daß das lose Decksinventar Liebhaber findet, nicht so groß — wenn man sich den Nachbarn angesehen hat. Ich habe mich einmal nachts längsseits eines schönen und sauberen Schiffes gelegt, dessen gesamte Besatzung aus den Zöglingen einer Besserungsanstalt für Jugendliche bestand: Ich habe es dann am Morgen vorgezogen, den Platz zu wechseln.

Ob man nun längs des Bollwerks oder eines anderen Fahrzeuges geht, immer wird man womöglich in den Wind drehen und längs laufen — nie soll man achtkant auf ein Bollwerk los gehen, selbst wenn man noch so sicher ist, das Boot abstoppen zu können — ein Ausgleiten an Deck oder an dem nassen Bollwerk, und das Unglück ist geschehen. Bei sehr schwacher Besatzung oder Einhand kann es günstig sein, mit sehr wenig Fahrt im spitzen Winkel an das Bollwerk zu kommen, sodaß man von Steven oder Klüverbaum an Land springen und das Boot nun am Stag abdrücken kann. Das erfordert jedoch sehr viel Vorsicht und Übung und geht zudem nur, wenn wenig Wind weht (außer bei sehr kleinen Booten). Ich ziehe es vor, unter solchen Umständen lieber ein Ende irgendeinem der stets herumstehenden Bummler zuzuwerfen und selbst im Vorbeischeren achtern eine Leine an einen Poller zu bringen, wenn sich nicht auch dafür noch eine hilfreiche Hand findet. Bei viel Wind soll man es vermeiden, an ein Bollwerk zu gehen, auf das der Wind gerade herauf weht; man kommt leicht mit zuviel Fahrt gegen das Leitwerk, und dann nützen die schönsten Fender nichts. Sonst muß man natürlich auch Fender bereit haben und sie dahin halten, wo man glaubt, daß das Schiff zuerst das Bollwerk berühren wird. Kennt man sein Schiff, so wird es einem in den meisten Fällen gelingen, es so heranzubringen, daß es zunächst gar nicht das Bollwerk berührt, sodaß man in Ruhe die Fender anbringt, wenn die Leinen dicht geholt werden. Einhand hängt man ein paar Fender außenbords und hofft mit Gott, daß der Balken mit dem Nagel gerade auf einen Fender trifft!

Nachdem man erst einmal fest ist, sollten zunächst die Segel geborgen werden, wenn man das, was ich persönlich immer dann tue, sofern es die Windrichtung irgend erlaubt, nicht schon vorher, d. h. während des Aufdrehens getan hat. Es ist viel schlimmer, mit wild schlagendem Großsegel am Bollwerk zu liegen und Segel und Außenhaut zu schamfielen als abzutreiben und vielleicht provisorisch an einem anderen Schiff festzumachen. Je größer die Yacht, desto vorsichtiger muß man sein, desto mehr Zeit hat man aber auch, um ein anderes Manöver einzuleiten, wenn das zunächst geplante mißlingt.

Ich lege mich zur Nacht auch mit kleinen Booten immer „auf Spring", weil dann die Fender viel sicherer liegen, und man

nicht bei jeder Winddrehung an Deck zu gehen braucht. Es ist
besser, für die „Springs" besondere, leichtere Enden zu nehmen
und nicht etwa die losen Tampen der Hauptvertäuung; wird
nämlich ein Nachsetzen der Vertäuung erforderlich, was nament-
lich in Häfen mit Tidenhub fast die Regel sein wird, so läßt sich
das mit einzelnen Enden viel schneller machen. Bei großem
Tidenhub, wie z. B. in Cuxhaven, kann man am Bollwerk nur
liegen, wenn eine Wache für die Leinen an Bord bleibt; selbst
dann ist es so unangenehm, in der Nähe der ewig schleimigen
Balken zu liegen, daß beinahe alles andere vorzuziehen ist.

Abb. 115. Vertauung auf Spring.

Ein Mittelding zwischen Ankern und dem Liegen am Bollwerk ist es, wenn man ankert und mit dem Heck am Bollwerk
oder einem oder noch besser zwei Dalben festmacht. Das Manöver
ist zwar zeitraubend und erfordert manchmal viel Arbeit, um
sich zwischen andere Fahrzeuge hineinzuschieben, man liegt
aber viel angenehmer und sauberer als längs. In Tidenhäfen
ist es überhaupt die einzige Möglichkeit, um in Verbindung mit
dem Land beruhigt und sauber zu liegen. Kommen starke
Wasserstandsschwankungen nicht in Frage und eignet sich das
Bollwerk dazu, so kann man sich so dicht heranholen, daß man

vom Heck direkt an Land gehen kann; man sollte dann allerdings den schweren Anker nehmen, um bei auflandigem Wind nicht ans Bollwerk gesetzt zu werden. Immer ist es günstig, vom Heck zwei Trossen: schräg von B.-B. und schräg von St.-B. auszubringen, damit man möglichst wenig seitlich hin und her schwoit.

Auch zwischen zwei Dalben, wie etwa im Hafen von Skagen, liegt man gut; nur muß man sehr kräftige Trossen nehmen, wenn der Wind seitlich einkommt.

Steht Seegang in einen Hafen hinein, so liege man keinesfalls am Bollwerk — weder Fender noch Vertäuung halten die Beanspruchung aus, und die Außenhaut leidet mit Sicherheit. Man kann sich helfen, indem man einen Anker seitwärts ausbringt, der das Boot vom Bollwerk freihält. Man belege aber die Trosse nicht an den Wantspannern, sondern eventuell am Mast und schütze die Reling durch eine Matte oder dgl.

Lichterführung und Signale.

Der Yachtsegler sollte in der Nacht und bei Nebel ganz besonders vorsichtig sein, um einen Zusammenstoß zu vermeiden. Dazu gehört, außer der als selbstverständlich vorausgesetzten Aufmerksamkeit, das Führen bzw. rechtzeitige Abgeben vorschriftsmäßiger und gut erkennbarer Licht- und Schallsignale.

Die vorschriftsmäßige Lichterführung geht aus den §§ 2 und 5 (Toplicht, Seitenlichter), 6 und 7 (Besondere Bestimmungen für kleinere Fahrzeuge), 10 und 11 (Hecklicht, Ankerlicht), 12 (Signale zur Erregung der Aufmerksamkeit) der Seestraßenordnung vom 5. Februar 1906 klar hervor. Da es sich bei Yachten im allgemeinen um Fahrzeuge unter 57 cbm Bruttoraumgehalt handeln wird, ist dem § 7 besondere Beachtung zu schenken, vor allem auch dem Schlußsatz dieses Paragraphen, demzufolge solche Fahrzeuge, die für andere vorgeschriebenen roten „Havarielichter" nicht zu zeigen brauchen. Ein Irrtum ist es meiner Meinung nach, Yachten unter den Absatz 4 dieses Paragraphen einreihen zu wollen, selbst wenn es sich um offene Boote handelt. (Kanus, Gigs und ähnliche bona fide Ruderfahrzeuge natürlich ausgenommen; doch werden sich diese wohl selten auf See bewegen.) Ebenso irrig ist es natürlich, die Bestimmungen des § 9 Absatz a auf Yachten anwenden zu wollen, da hier ganz eindeutig von fischenden Fahrzeugen die Rede ist; der Sinn aller besonderen Bestimmungen für Fischerfahrzeuge ist der,

310

daß diese, während sie ihr Fanggerät draußen haben, nicht voll manövrierfähig sind; es wäre eine Sinnwidrigkeit, sie für Yachten in Anspruch zu nehmen.

Außer der Seestraßenordnung kommt für Yachten die „Seewasserstraßenordnung" in Frage, da diese zusätzliche Forderungen beim Verkehr auf den Flußmündungen, Bodden, Haffs usw. enthält. Hier sind es besonders die §§ 10 (Hecklicht), 15 (Motorfahrzeuge unter Segel und Motor: Tagsignal!), 20 (vor Anker liegende Fahrzeuge: Tagsignal!), die für Yachten Bedeutung haben. Im übrigen kann nur dringend empfohlen werden, die Seewasserstraßenordnung an Bord zu führen, da sie auch die von der Seestraßenordnung zum Teil nicht unerheblich abweichenden Ausweichregeln auf einzelnen Mündungsgebieten enthält.

Als ganz besonders wichtig möchte ich hervorheben, daß Segelyachten, die unter Segel und Motor laufen, die für Motorfahrzeuge vorgeschriebenen Lichter, also vor allen Dingen eine Toplaterne führen müssen. Auch sie werden sich aber nicht an die Bestimmungen für große Dampfer zu halten brauchen, sondern werden von den Vergünstigungen des § 7 Absatz 1 Ziffer a Gebrauch machen und eine zweifarbige Laterne verwenden können. Soweit es sich also um Yachten unter 57 cbm Bruttoraumgehalt handelt, wird es genügen, wenn sie eine zweifarbige Laterne, eine Ankerlaterne, und wenn sie mit Motor laufen wollen, eine Toplaterne an Bord führen. Als Hecklicht genügt ein Flackerfeuer, oder was einfacher ist, die einseitig durch ein Stück Blech abgeblendete Ankerlaterne. Das ist das Minimum! Praktisch ist es, besonders wenn man häufiger nachts in verkehrsreichen Gewässern fährt, feste Seitenlaternen und auch ein festes Hecklicht zu haben; nur müssen diese auch unter widrigen Umständen brennen! Die meisten der hübschen Positionslampen, die man auf Yachten sieht, sind Spielzeug und gehen bei etwas Wind aus. Wie mir einer der ältesten Fabrikanten von Schiffslaternen versicherte, ist es nicht möglich, Lampen zu bauen, die bei einem so kleinen Luftraum noch sicher brennen — eine bestimmte erfahrungsmäßig festgestellte Luftmenge muß in der Laterne vorhanden sein, um als Puffer gegen die Stöße des Windes zu dienen. Dieser läßt sich nun unter einer Bauhöhe von etwa 30 cm nicht erreichen; derartig klobige Laternen sind auf kleinen Schiffen kaum verwendbar, da sie ja auch entsprechend große Laternenbretter bedingen, deshalb empfiehlt es sich, wo irgend möglich, elektrische Positionslampen zu nehmen und auch ein elektrisches Hecklicht anzubringen. Da man ja nicht verpflichtet ist, feste Lichter zu führen, so genügt es, wenn die elektrischen Lampen im Bedarfsfall eingeschaltet werden, wenn nicht die Batterie so stark ist, daß man ihr ruhig die Dauerbelastung zumuten kann. Die Zuleitungen zu den Laternen müssen natürlich absolut feuchtigkeitssicher ausgeführt sein. Die Durchführung durch Deck geschieht am besten mittels wasserdichter Steckdosen, wie sie in der Großschiffahrt gebräuchlich sind, von dort zur Lampe mit Gummikabel. Man achte jedoch darauf, daß nicht Wasser längs des Kabels in den Stecker dringen kann und sorge an dieser Stelle möglichst durch einen übergestülpten Gummischlauch für völlige Abdichtung. Das Kabel wird zweckmäßig von unten in die Laterne eingeführt, die Schalter in der gleichen wasserdichten Ausführung wie die Steckdosen in der Plicht in Reichweite des Steuermanns angeordnet. Die Steckdosen müssen so angebracht sein, daß weder die Dosen selbst, noch die Zuleitungskabel zu den Laternen Stößen ausgesetzt sind; ich habe die Kabel immer an den Wanten mit Segelgarn beigezeist. Das Hecklicht führe ich auf „Bora IV" an einem verkürzten Flaggenstock; es ist dort aus dem Weg, und man spart einen besonderen Beschlag, da ja die Flaggenstockdülle vorhanden ist. Als Ankerlaterne wird man wegen des hohen Stromverbrauchs wohl im allgemeinen eine Petroleumlaterne verwenden. Diese muß aber dann mindestens die vorerwähnte Größe von 30 cm Höhe haben, damit sie auch wirklich sturmsicher ist. Das Verlöschen der Ankerlaterne kann noch schlimmer sein als das Ausgehen der Positionslampen, da es meist nicht bemerkt werden wird. Auf „Bora IV" habe ich allerdings auch noch eine elektrische Ankerlaterne, deren Kabel nach einer Steckdose im Vorschiff führt, sodaß sie von der Koje aus ein- und ausgeschaltet werden kann.

Die Seestraßenordnung bestimmt, wie weit die Laternen sichtbar sein sollen und definiert auch den Begriff der Sichtbarkeit dahin, daß die Lichter auf die vorgeschriebene Entfernung „sichtbar in dunkler Nacht bei klarer Luft" sein müssen. Diese Sichtbarkeit beträgt bei den Fahrzeugen unter 57 cbm 1 Sm. für Positions-, Heck- und Ankerlichter, und 2 Sm. für Toplichter. Ich halte es jedoch für günstig, besonders bei der Ankerlaterne darüber hinauszugehen, aber auch bei Positionslampen und Hecklicht kann eine größere Lichtstärke nicht schaden; um so seltener wird man gezwungen sein, durch andere Mittel (§ 12 der Seestraßenordnung) die Aufmerksamkeit auf sich zu lenken. Merkwürdigerweise bekommt man ein Attest des Seeamts nur für Laternen mit prismatischen Linsen, mögen die anderen auch noch so lichtstark sein. Für Anker-, Top- und Hecklicht verdienen die Prismenlaternen auch unbedingt den Vorzug, da sie die Lichtquelle viel besser ausnutzen. Für Positionslampen eignen sie sich hingegen gar nicht, da sie die Strahlen in eine Ebene zusammenfassen, was beim Überliegen des Bootes zur Folge hat, daß die Lichter auf der einen Seite zum Himmel und auf der anderen ins Wasser leuchten und jedenfalls nur von recht voraus zu sehen sind. Für feste Positionslampen sollte man daher Laternen mit einfachen Gläsern verwenden.

Eine heikle Frage sind die Laternenbretter; nach der Seestraßenordnung sollen sie einen Meter lang sein! Da das nun schlecht geht, wenn die Wanten nur 50 cm oder weniger Abstand voneinander haben, macht man sie eben kürzer. Meiner Meinung nach ist man dazu berechtigt, da man ja überhaupt keine festen Positionslampen zu führen braucht (d. h. unter der obenerwähnten Größe!). Eine aus der Hand gezeigte Laterne wird auf jeden Fall ungenauer sein als selbst sehr kurze Laternenbretter; der Sinn der langen Bretter ist ja nur, daß die Lichter genau in die richtige Stellung zur Mittschiffsebene kommen.

Nach § 12 der Seestraßenordnung kann man ein Flackerfeuer oder irgendein Knallsignal, welches nicht mit Notsignalen verwechselt werden kann, gebrauchen, um, wenn es nötig ist, die Aufmerksamkeit auf sich zu lenken. Die geschwenkte Taschenlampe dürfte wohl als Flackerfeuer gelten können; auch das Beleuchten des Segels ist sicherlich nicht mit einem Notsignal zu verwechseln und wenn auch unvorschriftsmäßig, jedenfalls wirkungsvoll. Unter keinen Umständen aber sind derartige vorübergehend zu zeigende Lichter oder Signale ein Ersatz für die vorschriftsmäßigen Lichter, die alsbald nach Abgabe des Signals gezeigt werden müssen!!

Bei Nebel tritt das Nebelhorn in Tätigkeit. Zwar gestattet die Seestraßenordnung (§ 15 letzter Absatz) die Verwendung eines anderen Schallsignals für Segelfahrzeuge unter 57 cbm. Ich kann mir aber kaum denken, daß man davon Gebrauch machen wird. Vielleicht rechnet das Klaxonhorn mit seinem nervenzerrüttendem Gebrüll zu solchen Signalen; jedenfalls eignet es sich gut als Nebelhorn und spart Lungenkraft — einige Stunden im Nebel, wenn man dauernd blasen muß, sind keine Kleinigkeit! Es empfiehlt sich aber jedenfalls, außerdem ein richtiges Nebelhorn an Bord zu haben, schon weil in einer Anzahl Wasserstraßen ein Antwortsignal auf das Signal überholender Fahrzeuge vorgeschrieben ist (s. Seewasserstraßenordnung §§ 35 b und 37).

Eine Glocke habe ich immer an Bord, habe sie aber nur selten benutzt. Wenn man wirklich das Pech haben sollte, innerhalb eines stark befahrenen Fahrwassers vor Anker vom Nebel überrascht zu werden, wird die Glocke kleinen Formats wohl kaum ausreichen.

Abgesehen von den Navigationslichtern, ist es recht praktisch, eine Sturmlaterne oder dergleichen mitzuführen, um beim Vertäuen im Hafen und anderen derartigen Manövern Licht zu haben. Hat man eine elektrische Anlage, so sollte man unbedingt eine gute Ableuchtlampe mit Blendspiegel (Bosch) verwenden, die von irgendeinem Steckkontakt her mit langem Kabel überall hingeleitet werden kann; kommt nachts in der Takelage irgend etwas unklar, so leistet sie vorzügliche Dienste. Auch ein kleiner Scheinwerfer ist angenehm, um sich nachts einen Liegeplatz im Hafen zu suchen. Bei sehr dicht betonnten Rinnen kann man vielleicht auch ohne Befeuerung mit dem Scheinwerfer die Durchfahrt wagen.

Das Ausweichen.

Die Ausweichregeln sind als bekannt vorauszusetzen. Weniger bekannt ist, daß die „Seewasserstraßenordnung" auf verschiedenen gerade von Yachten viel befahrenen Gewässern (Oder, Haff, Bodden, Warnow, Trave, Elbe, Weser u. a. m.) Abweichungen vorsieht. Es kann daher nur dringend geraten werden, sich diese Verordnung zu beschaffen.

Die Ausweichregeln der Seestraßenordnung sind für die Berufsschiffahrt gemacht. Ich halte es für ein Gebot des Taktes, nicht unnötigerweise auf seinem Recht zu bestehen und dadurch etwa einen großen Küstensegler zu Kursänderungen oder gar zeitraubenden Manövern zu zwingen. Will man aber höflich sein und dem anderen aus dem Wege gehen, ohne dazu verpflichtet zu sein, so tue man das rechtzeitig! Sonst ist der Zweck verfehlt. Ganz besonders gilt dies für nächtliche Begegnungen. Will oder kann man nicht durch eine sehr energische Kursänderung zeigen, daß man ausweichen will, so überlasse man es lieber dem anderen! Man ist dann vielleicht nicht höflich, hat aber wenigstens recht!

Noch in einem anderen Punkt sollte man auf die Berufsschiffahrt Rücksicht nehmen: So gut sich die Unterscheidungsflaggen aller möglichen Vereine oder Verbände in der Saling machen, auf See sollte man sie so wenig wie möglich und eben nur als Signale auf kurze Dauer zeigen. Die Saling ist ein Platz, an dem der Berufsseemann eben nur Signale sucht, und wenn er dauernd eins, das er nicht ausmachen kann, wehen sieht, ist er geneigt, es als Notsignal aufzufassen. Ich kenne einen Fall, wo sich ein Motorrettungsboot deswegen in Bewegung setzte. Im Hafen ist natürlich gegen diese Unterscheidungsflaggen nicht das geringste einzuwenden.

Der Lotse.

Der Yachtsegler wird im allgemeinen seinen Stolz darein setzen, auch in schwierigem Fahrwasser ohne Lotsenhilfe seinen Weg zu suchen und zu finden; und das ist recht so, denn es würde die Seefahrt auf einer Yacht ja eines ihrer stärksten Reize berauben, wollte man nicht als Entdecker der fremden Küste nahen.

Doch soll dieser Stolz nicht in halsstarrigen Wagemut ausarten — Leichtsinn ist es, ohne ausreichendes Kartenmaterial und ohne Ortskenntnis bei schlechtem Wetter oder nachts ein schwieriges Fahrwasser oder gar eine Hafeneinfahrt zu forcieren! Will man unter solchen Umständen nicht draußen bleiben, so scheue man sich nicht, einen Lotsen zu nehmen. Die Kosten stehen in gar keinem Verhältnis zu dem, was man an schwerem Schaden an Boot oder gar an Gesundheit und Leben der Besatzung riskiert!

Als Lotsensignal bei Tage empfehle ich die Signalflagge S, da die Nationalflagge mit weißem Rand, die sonst allgemein üblich ist, ganz erhebliche Dimensionen haben muß, um gut erkennbar zu sein. Man vergesse nicht, daß das Lotsenfahrzeug meist nicht erwarten wird, von einer Yacht um einen Lotsen ersucht zu werden; da zudem die Lotsen nicht immer über die Gebräuche der Flaggenführung bei Yachten unterrichtet sind (was bei der allzu großen Vielseitigkeit dieser Gebräuche gerade in Deutschland nicht weiter verwunderlich ist!), wird selbst eine von der Saling wehende Nationalflagge ihre Aufmerksamkeit nicht weiter erregen, und sie werden den weißen Rand übersehen. Die Signalflagge kann man überall setzen (auch im Top, wo sie wahrscheinlich am besten sichtbar sein wird), und niemand wird sie übersehen.

Nachts ist es am besten, das international übliche helle weiße Licht „unmittelbar über der Reling in Zwischenräumen von kurzer Dauer" so zu zeigen, daß es „jedesmal ungefähr eine Minute sichtbar ist". Eine kräftige elektrische Taschenlampe eignet sich vorzüglich dazu.

Man drehe bei, um den Lotsen an Bord zu nehmen und postiere ein Mitglied der Besatzung mit einem dicken Fender bewaffnet in die Leewanten, um den Lotsen zu empfangen und die Außenhaut möglichst vor Schaden zu bewahren.

Ich habe gehört, daß in manchen Ländern die Lotsen verlangen, das Ruder zu führen. Mir selbst ist das nicht passiert, und ich würde mich mit Händen und Füßen dagegen sträuben. So tüchtig der Lotse auch als Seemann sein mag — er ist es gewohnt, weit schwerere Fahrzeuge zu führen und kann unmöglich mit einer Yacht und gar ihren besonderen Tücken vertraut sein.

In außerdeutschen Gewässern verabsäume man nicht, rechtzeitig im Seehandbuch nachzulesen, welche Unterscheidungssignale bei Tage und bei Nacht die in Frage kommenden Lotsenfahrzeuge führen. Lotsenzwang wird für Yachten selten in Frage kommen. Man erkundige sich auch darüber, um sich nicht ungerechtfertigten Forderungen auszusetzen. Nimmt man die Dienste eines nichtamtlichen Lotsen in Anspruch, so mache man vorher das Lotsengeld aus.

Die Besatzung.

Eine Yacht, und zumal eine kleine Yacht, ist kein Schiff! Freudiges Zusammenarbeiten ist notwendig, um reibungslos schwierige Situationen überwinden zu können. Einen großen Aufwand von Ankündigungs- und Ausführungskommandos finde ich immer ein bißchen lächerlich, andererseits soll natürlich die Selbständigkeit der Besatzung nicht soweit gehen, daß sie wichtige Manöver, wie z. B. Wegfieren oder Ausbrechen des Ankers, Loswerfen von Schoten oder gar von Fallen, ohne entsprechende Anweisung des Führers vornimmt. Es gehört zum seemännischen Takt, diese Anweisung, die ich, wo irgend möglich, nicht in Kommandoform gebe, abzuwarten. Auch gebe ich, wo irgend die Zeit es erlaubt, vorher meine Absichten — im Gesprächston — bekannt, also z. B.: „Wir werden mit St.-B.-Seite ans Bollwerk gehen und die Stevenleine nach dem zweiten Poller hinter dem Langholzhaufen ausbringen“ — dann muß der Mann auf dem Vorschiff wissen, daß er im Augenblick, wo das Schiff am Bollwerk liegt, heraufzuspringen hat, um die Leine auszubringen — Kommandos sind überflüssig. Natürlich lassen sich viele Dinge am besten und präzisesten durch Kommandos ausdrücken, wie etwa Anweisungen für den Mann am Ruder, wenn das Schiff vom Vorschiff aus dirigiert wird, und dgl. mehr. Je mehr jedoch für die Schiffsführung Kommandos gebraucht werden, desto mehr gehen sie auch auf den Verkehrston in der Kajüte über und erzeugen dann unter dem Einfluß der an sich schon durch das enge Beieinandersein auf beschränktem Raum vorhandenen Spannung jene unleidlichen Gewitterschwülen, die so manche schöne Reise zu einem Martyrium für die Teilnehmer gemacht haben. Zum Takt der Besatzung gehört es aber auch, den freundlichen Aufforderungen des Führers unbedingt Folge zu leisten, selbst wenn die Anordnung etwa zur Kritik reizt. Ein Beispiel: (um dem Herrn, der soeben seinen „Schiffer auf kleiner Fahrt“ gemacht hatte, und nicht wenig stolz darauf war — um diesem persönlich sehr netten Herrn nicht zu nahe zu treten, nenne ich nicht die Namen der Feuer und auch nicht den Namen des Schiffes, das ich führte!). Also: Wir waren bei herrlichstem Wetter einen Tag und eine halbe Nacht gesegelt, als ich um Mitternacht die Wache übernahm — gegen drei Uhr briste es auf und fing an in Strömen zu regnen; da wir in ein paar Stunden unser Ziel erreichen mußten, hielt ich's nicht für der Mühe wert, unten alles aus süßem Schlaf zu wecken, als meine Wache zu Ende war. Ich hatte die Gegend und auch die Feuer ziemlich im Kopf, nur von der Leuchttonne ab, die die Einfahrt in einen Sund bezeichnete, wußte ich nicht mehr genau Bescheid. Als ich die glücklich voraus hatte, rief ich also durch die Schiebekappe herunter: ,,Herr X., würden Sie so freundlich sein, mir den Kompaßkurs nach Y.-Molenfeuer zu geben? Wir haben Z.-Leuchttonne eine Viertelmeile voraus in m. w. Ost." Worauf es nach einiger Zeit und nachdem wir die Leuchttonne eben erreicht hatten, von unten herauf ertönte (und während der ganzen Zeit floß mir der Regen in den Nacken): ,,Ja, aber erlauben Sie mal, haben wir denn die A.-Leuchttonne schon passiert?" Das war nicht taktvoll von Herrn X., zumal die A.-Leuchttonne laut Leuchtfeuerverzeichnis eingezogen war, mir der Regen in den Nacken lief, und es doch eigentlich seine Wache war!

Besonders schwierig und heikel ist es, wenn auf einem kleinen Boot bezahlte Mannschaft mitfährt, vornehmlich, wenn sie nur aus einem Mann besteht, und das Vorschiff, in dem dieser schlafen und sich (eigentlich) aufhalten soll, die Größe und die Luftigkeit einer Hundehütte besitzt. Um das gleich vorwegzunehmen: Ganz verständlicherweise schläft dann ,,die Mannschaft" in der Kajüte, wenn der Eigner nicht an Bord ist, und hält sich auch, wenn er an Bord ist, soviel wie möglich dort (oder an Land) auf. Will man von seiner Mannschaft verlangen, daß sie im ,,Logis" lebt, so muß dort außer der Schlafgelegenheit ausreichender Sitzplatz und ein Tisch oder wenigstens irgendein Untersatz vorhanden sein, von dem man menschenwürdig essen kann. Daß es außerdem nicht durch Mangel an Luft und Licht und Undichtigkeiten des Decks oder des Vorluks alle Kennzeichen eines mittelalterlichen Burgverließes haben darf, ist schon im Interesse der sonst noch dort untergebrachten Inventarien erwünscht.

Ist das Schiff zu klein, um so viel Raum auf das Logis zu verwenden, wird man wohl oder übel die Kajüte wenigstens zum Leben, d. h. also tags über und vor allem auf See, mit der bezahlten Mannschaft teilen müssen. Besonders vorsichtige

Auswahl seitens des Eigners ist dann erforderlich, damit sich nicht Mißhelligkeiten ergeben. Auch mit bezahlter Mannschaft hat sich mein Prinzip, nicht zu viele Kommandos zu verwenden, gut bewährt. Selbst solche kleinen Ermahnungen wie: Meinen Sie nicht, daß das Deck wieder mal gründlich geschrubbt werden könnte? sind immer richtig aufgefaßt und ausgeführt worden. Besonders wichtig scheint mir, bei der unregelmäßigen Beanspruchung, die der Dienst auf Seefahrt mit sich bringt, der Mannschaft im Hafen die nötige Ruhe zu gönnen — sie braucht sie genau wie man selbst. Wenn man auch einerseits verlangen kann, daß das Schiff nicht ohne Erlaubnis verlassen wird, sollte man doch den Leuten Gelegenheit geben, sich an Land umzusehen, d. h. ins Seemännische übertragen: den Humpen oder das Tanzbein zu schwingen. Einen Yachtmatrosen allerdings, der betrunken zum Dienst erscheint, würde ich auf der Stelle abmustern.

Man sei auch nicht zu sparsam mit der Bekleidung, die man zur Verfügung stellt. Die Seefahrt stellt da ganz andere Anforderungen als das Liegen an der Boje. Ohne reichlich trockenes Zeug in der Backskiste zu wissen, kann der Matrose nicht freudig eine Nachtwache im Regen schieben! Als Bekleidung eignet sich die richtige Matrosenkleidung vorzüglich: Sie ist in langem Gebrauch durchgebildet, und ich würde sie auch für den Herrensegler empfehlen, wenn nicht Prestigegründe dagegen sprächen; sie ist überall an der Küste billig und gut zu haben und sieht gut aus. Besonders gut mag ich das weiße „Päckchen" leiden — es sieht, wenn in der Nähe auch schon etwas fleckig, auf Entfernung immer noch weiß aus.

Selbstverständlich sind diese Ausführungen, mehr noch als die in anderen Abschnitten, auf die Verhältnisse an Bord eines kleinen Bootes zugeschnitten. Bei größeren Yachten mit reichlicher bezahlter Mannschaft dürfte sich eine straffere Disziplin empfehlen, die aber bei dem erheblich größeren für Mannschaft wie für Eigner und Gäste zur Verfügung stehenden Raum auch nicht zu Unzuträglichkeiten führen wird.

Und noch ein Wort zum Schluß: Der Eigner, der selbst wenig von der edlen Seefahrt versteht, suche sich seine Mannschaft — bezahlte oder unbezahlte — mit besonderer Vorsicht aus, scheue sich aber dann auch nicht, seinen Mangel an Erfahrung offen einzugestehen und sich in schwierigen Lagen nach dem Rat der Erfahreneren zu richten.

Einhand.

„Ja, aber langweilen Sie sich denn nicht, wenn Sie so ganz allein herumfahren?" hat man mich oft gefragt — die Frage hat gar nichts mit dem Einhandsegeln zu tun, denn Langeweile ist ein Geisteszustand, der gar nichts mit der größeren oder geringeren Isoliertheit von menschlicher Gesellschaft zu tun hat.

Kaum etwas anderes gibt es, es sei denn vielleicht das einsame Wandern in den winterlichen Bergen, das so die Entschlußkraft stählt, so das letzte an Energie und ruhigem Abwägen und Überlegen erfordert. Für keinen Sport gilt so sehr das alte

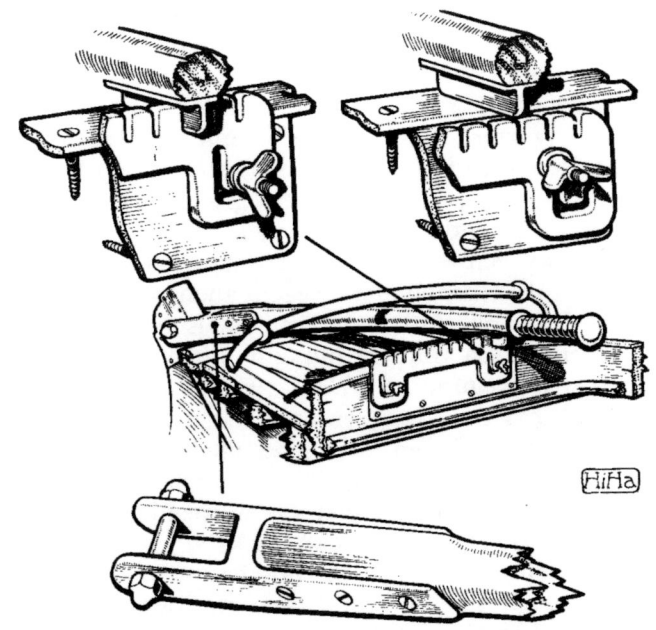

Abb. 116. Feststellbare Klappinne.

Sprichwort: „Erst wäge, dann wage!" Etwas allerdings erfordert das Einhandsegeln, was nur bedingt im Menschen selbst liegt und heutzutage so selten und kostbar ist, daß die wenigsten es besitzen: Zeit!!

Zeit, Zeit und noch einmal Zeit muß man haben, will man sich allein auf kleinem Schifflein dem Meere anvertrauen!

Dann aber ist man als Einhandsegler auch nicht schlechter daran, als das Schiff mit etwas stärkerer Besatzung — wenigstens so lange man sich außerhalb des Bereiches der Zivilisation (in diesem Fall lies: Dampferverkehr) halten kann. Drei Gefahren allerdings gibt es, die den Einhandsegler bedrohen, und die ein Fahrtgenosse mildern oder ganz abwenden könnte: Nebel, Überbordfallen und Krankheit!

Der Nebel ist ja überhaupt eines der unangenehmsten Dinge für den Yachtsegler; ihm geht die Ortskenntnis, die den Fischer und den Lotsen schützt, ab, er ist auf das Lot und auf seine Ohren angewiesen. Ganz allein aber im Nebel herumzutreiben, bis die müden Augen einfach nicht mehr aufbleiben wollen, muß eine Folter sein, wie ich sie mir schlimmer kaum vorstellen kann! Auch das Ankern nützt da nicht, denn die Gefahr sind ja die anderen Fahrzeuge, die unversehens da sind, wenn die Glocke nicht klingt! Da ist dann eben nichts zu machen — mir ist es Gott sei Dank nie passiert, daß ich länger, als meine Ausdauer reichte, allein durch Nebel fahren mußte.

Das Überbordgehen ist bei weitem die größte Gefahr; nicht bei schlechtem Wetter! Da ist es, selbst mit reichlicher Besatzung, nur ein glücklicher Zufall, wenn man gerettet wird — aber bei schönem Wetter, wenn ein unbeabsichtigtes Bad nur das schadenfrohe Gelächter der anderen hervorrufen würde, ist es gefährlich: Denn, wenn man sich vom Ruder entfernt, so liegt es fest, und der gut getrimmte „Einhander" segelt auch vor dem Wind viel zu weit auf Kurs, als daß man ihn jemals schwimmend wieder erreichen könnte. Da gibt es nur ein Mittel: So vorsichtig zu sein in jeder Bewegung auf Deck, wie es der wirkliche Jäger mit einer Büchse ist — mag er auch noch so fest davon überzeugt sein, daß sie entladen ist! Aber die Gefahr des Überbordgehens ist immer da; also muß man auch immer vorsichtig sein! Ich gehe Einhand in Fahrt nie aufrecht längs Deck, ohne die Hand an irgend etwas Festem — Backstag, Wanten, Vorstag — zu haben, vor dem Mast stehe ich überhaupt ungerne und nehme lieber etwas nasse Knie mit in Kauf, um sicher zu gehen, daß nicht ein plötzliches Überholen des Schiffes mich aus dem Gleichgewicht bringt. Vorbedingung ist natürlich, daß Schuhe und Deck nicht zu glatt sind.

Krankheit ist die Gefahr, an die man wohl am wenigsten denkt, die aber, besonders in der Form eines Knochenbruches oder dgl., sehr dringend werden kann. Abgesehen von einer gut versorgten Bordapotheke und einer gewissen Kenntnis der Zufälligkeiten und Widerwärtigkeiten, denen der menschliche Körper ausgesetzt sein kann, wüßte ich kein Mittel dagegen. Nur ist eine Erkrankung, die dem Einhandsegler gefährlich wird, auch im besser bemannten Schiff nie ungefährlich und insofern eine Gefahr, die jedem droht, der sich außer Sicht einer Unfallstation begibt!

Innerhalb gewisser Grenzen ist die Größe eines Schiffes durchaus nicht maßgebend dafür, ob es sich zum Einhandsegeln eignet; viel wichtiger ist, daß es sich weitmöglichst dem „idealen Seekreuzer" in Rumpf, Besegelung und Einrichtung nähert.

Allerdings setzen die Möglichkeit, Segel, Anker usw. noch alleine bedienen zu können, ebenso wie der zu den notwendigen Instandhaltungsarbeiten erforderliche Zeitaufwand, der Größe gewisse Grenzen, die nicht überschritten werden dürfen, wenn das Einhandsegeln noch ein Vergnügen sein soll. Die Fähigkeit, ohne Ruderhilfe beigedreht zu liegen, und auf geeigneten Kursen auch zu segeln, ist natürlich Vorbedingung für den „Einhander"; sonst aber wird er sich kaum von dem idealen Seekreuzer unterscheiden. Wie man sich auf längeren Fahrten die nötige Ruhe verschafft, wird sich ganz nach den Verhältnissen richten. In unseren Gewässern wird man wohl am besten tun, während des Tages ein paar Stunden beizudrehen, oder sich vor Treibanker zu legen. Ist man außerhalb jedes Verkehrs, so kann man das auch nachts tun, wird dazu aber eine recht helle Ankerlaterne setzen.

Für alle Mühe aber und etliches mehr an Gefahr wird man reichlich belohnt durch die völlige Freiheit und Unabhängigkeit. Die Steigerung des Selbstgefühls und des Selbstvertrauens, die das Überwinden von Naturgewalten ohne fremde Hilfe hervorruft, wiegt reichlich die Stunden der Einsamkeit auf, in denen man sich vielleicht ein wenig nach anderer Gesellschaft sehnt als dem Rauschen der Wellen und dem Schrei der Wasservögel. Ganz schlimm ist es, auf einer kleinen Yacht mit ihrem beschränkten Raum auf seine Mannschaft angewiesen zu sein, es sei denn, daß man das seltene Glück hat, Menschen zu finden, bei denen der Gleichklang der Seelen alle Freuden steigert und Schmerzen lindert!

III.

30 Häfen und Ankerplätze

an der westschwedischen und norwegischen Küste
zwischen Gotenburg und dem Sognefjord.

Die westschwedische, süd- und westnorwegische Küste ist so reich an geschützten Ankerplätzen, daß es nicht möglich ist, alle wiederzugeben und zu beschreiben, ohne den Rahmen dieses Buches zu überschreiten. Ich habe mich deshalb auf eine Auswahl der von mir besuchten Plätze beschränkt. Da Proviant- und Wasserbeschaffung an diesen Küsten nicht immer leicht ist, habe ich besonderen Wert auf entsprechende Angaben gelegt.

Den Ortsangaben ist der Meridian von Greenwich zu Grunde gelegt.

Tiefenangaben in Metern über mittlerem Springniedrigwasser.

Klädesholm

in den Paternosterschären.

57⁰ 57′ N. — 11⁰ 33′ O.

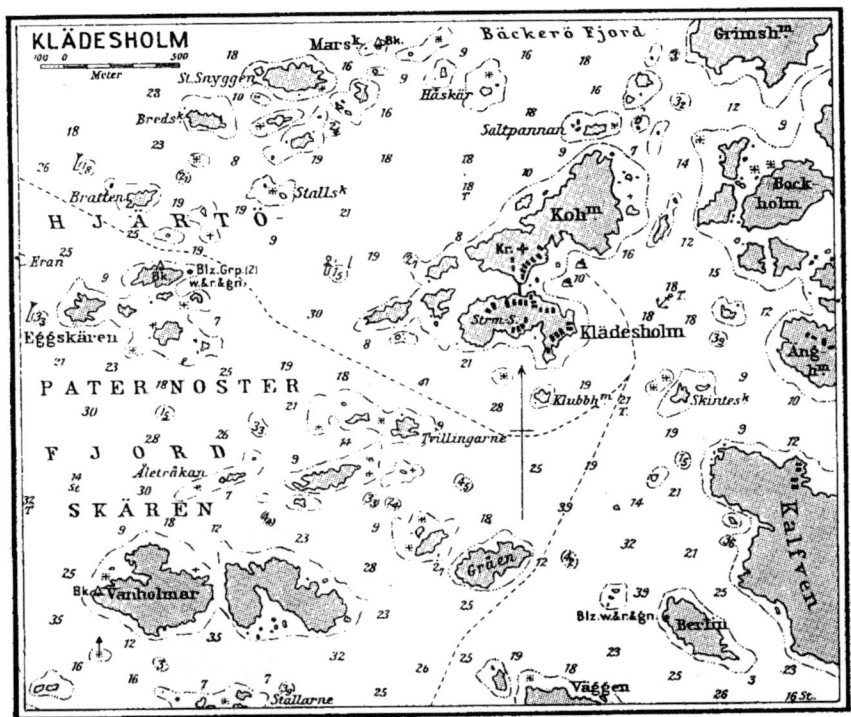

Man liegt bequemer und ruhiger als in Marstrand. Einlauf von Süd (Berlin) klar und rein, von Nord unübersichtlich und nur mit gutem Wind zu empfehlen.

Wassertiefe 10 m; man liegt an besten an einer Boje.

Proviant mäßig; Wasser aus Zisternen.

Lysekil.

58⁰ 16′ N. — 11⁰ 27′ O.

Besuchter Badeort.

Bei Nacht achte man auf die Släggabade.

Man liegt am besten an einer der vielen für Yachten ausgelegten Bojen. · Bei hartem Nordost ziemlicher Seegang.

Proviant gut; Wasser aus einem Hotel oder der Badeanstalt.

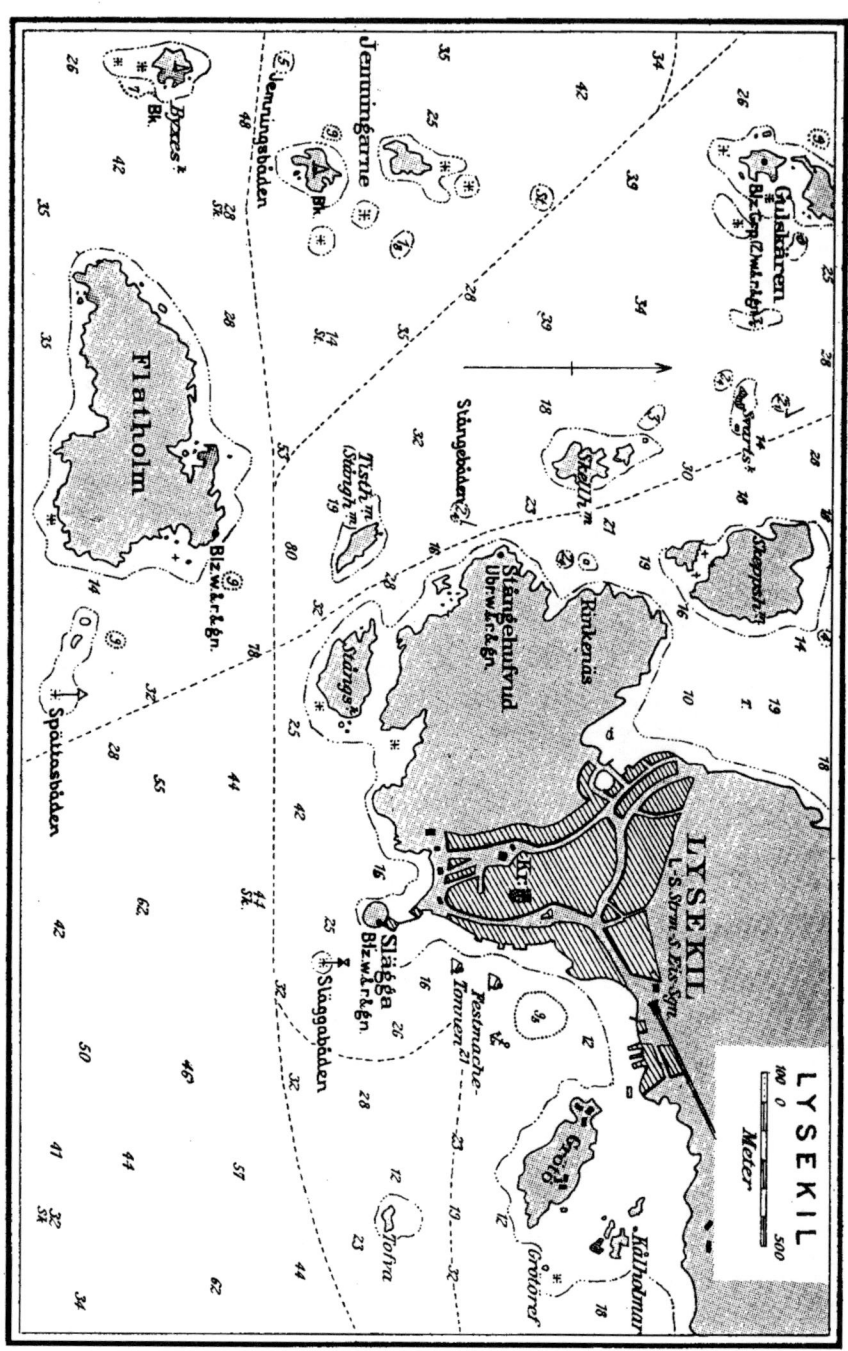

326

Smögen.

1,5 Sm. nördl. Hallö.   58⁰ 21′ N. — 11⁰ 14′ O.

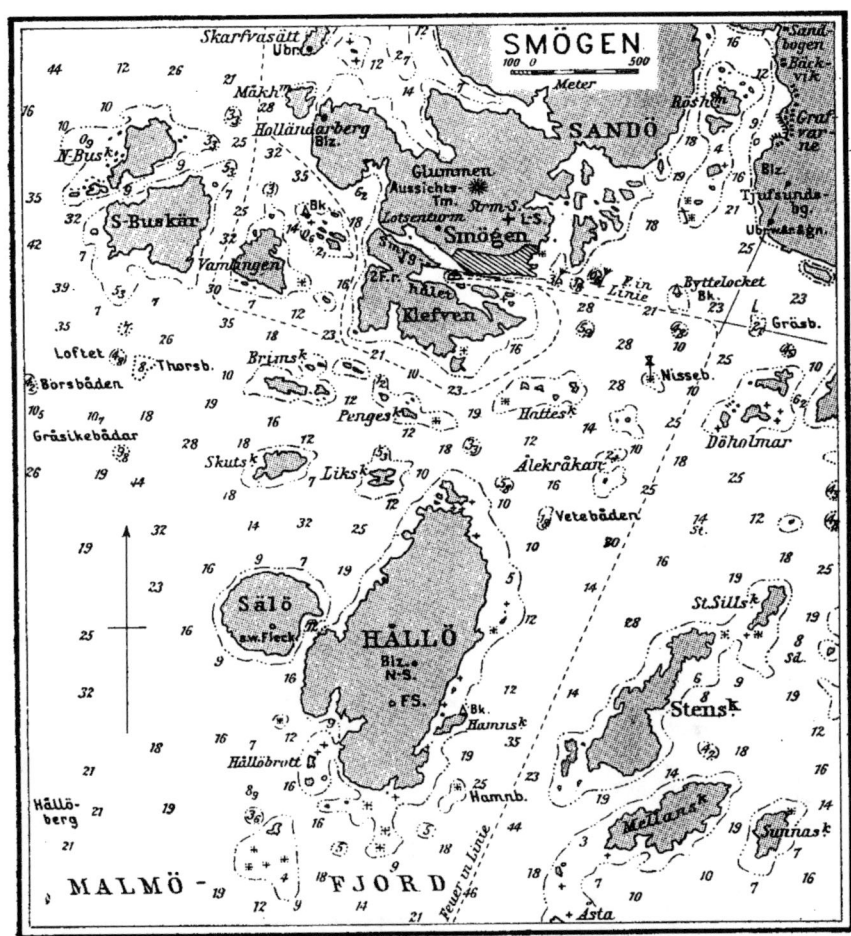

Schutzhafen vor Umsegelung des „Sot"; starker Verkehr von Fischerbooten.   Man geht am besten an eine der beiden Bojen mitten in dem engen Hafen, oder legt sich an eins der Fischerboote im westlichsten Teil.

Proviant mäßig; Wasser aus Zisternen.

Hunnebostrand.

Am Sotefjord.   58⁰ 26′ N. — 11⁰ 17′ O.

Der beste Hafen für kleine Fahrzeuge, um Wetter für die Fahrt südwärts durch den „Sot" abzuwarten.

Man ankert auf etwa 7 m und vertäut nach den Felsen (Ringe und Poller) an der Westseite.

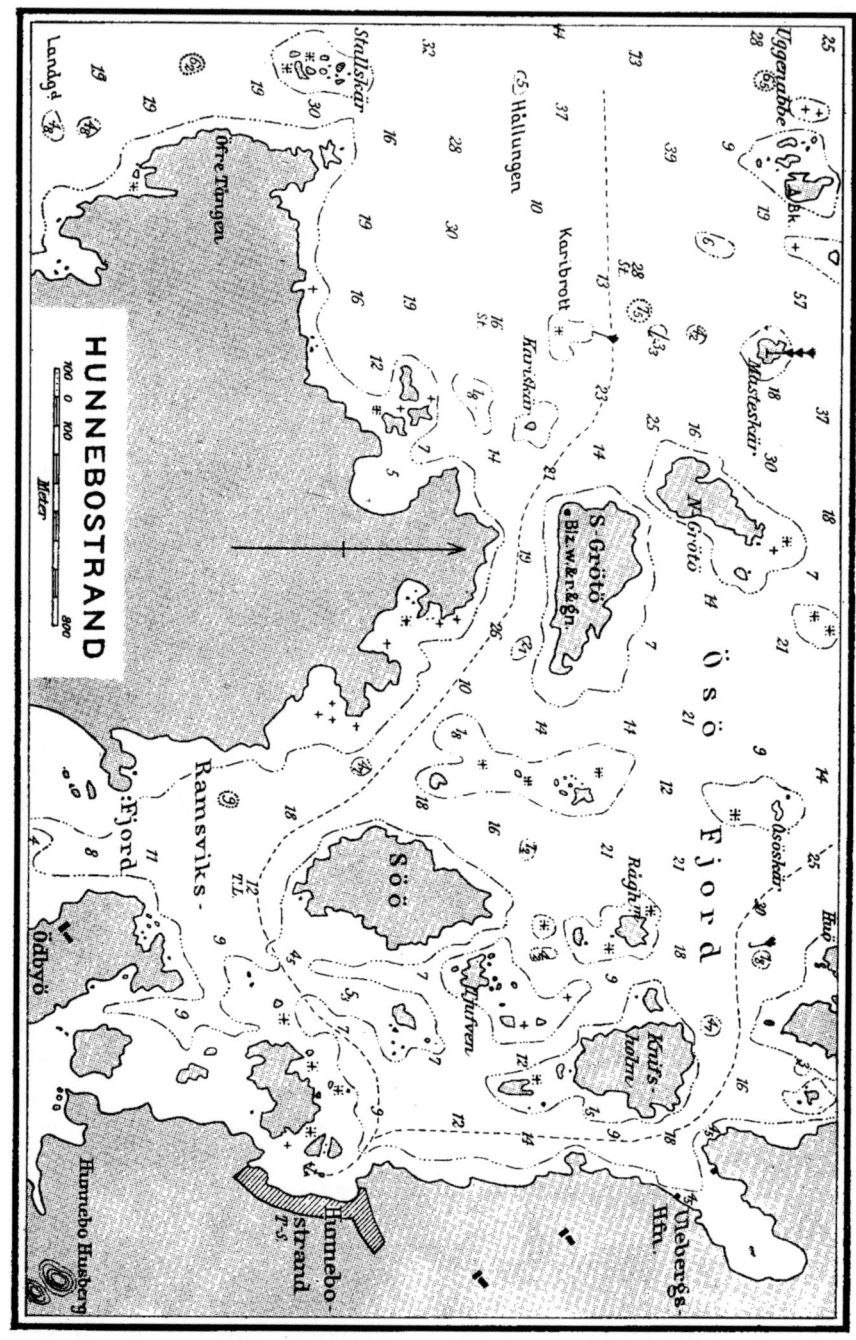

Proviant mäßig, Wasser schlecht.
Die gut geschützte Bucht südwestl. des Ortes am Südende
des Ramsvik-Fjords hat schlechten Ankergrund.

Hafstens Sund.
58° 45′ N. — 11° 11′ O.

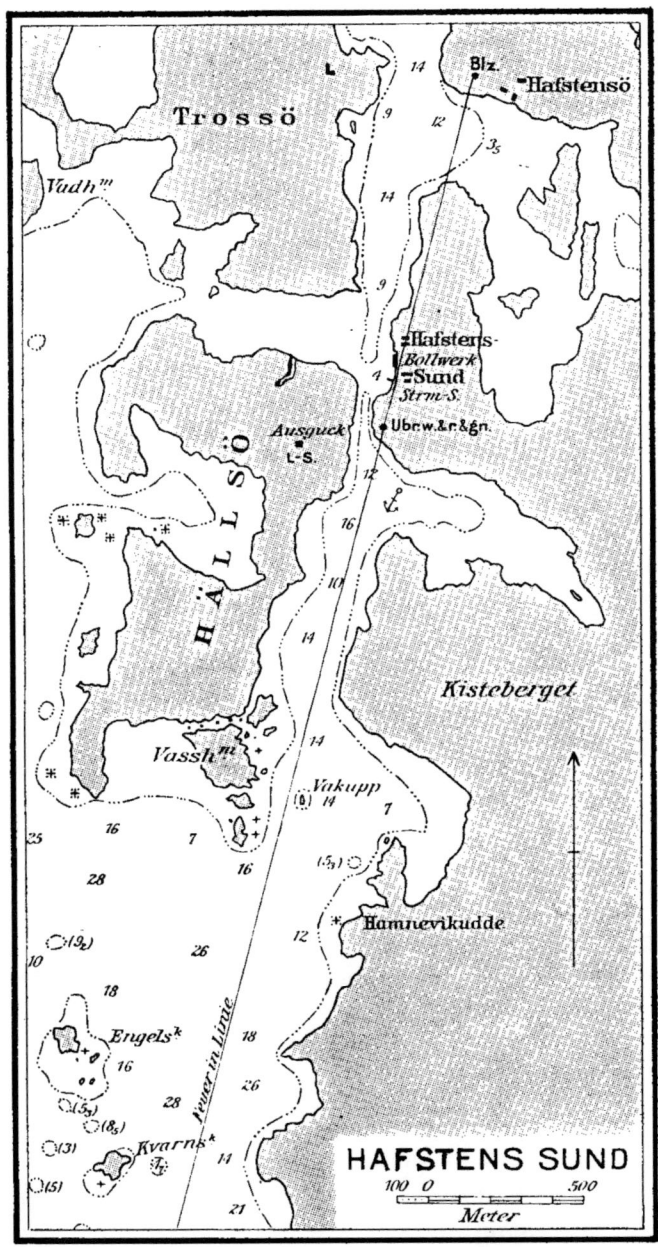

In dieser Gegend sind fast alle Buchten stark verkrautet, Hafstens
Sund daher der einzige in Betracht kommende Ankerplatz.

Man liegt am Bollwerk nördl. des Feuers, mit etwa 3 m Wasser, oder vor Anker in der südl. Bucht auf 7—10 m über Sand und Schlick.

Weder Proviant noch Wasser.

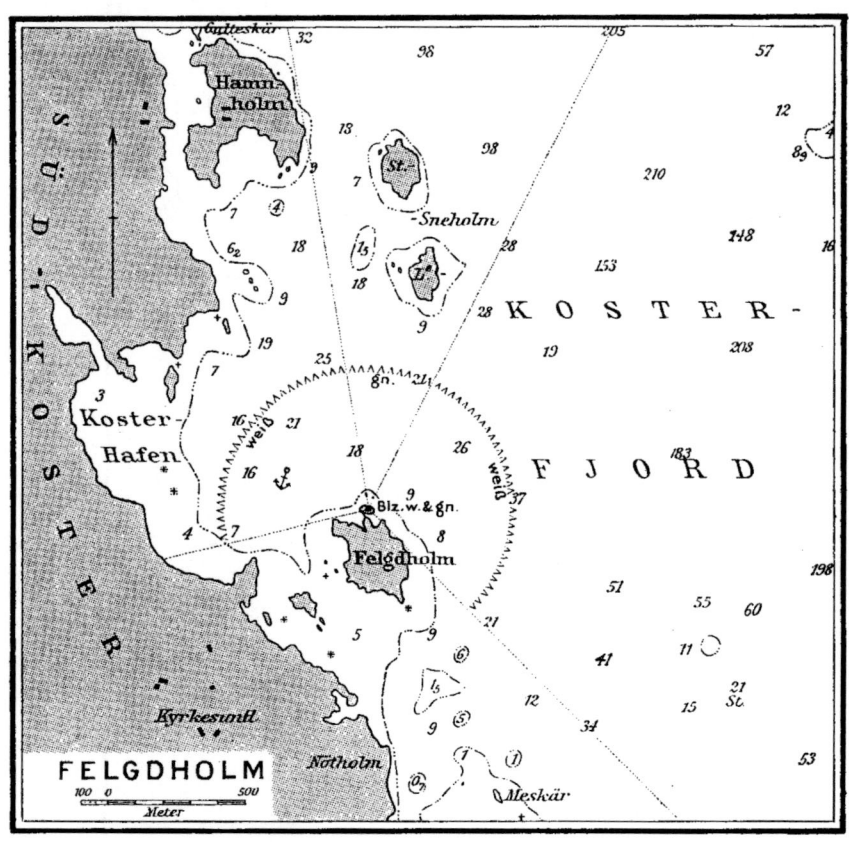

Felgdholm.
Ostseite von Sydkoster.
58⁰ 53′ N. — 11⁰ 3′ O.

Man ankert auf bequemer Tiefe in der Bucht, die gegen alle Winde mit Ausnahme von Ost völlig geschützt ist; auch bei hartem Ost wenig Seegang. Auch bei Nacht gut anzulaufen; der innere weiße Sektor von Felgdholm Fyr begrenzt den Ankerplatz. Keine Ansiedelung.

Hankö.

An der Ostseite des Oslofjords.
59⁰ 12′ N. — 10⁰ 48′ O.

Badeort, viele Yachten. Einlauf von Süd zwischen Garnholmene und der auffälligen Bake mit Leuchtfeuer daneben, trotzdem ist der Einlauf nachts nur bei heller Nacht zu empfehlen;

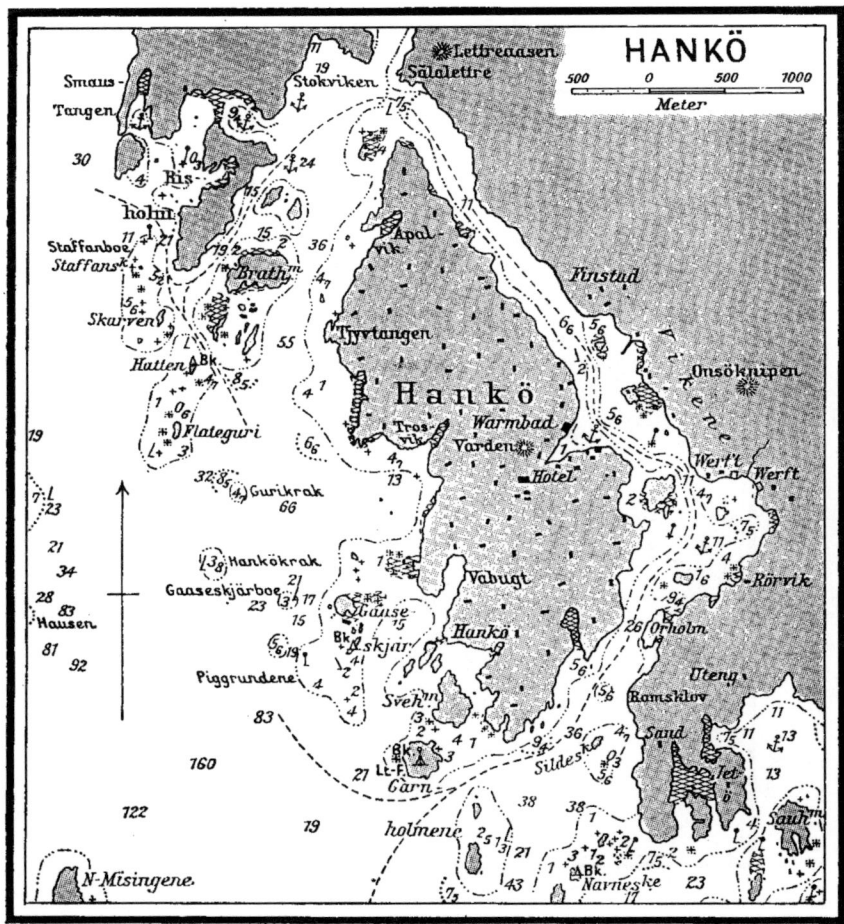

da die weiterhinliegenden Stangenseezeichen sonst nicht auszumachen sind. Von Norden kommend, läßt man die Staffanbö an St. Bd. und hält sich dann dicht an dem Felsufer von Risholm.

Man ankert am besten in der Bucht vor dem Warmbad auf 1,5—4 m über weichem Schlick. Man tut gut, bei der Einfahrt in die Bucht zu loten.

Vorzügliche Verpflegung im Badhotel; Proviant und Wasser nur gegenüber in Vikene. In dem südlichen Teil von Vikene zwei Yachtwerften.

Kjärringvik.

An der Westseite des Sandefjords.

59° 2′ N. — 10° 14′ O.

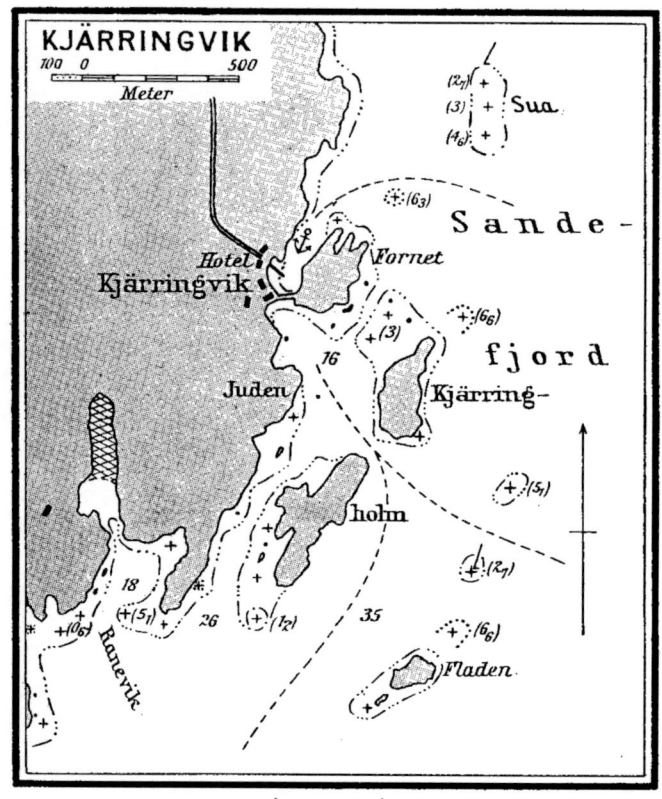

Nur der nördliche Teil des kleinen Naturhafens ist gegen Seegang geschützt, wenn es aus SO weht. Man achte auf die unbezeichneten Untiefen westl. Fornet, auf denen leicht Brandung steht.

Man ankert auf etwa 6 m über Sand in der Mitte der Bucht.

Proviant nur in dem kleinen Hotel.

Fredriksvärn.

An der Westseite des Laurviksfjords.

59° N. — 10° 2′ O.

Der Südeinlauf ist am übersichtlichsten; es kann jedoch ein Oberflächenstrom das Manövrieren erschweren und bei flauem Nord das Aufkreuzen unmöglich machen.

In dem kleinen Hafen mit 3,5 m Wassertiefe liegt man sauber und ruhig; Anker voraus Heck an der Mole.

Doch auch in der Bucht vor der Mole liegt man gut auf etwa 8 m über Sand.

Proviant aus den Geschäften in der Stadt, vorzügliches Trinkwasser aus der Wasserleitung; an der Dampferbrücke, an der man nur auf kurze Zeit anlegen darf, Wasser mit Schlauch aus dem Hydranten; die Entnahme muß bei einem Lotsen angemeldet werden, damit der Schlauch herangeschafft werden kann.

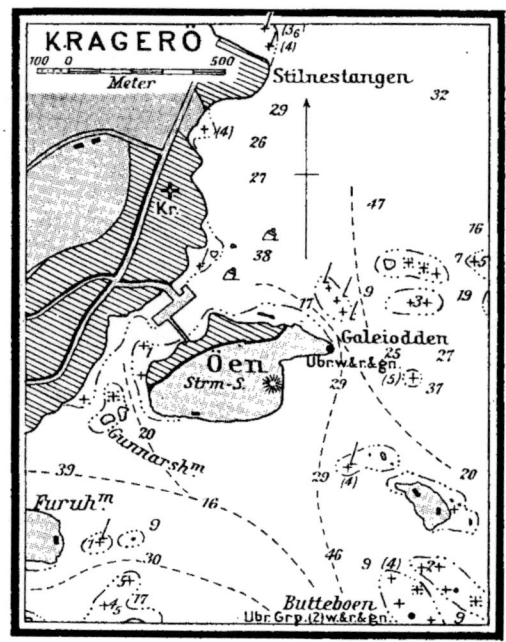

Kragerö.

58° 52′ N. — 9° 26′ O.

Einlauf rein und gut bezeichnet.

Als Liegeplatz kommt nur das nordöstl. Hafenbecken in Frage, wo sich zwei große Festmachebojen befinden; zum Ankern sind die Wassertiefen zu groß. Wenn die Bojen nicht frei, liegt man am südl. Bollwerk; auf der Nordseite wird man durch die Postdampfer vertrieben.

Proviant und Benzin erhältlich.

Arendal.

58° 27' N. — 8° 46' O.

Der Einlauf ist rein und gut bezeichnet und auch bei Nacht zu benutzen.

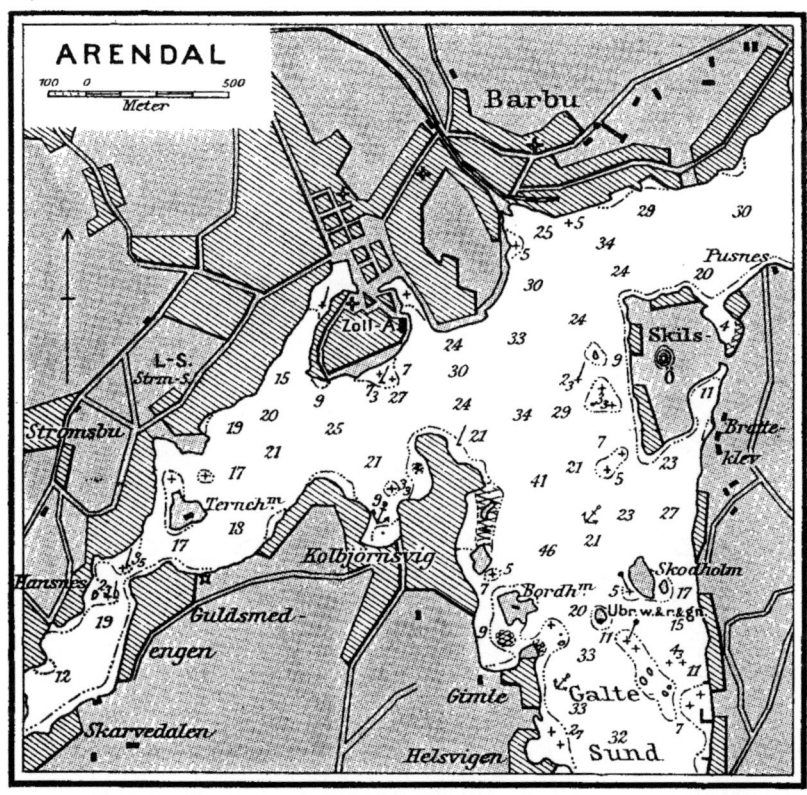

Im eigentlichen Hafen liegt man am besten am Zollkai gegenüber vom Grand Hotel. Ruhiger in Kolbjörnsvig, wo man ankert und mit dem Heck vertäut; Motorfähre nach der Stadt.

Proviant in den Geschäften, Benzin von den Tankstellen.

Mandal.

58° 2′ N. — 7° 27′ O.

Der Mandalelv bildet den Hafen; beim Einlauf bleibt die Klippe Nua in Süd; auf der Barre starker Strom und nur etwa 3 m Wasser. Man achte auf die Dalben und Pricken, die das veränderliche Fahrwasser des Flusses nach Ost begrenzen.

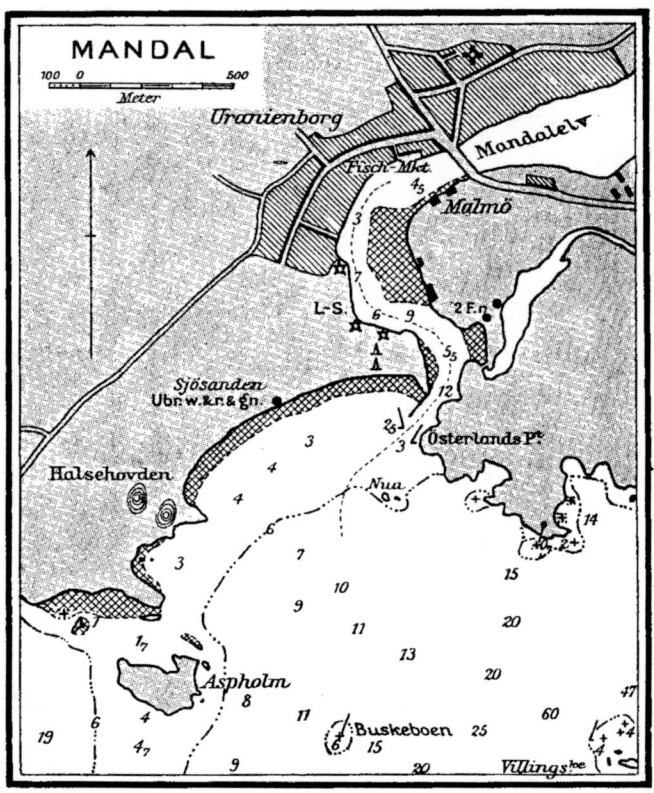

Bester Liegeplatz am Bollwerk beim Fischmarkt nicht weit von der über den Fluß führenden Brücke; Wassertiefe dort über 3 m.

Der auslaufende Strom kann stark sein, daher kräftige Vertäuung (Spring!) nötig.

Proviant und Benzin werden von den Geschäften an Bord geliefert.

Vaage.

1 Sm. nordöstl. von Kap Lindesnes.
57° 59′ N. — 7° 4′ O.

Abb. 117.　Einfahrt nach Vaage.

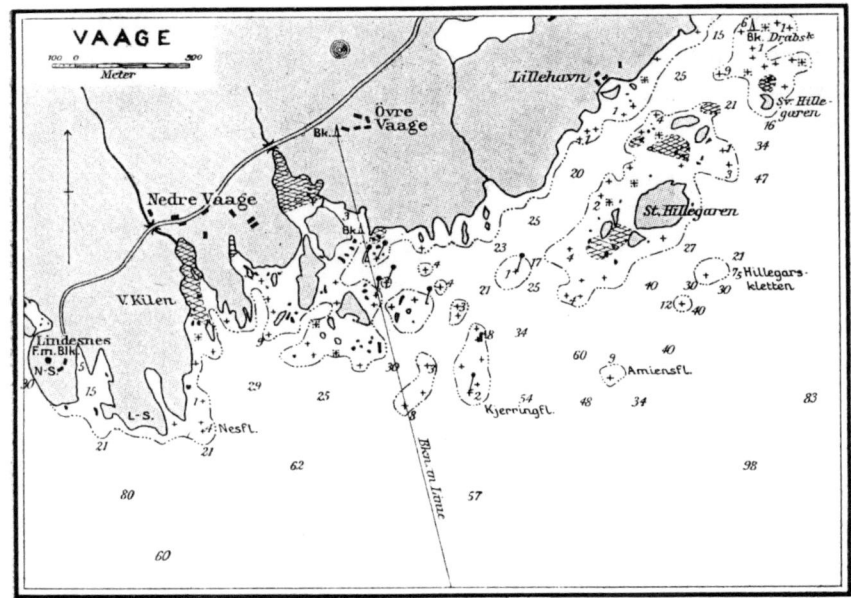

Der kleine Naturhafen ist zwar sehr eng, eignet sich aber vorzüglich um geeignetes Wetter für die Fahrt um Lindesnes und Lister abzuwarten.

Beim Einlauf erkennt man die richtige Stelle der zerrissenen Küste an den beiden Baken, die zunächst in Linie gehalten werden müssen. Dann läuft man zwischen den Stangenseezeichen durch und läßt die unterste Bake an B. B. Hier halte man genau Mitte Fahrwasser, wo allein die Tiefe etwa 2,50 m beträgt. In der winzigen Bucht etwa 6 m. Man ankere und bringe eine Leine nach einem Poller im Felsen aus.

Kein Proviant oder Wasser; keine Post. Landhändler in Lillehavn.

Lodshavn.
2 Sm. südl. Farsund.
58⁰ 4′ N. — 6⁰ 49′ O.

Man liegt ruhiger als in Farsund.

Der Osteinlauf ist sehr eng und nur mit Motor möglich; von Westen kann man auch unter Segel bei jedem Wetter hereinkommen, das das Erkennen der vielen vorgelagerten Untiefen noch ermöglicht. Man ankere vor dem Ort auf etwa 6 m über Sand und mache evtl. an einem Ring im Felsen fest.

Proviant knapp, Wasser schlecht.

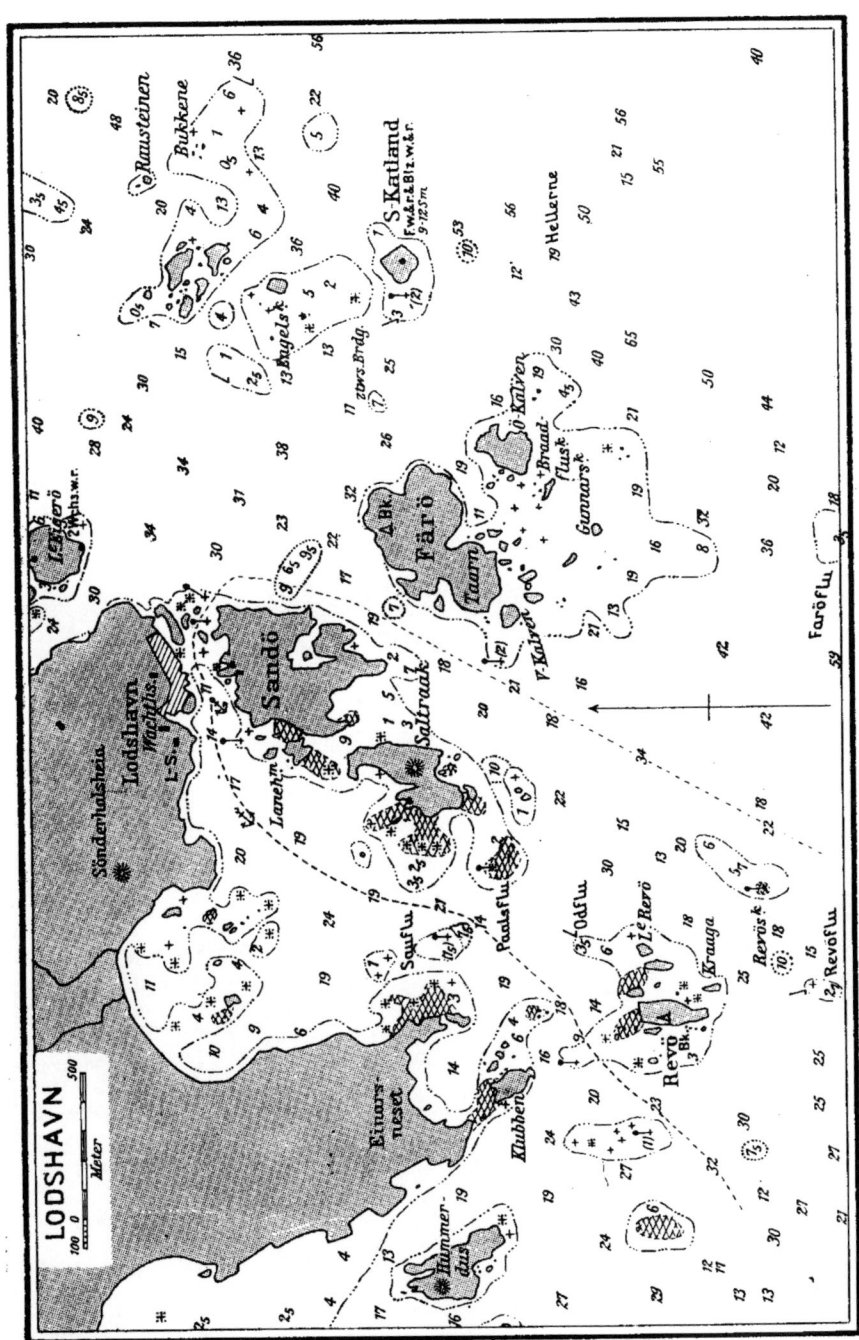

22*

Kirkehavn.

An der Westküste der Hitterö.
58⁰ 14′ N. — 6⁰ 33′ O.

Der Westeinlauf ist klar und rein. Wenn man glaubt, bei schwerem West den Einlauf nicht wagen zu können, ist der Nord-

Abb. 118. Kirkehavn, Kirche und Bollwerk.

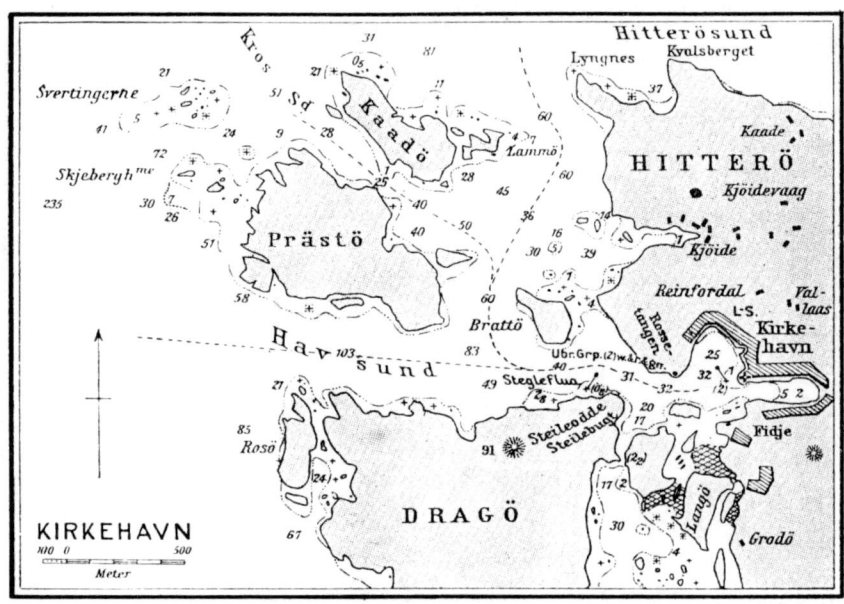

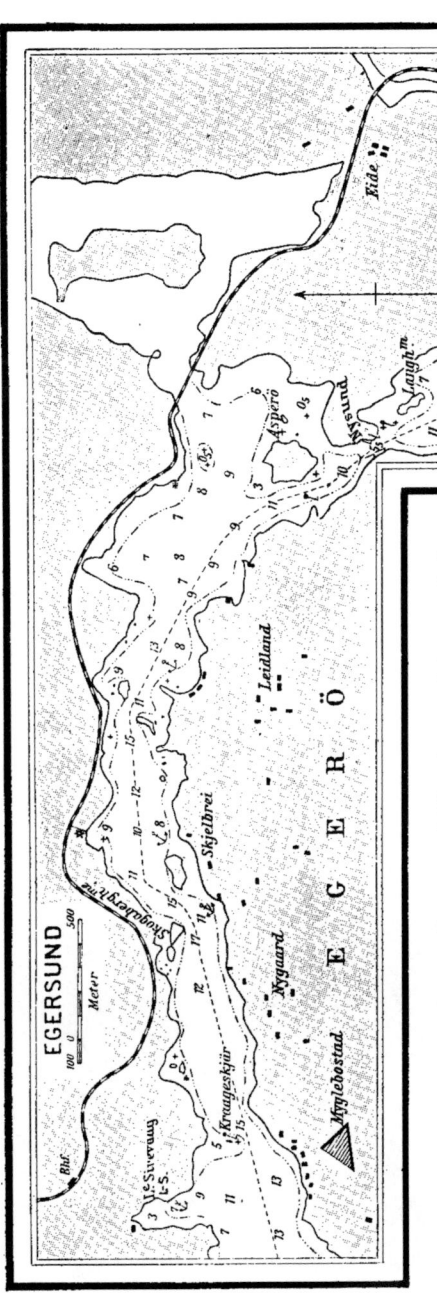

einlauf trotz seiner geringeren Übersichtlichkeit zu empfehlen. Selbst hohe Westdünung dringt kaum bis in den Hafen vor.

In der kleinen Bucht nordwestl. des Ortes liegt man völlig geschützt, nur ist dort die Wassertiefe (20—30 m) hinderlich.

Am Bollwerk bei der Kirche nur etwa 2 m, doch nimmt die Tiefe rasch auf 5—6 m zu, so daß man dicht am Bollwerk ankern und mit dem Heck vertäuen kann.

Kein merkbarer Tidenhub; kein Strom.

Proviant in geringen Mengen erhältlich, ebenso Benzin.

Egersund.

58⁰ 27′ N. — 6⁰ 0′ O.

Der Einlauf ist klar; man achte auf die bezeichneten Untiefen an der Nordseite.

Man liegt am besten längs eines Schiffes am Südkai, da die Kais selber sehr schmutzig. Am westlichen Ende des Kais haben die Postdampfer ihre Plätze, man gehe bis etwa in die Gegend der verschiedenen Benzin- und Öldepots. Weiterhin wird der Nordteil des Hafens flach, so daß wenig Platz für Manöver.

Proviant in den Geschäften; Benzin und Öl aus den Depots.

Legt man keinen Wert auf die Nähe der Stadt, so liegt man geschützt und wunderbar ruhig in der Lille Sirevaag an der Nordseite des Sundes auf etwa 6 m über Sand. Kein Strom, der sich im Sund selbst bemerkbar macht.

Tananger.

In den Schären nördl. Jaederen.

58⁰ 56′ N. — 5⁰ 35′ O.

Tananger ist der bequemste Hafen am Anfang oder Ende der Schärenfahrt. Auch unter Segel bei jedem Wetter zugänglich.

Abb. 119.   Blick auf den Ankerplatz in Tananger
von der Höhe Haynetangen.

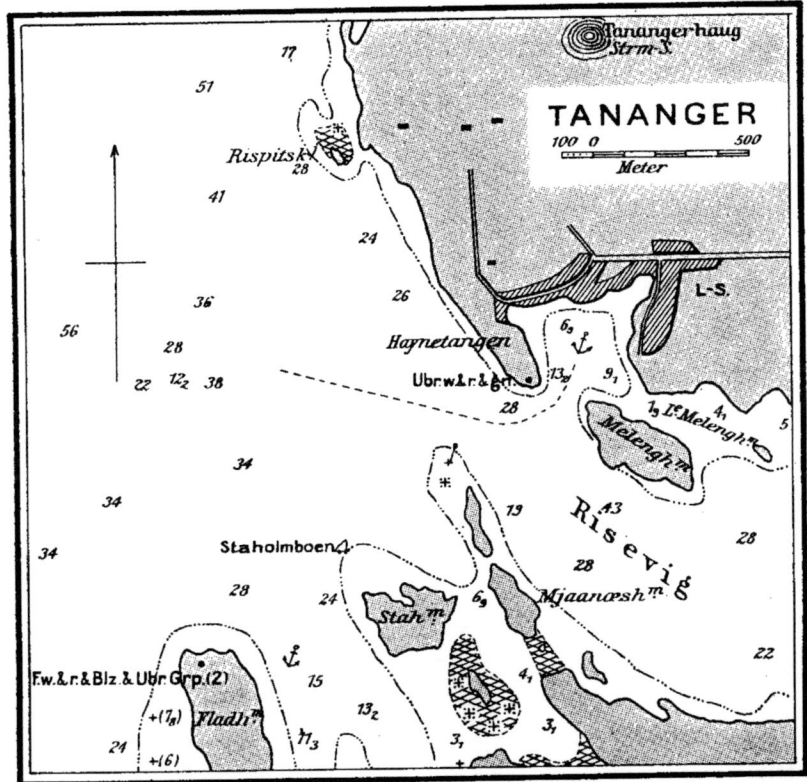

Bei starken westlichen und südwestlichen Winden etwas Dünung; man ankere deshalb so nahe wie möglich an der Westseite auf etwa 6 m über weichem Schlick.

In der Nähe des Nordufers Kraut. Kein Strom, Tidenhub bis zu 1·2 m.

Proviant knapp, Wasser schlecht; gute Autobusverbindung mit Stavanger, daher auch gute Postverbindung. Post am Nordufer. Sturmwarnungen am Telegraphenamt am Westufer.

Stavanger.
58⁰ 58′ N. — 5⁰ 45′ O.

Stavanger ist ein äußerst unruhiger Hafen, durch den viel Strom läuft. Der einzige erträgliche Liegeplatz ist südl. der Insel Sölyst, wo man meist eine freie Boje finden wird. Man frage den Diener des Segelklubs, welche der Bojen frei bleibt.

Fährverbindung mit der Stadt; es empfiehlt sich nicht, das Beiboot zu benutzen, um zur Stadt zu fahren, da es ohne Wache an den schmutzigen Kais leidet. Tidenhub bis zu 1·4 m; Gezeiten s. Gezeitentafeln.

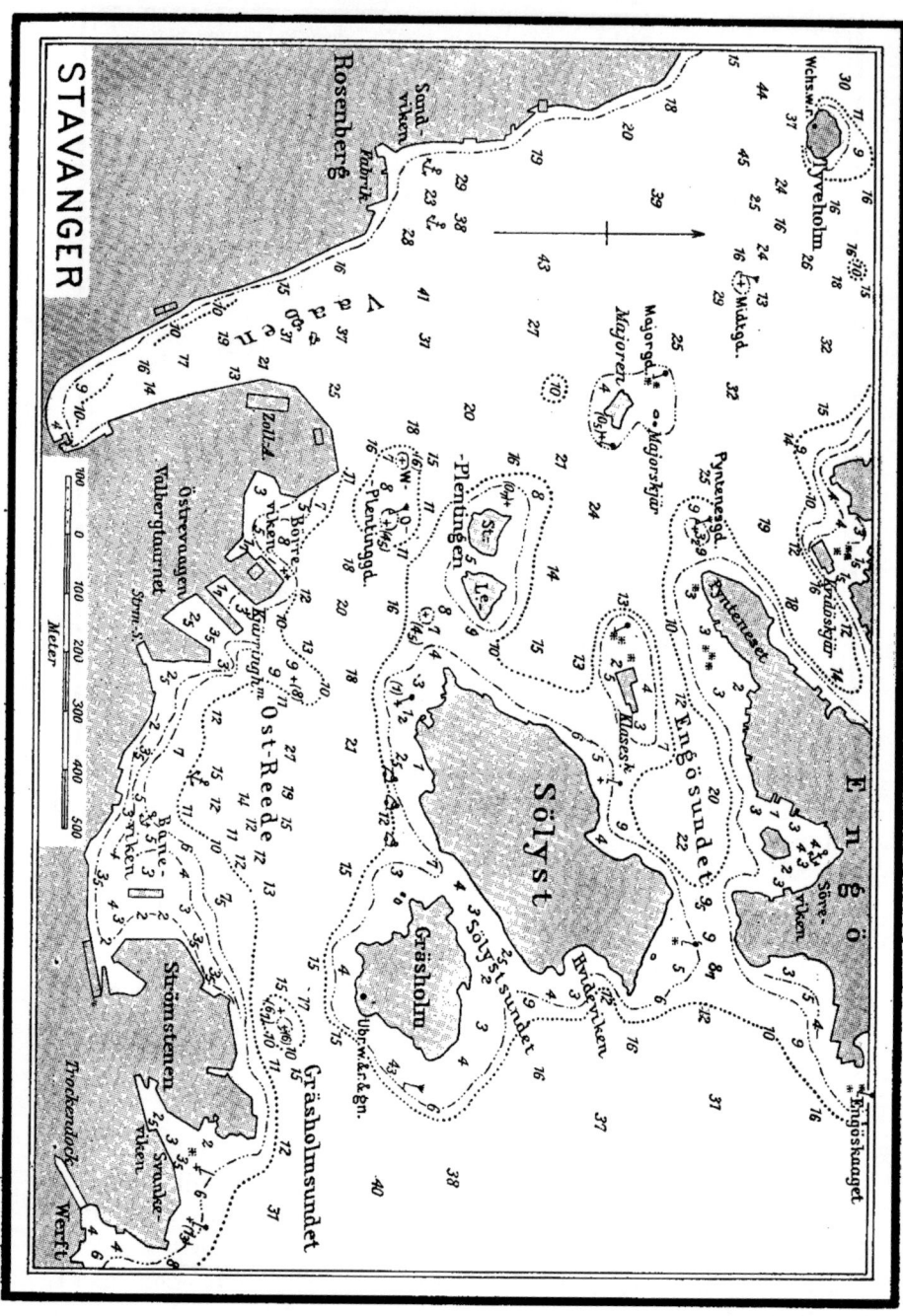

Aller Proviant gut und verhältnismäßig billig erhältlich.
Benzin durch Tankboot. Wasser nur in der Stadt gut.

344

Kobbervik.

Karmsund, Westseite.
59⁰ 17′ N. — 5⁰ 18′ O.

Kobbervik ist Haugesund vorzuziehen, da kein Strom und nicht so viel Schiffsverkehr. Der Einlauf ist rein.

Man geht am besten längs eines der an der Nordseite liegenden Fahrzeuge, sonst ankere man und vertäue das Heck.

Aller Proviant. Benzin erhältlich.

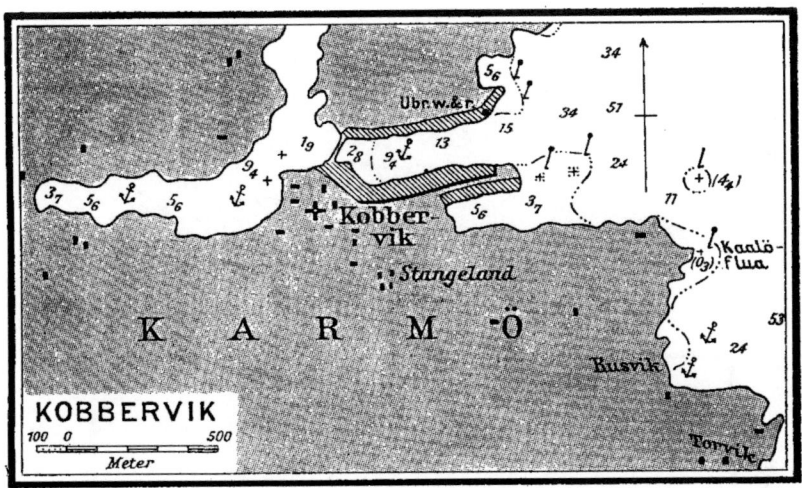

Mosterhavn.

Bömmelen, Westseite.
59⁰ 42′ N. — 5⁰ 24′ O.

Mehr Schutz, besonders bei östlichen Winden, als in dem größeren etwas weiter nördl. gelegenen Lervik.

Beim Einlauf in den inneren Teil des Hafens achte man auf die Bränning auf der Südseite.

Man ankere in der Mitte der inneren Bucht auf etwa 8 m über Schlick. Wassertiefe neben dem Kai auf der Südseite ungleich. Kein Strom.

Proviant, auch frisches Brot, bei den beiden Landhändlern erhältlich. Kein Benzin.

Abb. 120. Mosterhavn von der Höhe bei der Kirche.

Storebövaag.

Nordende des Fahrwassers Langenuen, Westseite.

60° 5′ N. — 5° 16′ O.

Der Einlauf ist rein und tief, man achte aber auf die Klippen am Nordende des kleinen Marholm.

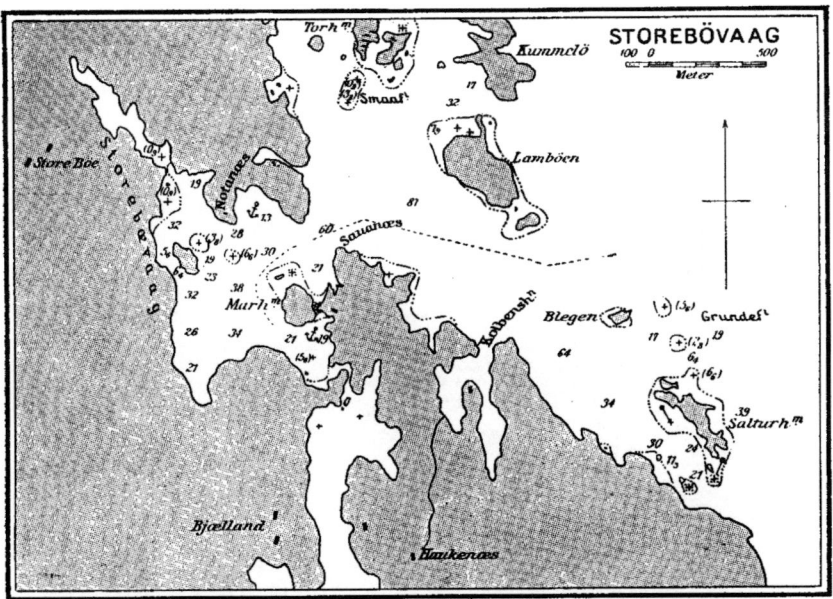

Man liegt am ruhigsten in der Bucht südl. dieser Insel auf etwa 16 m über Schlick. In die Bucht östl. Notanaes läuft bei Ostwind Dünung aus dem Björnefjord. Kein Strom.

Kein Proviant oder Wasser.

Bergen.

60° 23′ N. — 5° 19′ O.

Die wenigen Untiefen im Hafengebiet sind gut bezeichnet.

Als Liegeplatz für Yachten kommt nur das Bojenfeld der Bergens Seilforening in Frage, da die Wassertiefen im Hafen viel zu groß und der Fischerhafen Vaagen eng und schmutzig.

Man gehe zunächst an eine freie Boje und bitte den Klubdiener um Anweisung, welche Boje zu benutzen ist. Es läuft

Abb. 121. Bergen, Bojenfeld des Yachtclubs.

Strom, sodaß es sich empfiehlt, eine Sorgleine auszubringen, um nicht gegen die Boje gesetzt zu werden. Tidenhub bis zu 1·2 m.

Proviant gut und billig durch den Klub; Wasser mit Schlauch aus dem Klubhaus; man kann bei Hochwasser mit 2,50 m Tiefgang an dem Haus anlegen.

Benzin durch Vermittlung des Klubdieners von einem Tankboot, das längsseits kommt. Der Klubdiener spricht etwas deutsch. Weder für Bojen noch für Wasserentnahme wird eine Gebühr erhoben, es empfiehlt sich aber, ein Trinkgeld zu geben.

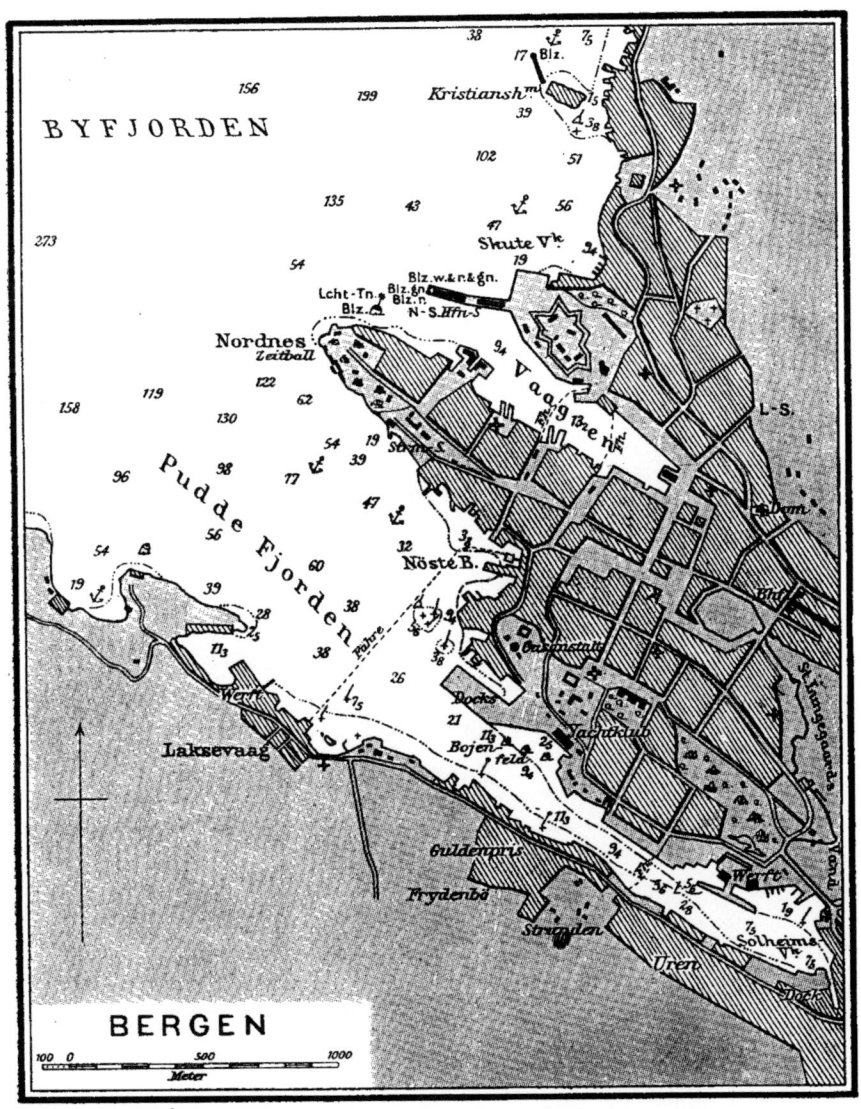

BYFJORDEN

Kristiansh^m

Blz.

Skute V^k

Blz.w.&r.&gn.
Lcht-Tn. Blz.gn.
Blz.n.
Blz. N-S.Hfn-S

Nordnes
Zeitball

V a a g e n

L-S.

P u d d e F j o r d e n

Dam.

Hul

Nöste B.

Pobre

Werf

Laksevaag

Bocks

Bojen-
feld

Jachtklub

Guldenprs

Frydenbö

Strauden

Werft

Solheims

Uren

BERGEN

100   0   500   1000
Meter

Lille Bergen.

am Nordende des Byfjords (Bergen.)

60⁰ 32′ N. — 5⁰ 15′ O.

Bequemster Liegeplatz auf dem Wege von Bergen nordwärts.
Boje vor der Brücke des Landhändlers. Guter Ankergrund
in der ganzen Bucht.

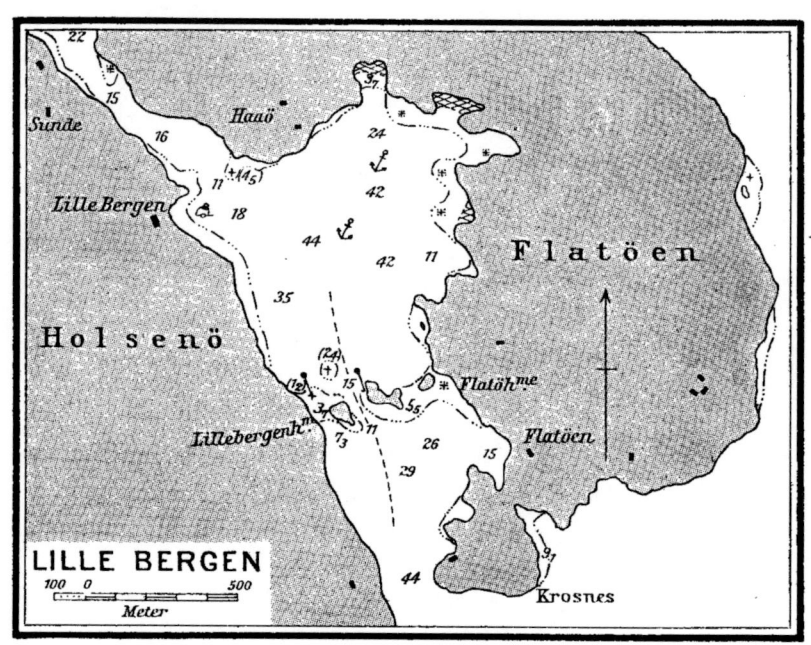

Vikingvaag.

Fensfjord 1 Sm. nördl. Vikingnaesset Feuer.

60⁰ 52′ N. — 4⁰ 56′ O.

Der Einlauf ist eng, aber völlig rein. Man liegt gegen alle
Winde völlig geschützt in der Mitte der Bucht auf 6—10 m
über Schlick.

Keine Ansiedelung.

Abb. 122. Vikingvaag, Blick von der Höhe Klubben ostwärts.

Apaldevik.

Sognefjord, am Nordufer gegenüber Rutletangen.

Einfachster Ankerplatz am Eingang des Sognefjords.

Abb. 123. Apaldevik, Blick ostwärts in die Bucht.

Der Einlauf ist rein; beim Ankern ist wenig Platz zum Schwoien; ehe Trossen nach den Ringen in Felsen ausgebracht sind, tut man gut, mit dem Motor zu manövrieren; Benutzung unter Segel allein nicht ratsam, da bei Westwind kein Platz zum Auslaufen; Wassertiefe noch dicht an den Felsen 4 m, in der Mitte der Bucht 8—11 m; der Grund fällt steil nach Westen ab, so daß man mit kurzer Kette ankern kann, ohne befürchten zu müssen, auf die Felsen getrieben zu werden.

Keine Ansiedlung; weder Wasser noch Proviant.

Brekke.

Sognefjord, Südufer.

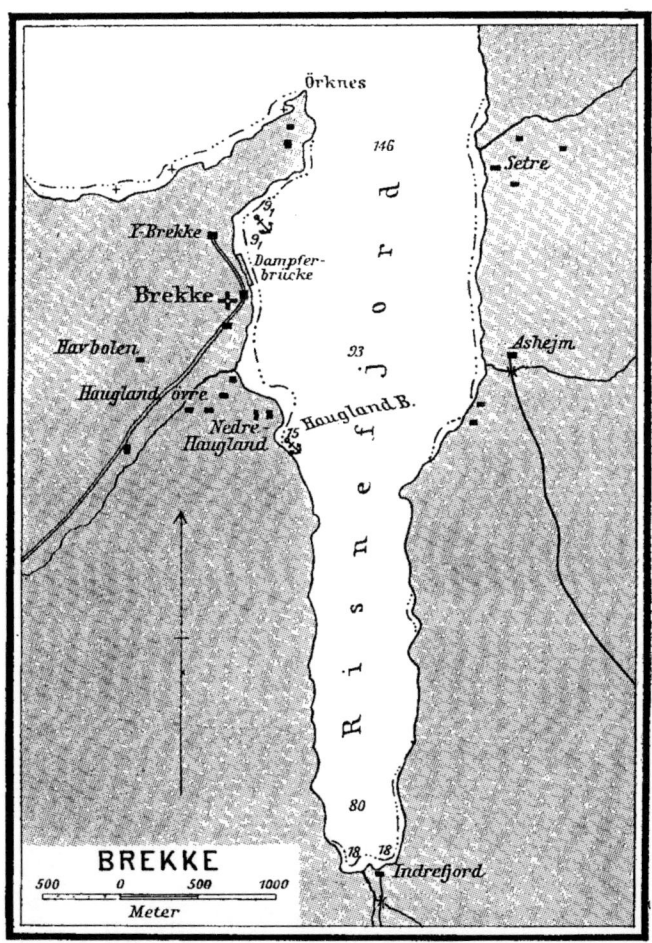

Man ankert auf 8—10 m in der flachen Bucht zwischen dem Ort und der Landzunge Orknes oder geht an die Dampferbrücke; Wassertiefe 3—4 m. Geringer Dampferverkehr.

Proviant in mäßigen Mengen beim Händler; kein Benzin.

Ortnevik.

Sognefjord, Südufer.

Die durch einen Kummel und zwei Spieren in der Mitte der Bucht bezeichnete Untiefe hat auf beiden Seiten reichlich Wasser.

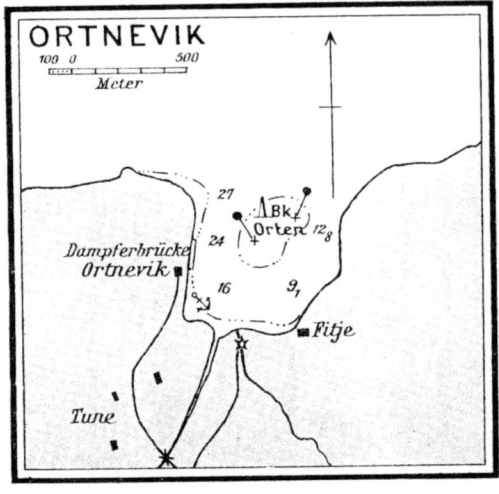

An der Dampferbrücke 3—4 m Wasser; das Südufer ist flach, die Tiefen wechseln; der Strom des Elvs kann unangenehm werden. Tidenhub zu bis 1 m. Da der Dampferverkehr sehr gering, tut man gut, an der Brücke zu liegen, sonst auf 15 bis 18 m an der Westseite der Bucht; grober Kies; man muß vermuren.

Proviant in geringen Mengen beim Landhändler; kein Benzin.

Abb. 124.   Ortnevik, Blick nordwärts auf die Dampferbrücke
(an den Pfählen nur etwa 1 m Wasser)

Balholmen.

Sognefjord am Eingang zum Esefjord.

Die Dampferbrücken sind nur bei ganz vorübergehendem Aufenthalt zu benutzen, da bei Ostwind starker Seegang auf sie steht und außerdem der starke Dampferverkehr zu dauerndem Verholen zwingt.

Man ankere im Esefjord auf 8—12 m (Schlick und Kiesgrund) hinter einer kleinen Nase, deren vorspringender Land-

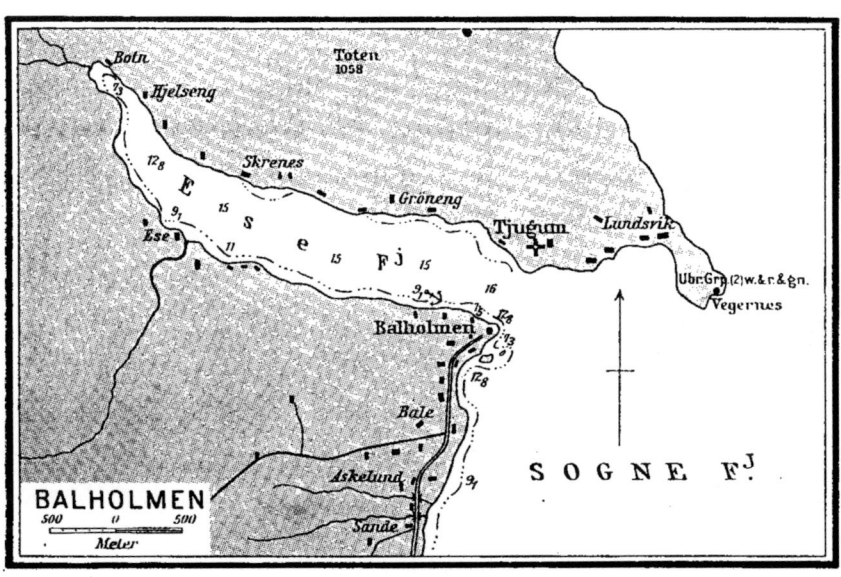

grund nur etwa 1,5 m Wasser hat. Man ist dort auch bei südöstlichen Winden, die im Fjord starken Seegang aufwerfen, einigermaßen geschützt.

Tidenhub bis zu 1 m; der Tidenstrom macht sich bemerkbar, so daß es sich empfiehlt, zu vermuren.

Proviant in den Geschäften. Benzin in mäßigen Mengen an der Tankstelle auf der Brücke nördl. vom Hotel Kviknes.

Gudvangen.

Sognefjord am Südende des Näröfjords.

Man achte beim Einlauf auf die Sandbank des Elvs, deren Ausdehnung wechselt und halte sich in reichlicher Entfernung von der sie bezeichnenden Spiere.

Ankerplatz an der Ostseite, wo Poller im Felsen angebracht sind, ist durch den besonders bei Niedrigwasser sehr harten Strom des Näröelvs gefährdet; Wassertiefe 10—15 m. Man liegt besser an einer der Privatbrücken an der Westseite, für deren Benutzung ein kleines Entgelt zu zahlen ist; Wassertiefe 2,5—3,5 m. Tidenhub bis zu 1,5 m.

Proviant bei Händlern im Ort; kein Benzin.

Flaam (Fretheim).

Sognefjord am Südende des Aurlandsfjords.

Man achte beim Einlauf auf die Sandbank des Elvs, deren Ausdehnung wechselt. Wassertiefe an der Dampferbrücke 3—4 m, auf dem Ankerplatz westl. des Feuers ca. 12 m; Kiesgrund.

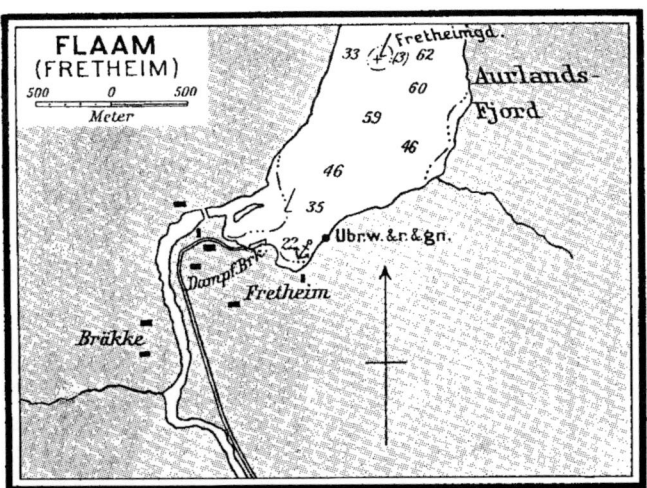

Tidenhub bis zu 1,2 m.

Man muß, wenn man an der Brücke liegt, den Dampfern Platz machen, das Lokalboot stört im allgemeinen nicht.

Proviant im Hotel Fretheim zu Hotelpreisen; kein Benzin.

Sachregister.

Richard Carl Schmidt & Co., Verlagsbuchhandlung

Lutherstr. 14 / **Berlin W 62** / Tel.: Lützow 5147 und 5267

Die
Handels - Marine

Ein Handbuch des Wissenswerten aus Seewesen und Schiffahrt

von

H. MEVILLE

Dritte, vollständig neubearbeitete Auflage, 300 Seiten mit 4 Vierfarbendrucken, 3 Tafeln und 109 Abbildungen im Text In Ganzleinen Rm. 9.—

Inhaltsverzeichnis

Richard Carl Schmidt & Co., Verlagsbuchhandlung

Lutherstraße 14 / Berlin W 62 / Tel.: Lützow 5147 und 5267

Segelsportbücherei

Band 1: **Unterricht im Segeln**
von Dr. R. LOHMANN. 4. Aufl.
101 Seiten mit 101 Abbildungen   In Ganzleinen Rm. 3.50

Band 2: **Die Segeljolle**
Ein Wegweiser und Ratgeber bei der Anschaffung von Schwertbooten
Von Dr. R. LOHMANN und R. MEWES
224 Seit. m. 250 Abb. 5., völlig neubearb. Aufl., z. Z. vergriffen. Leinen Rm. 5.—

Band 3: **Der Wandersegler auf See**
von C. RENNER, Bremen. 2. Auflage
140 Seiten mit 35 Abbildungen und 3 Karten   Gebunden Rm. 4.—

Band 4: Bootskonstruktion — Bootsbau — Bootstypen
120 Seiten mit 86 Abb. von Dr. R. LOHMANN   3. Aufl. Leinen Rm. 4.—

Band 5: Der Hilfsmotor in Segeljachten und -Booten
148 Seiten mit 88 Abb.   von H. MEVILLE   Brosch. Rm. 3.—, geb. 4.—

Band 6: **Das Beiboot**
von Obering. C. E. HEYMANN
113 Seiten mit 84 Abb. im Text   Brosch. Rm. 2.50, geb. 3.50

Band 7: Praktische Seemannschaft für Motorbootfahrer
152 Seiten m. 37 Abb.   von H. MEVILLE   Geb. Rm. 4.—

Band 8: **Der Kreuzer**
Ein Buch für die Freunde des Wandersegelns
130 Seiten mit 50 Abb. u. 5 Taf. von H. MEVILLE   In Ganzleinen Rm. 4.—

Band 9:
Handbuch für Überholungsarbeiten an Motor-, Segel- und Ruderbooten
83 Seiten mit 31 Abb.   von ERNST KÜST   In Ganzlein. Rm. 3.50

Band 10: **Das Kanu**
231 Seiten mit 169 Abb. von HUGO SCHMIDT   In Ganzl. Rm. 5.—

Band 11: **Kajak-Selbstbau**
von JOHANNES FRIEBEL
100 Seiten mit 48 Abb. und 2 Rissen. In Ganzleinen Rm. 4.—, brosch. 3.50

Band 12: Konstruktion und Bau von Segeljollen   Band 1
von Dipl.-Ing. MÜLLER
145 Seiten mit 87 Abb. und 12 Tafeln.   In Ganzleinen Rm. 7.—

Band 14: **Wandersegeln auf Binnengewässern**
von WILH. und KLAUS SCHEIBERT
82 Seiten mit 22 Abbildungen.   In Ganzleinen Rm. 4.—

Band 15: **„BORA"**
Fahrten und Erfahrungen eines Kreuzerseglers
von GÜNTHER WERCKMEISTER
360 Seiten mit 124 Abbildungen und 30 Hafenplänen. In Ganzleinen Rm. 18.—

Soeben ist erschienen:

Motorschiff- und Jacht-Bibliothek Band 14

Reparaturen am Bootsmotor u. Beseitigung von Störungen

unter besonderer Berücksichtigung des Kleinboot- und Außenbordmotors

von

Paul Reibestahl

187 Seiten mit 82 Abbildungen im Text
In lichtechtem Ganzleinen gebd. Rm. 4.—

INHALT:

HIS 831.4

WO113

V005630016-0